DIPTEROS UND PSEUDODIPTEROS
BAUHISTORISCHE UND ARCHÄOLOGISCHE FORSCHUNGEN

Internationale Tagung

13.11. – 15.11.2009 an der Hochschule Regensburg

DEUTSCHES ARCHÄOLOGISCHES INSTITUT
ABTEILUNG ISTANBUL

BYZAS 12

Veröffentlichungen des Deutschen Archäologischen Instituts Istanbul

ege YAYINLARI

DIPTEROS UND PSEUDODIPTEROS
BAUHISTORISCHE UND ARCHÄOLOGISCHE FORSCHUNGEN

Internationale Tagung

13.11. – 15.11.2009 an der Hochschule Regensburg

Herausgegeben von

Thekla Schulz

Gedruckt mit Unterstützung der Gerda-Henkel-Stiftung, Düsseldorf,
und der Hochschule Regensburg

Dipteros und Pseudodipteros
Bauhistorische und archäologische Forschungen

Internationale Tagung
13.11. – 15.11.2009 an der Hochschule Regensburg

Herausgegeben von
Thekla Schulz

BYZAS 12
Veröffentlichungen des Deutschen Archäologischen Instituts Istanbul

Herausgegeben von
Felix Pirson und Martin Bachmann

ISBN 978-605-5607-74-6
Verlagszertifikat-Nr.: 14641

Umschlagsgestaltung
Franziska Brize
(Foto aus dem Archiv von Hermann J. Kienast)

Redaktion
Philip Brize

Druck
MAS Matbaacılık A.Ş.
Hamidiye Mah. Soğuksu Cad. No. 3
Kağıthane - İstanbul / Türkiye
Tel: +90 (212) 294 10 00 Fax: +90 (212) 294 90 80
info@masmat.com.tr
Zertifikat-Nr.: 12055

Produktion und Vertrieb
Zero Prod. Ltd.
Abdullah Sokak. No: 17 Taksim 34433 Istanbul-Turkey
Tel: +90 (212) 244 75 21 Fax: +90 (212) 244 32 09
info@zerobooksonline.com
www.zerobooksonline.com/eng/

Hermann J. Kienast

von Kollegen, Freunden
und Schülern gewidmet

Inhaltsverzeichnis

Vorwort IX

Einführung
Thekla Schulz 1

Die Dipteroi im Heraion von Samos
Hermann J. Kienast 5

Die beiden Dipteroi der Artemis von Ephesos – Tradition, Archaismus, Denkmalpflege?
Aenne Ohnesorg 19

Der archaische Apollontempel („Tempel II") in Didyma – Erste Ergebnisse der Aufarbeitungskampagnen 2003-2009
Uta Dirschedl 41

Priene im Wettbewerb mit Samos, Didyma und Ephesos – Eine Skizze
Wolf Koenigs 69

Der Pseudodipteros in Vitruvs Architekturtheorie
Burkhardt Wesenberg 81

The Temple of Artemis at Sardis
Fikret Yegül 95

Neue Erkenntnissse am Tempel der Artemis Leukophryene in Magnesia
Orhan Bingöl 113

Zur *ratio* des hermogenischen Pseudodipteros: Die Säulenhöhe des Artemistempels in Magnesia
Lothar Haselberger 123

Die Ergebnisse der neuen Ausgrabungen im Smintheion
Coşkun Özgünel 137

Stilistische Untersuchungen der Reliefplastik des Tempels des Apollon Smintheios
Erhan Öztepe 155

Vergleich der Pseudodipteroi – Aufbau und Konstruktion
Thekla Schulz 165

The Temple of Hekate at Lagina
Ahmet A. Tırpan – Zeliha Gider – Aytekin Büyüközer 181

The Temple of Augustus and Roma in Ancyra: A Reassessment
Kutalmış Görkay 203

Vom Dipteros zum Pseudodipteros – Struktur und Typus
Wolfram Hoepfner 219

Merkmale des Pseudoperipteros und Pseudoperipteraler Ordnungen in der griechischen Architektur
Arnd Hennemeyer 233

Schlussbetrachtung
Thekla Schulz 253

Abbildungsnachweis 259

Adressen der Autoren 261

Vorwort

Vor exakt einem halben Jahrhundert entstand mit *Griechische Tempel und Heiligtümer* bereits die Vorstufe eines Standardwerks von Gottfried Gruben, dessen Gültigkeit bis heute ungebrochen ist. Allerdings bringen der Charakter eines Überblickswerks und die Zeitlichkeit alles Irdischen es mit sich, dass manche Bereiche nicht weiter vertieft und vor allem aktuelle Forschungen nicht eingeschlossen werden können. Dies gilt besonders für die sakrale Topographie des westlichen Kleinasiens, wo eine rege Forschungstätigkeit in den letzten Jahren so manch bekannter Anlage neue Erkenntnisse entlocken konnte. Dipteros und Pseudodipteros, das sind dabei die beiden Tempelformen, die als wesentliche Beiträge Ostioniens zur Architekturgeschichte gelten. Sie sind auch Gegenstand der internationalen Tagung, in der Thekla Schulz es im November 2009 an der Hochschule Regensburg unternommen hat, aktuelle Forschungen zu diesen Bauwerken zusammenzuführen. Dabei spielt natürlich ihre eigene, fruchtbare Forschungstätigkeit auf diesem Gebiet eine wesentliche Rolle.

Es ist ein wichtiges Anliegen der Reihe Byzas, für Tagungsberichte zu aktuellen archäologischen Forschungen in der Türkei eine zeitnahe Publikationsplattform zu bieten. In diesem Fall ist es uns eine besondere Freude, zum deutsch-türkischen Austausch auf dem Gebiet antiker Bauforschung, dem sich Thekla Schulz auf äußerst verdienstvolle Weise verschrieben hat, mit diesem Band beizutragen. Eine ganze Reihe prominenter Bauwerke, die momentan Gegenstand archäologischer Forschungsprojekte sind, erscheinen nun in neuem Licht und benötigen – wie es Kutalmış Görkay für den Augustustempel in Ankara formuliert – ein *reassessment*. Der Beitrag der Bauforschung dabei ist es, den Kategorien, in denen sich Architektur formuliert, hier gebührenden Raum zu verschaffen.

Der Tagungsband zu Dipteros und Pseudodipteros fügt sich hervorragend zu seinem Vorgänger Band 11, in dem Alexander v. Kienlin die Forschungsbeiträge zu antiken Dachtragwerken seiner Münchener Tagung vorgelegt hatte, und unterstreicht die bedeutende Position der Bauforschung in Byzas. Gewidmet ist Band 12 der Reihe Hermann J. Kienast, als dessen Hauptwerk die archäologische Bauforschung auf Samos und insbesondere die Untersuchung des Heraions mit den beiden bedeutenden Dipteroi gelten darf. Zu Recht bilden diese Forschungen den Auftakt des Reigens der Beiträge. Die Herausgeber betrachten es als eine besondere Ehre, zur Würdigung von Hermann J. Kienast auf diese Weise beitragen zu können. Ganz besonders hervorzuheben sind die

Verdienste der Herausgeberin Thekla Schulz, die auf so engagierte Weise zum deutsch-türkischen Wissenschaftsaustausch beiträgt und der das Zustandekommen dieses Werks zu verdanken ist. Beide, Hermann J. Kienast und Thekla Schulz, stehen in der Tradition von Gottfried Gruben und es ist sicherlich kein Zufall, dass von dieser Seite so erfolgreich an unserem Wissensgebäude zu den griechischen Tempeln „weitergebaut" wird.

Felix Pirson

Martin Bachmann

T. Schulz (Hrsg.), Dipteros und Pseudodipteros. Bauhistorische und archäologische Forschungen, BYZAS 12 (2012) 1-3

Einführung

Thekla SCHULZ

Die internationale Tagung „Dipteros und Pseudodipteros" fand vom 13.11. bis 15.11.2009 an der Hochschule Regensburg statt und knüpfte an das von Wolfram Hoepfner und Ernst-Ludwig Schwandner organisierte Kolloquium „Hermogenes und die hochhellenistische Architektur" 1988 in Berlin an. Hermogenes gilt als Erfinder des Pseudodipteros, eines Tempeltyps, der nach Vitruv (3,2,6) auf allen vier Seiten von einer zwei Säulenjoche tiefen Ringhalle umgeben ist. Mit der doppelten Spannweite der Deckenbalken im Bereich der erweiterten Ringhalle ist der Pseudodipteros der konstruktiv aufwendigste Tempeltyp und somit für die Archäologie und Bauforschung besonders interessant. Da in den letzten Jahren einige Pseudodipteroi detailliert untersucht wurden, sollten im Rahmen der Regensburger Tagung diese Forschungen zusammengeführt und mit anderen Tempeltypen, vor allem dem Dipteros, verglichen werden.

Die Konstruktion und der Aufbau der verschiedenen Pseudodipteroi sowie die Bedeutung der erweiterten Ringhalle und des begehbaren Dachraumes für den jeweiligen Kult bilden seit vielen Jahren den Forschungsschwerpunkt der Herausgeberin. So wurden in den Jahren 2003–2005 auf Einladung von Klaus Rheidt das Gebälk des Zeustempels von Aizanoi und anschließend bis 2008 auf Einladung von Coşkun Özgünel der Tempel des Apollon Smintheios in der Troas zusammen mit Studenten der Hochschule Regensburg bauhistorisch untersucht. Die methodische Grundlage dieser Forschungen sind verformungsgenaue Bauaufnahmen, sog. Handaufmaße, bei denen die erhaltenen Bauten und deren Bauteile mit allen wichtigen Details – ausgehend von unabhängigen Meßsystemen – vermessen und gezeichnet werden. Diese Bauaufnahmen, die zusammen mit den Fotos und der Baubeschreibung in einer Datenbank erfasst werden, bilden die Basis für zeichnerische Rekonstruktionen des Aufbaus und 3D-Animationen des Bauablaufs der Tempel. Im Weiteren wurde im Jahre 2009 der Tempel in Messa auf Lesbos in Ergänzung der Forschungen von Robert Koldewey untersucht. Das aktuelle Forschungsprojekt in Kooperation mit Ahmet Tırpan, der Hekatetempel von Lagina, begann im Sommer 2011. Geplant ist eine wissenschaftliche Untersuchung des sog. Domitianstempels in Ephesos in Zusammenarbeit mit Sabine Ladstätter.

Diese Bauten sollen nicht nur als Einzelmonumente veröffentlicht, sondern in den Gesamtzusammenhang der Erforschung des Bautyps Pseudodipteros gestellt werden. So erschien es ein wichtiges Desiderat zu sein, die erwähnten Ergebnisse im Rahmen einer internationalen Tagung mit den neueren Forschungen zu den anderen Pseudodipteroi zusammenzuführen und zu diskutieren, den Untersuchungen von Fikret K. Yegül zum Artemistempel in Sardes, von Orhan Bingöl und Lothar Haselberger zum Artemistempel in Magnesia, von Coşkun Özgünel und Erhan Öztepe zum Smintheion in der Troas, von Ahmet Tırpan zum Hekatetempel in Lagina und von Kutalmış Görkay zum Augustustempel in Ankara.

Die weitgespannten Konstruktionen verbinden den Pseudodipteros mit dem Dipteros. So bildeten den zweiten Schwerpunkt der Tagung die Dipteroi mit den Untersuchungen der letzten Jahre von H. J. Kienast in Samos, von Ae. Ohnesorg in Ephesos und U. Dirschedl in Didyma. Diese Forschungsergebnisse, die Gemeinsamkeiten und Unterschiede der archaischen und hellenistischen Dipteroi sowie der verschiedenen Vorgängerbauten wurden im Rahmen der Tagung im Zusammenhang diskutiert.

Der Dipteros, ein Tempeltyp mit doppelter Ringhalle, ist vor allem in der archaischen Zeit in Ostionien verbreitet. In den extraurbanen Heiligtümern von Samos, Ephesos und Didyma mit alten Kulttraditionen wurden diese Tempel in der Nachfolge von kleinen Vorgängerbauten unterschiedlichen Typs errichtet. Das Bedürfnis nach Repräsentation, die deutliche Vergrößerung des Kultbetriebs und Anregungen durch Handelsbeziehungen mit anderen Kulturen, bei denen monumentale Tempel existierten, führten zu neuen Dimensionen im Tempelbau. Die riesigen Tempel bereiteten eine ganze Reihe neuer Probleme: die Gründung, die Materialbeschaffung für Säulen und Wände, die Gebälk- und Dachkonstruktion mit großen Spannweiten.

In Ephesos und Didyma wurden die beiden Dipteroi jeweils an derselben Stelle wie der Vorgängerbau errichtet, indem die Dipteroi den alten Kultbau ummanteln und den heiligen Ort mit der hypäthralen Tempelform in besonderer Weise würdigen.

In Samos ist der Bezug der beiden Dipteroi zum alten Kultbau komplizierter. Die Fundamente des Hekatompedos werden vom ersten Dipteros überdeckt. Nur die alte Kultbildbasis war im Pronaos des ersten Dipteros sichtbar. Der zweite Dipteros musste wegen der schlechten Fundamentierung des ersten Dipteros versetzt angeordnet werden. Er wurde weiter westlich errichtet, so dass ein großer Platz zwischen Tempel und Altar für die ständig größer werdende Kultgemeinde entstand, auf dem das alte Kultbild auf seinem angestammten Platz auf der Kultbildbasis des Hekatompedos in einem Monopteros verehrt wurde. Die samischen Dipteroi wurden nicht als Hypäthraltempel, sondern mit überdachter Cella errichtet.

Zur Klärung der Baugeschichte der beiden Dipteroi und des samischen Heraion im allgemeinen hat Hermann J. Kienast wesentlich beigetragen. In Anerkennung seiner langjährigen Forschungstätigkeit auf Samos und als Würdigung seines umfangreichen wissenschaftlichen Oeuvres, das er zuletzt mit der Bearbeitung des sog. Turms der Winde in Athen krönte, sei ihm der vorliegende Band gewidmet. Hermann J. Kienast wirkte insgesamt

37 Jahre auf Samos, zunächst als Architekt der deutschen Ausgrabungen auf dem Kastro Tigani, in den römischen Thermen und im Tunnel des Eupalinos. Wissenschaftlicher Ertrag dieser Tätigkeit war seine Dissertation über die Stadtmauer von Samos, mit der er von Gottfried Gruben 1974 promoviert wurde. Bei den Ausgrabungen im Tunnel des Eupalinos oblag ihm der Großteil der Organisation dieser diffizilen Ausgrabung. Als verantwortlicher Bauforscher untersuchte er die antike Vermessung, den Bauablauf und die Konstruktion des bedeutenden Ingenieurbaus. Mit dieser Arbeit habilitierte er sich im Jahre 1993 am Lehrstuhl für Baugeschichte der TU München. Seit 1972 war er Referent für Bauforschung an der Abteilung Athen des Deutschen Archäologischen Instituts; 1987 wurde er zum wissenschaftlichen Direktor dieser Abteilung gewählt. Insgesamt 20 Jahre leitete er die Ausgrabungen im Heraion von Samos, war dabei nicht nur für das gesamte Forschungsprogramm verantwortlich, sondern für die Organisation und Durchführung der Grabung sowie für die Publikation der Ergebnisse. Vor allem in Samos bemühte er sich um die Förderung des wissenschaftlichen Nachwuchses, lehrte an den antiken Originalen die Methoden der antiken Bauforschung, schärfte den Blick für die zahlreichen Details der antiken Werkstücke, für das handwerklich und künstlerisch perfekte tektonische Gefüge der antiken Tempelarchitektur. Sein außerordentlich breiter humanistischer Bildungshorizont – verbunden mit einer unvergleichlichen Lebensart und Gastfreundschaft – war und ist dabei stets beeindruckend, und er vermittelte auf ansteckende Weise die Liebe zu seiner Wahlheimat Griechenland und zum kleinasiatischen Festland.

Ein erster Dank für das Gelingen der Tagung richtet sich an die Leitung der Hochschule Regensburg, die nicht nur die Vortragssäle der Fakultät Maschinenbau zur Verfügung stellte und während dieser Tage das gesamte Speiseangebot der Mensa nach unseren Wünschen ausrichtete, sondern mit den Freunden der Hochschule Regensburg die Tagung auch finanziell unterstützte. Den zahlreichen interessierten Studenten der Fakultät Architektur sei für den reibungslosen Ablauf der Tagung und die phantasievollen Beiträge zum Buffet in den Pausen gedankt. Der Gerda Henkel Stiftung bin ich für die Finanzierung der Tagung und des Tagungsbandes sehr zu Dank verpflichtet. Schließlich hat die Hochschule Regensburg die Drucklegung des Tagungsbandes mit einem Zuschuss unterstützt. Für die Redaktion der englischsprachigen Beiträge konnten wir Jeremy Schneider gewinnen, dem wir an dieser Stelle für seine mühevolle Arbeit danken möchten. Nicht zuletzt danke ich ganz herzlich meinem Mann Philip Brize für den unermüdlichen Einsatz bei der Vorbereitung und Durchführung der Tagung sowie für die sehr zeitintensive Redaktion.

T. Schulz (Hrsg.), Dipteros und Pseudodipteros. Bauhistorische und archäologische Forschungen, BYZAS 12 (2012) 5-17

Die Dipteroi im Heraion von Samos

Hermann J. KIENAST

Zusammenfassung

Die beiden Dipteroi aus dem Heraion von Samos sind heute weitgehend erforscht; trotz des spärlichen Befunds konnte von beiden Riesenbauten ein nahezu vollständiges Bild erarbeitet werden. Im vorliegenden Beitrag werden die entscheidenden Erkenntnisse in knapper Form vorgestellt und kommentiert. Der 1. Dipteros war ein echter Pionierbau, trotz seiner Dimension aber von herausragender Gestaltung im Detail. Der 2. Dipteros ist dagegen geprägt durch seine Entstehungsgeschichte, die eine Verlegung des Bauplatzes verlangte sowie eine Wiederverwendung des vorhandenen Materials. Beide Tempel hatten Vorbildcharakter für die Schwesterbauten in Kleinasien, obwohl sie keinen offenen Innenhof aufweisen und somit einen eigenen Typus repräsentieren.

Die ionischen Dipteroi nehmen zweifelsohne eine Sonderstellung in der griechischen Baukunst ein – allein schon wegen ihrer Dimension und ihrer erstaunlich ähnlichen Grundform. Sie gelten als eine eigene Gruppe in der griechischen Architektur und sind in gleicher Weise charakteristische Zeugen ihrer Epoche wie auch imposante Repräsentanten der Städte, die sie hervorgebracht haben.

Die Erforschung dieser Dipteroi war von höchst unterschiedlichen Voraussetzungen geprägt. Der Apollon-Tempel von Didyma stand als mächtige Ruine in der Landschaft, vom Hera-Tempel auf Samos zeugte wenigstens eine Säule, während man vom Artemis-Tempel von Ephesos, der sogar als Weltwunder Berühmtheit erlangte, nur aus der Überlieferung wusste. Die Prototypen dieser drei Tempel mussten durch umfangreiche Ausgrabungen ans Licht gebracht werden, bekannt waren zunächst nur ihre Nachfolgebauten. Allen sechs ist gemeinsam, dass die Quellenlage sehr dürftig ist und dass wir unsere aktuelle Kenntnis nahezu ausschließlich der archäologischen Forschung verdanken[1].

---

1 Abkürzungen:

Buschor 1930	E. Buschor, Frühe Bauten, AM 55, 1930, 1–99
Gruben 2001	G. Gruben, Griechische Tempel und Heiligtümer (München 2001)

Nach allem, was wir heute wissen, beginnt die Geschichte der Dipteroi im Heraion von Samos. Offenbar haben die Samier als erste das Wagnis auf sich genommen, einen solchen Riesenbau zu errichten. Das Heraion spielt darüber hinaus auch eine Sonderrolle, weil dort der zweite Tempel unmittelbar nach der Fertigstellung des ersten entstand und nicht erst Jahrhunderte später. Beide Dipteroi sind seit langem bekannt und weitgehend erforscht, unser Wissen über sie wurde jedoch gerade in letzter Zeit weiter verdichtet und vervollständigt. Trotz aller Fortschritte bleibt aber nach wie vor einiges zu ergänzen und auch einiges zu klären.

Die Stätte des Hera-Heiligtums stand nie in Frage; sie war unübersehbar markiert durch die berühmte, aufrecht stehende Säule, die auch den Ausgangspunkt für die Untersuchungen bildete. Bereits den ersten Ausgräbern wurde bewusst, dass es zu dem riesenhaften Tempel, zu dem sie gehört und dessen Fundament den Grabungsplatz noch heute dominiert, einen ähnlich großen Vorgänger gegeben haben müsse – einfach wegen der im Fundament versetzten Werkstücke, die einen solchen Bau belegen. Wo dieser Vorläufer gestanden haben könnte, war zunächst aber nicht ersichtlich. Es ist das Verdienst von E. Buschor und H. Schleif, die Reste dieses Baus erkannt zu haben – m. E. eine ausgräberische Glanzleistung, für die es in den 20er Jahren nichts Vergleichbares gibt[2]. Für die Topographie des Heiligtums war diese Entdeckung von entscheidender Bedeutung. Mit einem Male ergab sich für die gesamte Stätte ein völlig neues und auch stimmiges Gesamtbild. Die Lage des Altars ließ sich nun erklären, ebenso die Rolle des Monopteros. Vor allem aber war mit dieser Ausgrabung die Entwicklung vom Hekatompedos zum ersten Dipteros aufgezeigt – der Schritt vom kleinen zweischiffigen Tempel zum Monumentalbau mit doppelter Ringhalle.

Die *in situ* liegenden Reste dieses 1. Dipteros sind spärlich, sie reichen aber aus, um sich ein weitgehend vollständiges Bild machen zu können. Das Fundamentraster belegt eine Cella mit Pronaos, umgeben von einem doppelten Säulenkranz. Eine glücklicherweise erhaltene Säulenstandspur ermöglichte eine überzeugende Rekonstruktion der Säulenverteilung. Seit der Publikation von Ch. Hendrich ist endgültig erwiesen, dass die äußere Peristase 21 Säulen an den Langseiten aufwies und 8 bzw. 9 an den Schmalseiten[3] – ein Grundrissschema, das auch bei den anderen Dipteroi Ioniens zur Anwendung kam (*Abb. 1*). Auffallend ist beim Heratempel der weite Abstand zwischen äußerer Peristase und Stufenbau. Entgegen der üblichen Lösung stehen die Säulen auf einem Fundament, das konstruktiv vom Stufenbau getrennt ist. Zusätzlich fällt auf, dass der Unterbau der Stufen ausschließlich aus halbierten Säulentrommeln besteht – offensichtlich aussortiertes oder auch übrig gebliebenes Material vom Tempel selbst. Das bedeutet, dass die Stufen erst verlegt wurden, als die Rohbauarbeiten abgeschlossen und diese Trommeln verfügbar

Hellner 2009	Die Säulenbasen des zweiten Dipteros von Samos, Samos 26 (Bonn 2009)
Hendrich 2007	Ch. Hendrich, Die Säulenordnung des ersten Dipteros von Samos, Samos 25 (Bonn 2007)
Kienast 1992	Topographische Untersuchungen im Heraion von Samos, AA 1992, 171–213

Die Literatur zu den ionischen Dipteroi ist äußerst umfangreich, den besten Überblick in überschaubarer Form bietet nach wie vor Gruben 2001, 355–365 (Samos), 380–395 (Ephesos) und 396–412 (Didyma).

2 Buschor 1930, 72–91.

3 Hendrich 2007, 51–56 und Plan 2.

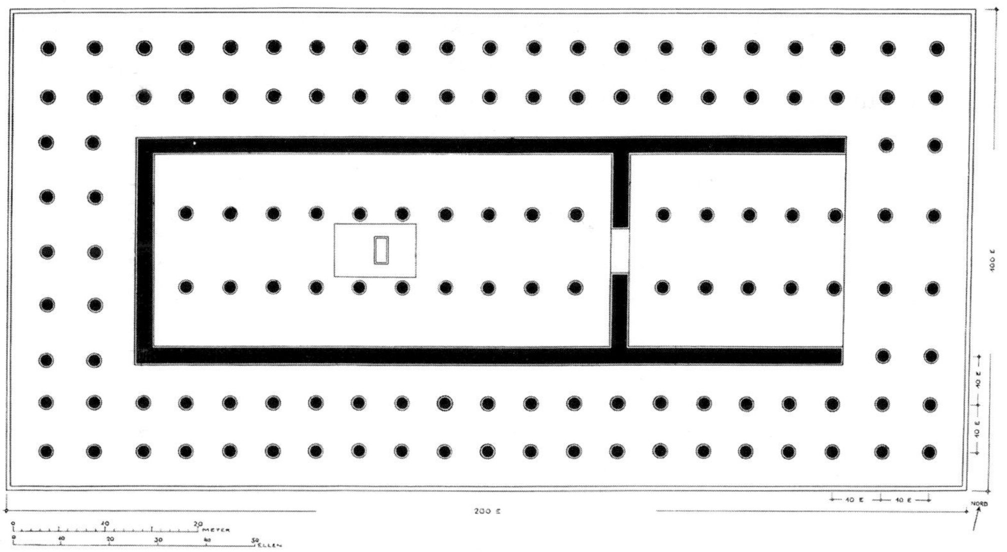

Abb. 1 Grundriss des 1. Dipteros; Neuzeichnung auf Basis von Buschor – Schleif

waren, und bedeutet somit, dass der Tempel weitgehend fertig gestellt war. Interessant ist dabei, dass das Entwurfsmaß des Tempels offensichtlich an diesem Stufenbau festgelegt wurde – und zwar in strenger Rationalität mit exakt 100 auf 200 samischen Ellen[4].

Dass die Proportionen eines Tempels am Stufenbau festgelegt werden, ist keineswegs ungewöhnlich; wir kennen zahlreiche Fälle, bei denen das so gehandhabt wurde. Der Dipteros von Samos ist aber allem Anschein nach der erste, bei dem dieses Entwurfsprinzip zur Anwendung kam. Das ist bemerkenswert und gewinnt zusätzlich an Bedeutung, wenn man bedenkt, dass der Stufenbau nicht zum konstruktiven Bestandteil des Tempels gehört, sondern nur eine abschließende Umrahmung – im Wortsinn – darstellt.

Die erwähnte Säulenstandspur belegt übrigens ein erstaunliches Detail. Auch wenn nur mehr ein Fragment des betreffenden Werkstücks erhalten ist, ist klar zu erkennen, dass die Säule auf einer Platte stand, und dass auf dieser 11 cm starken Platte eine erhabene runde Standfläche von 7 cm Höhe herausgearbeitet ist (*Abb. 2*)[5]. Der einzige Grund für einen derartigen Aufwand – man stelle sich vor, dass für alle 102 Peristasensäulen solche Standflächen hergerichtet werden mussten – liegt in einer gestalterischen Absicht: Die erhöhte Standfläche ermöglichte es, die Säulen aufzustellen und die Bodenplatten, die erst nach Abschluss aller weiteren Arbeiten verlegt wurden, darunter anzuschieben. Nur so war gewährleistet, dass diese Platten keinen Schaden durch die Bauarbeiten nehmen konnten, dass aber trotz dieser Arbeitsabfolge ein formal zufrieden stellender Anschluss an die Säulenbasis herzustellen war. Das Verlegen der Bodenplatten, die bei einer Größe von durchschnittlich 1 auf 2 m nur eine Stärke von 10 cm aufwiesen, war an sich schon

4 So schon Buschor 1930, 83 und Beil. 19. Die halbierten Säulentrommeln sind deutlich zu erkennen auf dem Gesamtplan Buschor 1930, Beil. 18. – Die samische Elle wird mit rund 52,5 cm angenommen und entspricht, wie wir von Hdt. 2,168 wissen, der ägyptischen Königselle. Wann dieses Maß in Samos eingeführt wurde, ist allerdings unklar.

5 Der Befund wurde publiziert von Buschor 1930, 77 mit Beil. 20, 2; Hendrich 2007, 53 mit Abb. 17. 18 hat dann Detailzeichnungen vorgelegt und so den Sachverhalt verdeutlicht.

Abb. 2 a) Die einzig erhaltene Standfläche für eine Säule des inneren Peristasenringes bei der Ausgrabung b) Querschnittzeichnung Ch. Hendrich

eine große Herausforderung; sie wurden offensichtlich mit großer Sorgfalt in einem letzten Arbeitsschritt verlegt, um eventuelle Schäden zu vermeiden. Die Tatsache, dass in den Ptera noch beträchtliche Reste des Plattenbelags erhalten sind, belegt, dass diese abschließende Arbeit auch durchgeführt wurde. Zusammen mit den Säulentrommeln im Fundament des Stufenbaus ist so ein sicherer Beleg für die Fertigstellung des Tempels gewonnen. Wie lange die Bauarbeiten von der Grundsteinlegung bis zur Eindeckung des Daches dauerten, lässt sich nur mutmaßen, von Bedeutung ist jedoch der Nachweis, dass der erste Dipteros der griechischen Baugeschichte in einem Zuge errichtet worden ist.

Die am besten bekannten Bauteile des 1. Dipteros sind die Säulenbasen, von denen sich eine große Zahl – verbaut im Fundament des Nachfolgers – erhalten hat (*Abb. 3*). Sie sind zusammengesetzt aus Spira und Torus und bilden einen eigenen Basistypus[6]. Die Kombination, die ohne Vorbilder für den 1. Dipteros entwickelt wurde, hat zu Recht die Bezeichnung 'Samische Basis' erhalten[7]. Die fein gearbeitete waagerechte Riefelung, die beide Werkstücke kennzeichnet, wurde offensichtlich auf einer Drehscheibe hergestellt – ein oft diskutiertes Verfahren, das entgegen bisher geäußerter Einschätzungen nicht besonders aufwendig ist und wohl primär aus ökonomischen Erwägungen gewählt wurde. Die Herstellung der Werkstücke ließ sich mit dieser Methode schnell und problemlos bewältigen[8]. Auf diesen Basen standen schlichte Säulenschäfte mit 40 flachen Kanneluren. Ob der Ablauf zur Basis und der Übergang zum Kapitell besonders gestaltet waren, ist unbekannt. Hervorzuheben ist, dass von den insgesamt 132 Säulen nur wenige Fragmente von Trommeln gefunden wurden – alle mit bemerkenswert niedriger Höhe von rund 30 cm. Es gibt nicht eine vollständige Trommel und nur ein einziges Bruchstück, das groß genug ist, um den Durchmesser direkt messen zu können[9]. Erklären lässt sich das m. E. nur damit, dass die Säulen zum Großteil beim Bau des Nachfolgetempels wieder verwendet wurden.

---

6 Die Basen wurden erstmals von H. Johannes, Die Säulenbasen vom Heratempel des Rhoikos, AM 62, 1937, 13–37 vorgelegt und von Hendrich 2007, 28–38 abschließend untersucht.

7 B. Wesenberg, Kapitelle und Basen. Beobachtungen zur Entstehung der griechischen Säulenformen (Düsseldorf 1971) 121 f.

8 Hendrich 2007, 68–86.

9 Buschor 1930, 39 und Beil. 22, 1; Hendrich 2007, 24–27 und Beil. 13 f.

Abb. 3
Eine der im Cellafundament des 2. Dipteros verbauten Spiren

Abb. 4 Spira und Säulentrommel des 1. Dipteros

Auffallend ist der Materialunterschied zwischen Basen und Säulen – weißer Süßwasserkalk für die erstere und gelbbrauner Poros für den Schaft (*Abb. 4*). Eine Erklärung für diese Differenzierung könnte in der unterschiedlichen Qualität der beiden Steinsorten liegen – erstere ist dichter und eignet sich somit besser zum Drechseln als die andere. Da aber im Heraion auch gedrechselte Porostori gefunden wurden, ist eher zu schließen, dass man vor allem eine optische Unterscheidung der beiden Bauteile erreichen wollte.

Eine Besonderheit stellen die Kapitelle dar, die diese Säulen bekrönten. Nach langen Diskussionen ist ihre Form mit der jüngst erschienenen Arbeit von Hendrich endgültig geklärt. Sie sind tatsächlich zusammengesetzt aus einem torusförmigen, waagerecht kannelierten Echinus und einem aufgelegten Sattelholz. Da die Unterseite des Echinus fein geschliffen ist, die Oberseite dagegen nur grob mit der Steinhacke geglättet, ist zweifelsfrei zu schließen, dass dieses Sattelholz nicht aus Stein, sondern tatsächlich aus Holz bestand und so zum Gebälk überleitete. Auf der Oberseite einiger Kapitellfragmente haben sich sogar Spuren erhalten, die die Breite dieses Baugliedes erkennen lassen[10]. Anzunehmen ist, dass das Sattelholz bemalt war – vielleicht sogar mit Voluten –, und anzunehmen ist vor allem auch, dass die Eckvolute mit einem applizierten Bronzeblech versehen war. Die charakteristische Form dieses komplizierten Baugliedes, dessen geschwungene

10 Hendrich 2007, 35–38 mit Abb. 12. 13.

Voluten schwerlich am Stein entwickelt wurden, fände auf diese Weise eine plausible Erklärung. Der 1. Dipteros von Samos ist jedenfalls der erste ionische Tempel, an dem eine um die Ecke führende Säulenstellung auftrat und bei dem folglich eine überzeugende Lösung für dieses Detail gefunden werden musste – auch wenn der entscheidende Teil des Kapitells aus Holz gefertigt war[11].

Auf die Sattelhölzer folgte ein Gebälk aus Holz, von dem naturgemäß keine Reste mehr vorhanden sind. Wir haben keinerlei Information – weder über seine Größe noch über seine Gestaltung. Auch die Frage, ob an den Schmalseiten des Tempels Giebel errichtet waren oder ob das Dach dort abgewalmt war, lässt sich nicht mit Sicherheit beantworten. G. Gruben hat für den 2. Dipteros einen Walm rekonstruiert (s. u.); ich denke, dass eine solche Lösung auch für den 1. Dipteros die wahrscheinlichere ist. Bei einer Tempelbreite von 50 m würde der Giebel eine Höhe von rund 6 m erreichen – eine Höhe, für die schwerlich eine formal zufrieden stellende Lösung gefunden werden kann und die bei einem hölzernen Gebälk auch konstruktive Problem bereiten würde.

Umfangreich ist der Befund für die Dachdeckung. Von den Ziegeln wurden nicht nur zahlreiche Fragmente gefunden, sondern auch einige komplette Exemplare. Das Dach war demnach abgedeckt mit qualitätvollen Tonziegeln, Stroteren von 81 auf 72 cm und giebelförmigen Kalypteren mit leicht geschwungenen Flächen. Belegstücke für einen Walm wurden nicht gefunden, allerdings auch nicht für eine Sima. Von den Antefixen haben wir dagegen genaue Kenntnis. Sie waren sorgfältig hergestellt; ihre Palmetten waren plastisch geformt mit abwechselnd gelb und rot gefärbten Blättern. Mit einer Gesamthöhe von 19 cm waren die Antefixe für den Riesenbau aber bemerkenswert klein (*Abb. 5*)[12]. Dass an den Ecken des Daches Akrotere in Form von Sphingen angebracht waren, wird durch einen Fund nahe gelegt[13].

In der Zusammenschau ergibt sich ein weitgehend gesichertes Bild. Unklarheit herrscht lediglich bei der Höhe der Säulen, ein Problem, das auch bei anderen ionischen Tempeln ungelöst ist. Anhand der Basen und Kapitelle lassen sich zwar die Werte für den unteren und oberen Durchmesser bestimmen, wir haben aber keine Hinweise auf die Verjüngung des Schaftes. Die angenommene Höhe von rund 15 m kann deshalb nur als Vorschlag gewertet werden. Unabhängig davon war die Erscheinung des Baus gleichermaßen geprägt von seiner enormen Dimension wie von der Vielzahl seiner Säulen, ein Charakteristikum, das als große Neuerung zu gelten hat und dem wohl auch der überlieferte Begriff 'Labyrinth' Rechnung tragen sollte[14]. Hervorzuheben ist darüber hinaus jedoch die Absicht,

---

[11] Zur Entstehung des Eckkapitells s. H. J. Kienast, Das Eckkapitell am ersten Dipteros von Samos, in: N. Stampolides (Hrsg.), ΦΩΣ ΚΥΚΛΑΔΙΚΟΝ. Festschrift N. Zapheiropoulos (Athen 1999) 140–147. Hendrich 2007, 37 f. und Abb. 14 postuliert auch für die Normalkapitelle getriebene Bronzebleche in Volutenform.

[12] Buschor 1930, 87–90 und Beil. 23. s. auch Kienast 1992, 177 Abb. 6. Die Dachziegel des 1. Dipteros sind mittlerweile ausführlich vorgelegt von Ae. Ohnesorg, Die Dachterrakotten aus dem Heraion von Samos, AM 124, 2009, 64–77. Ohnesorg bestätigt die Ergebnisse von Schleif, stellt aber unterschiedliche Kalypterformen fest und weist dem Bau auch eigene Traufziegel zu.

[13] E. Buschor, Altsamischer Bauschmuck, AM 72, 1957, 3 f. Beil. 2; s. dazu jetzt auch: A. Moustaka, Großplastik aus Ton aus dem Heraion von Samos, AM 124, 2009, 169–186, bes. 171–179 mit Abb. 2. 3 und Taf. 14, 3.

[14] Die Bezeichnung geht zurück auf Herodot, der 2, 148 das ägyptische Labyrinth mit den Tempeln von Ephesos und Samos vergleicht. Plinius, n. h. 36, 90 nimmt wohl darauf Bezug und schreibt, dass »Theodoros, qui labyrinthum fecit Sami, ipse se ex aere fudit«. s. R. Tölle-Kastenbein, Herodot und Samos (Bochum 1976) 56 f.

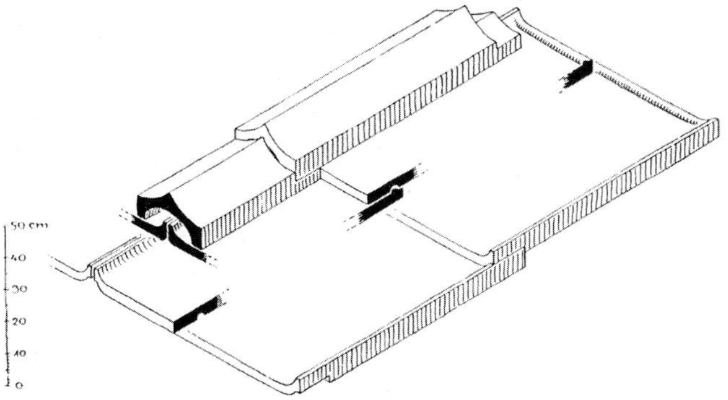

Abb. 5 a) Schematische Darstellung der Dachdeckung des 1. Dipteros nach H. Schleif; b) Antefix des 1. Dipteros

den Bau nicht nur durch Größe wirken zu lassen. Die Verwendung der unterschiedlichen Steinsorten sowie die farbige Gestaltung des Gebälks, die mit großer Sicherheit angenommen werden darf, haben der Architektur dieses Riesenbaus eine gewisse Leichtigkeit und auch Eleganz verliehen.

Dass dieser erste Tempel nicht lange gestanden hat, dass er wegen mangelhafter Fundamentierung abgetragen werden musste, ist für mich erwiesen – ich habe auf diese meine These bisher auch nur Zustimmung erfahren. Seine Demontage und die gleichzeitige Errichtung des Neubaus waren ein höchst kompliziertes Unterfangen; sie stellen zweifelsohne eines der größten Bauvorhaben dar, von denen wir aus der antiken Baugeschichte Kenntnis haben. Die Verbindung dieser herausragenden organisatorischen Leistung mit dem Namen Rhoikos scheint gesichert. Für mich ist der Baumeister des 1. Dipteros der berühmte Theodoros, der sein Projekt in einem Zug verwirklichen konnte, während Rhoikos der Architekt war, der das Abtragen dieses 1. Tempels und die Errichtung des Neubaus in Angriff nahm. Dass Herodot dann Rhoikos als den ersten Architekten des Tempels bezeichnet, ist unter diesen Vorgaben nur folgerichtig – 70 Jahre nach Baubeginn waren selbstverständlich bereits mehrere Kollegen mit der Leitung des Projektes betraut gewesen, Rhoikos galt aber zu Recht als der verantwortliche Architekt, der dieses Projekt erfolgreich auf den Weg gebracht hatte[15].

Beim 2. Dipteros scheint das Bild klarer zu sein, in Wirklichkeit gab und gibt es aber auch hier eine Reihe von Unsicherheiten. Entscheidend war zunächst die Frage nach dem Schema des Grundrisses – ein Problem, das von den Ausgräbern aufgeworfen wurde, weil in der Cella nicht die geringsten Reste von Säulenfundamenten gefunden wurden. Der Vorschlag, dass der Heratempel als hypäthraler Bau zu rekonstruieren sei, ließ sich nicht ohne weiteres widerlegen[16]. Ich gestehe, dass auch ich Zweifel hegte und keineswegs

---

[15] H. J. Kienast, Der Niedergang des Tempels des Theodoros, AM 113, 1998, 111–131. Vgl. dazu auch A. Furtwängler, Wer entwarf den größten Tempel Griechenlands?, AM 99, 1984, 97–103 sowie H. Svenson-Evers, Die griechischen Architekten archaischer und klassischer Zeit (Frankfurt – Berlin 1996) 7–10.

[16] Th. Wiegand, Erster vorläufiger Bericht über die von den königlichen Museen unternommenen Ausgrabungen in Samos (Berlin 1911) 18 f. und Gesamtplan. H. Walter, Das griechische Heiligtum dargestellt am Heraion von Samos (Stuttgart 1990) 158 und Abb. 169 hat bis zuletzt an einer hypäthralen Lösung festgehalten. s. auch Kienast 1992, 184.

sicher war, dass seine Cella überdacht war. Es waren vor allem die im Fundament verbauten Basen, deren Abstände einen klaren Rhythmus aufweisen[17], so als sollten sie ein besonders gutes Fundament abgeben für Wandgliederungen, wie sie in Didyma zu beobachten sind. Dass die Basen so gleichmäßig eingebaut wurden, hat aber allem Anschein nach keine besonderen Gründe. Inzwischen gibt es jedenfalls drei schwerwiegende Argumente für Innensäulen. Zum einen konnten beim 1. Dipteros Fundamenstränge für Innensäulen nachgewiesen werden, ein Befund, der eine solche Lösung auch für den Nachfolgebau wahrscheinlich macht. Zum andern wurde unter dem Fundament der Cellawände des 2. Dipteros eine respektable Sandschicht gefunden – ein Sachverhalt, der mittlerweile allgemein bekannt sein dürfte[18]. Die Tatsache, dass die Ausgräber eine ebensolche Sandschüttung in der Fläche der Cella gefunden haben, kann nur so gedeutet werden, dass sie auch hier als Unterlage für ein Fundament eingebracht worden war. Die Sandschicht wird so zum indirekten Nachweis für Innensäulen. Und schließlich konnte Gruben Basenfragmente nachweisen, die nicht zu den Außensäulen passen und folglich nur von Innensäulen stammen können. Beide Dipteroi im Samischen Heraion sind folglich als Tempel mit einer überdachten Cella zu rekonstruieren. Sie unterscheiden sich somit klar von den kleinasiatischen Dipteroi, die durch einen offenen Hof mit eigenem Kultbildtempel charakterisiert sind. Dass der 1. samische Dipteros dennoch als Vorbild für die dortigen Schwesterbauten dienen konnte, ist umso bemerkenswerter.

Hervorzuheben ist die Gliederung der Ringhalle des 2. Dipteros, die an beiden Schmalseiten um eine dritte Säulenreihe bereichert wurde – eine Besonderheit, die bei keinem anderen Tempel aufgegriffen wurde (*Abb. 6*). Der Tempel hatte somit 24 Säulen an der Langseite und sollte insgesamt 155 Säulen erhalten. Herodot (3,60) bezeichnet ihn zu Recht als den größten Tempel der griechischen Welt, von dem er Kenntnis hatte.

Die nächste Frage betrifft die Detailgestaltung. Die Form der Säulenbasen ist eindeutig aus der des 1. Dipteros entwickelt; ihre Profile sind aber merklich ausgereifter, im Detail wie in ihrer Zusammensetzung straffer, eleganter und überzeugender. Im Vergleich mit den Basen des Vorgängers belegen sowohl die Gestaltung als auch die Kombination von Spira und Torus eine äußerst dynamische Formentwicklung, die innerhalb kürzester Zeit vollzogen wurde (*Abb. 7*). Interessant ist darüber hinaus, dass – wie N. Hellner nachgewiesen hat – selbst die Marmorbasen, deren Gewicht immerhin mehr als 3 t erreicht, auf einem Tornos hergestellt wurden[19].

Beibehalten wurde offensichtlich – zumindest bei bestimmten Bauteilen – die Verwendung von unterschiedlichem Steinmaterial. Das ist zu zeigen an der erhaltenen Säule, bei der die Basis aus grauem Marmor besteht, der Schaft dagegen aus weißem; das gilt ebenso für die Säulen des Pronaos, deren Schäfte aus gelbbraunem Poros auf weißen Marmorbasen standen. Auffallend ist auch die unterschiedliche Gestaltung der Säulen von Innen- und Außenperistase. Die Innensäulen bestehen aus Poros und haben bei gleicher

---

17 Die Verteilung der Basen und der strenge Rhythmus ihrer Verlegung ist gut zu sehen bei Hendrich 2007, Plan 1.

18 Kienast 1992, 184–187.

19 Hellner 2009, 160–166.

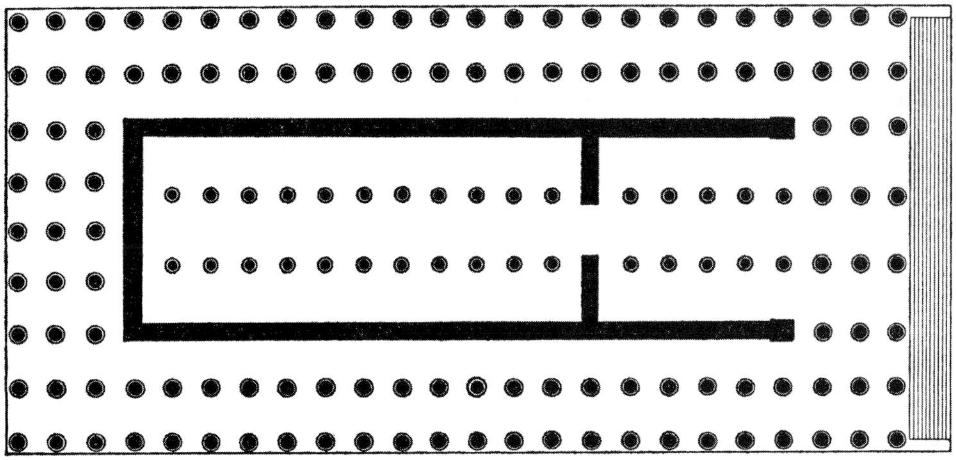

Abb. 6
Grundriss des
2. Dipteros
nach G. Gruben

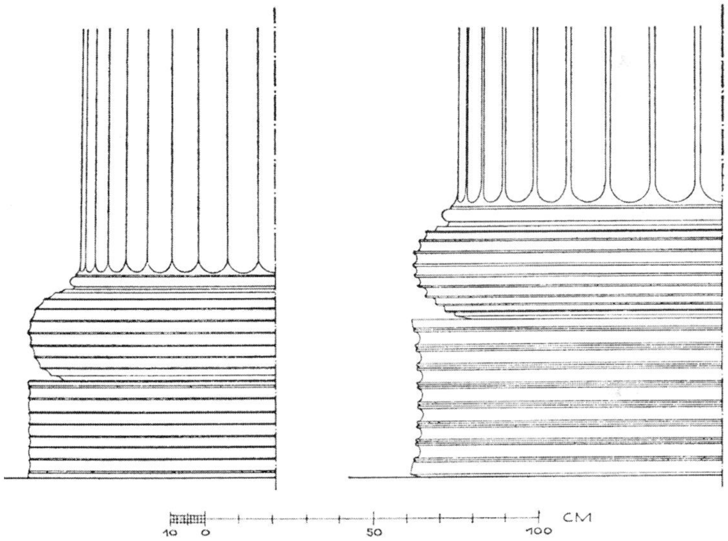

Abb. 7
Gegenüberstellung
der Säulenbasen von
Dipteros 1 und 2
nach G. Gruben

Höhe einen weit kleineren Durchmesser als die Außensäulen. Sie sind außerdem mit 36 Kanneluren versehen, die im Gegensatz zum Vorgängerbau einen Steg aufweisen[20]. Die Form der Kanneluren entspricht so der an den Basen und belegt erneut eine erstaunliche formale Weiterentwicklung. Sollten die Säulentrommeln tatsächlich vom Vorgängerbau stammen, müssen sie sorgfältig überarbeitet worden sein. Im Gegensatz zu den Säulen der inneren Peristase bestehen die der äußeren aus Marmor und sind geprägt von einer glatten unkannelierten Mantelfläche. Der Marmor stammt allem Anschein nach von Steinbrüchen auf den Phourni-Inseln[21]; seine Verwendung markiert im Heraion von Samos einen bemerkenswerten Wandel. Während bis dato ausschließlich Poros und Kalkstein verbaut wurde, kam nun zum ersten Mal in der Architektur des Heiligtums auch Marmor zur Anwendung.

20 G. Gruben, Griechische Unordnungen, DiskAB 6 (Mainz 1996) Abb. 17 und allgemein Gruben 2001, 364 Abb. 274.

21 Kienast 1992, 210.

Abb. 8
Kapitell der Front
des 2. Dipteros
nach G. Gruben

Geradezu berühmt ist das Volutenkapitell der Frontsäulen, das von G. Gruben in mühevoller Kleinarbeit rekonstruiert wurde. Es zeichnet sich aus durch eine reiche Ornamentierung an den Polstern, die mit einem entsprechenden Athemienfries am Säulenhals korrespondiert (*Abb. 8*). Welch enormer Aufwand hinter diesem Ornament steckt, wird klar, wenn man sich die Dimension dieses Werkstückes vor Augen hält – immerhin fast 4 m lang, knapp 2 m breit und weit über 20 t schwer. Wie viele solche Kapitelle tatsächlich hergestellt wurden, ist unklar, wahrscheinlich sollten sie aber nur der Front und den ersten Säulen der Langseite ein möglichst imposantes Gepräge geben. Wichtig ist der Nachweis, dass das Eckkapitell bereits kanonisch ausgebildet und mit einer Eckvolute versehen war[22]. Für die Innensäulen waren dagegen Blattkranzkapitelle vorgesehen, eine Sonderform, die auf Samos beschränkt blieb, obwohl diese Form nicht nur gefällig ist, sondern auch den Konflikt mit der Frontalansichtigkeit der Volutenkapitelle elegant löst. Gruben hat auf diesen Kapitellen eine quadratische Abakusplatte ergänzt, für die es aber keinen unmittelbaren Nachweis gibt[23].

Eine zentrale Rolle in der Gestaltung des 2. Dipteros spielt die Bauornamentik. Seit der Vorlage von Relieffragmenten, die bei den Ausgrabungen von Buschor ans Licht kamen, ist bekannt, dass der 2. Dipteros mit Reliefs geschmückt war. Gruben hat das Thema erneut aufgegriffen und – entgegen der Lösung von Buschor – zwei Schmuckbänder am Dipteros angeordnet. S. M. nach war der Reliefschmuck allerdings beschränkt auf den Pronaos, ein Band an dessen Sockel und ein weiteres an der Wandkrone (*Abb. 9*). Die Lösung hat viel für sich, vor allem, weil anzunehmen ist, dass es auch am 2. Dipteros kein Gebälk aus Stein gegeben hat und dass die Reliefs folglich nur an einer Wand appliziert gewesen sein können. Eine endgültige Antwort auf die Frage, wie der Bauschmuck verteilt

22 Das Volutenkapitell des 2. Dipteros wurde zum ersten Mal veröffentlicht von H. Walter, Die Ausgrabungen im Heraion von Samos (1952–1962), ADelt 18, 1963, 289 Abb. 2 und wird seitdem in allen einschlägigen Werken abgebildet. Die ausführliche Darstellung der Fragmente sowie die Rekonstruktion von Normal- und Eckkapitell wird vorgelegt von G. Gruben, Der 2. Dipteros im Heraion von Samos (im Druck).

23 Die Eierstabkapitelle oder Blattkranzkapitelle wurden schon im Jahre 1702 von J. Pitton de Tournefort als Besonderheit registriert und gezeichnet und wurden ausführlich von O. Reuther, Der Heratempels von Samos (Berlin 1957) Z 41–44 dokumentiert. Zur Abakusplatte s. Gruben 2001, 362.

Abb. 9 Blick in den Pronaos mit Anordnung der beiden Friesbänder nach G. Gruben

war, lässt sich aber wegen der geringen Zahl der Relieffragmente kaum mehr gewinnen. Auch zum Bildprogramm dieser Friese lassen sich allenfalls Vermutungen äußern[24].

Geklärt ist dagegen die Gestaltung der Ante, die von Gruben gewissenhaft rekonstruiert wurde. Die Bekrönung der beiden Wandzungen war geprägt von drei übereinander aufwachsenden Voluten, denen an der Front drei konvex geformte Bänder entsprachen – unterstrichen von einem Band mit Rosetten. Dieser Aufbau belegt eine Sonderform des ionischen Antenkapitells, die für Samos typisch ist und auch am Altar in monumentaler Ausführung verwendet wurde[25].

Wichtig für die Beurteilung des 2. Dipteros ist nicht zuletzt der Grad seiner Fertigstellung. Dass das Projekt nie abgeschlossen wurde, ergibt sich allein aus dem Befund an der nördlichen Peristasenreihe, deren Säulen offenbar nie errichtet wurden. Gruben hat nun ein recht überzeugendes Bild entworfen, wie man sich den Tempel in seiner letztlich erreichten Form vorstellen muss: Die Front war allem Anschein nach vollständig fertig gestellt, die Säulen führten an beiden Ecken um den Bau herum und waren wohl bis zur jeweils siebten Säule der Langseite ausgeführt. Die innere Peristase könnte tatsächlich vollständig errichtet gewesen sein, blieb jedoch zum Großteil ohne Gebälk und folglich auch ohne Dach. Die Abdeckung erstreckte sich nur im Bereich der Front und des Pronaos über die gesamte Breite des Tempels, beschränkte sich ansonsten aber auf die Überdachung der Cella. Den Abschluss an beiden Schmalseiten bildete ein Walm[26].

Die Tatsache, dass der 1. Dipteros nicht lange aufrecht stand und auch nicht durch Feuer zerstört, sondern wegen Bauschäden abgetragen wurde, führte bei der Errichtung des Nachfolgebaus zu mehreren Sonderlösungen: Das gesamte Steinmaterial wurde wieder verwendet – zum Großteil im Fundament, zum Teil aber auch bei der aufgehenden Architektur. Der beträchtliche Unterschied in der Stärke von Außen- und Innensäulen ließe

24 Gruben 2001, 363 f. Abb. 274.

25 Eine Vorstellung dieses Kapitells bei Gruben 2001, 364 Abb. 274; die detaillierte Rekonstruktion bei Gruben a. O. (Anm. 20).

26 Gruben 2001, 364 f.

sich so am einfachsten erklären. Auch dass hauptsächlich Poros verbaut wurde statt Marmor, dürfte darin seine Begründung haben. Wieder verwendet wurde sicher auch das mächtige Gebälk – obwohl es aus Holz war und dem neuen Tempel ein unübersehbar altertümliches Gepräge gab. Und selbst die Dachziegel dürften zum Großteil wieder verwendet worden sein; Belegstücke für ein neues Dach kamen jedenfalls nicht zu Tage. Der 2. Dipteros wäre demnach ein konsequenter Kompromiss zwischen Anspruch und Möglichkeit. Er ist alles andere als ein protziger Neubau des ehrgeizigen Polykrates. Er wurde unter erschwerten Bedingungen errichtet, ist zusammengesetzt aus altem und neuem Material und folglich ein äußerst sparsames, ja geradezu bescheidenes Vorhaben. Die immer wieder geäußerte These, dass Polykrates in Konkurrenz zu den kleinasiatischen Tempeln ein besonders aufwendiges Projekt angestrebt hätte, lässt sich am realisierten Bau jedenfalls nicht bestätigen.

In der Zusammenschau ergibt sich das Bild von zwei Tempeln, deren äußere Erscheinung zwar eine große Verwandtschaft mit den kleinasiatischen Dipteroi aufweist, nicht jedoch im Detail. Von Bedeutung ist zunächst, dass die samischen Tempel eine überdachte Cella aufwiesen und als unmittelbare Behausung für das Kultbild der Hera gebaut wurden. Dem entspricht auch die Gestaltung der jeweiligen Kultbildbasis. Unabhängig von dieser prinzipiellen Feststellung sind die samischen Tempel weit bescheidener in ihrer Ausführung als die kleinasiatischen – sowohl in Material als auch in ihrer Detailgestaltung. Der 1. Dipteros gibt sich klar als Pionierbau zu erkennen. Sein Baumaterial ist Poros, Holz und Ton. Sein Bauschmuck beschränkt sich auf Kanneluren an Basen und Säulen; das Gebälk war wohl farbig gestaltet, das Dach mit bescheidenen Akroteren und Antefixen verziert. Im Vergleich zu den kleinasiatischen Schwesterbauten, die nicht nur aus Marmor errichtet, sondern auch mit aufwendigem Skulpturenschmuck versehen waren, nimmt er sich geradezu ärmlich aus. Der 2. Dipteros wurde zwar nochmals größer dimensioniert, ist aber ebenfalls geprägt von ökonomischen Überlegungen. Die Tatsache, dass er nie fertig gestellt wurde, unterstreicht diesen Eindruck. Die Frontsäulen wurden nun zwar in Marmor ausgeführt und mit prächtigen Kapitellen bekrönt, der Bau als solcher wurde aber zum Großteil aus Material des 1. Dipteros errichtet, sogar das Holz des Vorgängers wurde für das Gebälk wieder verwendet.

Unabhängig von solchen Einschränkungen stellen die beiden Dipteroi von Samos zweifelsohne einen Meilenstein in der Entwicklung der griechischen Architektur dar. Zum ersten Mal wurden monumentale Bauten bisher ungeahnten Ausmaßes errichtet. Der Umgang mit Stein, der sich noch in seinen Anfängen befand, musste auf riesige Dimensionen übertragen werden. Noch mehr gilt das für die Organisation der Baustelle und die Bereitstellung des benötigten Baumaterials. Schon beim 1. Dipteros mussten rund 10.000 m^3 Stein bearbeitet werden. Für die Säulen wurden weit über 5.000 Trommeln benötigt und in den Ptera waren rund 1.500 Platten in Position zu bringen. Auf dem Dach wurden etwa 10.000 Ziegel und ebenso viele Kalyptere verlegt. Dazu kommt eine Unmenge an Bauholz, das auf Samos nicht verfügbar war und importiert werden musste. Wie wurde das alles hergestellt, wie wurde es transportiert? Wie viele Menschen waren bei diesen Arbeiten beschäftigt, woher kamen sie? Wer hat ein solches Projekt beschlossen und wer hatte dafür die Verantwortung? Wie wurden diese Arbeiten finanziert, wie viele Jahre haben sie in Anspruch genommen[27]?

Das alles sind Fragen, die auch für die Schwesterbauten gelten. Auf Samos lässt sich zumindest eine Vorstellung gewinnen über die Bereitstellung des Werksteines. Der Kalkstein für die Basen und Echinoi wurde unweit westlich des Heiligtums im Tagebau gewonnen, der Poros dagegen in einem riesigen unterirdischen Steinbruch, der rund 4 km östlich von der Baustelle entfernt in einen Hang vorgetrieben wurde. Vor allem letzterer gibt eine Ahnung von der Gewinnung des Materials sowie vom Problem des Transports[28]. Wo aber die Tonziegel hergestellt wurden, ist unbekannt, ebenso woher das Bauholz kam. Wir können nur konstatieren, dass auf der ganzen Insel bis heute kein Projekt mehr mit vergleichbarem Volumen realisiert wurde.

Die Frage nach der Datierung der beiden Tempel kann hier nur tangiert werden. Nach bisheriger Kenntnis wurde der 1. Dipteros um 575 v. Chr. begonnen, der 2. um 530 v. Chr. Wir haben für beide Tempel einen stratigraphischen Befund, der diese Jahreszahlen nahe legt, aber leider immer noch nicht endgültig ausgewertet ist[29]. Problematisch ist dabei vor allem die Datierung des 1. Dipteros, die zwar plausibel erscheint, aber nicht zur Temenoserweiterung passt, die rund 25 Jahre früher vorgenommen worden sein soll. Die Temenoserweiterung lässt sich aber nur im Zusammenhang mit der Planung des Tempels überzeugend erklären. Dieses topographische Dilemma wird verschärft durch die historischen Zusammenhänge: Da anzunehmen ist, dass die Errichtung der Dipteroi einen Wandel im politischen System voraussetzt und mit der Tyrannis in Verbindung steht, wäre folglich auch zu klären, wann die Alleinherrschaft auf Samos so gefestigt war, dass ein solches Projekt in Angriff genommen werden konnte.

Beim 2. Dipteros wiederum haben wir ein recht zuverlässiges Datum für den Baubeginn, nicht aber für die weiteren Bauabschnitte. Allem Anschein nach war es tatsächlich Polykrates, der den Neubau initiierte, der Schichtbefund lässt aber vermuten, dass der Tyrann nur die Fundamentlegung erlebte, nicht jedoch das Erstehen der aufgehenden Architektur. Wir haben zwar anhand der von Hellner aufgezeigten Entwicklung der Säulenbasen einen zuverlässigen Anhaltspunkt für die sukzessive Weiterführung der Bauarbeiten und dürfen davon ausgehen, dass die letzten Bemühungen, den Riesenbau fertig zu stellen, gegen Ende des 4. Jhs. v. Chr. unternommen wurden. Der wirkliche Baufortschritt sowie die jeweilige Datierung bleiben aber nach wie vor ungewiss[30].

---

27 H. J. Kienast, Die Tyrannis inszeniert sich, in: E.-L. Schwandner – K. Rheidt (Hrsg.), Macht der Architektur, Architektur der Macht. Bauforschungskolloquium in Berlin vom 30. Oktober bis 2. November 2002 veranstaltet vom Architektur-Referat des DAI, DiskAB 8 (Berlin 2004) 69–78.

28 Kienast 1992, 206–208; ausführliche Publikation in Vorbereitung.

29 Kienast 1992, 185 mit Anm. 57.

30 Hellner 2009, 139–156 und 201–203.

T. Schulz (Hrsg.), Dipteros und Pseudodipteros. Bauhistorische und archäologische Forschungen, BYZAS 12 (2012) 19-40

Die beiden Dipteroi der Artemis von Ephesos – Tradition, Archaismus, Denkmalpflege?

Aenne OHNESORG

Zusammenfassung

Von den Fundamenten und der aufgehenden Architektur der beiden übereinander liegenden Dipteroi der Artemis von Ephesos sind nur spärliche Reste übrig geblieben. Aus ihnen lässt sich der Grundriss des älteren, archaischen Tempels mit 20 Säulen an den Langseiten und 8 Säulen an der Westfront sicher rekonstruieren. Die Lösung an der Ostseite ist jedoch nach wie vor ungeklärt: okto- oder enneastyle Front, Opisthodom oder Adyton?

Eine neuerliche Untersuchung der Fundamente der vier erhaltenen Säulenbasen und der Reste des Stufenbaus beweist, dass der Grundriss des jüngeren, spätklassischen Dipteros identisch mit dem des älteren ist, es also im Westen keine dritte Säulenreihe gab. Das bedeutete auch erweiterte Eckjoche – eine im 4. Jh. 'altmodische' Lösung. Die gesamte Säulenzahl schwankt zwischen 104 und 109; am wahrscheinlichsten sind 106 Säulen – aber nicht die von Plinius überlieferten 127. Damit ist auch die Zahl der von ihm genannten 36 *columnae caelatae* nicht verbindlich.

Während der Grundriss genau übernommen wurde, sind im Aufriss erhebliche Unterschiede festzustellen. Hier ist insbesondere der Vergleich von Ornamentformen wie Kymatien, Astragalen und Anthemien mit denen anderer Bauten der Zeit aufschlussreich: Die Ornamentik des jüngeren Artemisions ist zeitgemäß, und es sind kaum archaistische Elemente zu beobachten.

Die Begründung dafür, dass der Grundriss des älteren Tempels vom jüngeren exakt übernommen wurde, scheint in der Traditionsgebundenheit der Priesterschaft bzw. der Bauherren zu liegen. Im offenen Sekos wurde das alte Niveau beibehalten und die altehrwürdige Kultstätte weiterbenutzt.

In seiner kenntnisreichen und scharfsinnigen Freiburger Dissertation von 1994 führt Ulf Buchert die beiden Artemistempel von Ephesos als Beispiele für „Denkmalpflege im antiken Griechenland“ an[1]. Im entsprechenden Kapitel diskutiert er alle kritischen Punkte

---

[1] Buchert 2000 (Die Arbeit wurde erst im Jahr 2000 veröffentlicht).

der Erhaltung und Rekonstruktion und zieht daraus die richtigen Schlüsse, z. B. was die Zahl der Säulenreihen an der W- und O-Seite des Baus angeht. Darauf wird noch zurückzukommen sein.

Der Untertitel der Arbeit von Buchert lautet „Maßnahmen zur Bewahrung antiker Bausubstanz“. Ist ein Tempelneubau auf exakt demselben Grundriss wie ein etwa 200 Jahre älterer Vorgänger als denkmalpflegerische Maßnahme zu verstehen, oder gibt es dafür andere Gründe?

Rekonstruktion des Grundrisses

Bevor wir uns dieser Frage zuwenden, muss zunächst der – insgesamt dürftige – Befund nochmal vorgestellt und interpretiert werden. Die Grabungen im ephesischen Artemis-Heiligtum begannen bekanntlich 1869. Erst im Laufe der Arbeiten wurde überhaupt deutlich, dass zwei Tempel verschiedener Bauzeit existierten, die exakt übereinander liegen.

Der erste englische Ausgräber John Turtle Wood legte in den 1870er-Jahren bereits erste, erstaunlich exakte ***Grundrissrekonstruktionen*** des Dipteros mit insgesamt 100 Säulen vor[2]. Er hatte schon erkannt, dass der Tempel mehr als eine Bauphase hatte.

Umfangreiche Nachgrabungen – ebenfalls des Britischen Museums – in den Jahren 1904/5 halfen, das Bild des 'Kroisos-Tempels', wie der 1. Dipteros hinfort genannt wurde, zu klären. Die Rekonstruktion *beider* Tempel, die – wie sich zeigte – über gleichem Grundriss errichtet wurden, beruht auf verhältnismäßig wenigen Resten (*Abb. 1. 2. 10*). Der Grundriss des 1. Dipteros wurde dann etwa gleichzeitig von Arthur E. Henderson, dem mit David G. Hogarth vom Britischen Museum zusammen arbeitenden Architekten, und von Wilhelm Wilberg, dem Architekten des österreichischen Teams unter Otto Benndorf, rekonstruiert[3].

Diese Grundriss-Rekonstruktionen haben bezüglich der Ringhallen, des tiefen Pronaos im Westen und der 20 Säulen an den Langseiten Bestand. Im Osten nahmen beide Architekten einen Opisthodom und eine oktostyle Rückseite an. Dort ist die Situation aber ungeklärt, worauf noch einzugehen sein wird. Wilberg rekonstruierte für den 1. Dipteros insgesamt 106 Säulen; Henderson fügte seinen 108 noch 19 Innensäulen hinzu und erreichte damit die von Plinius überlieferte Gesamtzahl 127. Die Innensäulen sind jedoch zu streichen, weil der Sekos nachweislich nicht überdacht war[4]. Vielmehr gab es einen

---

2 J. T. Wood, Londoner Athenäum Nr. 2367 vom 8. 3. 1873, 317 (nach Schaber 1982, 27 f. mit Anm. 135 und Abb. 5; 154): 8 x 18 Säulen (insgesamt 100, ohne die 16 Säulen in der 'Cella'), tiefer Pronaos und „Posticum“; Wood 1877 gegenüber S. 262 (ebenfalls bei Schaber 1982, 30 Abb. 7; 154): 8 x 20 Säulen (insgesamt ebenfalls 100, ohne 20 Innensäulen), aber den Pronaos zugunsten eines „Vestibüls“ verkürzt und die Rückseite mit einem „Posticum“ hinter einem „Opisthodomos“ versehen.

3 Hogarth-Henderson 1908, Atlas Taf. 12 (reproduziert bei Schaber 1982, 39 Abb. 15); Henderson 1909 stellt einen Bericht dar, der eine etwas knappere Version der Buchveröffentlichung ist – einschließlich der komprimierten Tafeln (IV die Grundriss-Rekonstruktion); Wilberg 1906, 223 Abb. 81 (reproduziert bei Schaber 1982, 38 Abb. 14 oder Gruben, hier Anm. 60).

4 Hogarth – Henderson 1908, 247 »wahrscheinlich Innensäulen«, aber auch, dass die »Cella« durchaus »bis zu einem gewissen Grad unter freiem Himmel« lag. S. 263; Atlas Taf. 12; Wilberg 1906, 234: »sehr wahrscheinlich ..., dass im Innern der Cella Säulen gestanden haben«; Ohnesorg 2007, 116. 118; s. a. Rez. von M.-F. Billot, Bibliographie de l'architecture grecque, in: http://www.mae.u-paris10fr./bullarchi/.

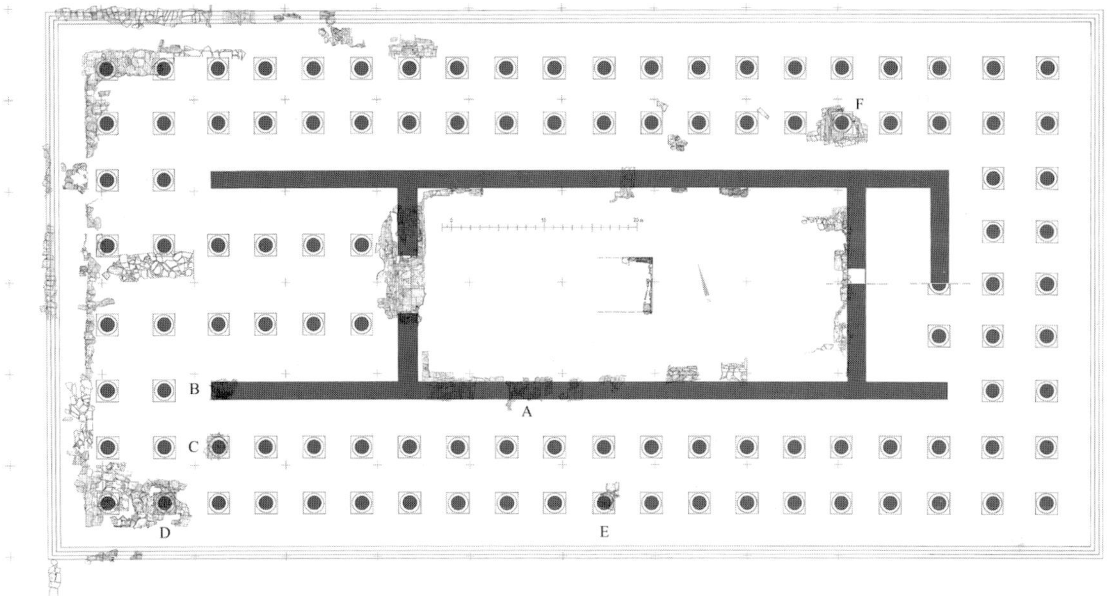

Abb. 1 Artemision von Ephesos, Steinplan mit Rekonstruktion des Tempel-Grundrisses (kleine Abweichungen wegen nicht ganz exakter Rechtwinkligkeit des Kroisos-Fundaments)

großen Hof um den Kultschrein, der von ca. 2 m starken und einstmals über 16 m hohen Wänden umschlossen war.

An dieser Stelle sei noch ein ***Exkurs*** zur Bautechnik dieser Sekoswände eingeschoben: Sie sind aus marmornen Schalenquadern gebildet, von denen nur wenige erhalten sind, und diese müssen mit Bindern durchsetzt gewesen sein. Die Quader der Türwand waren mit Klammern verbunden, die der anderen Wände unverklammert. Dübel zwischen den Wandschichten gab es – noch – nicht, dafür in einigen der Blöcke, die alle in der untersten Wandschicht liegen[5], merkwürdige seitliche Rillen von knapp 3 x 3 cm Querschnitt, immer paarweise an beiden Seitenflächen eines Blocks. Die Rillen liegen leicht schräg im vorderen Bereich der Seitenflächen und setzen sich noch einige cm auf der Unterseite fort. An den Eckblöcken des zeitgleichen Naiskos entspricht der Rille an der Stoßfuge eine Bosse an der Außenfläche. Die Verf. erklärte an anderer Stelle die Rillen mit einem Hebemechanismus[6]. Eine andere Erklärung schlägt Gerhard Kuhn vor[7]: In die Rillen könnten 'Winkeleisen' von ca. 2,5 cm Durchmesser eingeschoben worden sein, die am Ende umgebogen waren und den Block deutlich überragten. Mit Hilfe solcher Hebeleisen und zweier Rollen von geringem Durchmesser – aus Holz oder Metall[8], die

[5] Mit Ausnahme eines derartigen Blocks *extra situm*, dessen originale Lage unbekannt ist.

[6] Ohnesorg 2007, 11–19. 34; A. Ohnesorg, Transport, Versatz und Verbindung von Bauteilen des archaischen Artemistempels von Ephesos – und ein rätselhafter Hebe-Mechanismus?, in: M. Bachmann (Hrsg.), Bautechnik im antiken und vorantiken Kleinasien, Byzas 9 (Istanbul 2009) 251–267.

[7] Schreiben vom 6. 11. 2009; ich danke G. Kuhn sehr herzlich, dass er mir gestattete, diesen Vorschlag hier zu veröffentlichen.

[8] M. Korres hatte am Parthenon Spuren und Reste kurzer metallener Bronze-Rollen (altgriechisch Φάλαγξ) von 4 bis 5 mm (!) Durchmesser entdeckt, wie er mir freundlicherweise mündlich mitteilte.

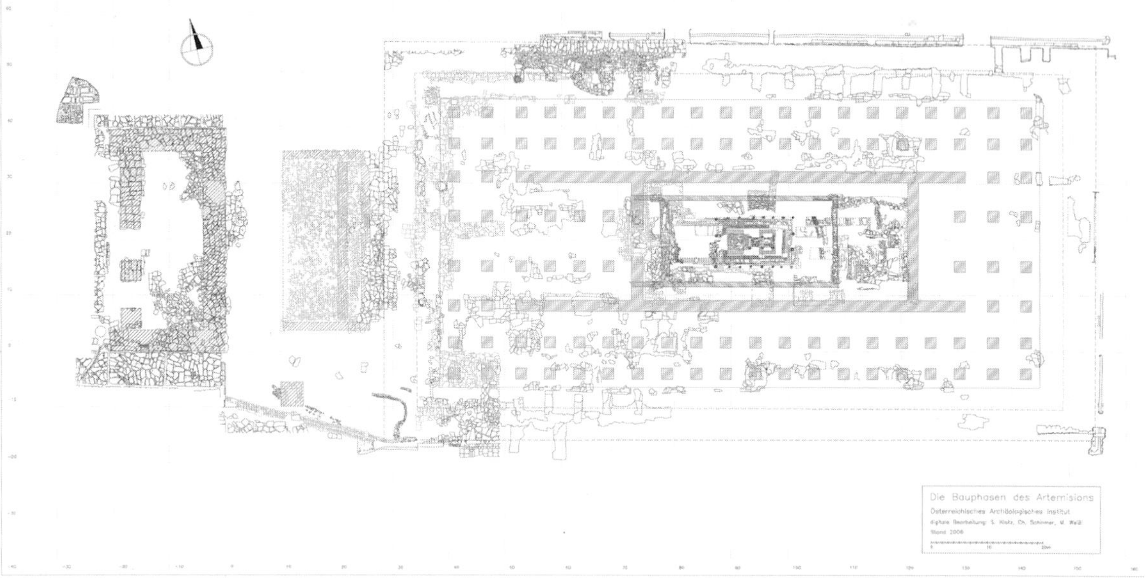

Abb. 2 Phasenplan der Tempel im Artemision von Ephesos (Rekonstruktion von M. Weißl)

in Längsrichtung unter den Block geschoben wurden, konnte seine Front exakt über der auf dem Toichobat aufgerissenen Linie ausgerichtet werden. Nun wurde erst die vordere Rolle durch leichtes Anheben mittels der 'Winkeleisen' entfernt, der Block ggf. über die hintere Rolle noch feinjustiert und dann auch diese entfernt. Schließlich wurden die Hebeleisen seitlich aus der Rille herausgezogen, solange die Nachbarblöcke noch nicht versetzt waren oder wenigstens etwas Abstand hatten. Die nun noch einige cm klaffenden Stoßfugen wurden in gewohnter Manier mit Hilfe von Stemmeisen geschlossen, worauf Stemmlöcher auf dem Toichobat deuten.

Eine Rekonstruktion des 1. Dipteros mit 106 Säulen wie W. Wilberg, aber mit Adyton und enneastyler Rückseite vertrat dann Anton Bammer in seiner Monographie von 1972[9]. Diese Lösung halte auch ich für die wahrscheinlichste (*Abb. 2*)[10].

In Bammers Monographie des *2. Dipteros* von 1972 konnten noch kaum Ergebnisse aus den Grabungen eingehen, die das Österreichische Archäologische Institut unter seiner Federführung seit 1965 im Artemision unternahm, weil sich die Arbeiten in den ersten Jahren auf das Altar-Fundament im Westen beschränkten. In den 1980er Jahren erstreckten sie sich dann aber bis zur Ostwand des Sekos und schlossen die frühen Baureste

---

9 Bammer 1972a, 6–13 mit Abb. 5 oben (diese Abb. mehrfach reproduziert, z. B. Bammer – Muss 1996, 54 Abb. 61; 9. 12 f. mit Anm. 83). – Vgl. Ohnesorg 2007, 9 Anm. 80.

10 Ohnesorg 2007, *passim*. – Es sei noch auf die Arbeit von R. Tölle-Kastenbein, Zur Genesis und Entwicklung des Dipteros, JdI 109, 1994, 41–76 verwiesen, gegen die es einiges einzuwenden gibt; das übernahm teilweise schon Chr. Höcker, Sekos, Dipteros, Hypaethros – Überlegungen zur Monumentalisierung der archaischen Sakralarchitektur Ioniens, in: R. Rolle – K. Schmidt (Hrsg.), Archäologische Studien in Kontaktzonen der antiken Welt (Göttingen 1998) 147–163.

im Zentrum des Tempelhofes ein. Ganz im Osten wurde nicht gegraben, so dass diese Forschungen nur für die Westseite der beiden Dipteroi neue Erkenntnisse lieferten[11].

Demnach können auch beim Jüngeren Tempel im Westen nur zwei Säulenreihen existiert haben. Das erkannte m. W. als erster U. Buchert in seiner bereits erwähnten Freiburger Dissertation[12]. Darauf nimmt Michael Weißl in einem Aufsatz von 2002 Bezug – und bestätigt diese Rekonstruktion[13].

Die Indizien für die Rekonstruktion des Grundrisses des 2. Dipteros sind folgende: Die Wände des Sekos einschließlich der westlichen Ante(n) blieben an derselben Stelle, wie durch deren 'Ummantelung' nachgewiesen ist[14]. An der Westwand liegen außen vor der Wandsockelschicht des 1. Tempels Fundamentquader des 2. Tempels, die dieselbe Höhe haben. Dadurch können die nächste (Fundament-) Schicht – und natürlich auch alle weiteren Schichten – durchlaufen [15]. An der Südwand blieben von den Quadern des 1. Dipteros bis zu 3 Schichten stehen, von den außen dagegengebauten Fundamentquadern des 2. Dipteros zwei Schichten. An der einzig erhaltenen SW-Ante wurde das Mauerwerk des 1. Dipteros innerhalb der 4 Schichten der Ummantelung größtenteils abgetragen, denn die unterste 'Wandsockel-Schicht' ist rundherum reduziert[16]. Zudem liegt darauf eine dünne Ausgleichsschicht – falls *in situ*, bezeugt sie eine Abtragung der Antenwand bis auf dieses Niveau[17]. Im Osten reichten die Längswände über die nachgewiesene Rückwand des Sekos hinaus, aber ob sie in Anten endeten und damit einen Opisthodom bildeten oder ein Adyton umfassten, bleibt ungewiss[18].

Von den Säulen sind nur vier Standorte bekannt, die schon der Rekonstruktion des archaischen Dipteros dienten (*Abb. 1*, Buchstaben **C** bis **F**). Eine davon ist eine Säule des inneren Säulenkranzes im Nordosten (**F**)[19]. Einzig dort liegt über der archaischen,

---

11 Über diese Grabungstätigkeiten gibt es zahlreiche Veröffentlichungen. Der wichtigste Beitrag des Ausgräbers zum 1. Dipteros ist Bammer 1986/87; zum 2. Bammer 1964/65; zusammenfassend A. Bammer, Forschungen im Artemision von Ephesos von 1976 bis 1981, AnatSt 32, 1982, 61–87 und A. Bammer, Neues zum spätklassischen Weltwunderbau, in: U. Muss (Hrsg.), Die Archäologie der ephesischen Artemis (Wien 2008) 275 f.

12 Buchert 2000, 75 und Abb. 12 (S. 62). – Bereits Henderson 1915/16, 132 konstatiert „... the fact that the Archaic [temple] had exactly the same spacing of columns ..." und stellte auf der Abb. S. 131 im Westen nur 2 Säulenreihen vor den Anten des jüngeren Tempels dar.

13 Weißl 2002, 343 Anm. 183 und Abb. 1; Abb. 14 – hier *Abb. 2* – ist ein neuer Phasenplan des Heiligtums.

14 Gut zu erkennen z. B. bei Wilberg 223 Abb. 181 (verändert reproduziert in Ohnesorg 2007, 114 Abb. 25) und Abb. 182–184.

15 Zu sehen bei Ohnesorg 2007 Taf. 30. 43, 2. 3.

16 Diese äußere Mauerschale war entweder durch den Brand versehrt oder – zur besseren Verzahnung mit dem Mauerwerk des Fundaments – abgeschlagen worden.

17 Ohnesorg 2007, 21; vergleichbare Platten lagen übrigens an der NO-Säule auf der Spira *in situ*: Ohnesorg 2007, 27 (unten).

18 Bammer 1972a, 6. 12 f., Bammer – Muss 1996, 55 und Gruben 2001, 391 sprechen sich beim archaischen Tempel für ein Adyton und beim jüngeren Tempel – analog Priene und Sardis – für einen Opisthodom aus; Opisthodom auch bei Henderson 1915/16, Abb. S. 130 und Dinsmoor 1950, 223–226; vgl. Ohnesorg 2007, 96.

19 Wilberg 1906 Abb. 183–197 versah die Säulen-Standorte und die sonstigen Reste des archaischen Tempels mit Buchstaben. Schon Wood auf seinem Grundriss (nach S. 262) bezeichnete die NO- und die S-Säule mit Buchstaben, A und B (Wilbergs F und E). Er hatte aber wohl noch nicht erkannt, dass hier die Säulen des 2. Dipteros zentrisch über den Basen des älteren liegen.

zweigeteilten Plinthe[20] noch eine Spira *in situ*. Darüber ist das Fundament der entsprechenden Säule des 2. Dipteros aufgetürmt. Die Plinthe dieser jüngeren Säule liegt noch *in situ*, allerdings seit der Anastilosis von 1970–73 kaum mehr sichtbar[21]. Wilberg bemerkte auch, daß die alte Säulenbasis »central unter der hellenistischen« liegt[22]. Diese beiden erhaltenen Plinthen bieten die einzige Stelle, an der der Niveau-Unterschied zwischen älterem und jüngerem Tempel noch heute gemessen werden kann: ~2.70 m[23].

Die zweite der erhaltenen Plinthen gehört zu einer Säule des äußeren *südlichen* Säulenkranzes (*Abb. 1*, **E**)[24]. Darüber sind die Blöcke des Fundaments für die jüngere Säule aufgeschichtet[25]. Im nordöstlichen Viertel der archaischen Plinthe bezeichnet eine kreisförmige Bettungsgrenze die Lagerfläche der Spira, deren Mittelpunkt durch zwei übereinanderliegende Ritzkreuze definiert ist[26]. Weitere Ritzmarken außerhalb der Plinthe scheinen das Achskreuz der Säule zu markieren, das ja beim Auftürmen des jüngeren Fundaments von Schicht zu Schicht übertragen werden mußte – immerhin auf ein ~2.70 m höheres Niveau[27]. Hier lag ursprünglich die Basis samt einem Stück Säulenschaft des jüngeren Tempels, die sich heute im Britischen Museum befinden[28].

Die archaische Plinthe dieser zweiten erhaltenen Säule (**E**) wurde rundherum grob kreisförmig abgeschlagen, offenbar, um die Fundamentblöcke für die jüngere Säule besser zu verzahnen[29].

Besonders deutlich ist diese sekundäre Abrundung bei der wiederum zweigeteilten archaischen Plinthe der dritten erhaltenen Säulenbasis (**C**) südlich der SW-Ante[30] (*Abb. 1. 4*). Hier existieren auch noch fast alle der an die archaische Plinthe angepassten, gleich hohen, gröberen Fundamentblöcke des 2. Dipteros, sowie einige Blöcke der nächsten Fundament-Schicht. Die Oberfläche der Plinthe ist für weitere Fundamentblöcke aufgerauht. Diese Maßnahmen wurden zweifellos deshalb ergriffen, weil auch hier der Mittelpunkt der jüngeren Säule zentrisch über der älteren liegen sollte. An diese Stelle wurde die Säule in allen Grundriss-Rekonstruktionen gesetzt.

---

20 Dimension ~2.20 x 2.20 m, Fuge wohl in W-O-Richtung; vgl. Ohnesorg 2007, 27 („NO-Säulenbasis").

21 Die Plinthe ist auf älteren Zeichnungen dargestellt: Ohnesorg 2007, 27 mit Anm. 215–218. – Bedauerlicherweise ist die Plinthe vor diesem Akt „postmoderner Denkmalpflege" (Gruben 2001, 380) nicht dokumentiert worden.

22 Wilberg 1906, 225; dito Hogarth – Henderson 1908, 260; s. auch Wesenberg 1983, 50 Anm. 159.

23 Ohnesorg 2007, 28 mit Anm. 220. – Wood 1877, 262 glaubte, 28,6 m („nearly 7 feet 6 inches") unter dem Pflaster des jüngeren Dipteros das des „vorvorletzten" Tempels entdeckt zu haben; seiner Beschreibung nach ist es das des archaischen Dipteros; vgl. auch Henderson 1915/16, 130 mit Anm. (o. Nr.)

24 Kantenlänge der Plinthe 2.20 m, Fuge in W-O-Richtung; Ohnesorg 2007, 26 („S-Säulenbasis").

25 Sie bestehen aus grauem Marmor, vgl. Bammer 1972a, 6, bes. Taf. 1 d; anders Wilberg 1906, 224: „Kalksteinblöcke"; dito Hogarth 1908, 8; vgl. a. Ohnesorg 2007, 26 Anm. 200.

26 Ohnesorg 2007, 26 mit Taf. 48, 2 und 48, 5.

27 Ähnliche Markierungen wurden auf dem archaischen Stylobat bei der NO-Säule beobachtet: Ohnesorg 2007, 27.

28 Die Abb. Wood 1877 nach S. 176 ist reproduziert von Lethaby 1908, 15 Abb. 12; s. auch o. Anm. 24; diese S-Säulenbasis hätte – auch – eine Chance geboten, den Niveau-Unterschied zwischen älterer und jüngerer Säulenbasis zu messen. Sie wurde m. W. nicht genutzt; vgl. aber Henderson 1915/16, 130 mit Anm.

29 Auch die Nordost-Plinthe (**F**) wurde abgeschlagen, was aber wegen ihrer starken Verbauung weniger deutlich wird.

30 Kantenlänge der Plinthe 2.29 m, Fuge in W-O-Richtung; vgl. Ohnesorg 2007, 22–24.

Die vierte erhaltene Säulen-Basis (**D**) liegt südwestlich dieser Plinthe, im äußeren Säulenkranz (*Abb. 1. 5*). Nur der östliche Block der archaischen Plinthe ist erhalten[31]. An seine Ostseite waren einige Fundamentblöcke des jüngeren Tempels angeschoben. Für den Anschluss weiterer Fundamentblöcke ist er an seiner Nord- und Südseite abgeschlagen, und die Oberfläche des Stylobats bzw. der Plinthen-Lagerfläche ist an den drei Seiten des fehlenden westlichen Plinthenblocks und besonders unter dessen SW-Ecke aufgerauht[32]. Alles zusammen ergibt wieder eine abgerundete Zurichtung der archaischen Plinthe. Das ist der Beweis, daß auch hier der Mittelpunkt der jüngeren Säule über dem der archaischen lag[33].

Es kommt hinzu, dass südlich der Plinthe noch die Reste einer der Fundamentrippen anstehen, die im Bereich des Krepisfundaments des jüngeren Tempels immer in den Säulen*achsen* liegen und offenbar die Säulenfundamente stabilisieren sollten[34]. In verschiedenen Publikationen sind 14 bis 26 dieser Fundamentrippen verzeichnet[35].

Wenn also auch die Säule (**D**) des jüngeren Tempels über der archaischen lag[36], hatte die ganze Säulenreihe zur nächst-östlichen, vertreten durch die Säulenbasis (**C**), einen (Achs-) Abstand von 5.90 m. Das ist mehr als das Normaljoch von 5.23 m. Das westliche Eckjoch des älteren *und* jüngeren Dipteros dürfte dann ebenfalls 5.90 m betragen – oder ~6.08 m, was der Achsabstand der beiden äußeren Säulenreihen in N-S-Richtung ist[37].

Die Säulen des 2. Dipteros stehen anscheinend auf den Kreuzungspunkten eines Fundamentrosts (*Abb. 3*) – im Gegensatz zum offenbar durchgeschichteten Fundamentrahmen des älteren Tempels[38]. Der Raum dazwischen wurde wohl mit kleinteiligerem Material aufgemauert bzw. aufgeschüttet[39].

---

31 Kantenlänge der Plinthe 2.34 m (rekonstruiert), Fuge in N-S-Richtung; vgl. Ohnesorg 2007, 24-26 („WSW-Säulenbasis").

32 Ursprünglich lag offenbar auch noch mindestens einer der „Kalksteinblöcke" (vgl. Anm. 25) des Fundaments des jüngeren Tempels *darauf*, s. Wilberg 1906, 225 Abb. 185.

33 Anders Bammer 1972a, 9.

34 Diese Fundamentrippen reichen bei der Säule (**D**) noch bis ca. 1 m über den archaischen Stylobat und haben eine Mauerstärke von mindestens 1.30 m. Sie sind an der Außenseite durch Mauerzüge parallel zur Krepis verbunden. – Vergleichbar die Zungenmauern um den Athenatempel von Milet (auch „Fundamentrost" genannt): A. v. Gerkan, Kalabaktepe, Athenatempel und Umgebung, Milet 1, 8 (Berlin 1925) 58 mit Taf. 7. 9; A. Mallwitz, Der alte Athena-Tempel von Milet, IstMitt 18, 1968, 89–143; W. Held, Das Heiligtum der Athena in Milet, MF 2 (Mainz 2000) 30–33 mit Abb. 17 f., dazu die Rez. von A. Grüner – A. Hennemeyer, BJb 201, 2001, 553 und A. Ohnesorg – U. Muss, RA 2003, 162. – Es sei betont, dass diese milesischen Fundamentrippen (trotz unscharfer Terminologie) nicht mit dem Fundamentrost unter der Ringhalle des 2. ephesischen Dipteros gleichzusetzen sind, s. u. mit Anm. 39.

35 Ohnesorg 2007, 24 mit Anm. 198 (ältere Publikationen); ebenda Taf. 55, 2. 3 sind die Fundamentrippen auf der Nordseite des Tempels zu erkennen.

36 Ihre Achse lag dann ~46.74 östlich der Altar-Ostkante (öAOK), vgl. Ohnesorg 2007, XIV und 3 mit Anm. 25.

37 Bei der ersten Lösung kommt die westlichste Säulenachse 40.48 m öAOK zu liegen, bei der zweiten 40.66 m, vgl. Ohnesorg 2007, 95 mit Anm. 576 und Taf. 24. – Ältere Rekonstruktionen mit z. T. abweichenden Maßen zusammengefaßt bei Ohnesorg 2007, 98 mit Tab. 15.

38 Bammer 1986/87, 17; Ohnesorg 2007, 7. 119 f.

39 Ohnesorg 2007, 28, vor Anm. 231: „mörtelartige Auffüllung". – Zu Fundamentrosten vgl. den jüngeren Apollontempel von Delphi (E. Hansen, Versetzen von Baugliedern an griechischen Tempeln, in: A. Hoffmann u. a. [Hrsg.], Bautechnik der Antike. Koll. Berlin 1990 [Mainz 1991] 72-79), den Pergamon-Altar (s. u. Anm. 86) und evtl. auch das Smintheion in der Troas (C. Özgünel in: W. Hoepfner – E.-L Schwandner [Hrsg.], Hermogenes und die hochhellenistische Architektur [Mainz 1988] 35-43 [auch Diskussionsbeitrag Hoepfner]).

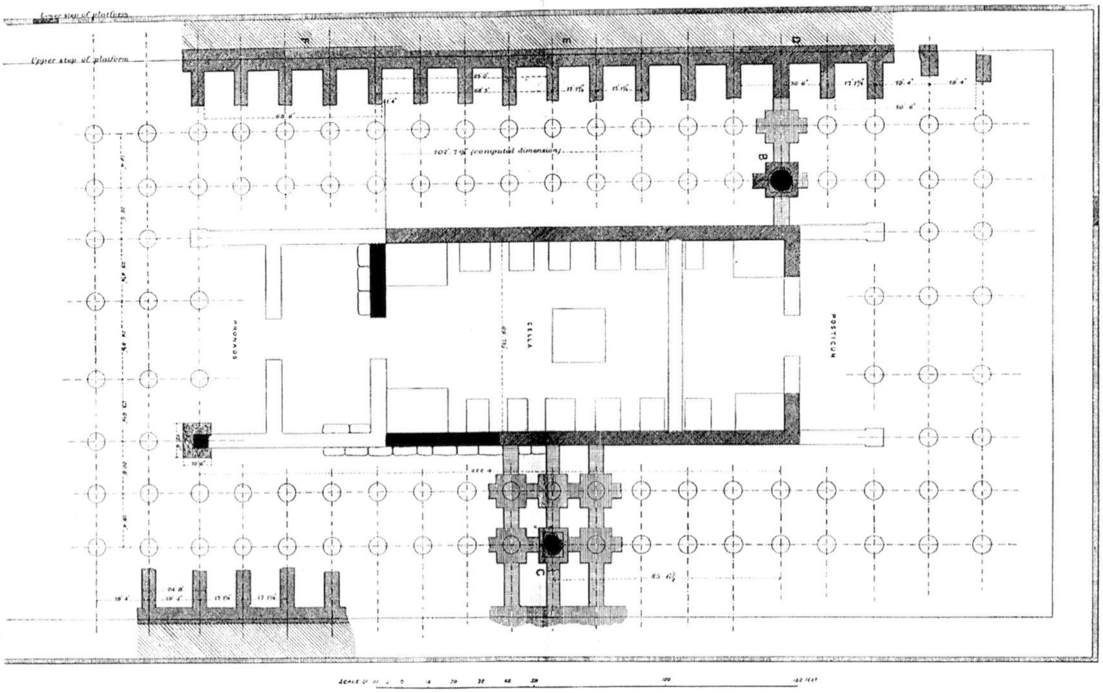

Abb. 3 Artemision von Ephesos, Grundriss des 2. Dipteros mit Fundamentrost

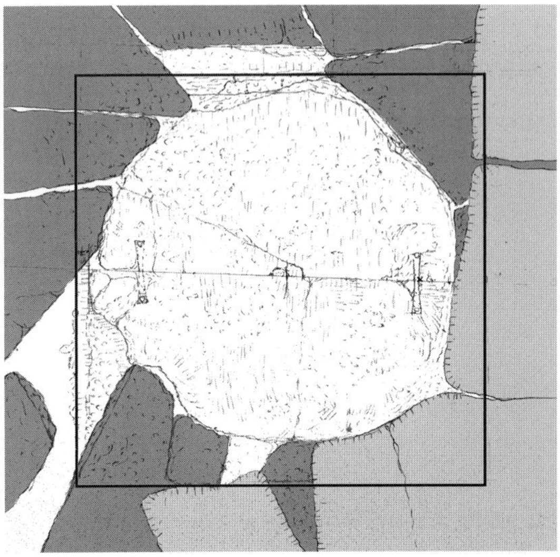

Abb. 4 Artemision von Ephesos, südwestliche Säulenbasis (C) mit Rekonstruktion der archaischen Plinthe

Abb. 5 Artemision von Ephesos, südsüdwestliche Säulenbasis (D) mit Rekonstruktion der archaischen Plinthe

Durch die Grabungen der 1970er-Jahre kamen die Westkante des archaischen Peristasis-Fundaments und das Fundament der untersten Stufe des 1. Dipteros zutage. Die deutliche Bettungsgrenze für die unterste Stufe des 1. Dipteros liegt ~34.14 m östlich der Altar-Ostkante (AOK) auf einem Niveau von ca. +25 cm[40]. Mit Hilfe des einzigen *in situ* erhaltenen

40 Diese Höhen wurden von einem Null-Niveau auf dem Altar-Fundament aus gemessen, s. Ohnesorg 2007, 4 mit Anm. 32; ebenda 30-32 die Beschreibung der Reste des Krepis-Fundaments, mit älterer Literatur.

Stufenblocks an der Nordseite und des bekannten Niveaus des archaischen Stylobats auf +1.17 (±) m lässt sich eine Krepis mit 4 Stufen rekonstruieren[41].

Eine sog. „Aufschnürungslinie", die „27.82 m" östlich der AOK liegt, wird als Westkante eines 55 cm breiten Stufen*fundaments* des *zweiten* Dipteros interpretiert[42]. Die Unterkante und Oberkante der Blöcke *in situ* liegen ungefähr auf den Niveaus +68 cm und +88 cm[43].

Wie ist diese Westkante mit dem viel höheren Stufenbau des jüngeren Tempels zu vereinbaren, der auf ein Niveau hinaufreicht, das ~2.70 m über dem archaischen Stylobat lag? Und wie verhält sich diese hohe Krepis insbesondere zur westlichsten Säulenreihe?

Im Gegensatz zum 1. Dipteros lassen sich weder die Maße noch gar die genaue Anzahl der Stufen ermitteln. Aber es spielt keine große Rolle, ob die überlieferten 10 Stufen mit größeren Höhen und Auftrittstiefen oder bis zu 16 – kleinere – Stufen rekonstruiert werden[44]. Mit diesem Abstand ist kein weiteres Joch unterzubringen, da ja auch noch die – halbe – Plinthenbreite zu berücksichtigen ist (2.64 m : 2 = 1.32 m). Bei 16 Stufen liegt die Oberkante der Krepis etwa 6.75 bis 8.40 m östlich der Unterkante (der Krepis), also ca. 34.60 bis 36.20 m östlich der AOK[45]. Von dort bis zur westlichsten Säulenachse bleiben ca. 4.50 bis max. 6.06 m[46].

Bammer kannte 1972 die „westliche Aufschnürungslinie" noch nicht, war sich aber offenbar des Problems bewusst, denn er verkleinerte in seiner Rekonstruktion die beiden westlichen Joche des jüngeren Tempels im Vergleich zu den Langseitenjochen des archaischen Tempels und machte sie so groß wie die Normaljoche der Langseiten, 5.23 m[47]. „Das war

41 Ohnesorg 2007, 99-101.

42 In dieser Flucht „2 Stufen/ spätklassischer Tempel" mit „55 [cm] Stufenbreite" bzw. ein „Stufenband"; die Angaben für den Abstand der „Aufschnürungslinie" von der AOK variieren leicht: 27.82 m bei Bammer 1982, 62. 86 mit Abb. 1 und Taf. 13 b. 22 a; 27.86 m bei A. Bammer in: H. Vetters, AnzWien 125, 1988, Abb. 1 (Die Nordkante des nördlichen Stufenblocks liegt 28.53 m nördlich der Altar-Südkante); aus dem Plan Bammer 1986/87 Abb. 1 konnte ich für die östliche Kante der 55 cm breiten Stufe ca. 27.75 cm östlich der Altar-Ostkante herausmessen; vgl. auch Ohnesorg 2007, 96 mit Anm. 577 („~27.80 m oAOK"). – Bammer – Muss 2009, 152 vorsichtiger: „Diese Kante dürfte den Ansatz für den Stufenaufgang des spätklassischen Tempels bilden." –Bis zur westlichsten Säulenachse 40.66 m öAOK sind knapp 13 m Differenz. –Das „Aufschnürungskreuz" im SW auf einem Niveau von ca. -2 cm könnte dazu passen, wenn es auf einer tieferen Fundamentschicht liegt: Ohnesorg 2007, 31. 102.

43 Die Werte schwanken etwas; es werden auch +63 cm und +84 cm angegeben: Bammer 1982, 65 Abb. 6; Bammer 1984, 224 f. Abb. 113; vgl. Bammer 1986/87, 27 Abb. 17 (Profil 36), danach Weißl 2002, 339 mit Anm. 146; Buchert 2000, 70 mit Anm. 112.

44 10 Stufen: Ph. Byz., Mir. 6, nach Bammer 1972a, 9 mit Anm. 42; 16 Stufen haben den Vorteil einer komfortableren Höhe von 20–21 cm; die Auftrittstiefe beträgt zwischen 45 und 56 cm, vgl. nächste Anm.

45 Die 16 Stufen müssen bis auf ein Niveau von ca. +3.90 hinaufführen: Bammer 1982, 65 Abb. 6; Bammer 1984, 224 f. Abb. 113 und Weißl 2002, 340 Abb. 13. Damit ist die Stufenhöhe bestimmt: ca. 20,2 cm (= ca. [3.90 – 68/63] : 16). Die Stufentiefe kann zwischen 45 cm, dem am archaischen Tempel existenten Minimum, und 55 bis 56 cm, dem durch den Unterbau gegebenen bzw. bei Rügler 1988, 42 zitierten Maximum, betragen, vgl. Buchert 2000, 73 mit Anm. 127 f.; die gesamte Tiefe der Krepis beträgt damit zwischen 45 cm x 15 = 6.75 m und 56 cm x 15 = 8.40 m. Addiert man diese Krepistiefe zur „Aufschnürungslinie" ca. 27.80 m öAOK (s. o. Anm. 36), sind ca. 34.60 m bzw. 36.20 m öAOK erreicht. – Geht man von einem anderen Wert für die Stufenhöhe bzw. den von Philon von Byzanz angegebenen 10 Stufen aus, kann die Tiefe der Krepis differieren. Nimmt man darüber hinaus noch einen Umgang zwischen einem unteren und einem oberen Stufenteil an, wie manche Autoren – u. a. Dinsmoor 1950, 224 mit Abb. 81 – , verschiebt sich die Oberkante der Krepis weiter einwärts; wie Dinsmoor dann allerdings die rekonstruierten 3 Säulenreihen an der Westseite unterbringt, ist rätselhaft.

46 40.66 m öAOK – 34.60/36.20 m = 6.06/4.46 m.

47 Im Längsschnitt, Bammer 2008, 90 Abb. 6 nicht zu erkennen; die Darstellung ist allerdings sehr klein – bzw. der

möglich, weil in diesem Bereich kein Nachweis der Achsübereinstimmung von älterem und jüngerem Tempel vorhanden war. Bammer übersah jedoch ... die Fundamentzungen (oder Fundamentrippen) des spätklassischen Neubaus ..." kommentierte Buchert[48].

So bleibt m. E. nur eine mögliche Rekonstruktion für den Grundriss der Westseite des *zweiten* Dipteros übrig: 2 Säulenreihen vor den Anten, die größere Jochweiten als die 'Normal-Joche' haben, davor ein mindestens ~3.15 m breiter 'Umgang'[49], wie ihn auch schon der 1. Dipteros hatte.

An der Nord-, Ost- und auch Süd-Seite verläuft entlang der Unterkante der Krepis des 2. Dipteros ein „Kanal" oder besser eine (Entwässerungs-)Rinne, wie schon Hogarth und Henderson erkannt hatten[50]. Rekonstruiert man die östliche Krepis des 2. Dipteros von der entsprechenden Rinne aus, ergibt sich zwangsläufig, dass auch östlich der Anten bzw. der Adyton-Ostecken nur zwei Säulenreihen existiert haben können. Die erweiterten östlichen Eckjoche des archaischen Tempels sind mit ~5.93 m zu berechnen[51]. Dieses Maß dürfte dann auch für den 2. Dipteros gelten.

Damit hatte auch der jüngere Tempel erweitere Eckjoche – das ist in dieser Zeit 'unmodern', weshalb Bammer auch einen 'Raster-Grundriss' rekonstruierte[52]. Der Nachweis, dass 1. und 2. Dipteros einen identischen Grundriss besaßen, hat auch eine identische Säulenzahl zur Folge – vorausgesetzt, die Ostfront hatte ebenfalls die gleiche Säulenzahl. Mangels Befunden wissen wir aber nicht, ob sie oktostyl oder enneastyl war. Zudem ist die Gesamt-Säulenzahl bei einem Opisthodom und einem Adyton unterschiedlich.

Sicher ist nur, dass sich die Längswände über die Flucht der östlichen Sekoswand nach Osten fortsetzten[53]. Sie können in Anten enden und einen Opisthodom flankieren, „der in archaischer Zeit in Ostionien sonst nicht belegt ist"[54]. Ein Adyton wäre bei über 21 m Breite, aber nur ~7 m Tiefe und mindestens 16 m Höhe ein ungewöhnlicher, schachtartiger

---

Maßstab groß, ca. 1 : 723. – Zur früheren Interpretation als Erweiterung des 1. Dipteros im 5. Jh. s. U. Muss, Rez. von Rügler 1988, Gnomon 62, 1990, 63.

48 Buchert 2000, 75. – Spielt man die Variante mit den engeren Jochen dennoch durch, läge die westlichste Säulenachse 36.95 m öAOK [= 52.64 öAOK (Achsmaß der sw Säule [C], vgl. o. mit Anm. 30) – 3 x 5.23 m], also maximal ca. 2.40 m, minimal 75 cm östlich der Oberkante der Krepis [= 36.95 – ca. 34.50/36.20, s. Anm. 45 = 2.35 m bis 75 cm]. In diesem Abstand müßte noch die halbe Plinthen-Länge, 1.32 m, untergebracht werden, was ohnehin nur im 1. Fall möglich ist. Dann würde der Abstand zur Krepis-Oberkante höchstens ca. 1.05 m betragen – relativ wenig, auch im Vergleich zum 'Umgang' am älteren Tempel, der im Westen ~4.05 m breit ist, im Norden, Süden und wohl auch Osten jeweils ca. 3.67 m (vgl. Abb. 2). – Von welchen Maßen Bammer 1984, 224 f. Abb. 113 und M. Weißl 2002 (u. Mitarbeiter) Abb. 13 ausgehen, war mir nicht nachvollziehbar, vor allem nicht, in welchem Abstand von der AOK die verschiedenen Stein-Kanten oder Grenzen liegen.

49 ~3.15 m = 40.66 m öAOK – ~1.32 m – ~34.60/36.20 m.

50 Ohnesorg 2007, 96 mit Anm. 584 (ältere Lit.).

51 Ohnesorg 2007, 96–98 mit Anm. 587 f.; Bammer 1972a, 8 Abb. 5 unten (rekonstruierte 'Normaljoche' von 5.23 m); Wilberg 1906, 223 Abb. 181 stellt größere Ostjoche dar, ohne sie zu bemaßen oder im Text zu erwähnen; vgl. auch Gruben 2001, 386.

52 Bammer 1972a, 9: „Der quadratische Plinthenraster ist ... nur für die Innenjoche der äußeren und inneren Säulenreihen der Langseiten nachzuweisen", wobei die Plinthen-Länge von 2.64 m (Bammer 1972a, 21 Abb. 19. 53) etwas größer ist als der Abstand dazwischen: 2.59 m (Bammer 1972a, 8 Abb. 5 unten).

53 Das ist die Konsequenz aus der Tatsache, dass die Achse der östlichen Sekoswand knapp 1.50 m weiter westlich als die Achse der nördliche Säule (**F**) liegt: Ohnesorg 2007, 96.

54 Gruben 2001, 386. – Einen Opisthodom für den 1. Dipteros rekonstruierten Wilberg 1906 und Hogarth-Henderson 1908. – Die Grundriss-Varianten zeigen 2, 3 und 4 Säulen zwischen den Anten, in ein oder zwei Reihen.

Raum, der nicht leicht als Schatzhaus oder ähnliches zu nutzen ist[55]. An dieser Stelle könnte das Treppenhaus liegen, wenn der Dachstuhl begehbar war, was einerseits ein literarisches Zeugnis[56], andererseits Münzbilder mit der Darstellung von Fenstern oder Türen im Giebel nahe legen[57].

Für 9 Säulen an der Rückseite statt 8 – wie an der Front – sprechen zwei Argumente: die Analogie zu Samos[58] und die Tatsache, dass dann in der Mittelachse eine Säule steht: Sie „sagt mit ihrer Anwesenheit aus, dass sich hier der Eingang n i c h t befindet."[59]

Je nachdem, ob Adyton oder Opisthodom, ob okto- oder enneastyle Rückseite rekonstruiert werden, schwankt die Gesamt-Säulenzahl zwischen 104 und 109 Säulen (*Abb. 2. 10*). Mit einer 3. Säulenreihe im Westen wären 117 Säulen zu erreichen[60], aber nie 127, für keinen der beiden Dipteroi[61]. „Da es sich bei der Quelle des Plinius ... (um eine unzuverlässige handelt), kann die Säulenzahl 127 gegenüber dem archäologischen Befund vernachlässigt werden", meinte Buchert[62]. Dann sind auch die ebenfalls von Plinius genannten "36 *columnae caelatae*" nicht verbindlich[63].

55 Zum Vergleich kann das Adyton im allerdings inselionischen archaischen Tempel IV von Yria auf Naxos herangezogen werden: lichte Tiefe ~2.37 m, lichte Breite ~10.59 m, Höhe ~7.70 m, d. h. ~ 1 : 4,5 : 3,25; das Adyton in Ephesos ist ~ 1 : 3 : 2,3 proportioniert, also weniger breit und weniger hoch, absolut jedoch deutlich höher, was die Nutzung erschwert. Das Adyton des älteren (dorischen) Aphaia-Tempels von Aigina z. B. misst ~3.25 m x 6 m und ist bis zur Deckenebene ca. 5 m hoch: E.-L. Schwandner, Der ältere Porostempel der Aphaia auf Aegina, DAA 16 (Berlin 1985) 107–111 mit Abb. 67 f. 71 (Grundrisse verschiedener Artemis-Tempel mit Adyton!); Buchert 2000, 65 f. nennt auch noch das Hephaisteion in Athen und westgriechische Tempel. – Vgl. auch Ohnesorg 2007, 96 mit Anm. 582.

56 Plin. nat. 14, 9, u. a. zitiert von Kukula 1906, 249 Nr. 152.

57 Bluma L. Trell, The Temple of Artemis at Ephesos, Numismatic Notes and Monographs Nr. 107 (New York 1945) bes. 10 und M. J. Price – Bluma L. Trell, Coins and their Cities (London 1977) bes. 126–132: detaillierte Darstellung(en) im Giebel von einem Rechteck in der Mitte und seitlich je einer Figur mit erhobenem Arm; daneben auf jeder Seite ein kleineres Rechteck; in der Ecke liegende Figur; ebenda 12--17 Vergleich mit Münzen von Magnesia. Auch das oktastyle Serapeion von Ephesos hatte 3 Öffnungen im Giebel (Taf. 16), sowie 2 weitere ephesische Tempel, der oktastyle Domitians-Tempel und der des Macrinus Elagabalus, der nur von Münzen her bekannt ist; danach RE Suppl. 12 (Stuttgart 1970) Sp. 1649. 1669 *s. v.* Ephesos (W. Alzinger) (von H. Plommer, St. John's Church, AnatSt 12, 1962, 126–128 veröffentlichtes, aber fragliches Fragment vom Rahmen einer Giebeltür). 1671 und Bammer 1972a, 16 mit Anm. 80, auch S. 7 mit Anm. 36; vgl. auch Gruben 2001, 393 (die dort erwähnten Giebelfiguren wohl wegen der Münzbilder; bisher kein archäologischer Nachweis). – Hatten die Fenster neben der kultischen auch noch andere Funktionen wie Belichtung des Dachraums oder gar Gewichtserleichterung über dem Gebälk (Trell a. O.; Bammer – Muss 1996, 58 ob.)? – Zu Fenstern und Türen im Giebel und begehbaren Dachstühlen vgl. auch den Beitrag von Th. Schulz-Brize in diesem Band.

58 Zuletzt Hendrich 2007 und Hellner 2009; s. a. Bammer 1972a, 6. 13; Bammer – Muss 1996, 55.

59 Krischen 1956, 64.

60 Die Zahl 117 wurde als Verschreiber der von Plinius überlieferten 127 Säulen gedeutet; es ist aber nicht sicher, ob sich diese Zahl auf den 1. oder 2. Dipteros bezieht: Bammer 1972a, 12. 27; Bammer – Muss 1996, 55 („wahrscheinlich" ... 21 Säulen an den Langseiten) Abb. 62; ebenda 33 Abb. 30 ist ein widersprechender Grundriss mit acht Ostsäulen veröffentlicht. – 117 Säulen wurden von Dinsmoor und Gruben vertreten: Dinsmoor 1950, 128 mit Anm. 3; 226 Abb. 81; H. Berve – G. Gruben, Griechische Tempel und Heiligtümer (München 1961) 244 Abb. 127 und Gruben 1966, 334 mit Abb. 268 (Rekonstruktion des Grundrisses des jüngeren Dipteros nach Dinsmoor); in der 2. bis 4. Auflage zwischen 1976 und 1986 wurde die Grundriss-Rekonstruktion des älteren Dipteros von Wilberg reproduziert, in Gruben 2001, 388 Abb. 295 ist ein Plan von A. Bammer wiedergegeben.

61 Wesenberg 1983, 51–54 mit Abb. 1 schlug vor, an den Langseiten 22 Säulen anzuordnen und die östlichen Säulenjoche nicht zu erweitern sowie auf „allseitig gleiche Überstände des Unterbaus" zu verzichten. Allein schon 22 Säulen an den Langseiten sind unmöglich, vgl. o. mit Anm. 47 f. – Zusammenfassungen der Rekonstruktionsversuche mit verschiedenen Säulenzahlen bei W. Alzinger, Alt-Ephesos, Das Altertum 13, 1967, 20–44 mit Klapptafel; Schaber 24–48; Buchert 2000, 91 f.; Gruben 2001, 386; Ohnesorg 2007, 7–10. 112.

62 Buchert 2000, 92 mit Anm. 198 (Samos). Ähnlich äußerten sich schon G. Gruben und U. Muss, weil auch in Samos die Angaben für die Säulenzahl nicht zuträfen: zuletzt Gruben 2001, 386 f.; Muss 1983, 43 = Muss 1994, 18; vgl. Ohnesorg 2007, 112 mit Anm. 690.

63 Ohnesorg 2007, 107 Abb. 23 sind zwei Varianten mit 21 und 34 *columnae caelatae* dargestellt.

Rekonstruktion der aufgehenden Architektur

Im Grundriss ist also ein Festhalten am Althergebrachten festzustellen, aber im Aufriss gibt es beträchtliche Unterschiede: Der Gesamteindruck ist vielleicht ähnlich, was in Krischens zeichnerischer Rekonstruktion der Ordnungen besonders deutlich zum Ausdruck kommt, weil er für beide Dipteroi dieselbe Säulenhöhe angenommen hatte (*Abb. 6*)[64]. In der Darstellung von Wesenberg hingegen werden die Unterschiede betont[65]. Bei beiden Tempeln ist die Säulenhöhe nicht sicher zu rekonstruieren; die Vorschläge reichen von einer Säulenhöhe von 8 bis 12 uDm für den 1. Dipteros (*Abb.10*), und von 8 bis 10 uDm für den 2. Dipteros[66]. Gesichert sind aber die Säulenhöhen einiger klassischer und hellenistischer ionischer Tempel, die zwischen ca. 8.9 und 10 uDm liegen[67]. Die – rekonstruierte – Gebälkhöhe des jüngeren Artemistempels beträgt dabei „kaum mehr als 1/6 der Säulenhöhe“[68], was relativ wenig ist. Es ist unklar, ob der 1. Dipteros schon einen Giebel hatte[69].

Auch der Vergleich der einzelnen Bauformen deckt deutliche Unterschiede auf: Bammer hatte 1972 einzelne Details der Ordnung als „archaistisch“ herausgestellt, was Buchert dann in seiner Dissertation zitiert[70]: z. B. seien die Perlen im Kyma des Gebälks besonders kugelig. In der Tat sind gerade fragmentarische Perlen schön rund (*Abb. 7 a*), aber die Vergleichsmöglichkeiten mit dem archaischen Tempel sind beschränkt, weil nur an wenigen Stellen plastische Astragale nachgewiesen sind, z. B. am Ablauf der Säulenschäfte. Und die fallen ziemlich unterschiedlich, und nicht gerade kugelig aus[71]. Erst spätarchaische

---

64 F. Krischen, Der Entwurf des Maussolleions, Zeitschrift für Bauwesen 77, 1927, Heft 10–12, 88 Abb. 18 = Krischen 1956, 67 f. mit Abb. 28: Säulen 1 : 12 bzw. 1 : 10 proportioniert. Die Rosetten-Normalkapitelle sind überholt, weil die Rosetten-Fragmente zu Eckkapitellen gehören: Ohnesorg 2007, 74 f. mit Abb. 15. Taf. 11; die Zeichnung Krischens abgewandelt bei Buchert 2000, 78 Abb. 14.

65 Wesenberg 1983, 56–60 und Abb. 2 (M. ca. 1 : 115): Säulen 1 : 8 bzw. 1 : 9 proportioniert, was Höhen von 12.20 m und 17.72 m, jeweils ohne Plinthe(!), ergibt. – Andere Vorschläge: Dinsmoor 1950, 224: 9 ⅗ uDm; Bammer 1972a, 10 Abb. 6: 10 uDm.

66 Die älteren Säulen sind schlanker proportioniert, weil sie einen kleineren uDm und kleinere Plinthen haben. Die jüngeren Säulen sind tendenziell dicker: Ohnesorg 2007, 111 mit älterer Lit.; weitere Alternativen bei Alzinger a. O. (Anm. 57) Sp. 1668. – In Ohnesorg 2007, 111 und 182 Taf. 40 wird eine Säulenhöhe von ca. 10.3 uDm vorausgesetzt.

67 Peripteros des Zeus von Labraunda: 8.85 uDm (P. Hellström – Th. Thieme, The Temple of Zeus, Labraunda 1, 3 [Lund 1982] 25–30); Propylon in Labraunda: 9.0 uDm (K. Jeppesen, Propylaea, Labranda 1, 1 [Lund 1955] 15–17); Peripteros der Athena von Priene eher 8.9 uDm = ca. 11.60 m als 10 uDm = 12.93 m (W. Koenigs, Der Athenatempel von Priene, IstMitt 33, 1983, 144–148; ders. in: F. Rumscheid, Priene. Führer durch das Pompeji Kleinasiens [Istanbul 1998] 124); ‘Pseudodipteros’ der Artemis von Sardis: 10 uDm (G. Gruben, Beobachtungen zum Artemistempel von Sardis, AM 76, 1961, 167:„kanonisches Verhältnis“. Anm. 30); jüngerer Dipteros des Apollon von Didyma: 9 ¾ uDm (H. Knackfuß, Die Baubeschreibung, Didyma 1 [Berlin 1941] 88: 19.70 m bei uDm von ~2.00 m ± ca. 5 cm; Gruben a. O. 167: 9.92 uDm); Zeustempel von Magnesia: 9.5 uDm (Koenigs a. O. 148).

68 Dinsmoor 1950, 225 = Bammer 1972a, 13–17.

69 Ohnesorg 2007, 80 f. 115 f. – Beim 1. Dipteros von Samos ist auch nicht klar, ob er bereits einen Giebel – ggf. nur an der Front – hatte oder ob Front und Rückseite abgewalmt waren, vgl. A. Moustaka, Großplastik aus Ton aus dem Heraion von Samos, AM 124, 2009, 175 Abb. 4 (Zeichnung von A. Ohnesorg). Vgl. auch den Beitrag von H. Kienast in diesem Band.

70 Bammer 1972a, 13–15. 30; Bammer 1972b, bes. 453–457 („Archaismen der Architektur des 4. Jhs. v. Chr.“); ders., Neue Forschungen am Altar des Artemision von Ephesos, AA 1972, 714–728, bes.727 f. („architektonische Archaismen am Tempel und Altar“); Buchert 2000, 81.

71 Ohnesorg 2007 Taf. 61, 3. 7. – Die Perlstäbe stehen im übrigen nur teilweise in Konkordanz mit der Anzahl der Kanneluren, die beim 1. Dipteros auch noch variiert, von 32/36 bis 48: Ohnesorg 2007, 57 (Kat. 107). Bei Ohnesorg 2007, 88 mit Taf. 72, 4–6 sind weitere Perlstab-Fragmente, z. T. wohl vom Gebälk, besprochen.

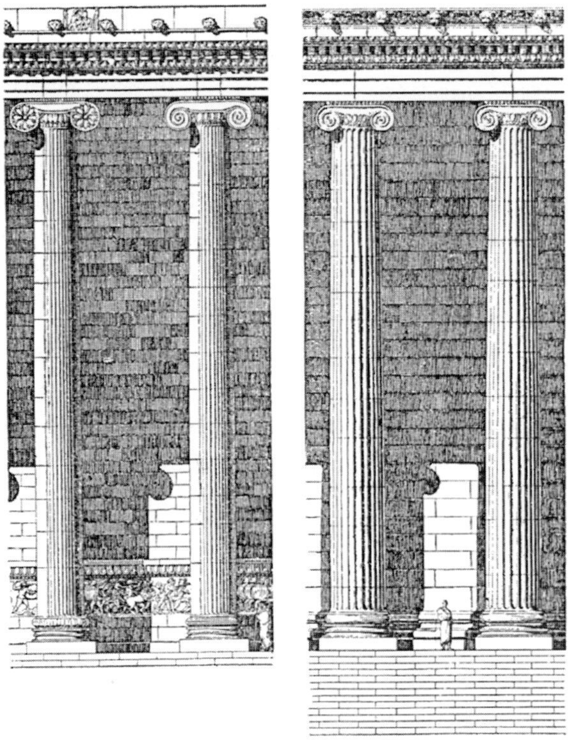

Abb. 6
Artemision von Ephesos, zeichnerische Rekonstruktion der Ordnungen des 1. und 2. Dipteros

Abb. 7 a Artemision von Ephesos, Fragmente von Astragalen des 2. Dipteros (Depot des Museums Selcuk, Foto 2000)

Abb. 7 b Artemision von Ephesos, fragmentarisches ionisches Kyma mit 3 Perlen pro Blatt (Depot des Museums Selçuk, Foto 1996)

Astragale haben wirklich runde Perlen, z. B. ein (unveröffentlichtes) Kyma-Fragment aus Milet, das von Bammer als Beispiel für eine ungewöhnliche Anzahl von Perlen im Verhältnis zu den Blättern genannt wird[72], wie sie auch an Kymatien aus dem Artemision von Ephesos begegnet (*Abb. 7 b*)[73]: Pro Blattachse existieren *drei* Perlen und drei Paare von Scheibchen[74].

72 Bammer 1972b, 454 Abb. 38.

73 Bammer 1966/67, Sp. 32, Bammer 1972a, 39 Abb. 41; 59 f. Taf. 2 g. h; 3 a. b („Architravbekrönungen" von ca. 37,5 cm Höhe) oder H. Vetters (– A. Bammer), Grabungsbericht Ephesos, ÖJh 50, 1972–74, 50 Abb. 45 = Bammer 1972b, 452 Abb. 32 (z. T. als Pilasterkapitell der Johanneskirche umgearbeitete „Wand- oder Zahnschnittbekrönung" von 44–45 cm Höhe gemäß Bammer 1972a, 14 Abb. 9; 27 Abb. 29 f.; 60 f. Taf. 2 i; 3 c. d. e).

74 Die ephesischen Kymatien verteilen sich auf verschiedene Gruppen. Bei einem so großen Bauwerk kann die ‘Handschrift’ innerhalb einer Ornamentgattung wechseln, je nachdem, welcher Bildhauer bzw. Steinmetz die

Beim Echinus der Kapitelle tritt das *kanonische* Verhältnis von 2 Perlen bzw. Scheibchen-Paaren pro Blatt des Kymas auf, also 2 : 1 (*Abb. 8 a*). Das begründet Bammer damit, dass bei kleinerem unterem Durchmesser der Blätter die Perlen enger stünden[75]. Die Form der Blätter der Gebälk- *und* der Kapitell-Kymatien bezeichnet Bammer als „parabolisch" und konstatiert sie auch an den Kymatien des Altars, der ja etwa gleichzeitig mit dem jüngeren Dipteros in der 2. Hälfte des 4. Jhs. entstand[76]. Die Bauzeit des Tempels reichte vielleicht noch ins 3. Jh.[77].

Hervorzuheben ist ein Charakteristikum der Kapitelle des jüngeren Dipteros: Der Echinus hat insgesamt nur 18 Blätter (*Abb. 8 a*). Kanonisch wären 24 – dieselbe Zahl wie die Kanneluren, wie z. B. in Priene oder Halikarnass[78]. In Ephesos beträgt das Verhältnis von Blättern zu Kanneluren 3 : 4. Deshalb treten auch nur 3 Blätter des Kymas auf dem Echinus zwischen den Voluten hervor, während kanonisch jeweils 5 Blätter zwischen den Voluten erscheinen.

Bei den Kapitellen des *ersten* Dipteros von Ephesos lagen v i e r Blätter des Echinus zwischen den Voluten, d. h. in der Mittelachse liegt eine Zwischenspitze (*Abb. 8 b*)[79]. Das ist typisch für archaische Kapitelle, beispielsweise auch in Inselionien. Erst ab der späten Archaik wird die Lösung mit einem *Blatt* in den Mittelachsen der Front(en) sowohl in Insel- als auch in Ostionen die Regel[80]. Die Kapitelle des zweiten Dipteros sind deutlich anders proportioniert als die Kapitelle des ersten[81].

Ausführung übernommen hat. Eine gewisse Bauzeit ist auch zu berücksichtigen. – Das Fragment eines kleineren und m. E. auch etwas früheren ionischen Kymas, das von einem anderen ephesischen Bauwerk stammen muß, hat ebenfalls 3 Perlen pro Blattachse: Bammer 1972b, 454 f. mit Abb. 37. Der Fundort wird nicht erwähnt, das Fragment befindet sich im Depot des Grabungshauses in Selçuk unter den Funden aus dem Artemision. Es ist nicht identisch mit den Fragmenten aus Pamucak, s. A. Bammer, Zu kleinasiatischen Monumentalaltären, in: M. Şahin – I. Hakan Mert, Festschrift für Ramazan Özgan (Istanbul 2005) 21. 27 mit Abb. 9; Achsmaß des Blattstabs ca. 15 cm, kanonisches Verhältnis Perlstab : Blattstab = 2 : 1.

75 Bammer 1966/67, 34; Bammer 1972a, 17–24; Bammer 1972b, 455 f.

76 Bammer 1972a, 30; Bammer 1972b, 454. Besonders gut zu beurteilen sind die ionischen Kymatien an den Mäanderblöcken und den Geisa des Altars: A. Bammer – U. Muss, Der Altar des Artemisions von Ephesos, FiE 12, 2 (Wien 2001) 48–56. 74–83 mit Taf. 57–59. 137–154; dazu G. Kuhn, GGA 255, 2003, 197–226. Die Zugehörigkeit der Mäanderblöcke wird jetzt offenbar bestätigt durch den Fund eines kleinen Mäander-Fragments aus den Grabungen im Artemision: A. Bammer, L'architecture hellénistique en Asie Mineure, in: F.-H. Massa-Pairault – G. Sauron (Hrsg.), Images et modernité hellénistiques (Rom 2007) 93 f. mit Abb. 3 und ders. a. O. (Anm. 74, Zu … Monumentalaltären) 15 mit Abb. 1 (S. 23). – Vgl. auch o. Anm. 70.

77 „Parabolische" Blätter in den Kymatien sind auch an anderen Monumenten der Zeit anzutreffen, am Maussolleion von Halikarnass, am Athena-Tempel von Priene und „am konsequentesten" (Bammer) am Doppelkyma des Nereidenmonuments, das gegen 400 v. Chr. datiert wird, also fast ein Jh. älter ist als der 2. ephesische Dipteros: Daran ist zu sehen, wie problematisch Datierungen von Kymatien sind, zumindest ab dem 4. Jh.

78 H. Drerup, Pytheos und Satyros, Die Kapitelle des Athena-Temples von Priene und des Maussolleums von Halikarnass, JdI 69, 1954, 1–31.

79 Ohnesorg 2007, 69 f. 112 mit Taf. 8. 66. Ein Foto der Gips-Rekonstruktion im Britischen Museum z. B. bei F. N. Pryce, Catalogue of Sculpture in the Department of Greek and Roman Antiquities of the British Museum I 1. Prehellenic and Early Greek (London 1928) 42 Abb. 34 oder bei K. Schefold, Die Griechen und ihre Nachbarn (Berlin 1967) Abb. 258 b.

80 Gruben 1997, 365 „… keine chronologische Regel daraus ab(zu)leiten", s. die frühklassischen Beispiele in Chios, im Museum und in Phanai: J. Boardman, Chian and Early Ionic Architecture, AntJ 39, 1959, 180 f. mit Abb. 4. S. 188. Taf. 17 f.

81 Eine exakte Bauaufnahme existiert bisher nur vom Kapitell Cat. Smith 1224 des 2. Dipteros: H. C. Butler, Sardis 2, 1 (Leiden 1925) 118. 128. Abb. 118 a. Taf. 9–12. 13 – hier *Abb. 8 a*; s. a. RE Suppl. 12 (1970) Sp. 1671 *s. v.* Ephesos (W. Alzinger). Mit den in dieser Zeichnung gegebenen Maßen können die etwa zeitgleichen Kapitelle von Priene und Halikarnass verglichen werden.

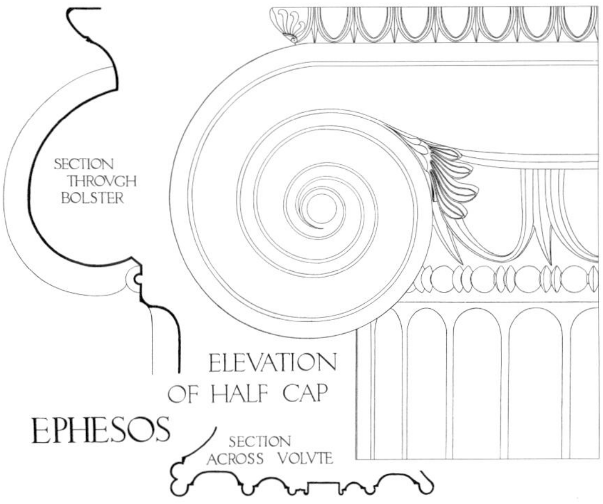

Abb. 8 a Artemision von Ephesos, Kapitell des 2. Dipteros, rekonstruiert

Abb. 8 b Artemision von Ephesos, Kapitell des 1. Dipteros, rekonstruiert

Eindeutig in der Nachfolge der ephesischen Kapitelle stehen die des Artemistempels von Sardes. Bammer spricht sogar davon, daß die ganze Säule nach dem Vorbild von Ephesos „kopiert" sei[82], einschließlich Details der Kapitelle, z. B. der Anzahl von Blättern zu den Kanneluren im Verhältnis 3:4, und einschließlich des vegetabilen Schmucks.

Die Kapitelle von Sardes haben „nach alter Manier"[83] gekehlte Polster – nach Bammer ein weiteres „archaisierendes" Merkmal. Die fortschrittlichere Lösung wären Mittelgurte um die mehr oder wenigen glatten Polster[84]. Dass die Polsterkehlen auf der Unterseite zungenförmig geschlossen sind, sieht Bammer ebenfalls als altertümlich an[85]. Die Polsterkehlen der Kapitelle des 1. Dipteros sind nur teilweise geschlossen, teilweise münden sie in den Echinus[86]. Dieser Echinus läuft wie bei den meisten archaischen Kapitellen unter den Polstern durch. Bei den Kapitellen des 2. Dipteros läuft nur der Perlstab um und steht im 'kanonischen' Verhältnis 2 : 1 zu den Blättern des Kyma. Dass das Kyma unter den Polstern nicht ausgebildet ist, könnte sogar als 'modern' bezeichnet werden, weil diese 'Nachlässigkeit' im Allgemeinen erst ab dem Hellenismus Einzug hält[87].

82 Bammer 1972a, 19. – Gruben a. O. (Anm. 67) 171: „Eindruck von Altertümlichkeit, dem das entwickelte Detail aber alsbald widerspricht".

83 Alzinger 1961–63, 127.

84 „Übergangslösung" in Priene: Drerup a. O. (Anm. 78) 23; vgl. auch O. Bingöl, Das ionische Normalkapitell in hellenistischer und römischer Zeit, IstMitt Beih. 20 (Tübingen 1980) und Rez. von B. Wesenberg, BJb 182, 1982, 641–643.

85 Bammer 1972a, 17; 1972b, 446.

86 Ohnesorg 2007, 70–73 mit Taf. 66, 7 und 67, 3; gekehlte Polster haben auch noch einzelne Kapitelle des Pergamon-Altars und das Hafentor der Arkadiane von Ephesos, wo sie dann „historistisch" verwendet werden; Pergamon: J. Schrammen, Der große Altar. Der obere Markt, AvP 3, 1 (Berlin 1906) 34 und Taf. 10. 12; A. Bammer, Zu den Kapitellen des Altares von Pergamon, FuB 16, 1974, 183–190; U. Schädler, Attizismen an ionischen Tempeln Kleinasiens, IstMitt 14, 1991, 289 (Erechtheion: „Ionismus") mit Anm. 185 f. (weitere Lit.). – Hafentor: Alzinger 1961–63, 127; W. Oberleitner (Hrsg.), Funde aus Ephesos und Samothrake (Wien 1978) 60 mit älterer Lit.

87 In Priene und Didyma laufen die Blätter des Echinus unter dem Polster durch; vgl. auch Bammer 1972b, 446.

Blüten und Palmetten in den Polsterkehlen sind ein weiteres Merkmal der Kapitelle des 2. Dipteros, kommen aber vereinzelt schon an den Kapitellen des 1. Dipteros vor[88], und an den Kapitellen des Altars wurden sie sehr reichlich verwendet[89].

Die enger beieinander stehenden Voluten der Kapitelle des 2. Dipteros haben zur Folge, daß der Abacus quadratisch ist – wie auch bei der Gruppe der 'Pytheos-Kapitelle'[90]. Der Abacus geht zurück auf die Kapitelle des 1. ephesischen Dipteros. Dieses Element „scheint von Ephesos seinen Ausgang genommen zu haben"[91]. An anderen archaischen ostionischen Kapitellen wie denen des 2. Dipteros von Samos gibt es keine Abaci, an inselionischen sowieso nicht[92]. Offenbar ab dem späten 6. Jh. wird der Abacus in Ionien kanonisch[93]; in Inselionien fand er in der Klassik Eingang. Nicht kanonisch ist aber, dass die Abaci des 1. ephesischen Dipteros mit lesbischen Kymatien geschmückt sind, wobei auch ionische vorkommen. Die Kapitelle des 2. Dipteros von Ephesos zeigen auf dem Abacus ein ionisches Kyma[94]. Auch wenn es im 5. und 4. Jh. mehr Kapitelle mit lesbischem als mit ionischem Kyma am Abacus geben mag[95], scheint dieses Faktum kein Zeichen von Archaismus zu sein.

Über das Gebälk des 2. Dipteros sind kaum Aussagen zu machen, weil von ihm nur die bereits erwähnten großen ionischen Kymatien und einige Architrav-Fragmente erhalten sind[96].

Von der Rankensima gibt es einige Reste, und diese sind ganz zeitgemäß. Nach Schede hängen kleinasiatische Simen – neben den ephesischen noch die tatsächlich sehr ähnlichen von Priene[97] – mit dem mutterländischen Typus zusammen, wobei er sich fragte, ob sich die Entstehungsgeschichte nicht „im eigentlichen Griechenland vollzog"

---

88 Ohnesorg 2007, 62 mit Taf. 68, 6–8.

89 Alzinger 1961–63, 127 („eingestreute" Palmettenverzierung); Bammer – Muss a. O. (Anm. 76) 61–70 Taf. 95–120.

90 Bammer 1972a, 17–20; Drerup a. O. (Anm. 78); W. Hoepfner, Proportionen klassischer ionischer Kapitelle, in: H. Büsing – F. Hiller (Hrsg.), Bathron: Beiträge zur Architektur und verwandten Künsten für Heinrich Drerup zu seinem 80. Geburtstag von seinen Schülern und Freunden, Saarbrücker Studien zur Archäologie und Alten Geschichte 3 (Saarbrücken 1988) 225–232; auch Schädler a. O. (Anm. 86) 289 f.

91 G. Gruben, Die Kapitelle des Hera-Tempels auf Samos (1960) 13; ders., Der zweite Dipteros der Hera von Samos (im Druck als Band 27 der Samos-Reihe). – H. Drerup a. O. (Anm. 78) 1: der offensichtlich erst in der Archaik der Kapitell-Oberseite aufgesetzte Abacus … sei nachträglich in das … Proportionssystem einbezogen worden.

92 Wenigstens einige der Kapitelle des archaischen Apollontempels von Didyma hatten offenbar, entgegen der bisherigen Forschungsmeinung (Gruben 1963, 115–131) schon – relativ niedrige – Abaci: A. Scholl – G. Platz-Horster (Hrsg.), Die Antikensammlung. Altes Museum, Pergamonmuseum (Mainz 2007) 143 Abb. 7 (Zeichnung V. Kästner, nach Gruben) und U. Dirschedl in diesem Band. Diese neue Rekonstruktion beruht auf kleinen Kapitell-Fragmenten, die oberhalb der Ebene des Kapitell-Oberlagers, die im Regelfall auch die Oberseite des Keilblatts begrenzt, weiteren Marmor aufweisen, der folglich zum Abacus gehört; V. Kästner ermöglichte mir freundlicherweise im Februar 2010, diese Fragmente zu begutachten. Die didymäischen Kapitelle mit Abacus stehen auf jeden Fall in der Nachfolge der ephesischen, da sie später entstanden.

93 Ein schönes Beispiel ist auch ein Votiv(?)- Kapitell in Didyma: Knackfuß a. O. (Anm. 67) 147 f. mit Taf. 210 f. F 652 u. a.

94 Bammer 1972a, 17; vgl. Bammer 1966/67, Sp. 33.

95 Beispiele: der Athena-Tempel von Priene, das Maussoleion von Halikarnass, der 2. Dipteros von Didyma, der Tempel von Messa auf Lesbos, das Erechtheion.

96 Bammer 1972a, 58 f. (Katalog).

97 s. a. Bammer 1972a, 33.

Abb. 9 a Artemision von Ephesos, Traufsima (-Fragment)

Abb. 9 b Athena-Tempel von Priene, Traufsima

(*Abb. 9*)[98]. Die Zugehörigkeit eines als Akroter angesprochenen Fragments ist äußest ungewiss[99].

Tradition, Archaismus, „Denkmalpflege"?

Abschließend sei zu den anfangs in den Raum gestellten Begriffen „Tradition; Archaismus; Denkmalpflege" zurückgekehrt.

Die Idee, den Grundriss des archaischen Dipteros genau zu übernehmen, muss mit einer starken Gebundenheit an die *Tradition* zusammenhängen[100]. Der Grund für den Neubau war nicht Baufälligkeit, sondern bekanntlich eine mutwillige Zerstörung[101]. Dass das Niveau des 2. Dipteros so weit angehoben wurde, scheint mit dem gestiegenen Meeresspiegel und der zunehmenden Verlandung der Flussmündung zusammenzuhängen[102].

Die Bodenbeschaffenheit scheint kein Hinderungsgrund gewesen zu sein, wieder an derselben Stelle zu bauen, ebenso wenig wie in Didyma – und im Gegensatz zu Samos. Und obwohl es sich auch hier um eine Schwemmebene handelt wie in Samos, gab es kaum Setzungen. Bereits das Fundament des 1. ephesischen Dipteros war bis zu 1.90 m hoch. Wegen der guten Erhaltung ist an den Resten des archaischen Stylobats noch heute ein deutliches Gefälle nach allen Außenseiten festzustellen – was möglicherweise schon als Kurvatur anzusprechen ist[103].

98 M. Schede, Simaornamentik (Diss. Leipzig 1908, Straßburg 1909); M. Schede, Antikes Traufleistenornament (Straßburg 1909) 77.

99 Fragment Inv. 1237: A. H. Smith, A Catalogue of Sculpture in the British Museum II (London 1892) 184 („Fragment of an acroterial ornament, with interlaced acanthus scrolls. The ground is very deeply sunk [about 3 inches = 7,5 cm] in order to obtain strong effects of shadow. Height 2'1" = ~63,5 cm); Wood 1977, 239 (Fund); Lethaby 1908, 25 („... much too small in scale to have surmounted the pediment") mit Abb. 24 (Rekonstruktion); H. Möbius, Die Ornamente griechischer Grabstelen klassischer und nachklassischer Zeit (München 1968) 41 mit Anm. 18 („Akanthusornament ... höchste Blüte .... Selbst die äußersten Voluten ... verschlingen sich") und Taf. 27 a; Bammer 1972a erwähnt das Fragment, soweit ich sehe, nicht. – Vgl. auch Price – Trell a. O. (o. Anm. 57) 126–132.

100 Muss 1994, 7 „... traditionelle Bindung ..."

101 Vgl. den spätklassischen Apollontempel von Delphi, der über – fast – demselben Grundriss 'erneuert' wurde: Buchert 2000, 99–116.

102 Vgl. Ohnesorg 2007, 119 mit Anm. 739 f. (und älterer Lit.)

103 Ohnesorg 2007, 99 mit Anm. 602; 130 mit Anm. 843; Ohnesorg a. O. (Anm. 6) 256 mit Anm. 17.

Abb. 10 Artemision von Ephesos, Rekonstruktion der Front des 1. Dipteros

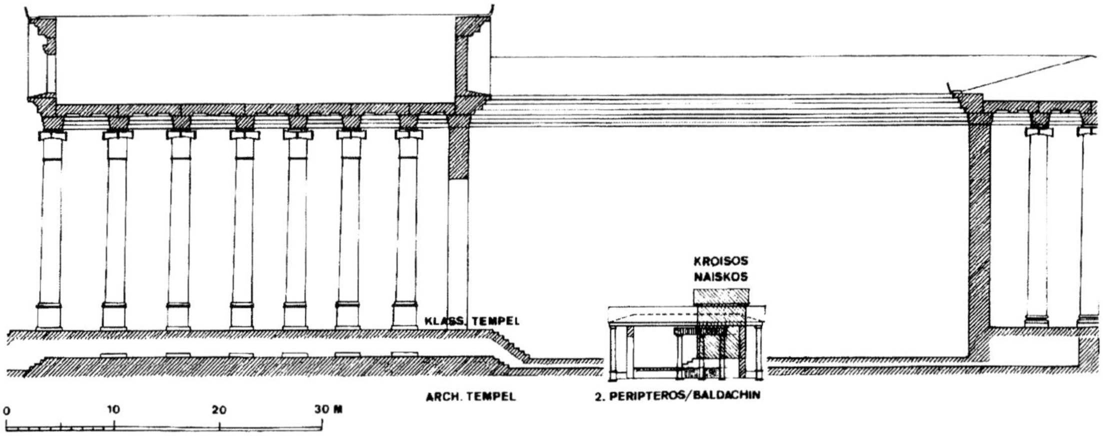

Abb. 11 Artemision von Ephesos, Längsschnitt durch die Tempel

Der 1. Dipteros war bereits so groß – etwas größer als der 1. Dipteros von Samos und größer als der in seiner Nachfolge stehende 1. Dipteros von Didyma – , dass sein Format auch den Ansprüchen des 4. Jhs. genügte[104].

Für diese 'Rekonstruktion' nahm man einiges in Kauf: Die ganze „Plattform"[105] der Peristasis um 2.70 m zu heben, mit allen statischen Konsequenzen, bedeutete einen außergewöhnlichen Arbeitsaufwand. Die doppelte Ringhalle des Vorgängerbaus wurde, bis auf die Plinthen und einzelne Spirae, abgetragen. Die archaische Spira der NO-Säule liegt noch *in situ* und wurde offenbar zusammen mit der Plinthe ins neue Fundament eingebaut. Bei der S-, SW- und WSW-Säule existieren nur noch die Plinthen, die deutlich rundherum abgeschlagen und oben aufgerauht sind für die nächste Fundamentschicht[106]. Die dadurch

[104] Peristasis-Plattform des 1. Dipteros ~112.21 m x ~57.26 m; des 2. Dipteros nach Krischen 125.65 m x 65.05 m oder die überlieferten 425' x 220'; zum Vergleich: 2. Dipteros von Samos (in der Krepis, „geplant": O. Reuther, Der Heratempel von Samos. Der Bau seit der Zeit des Polykrates [Berlin 1957] 64) 118 m x 62 m, 2. Dipteros von Didyma (in der Krepis: L. Haselberger, Eine „Krepis von 200 Fuß getreckter Länge", IstMitt 46, 1996, 161–169) ca. 118 m x 60 m.

[105] Zur Definiton des Begriffs s. Ohnesorg 2007, XV (s. v. Krepis); vgl. auch vorige Anm.

[106] Der Rand der runden Spira-Lagerfläche auf den Plinthen ist nicht mehr erhalten; das runde Abschlagen war erschwert, wenn die Spira noch *in situ* lag.

entstandene Ebene lässt vermuten, dass hier die nächsten Schichten des Fundaments des 2. Dipteros auf jeweils gleichem Niveau durchliefen – ggf. als Fundamentrost, wie bereits oben mit Anm. 38 ausgeführt.

Die in kleinere Stücke zerschlagenen Säulen einschließlich der Tori wanderten in die Fundamente[107]. Zusätzlich musste viel neues Material herbeigeschafft werden, wie zahlreiche erhaltene Fundamentblöcke an den Außenseiten der westlichen und südlichen Sekoswand zeigen, die aus grauem Marmor bestehen[108].

Die höhergelegte „Plattform" der Peristasis hatte an ihrer Oberkante anscheinend ungefähr dieselben Dimensionen wie die archaische, aber einen weiteren 'Umgriff', weil die hohe Krepis ungefähr auf dasselbe Niveau wie die archaische herabreichte. Die Breite der Krepis des 1. Dipteros betrug 1.35 m, die des 2. Dipteros zwischen 6.75 und 8.40 m, s. o. mit Anm. 45. Auf der höheren „Plattform" erhob sich der neue Sekos mit Säulenkranz samt dem Gebälk und Dach entsprechend höher.

Aber nicht nur das Außenniveau blieb ungefähr dasselbe (*Abb. 1. 11*). Auch im Sekos wurde das archaische Niveau beibehalten. Das uralte Kultzentrum verblieb genau an derselben Stelle. Das erweisen auch die Befunde: Der 'Kroisos-Naiskos', der Schutzbau für das Kultbild[109], wurde beim herostratischen Brand von 356 offenbar nicht oder kaum zerstört[110]. Über ihm wurde keine spätere Architektur gefunden. Auch reichen die in der Spätantike angesetzten Mörtelpfeiler, die ich *nicht* für die Reste einer Kirche halte, etwa bis auf das Niveau des Naiskos hinab[111]. Also musste ein noch viel größerer Höhenunterschied als schon beim 1. Dipteros – von der Westtüre bis zum 'Allerheiligsten' – überwunden werden, was vermutlich mit einer Rampe geschah[112]. Der Abstand beträgt immerhin ~25 m, was ein Gefälle von ~ 1,6 % bedeutet, welches mit einem Estrich hergestellt werden kann. Soviel also zur *Tradition*, zum Festhalten am Bewährten.

Der *Archaismus* ist ein Stilbegriff, der sich m. E. eher an der Bauornamentik als an Planungen oder Grundrissen festmachen lässt. Bei den Bauteilen des jüngeren Dipteros – im Vergleich zum älteren – hält er sich in Grenzen, wie ich aufzuzeigen versuchte. W. Alzinger hatte, auf das Kapitell bezogen, formuliert: „Man könnte das Kapitell des jüngeren

---

107 Das beweist ein Torus-Fragment an der NO-Säule, wo übrigens auch Quader-, Säulen-, Kapitell- und Geison-Fragmente verbaut sind; also wurden auch die Wände und das Gebälk wiederverwendet: Ohnesorg 2007, 28. 80 mit Taf. 12. 27. 50, 1.

108 Das Volumen des neuen Fundamentrahmens beträgt knapp 20.200 m³.

109 Zuletzt, mit einem Rekonstruktions-Vorschlag: Bammer 2005, 199–211 mit Abb. 11–18 (Zeichnungen F. Fichtinger) und Foto 12 f.

110 Kukula 1906, 263 Nr. 343: Val. Max. 8,14 ext. 5.

111 Bammer 1972a, 11 Abb. 7 b; Bammer 2008, 90 Abb. 66 = hier Abb. 11 (abgewandelt); Ohnesorg 2007, 133 f. – Bei O. Benndorf (Hrsg.), FiE 1 (1906) 214 f. finden sich Indizien dafür, dass die „Restauration" der Cellatür nicht in der Zeit Mark Aurels, wie Wood meinte, stattfand, sondern erst nach der „Gotenkatastrophe" (262/3 n. Chr.) Gleichzeitig könnten die Wände durch Mörtelpfeiler stabilisiert worden sein.

112 Das „treppenartige Fundament" bei der Westwand, das Bammer dafür in Anspruch nahm, kann höchstens der *Unterbau* einer Treppenanlage sein, vgl. Bammer 1972a, 8 f. mit Abb. 5 unten (8 Stufen). Später scheint dieses Fundament eine Halle getragen zu haben, die sich auch entlang der südlichen und nördlichen Sekoswand zog: Ohnesorg 2007, 118 mit Anm. 735; 133 mit Anm. 856 f.

Artemisions, also des 2. Dipteros, als bewusste Nachempfindung der archaischen Formen des alten Baus verstehen und so den speziellen Stil erklären. Dies ist jedoch in keiner Weise der Fall. Es spiegelt vielmehr sehr deutlich und klar die Charakteristika der ionischen Architektur dieser Zeit wieder“[113].

Und schließlich zur *Denkmalpflege*: Kann dieser Begriff überhaupt schon auf die Antike angewandt werden? Ich finde das problematisch – trotz der schönen Arbeit von U. Buchert, die zweifelsohne verdienstvoll ist und wichtige Erkenntnisse enthält. Aber in ihr wird ein moderner Begriff bemüht, den es so in der Antike nicht gegeben hat. Das war dem Verfasser durchaus bewusst, als er in seiner Einleitung schrieb: „... obschon diese (die Denkmalpflege) im Allgemeinen als eine Errungenschaft der Neuzeit gilt“[114]. Der Begriff selbst wurde erst um 1880 geprägt[115].

Wie auch immer das Phänomen benannt wird: An dem m. W. singulären Faktum, dass in einem griechischen Heiligtum, dem Artemision von Ephesos, nach etwa 200 Jahren ein 2. Dipteros exakt über dem Grundriss des 1. Dipteros, aber in den Bauformen der Zeit, errichtet wird, ist nicht zu rütteln. Dies geschah offenbar mehr aus Traditionsbewusstsein und kultischer Gebundenheit als aus Gründen der Praktikabilität – oder gar der Denkmalpflege.

---

113 Alzinger 1961–63, 129 mit Anm. 53.

114 Vgl. Buchert 2000, 11–55 (Zitat S. 11). 243 mit Anm. 699; auch N. Huse (Hrsg.), Denkmalpflege. Deutsche Texte aus drei Jahrhunderten (München 1996) 11–16.

115 Buchert 2000, 17 mit Anm. 3.

Literaturverzeichnis

Alzinger 1961–63 W. Alzinger, Ionische Kapitelle aus Ephesos I, ÖJh 46, 1961–63, Hauptblatt 105–136

Bammer 1964/65 A. Bammer, Zum jüngeren Artemision von Ephesos, ÖJh 47, 1964/65, Hauptblatt 126–145

Bammer 1966/67 A. Bammer, Tempel und Altar der Artemis von Ephesos, ÖJh 48, 1966/67, Beiblatt Sp. 21–44

Bammer 1972a A. Bammer, Die Architektur des jüngeren Artemision von Ephesos (Wiesbaden 1972)

Bammer 1972b A. Bammer, Beobachtungen zur ephesischen Architektur, AA 1972, 440–457

Bammer 1982 A. Bammer, Forschungen im Artemision von Ephesos von 1976 bis 1981, AnatSt 32, 1982, 61–87

Bammer 1984 A. Bammer, Das Heiligtum der Artemis von Ephesos (Graz 1984)

Bammer 1986/87 A. Bammer, Plinius und der Kroisostempel, ÖJh 57, 1986/87, Hauptblatt 13–28

Bammer 1988 A. Bammer in: H. Vetters, Ephesos. Vorläufiger Grabungsbericht 1986/87, AnzWien 125, 1988 (1989) 86–89

Bammer 2005 A. Bammer, Der Peripteros im Artemision von Ephesos, Anatolia Antiqua 13, 2005, 177–221

Bammer 2008 A. Bammer, Der Baldachin und das „Foundation Deposit“ im Artemision von Ephesos, in: Chr. Franek u. a. (Hrsg.), Thiasos. Festschrift für E. Pochmarski zum 65. Geburtstag (Wien 2008) 83–90

Bammer – Muss 1996 A. Bammer – U. Muss, Das Artemision von Ephesos (Mainz 1996)

Bammer – Muss 2009 A. Bammer – U. Muss, Der Hekatompedos im Artemision von Ephesos, Anatolia Antiqua 17, 2009, 151–174

Buchert 2000 U. Buchert, Denkmalpflege im antiken Griechenland. Maßnahmen zur Bewahrung antiker Bausubstanz (Frankfurt a. M. 2000)

Dinsmoor 1950 W. B. Dinsmoor, The Architecture of Ancient Greece [3](London 1950)

Gruben 1963 G. Gruben, Das archaische Didymaion, JdI 78, 1963, 78–177

Gruben 1976, 1980, 1986 G. Gruben, Die Tempel der Griechen [2](München 1976); [3](München 1980); [4](München 1986)

Gruben 2001 G. Gruben. Griechische Tempel und Heiligtümer (München 2001)

Hellner 2009 N. Hellner, Die Säulenbasen des zweiten Dipteros von Samos, Samos 26 (Bonn 2009), auch als Internet-Publikation verfügbar unter „deposit.d-nb.de“

Henderson 1909 A. E. Henderson, The Croesus (VIth Century BC) Temple of Artemis (Diana) at Ephesus, Journal of the Royal Institute of British Architects 16 (Nr. 3), 1909, 77–96

Henderson 1915/16 The Hellenistic Temple of Artemis at Ephesos, Journal of the Royal Institute of British Architects 22, 1915/16, 130–134

Hendrich 2007 Chr. Hendrich, Die Säulenordnung des ersten Dipteros von Samos, Samos 25 (Berlin 2007)

Hogarth – Henderson 1908 D. G. Hogarth – A. E. Henderson, The Croesus Structure, in: D. G. Hogarth, British Museum. Excavations at Ephesos. The Archaic Artemisia (London 1908) 247–292 mit Atlas

Krischen 1933 F. Krischen, Das Artemision von Ephesos, in: G. Martiny (Hrsg.) Wilhelm Dörpfeld. Festschrift zum 80. Geburtstag (1933) 71–77

Krischen 1956 F. Krischen, Weltwunder der Baukunst in Babylonien und Jonien (Tübingen 1956) 62–68 mit Taf. 16–19

Kukula 1906 R. C. Kukula, Literarische Zeugnisse über den Artemistempel von Ephesos, in: O. Benndorf (Hrsg.), FiE I (Wien 1906) 246-265

Lethaby 1908 W. R. Lethaby, Greek Buildings Represented by Fragments in the British Museum (London 1908)

Murray 1895/96 — A. S. Murray, The Sculptured Columns of the Temple of Diana, Journal of the Royal Institute of British Architects 3, 1895/96, 51–57

Muss 1994 — U. Muss, Studien zur Bauplastik des archaischen Artemisions von Ephesos ²(Wien 1994)

Ohnesorg 2007 — A. Ohnesorg, Der Kroisos-Tempel. Neue Forschungen zum archaischen Dipteros der Artemis von Ephesos, FiE 12, 4 (Wien 2007)

Rügler 1988 — A. Rügler, Die *Columnae caelatae* des jüngeren Artemision von Ephesos, IstMitt Beih. 34 (Tübingen 1988)

Schaber 1982 — W. Schaber, Die archaischen Tempel der Artemis von Ephesos (Waldsassen 1982)

Wesenberg 1983 — B. Wesenberg, Beiträge zur Rekonstruktion griechischer Architektur nach literarischen Quellen, AM Beih. 9 (Berlin 1983)

Weißl 2002 — M. Weißl, Grundzüge der Bau- und Schichtenfolge im Artemision von Ephesos, ÖJh 71, 2002, 313–346

Wilberg 1906 — W. Wilberg, Der alte Tempel, in: O. Benndorf (Hrsg.), FiE I (Wien 1906) 221–234

Wood 1877 — J. T. Wood, Discoveries at Ephesos (London 1877, Nachdruck Hildesheim 1975)

Wood 1883 — J. T. Wood, Reply to Mr. Fergusson's Paper on the Temple of Diana at Ephesus, Transactions of the Royal Institute of British Architects 1883/84, 165–170

T. Schulz (Hrsg.), Dipteros und Pseudodipteros. Bauhistorische und archäologische Forschungen, BYZAS 12 (2012) 41-68

Der archaische Apollontempel („Tempel II") in Didyma – Erste Ergebnisse der Aufarbeitungskampagnen 2003–2009*

Uta DIRSCHEDL

Zusammenfassung

Während der Ausgrabungen am hellenistischen Apollontempel in Didyma von 1906 bis 1915/16 waren Architektur- und Bauskulpturfragmente sowie die Reste der Adytonfundamente des archaischen Vorgängers entdeckt worden, die in der Publikation 1941 kurz vorgestellt wurden. Da die Anzahl der Architekturfragmente sich in den letzten Jahrzehnten bei den Grabungen in Didyma etwa verdreifacht hat, war eine Neubearbeitung des archaischen Tempels dringend notwendig. Nach Aufnahme aller bislang bekannten Werkstücke des Tempels lassen sich folgende vorläufige Ergebnisse festhalten: Dem Tempel und seinem Altar kann bislang ein Ensemble von rund 600 zerschlagenen Werkstücken aus der Mitte des 6. Jhs. (ca. 560–540/530) zugewiesen werden, von denen nur ca. 15 % aus Marmor und etwa 85 % aus Kalkstein/Mergel gefertigt sind. Die Materialien wurden wie an den Dipteroi in Samos nebeneinander am selben Bau verwendet, der Marmor an der Front eingesetzt. Während der Tempel in Bauformen, Material und Technik

* Der vorliegende Beitrag ist die partiell überarbeitete Form meines Vortrags im November 2009 in Regensburg, in den neben einigen mittlerweile deutlicher greifbaren Beobachtungen und Überlegungen zum archaischen Heiligtum und weiterer Literatur auch Anregungen von Kollegen aus verschiedenen Diskussionen eingeflossen sind, von denen ich L. Haselberger, V. Kästner, H. Kienast, W. Koenigs, A. Ohnesorg, U. Weber und B. Wesenberg besonders danken möchte. – Das Forschungsvorhaben 'Der archaische Apollontempel ('Tempel II') in Didyma' wurde 2003 im Rahmen der von Andreas Furtwängler von der Martin-Luther-Universität Halle-Wittenberg geleiteten Schwerpunktforschung „Das Heiligtum in Didyma von den Anfängen bis in spätarchaische Zeit" (2004–2009) gemeinsam mit Peter Schneider von der Fachhochschule für Technik in Stuttgart begonnen. Seit 2006 führt die Verf. es alleine durch als ein Projekt der Wissenschaftlichen Abteilung der Zentrale des DAI in Berlin, wofür besonders Ortwin Dally gedankt sei. Beteiligt sind seit 2005 Volker Kästner von der Antikensammlung der Staatlichen Museen zu Berlin, Preußischer Kulturbesitz, der die Kapitelle des Tempels neu bearbeitet, sowie Aenne Ohnesorg vom Lehrstuhl für Baugeschichte, Bauforschung und Denkmalpflege der Technischen Universität München, die die Marmordachziegel des Tempels untersucht. – Das deutsch-türkische Zeichenteam bestand seit 2003 aus jeweils zwei bis sechs Architektur- (und Archäologie-)Studenten der Technischen Universität Berlin, der Martin-Luther-Universität Halle-Wittenberg, der Mimar Sinan Universität in Istanbul, der Hochschule in Regensburg, der Hochschule für Technik in Stuttgart, der Bauhaus Universität Weimar und der Bergischen Universität Wuppertal sowie einer ehrenamtlich tätigen Architektin des Hochbauamtes Stuttgart, die in diesen Kampagnen engagiert wunderbare Zeichnungen anfertigten und denen ich an dieser Stelle bereits danke.

zunächst vom ersten Dipteros im Heraion in Samos beeinflusst war, wirkte ab 550 das archaische Artemision von Ephesos als Vorbild. Neben den wenigstens sieben Gruppen von Säulenschäften erlauben die Säulenbasen Rückschlüsse auf den Grundriss des Tempels, der anhand der Fundamentreste nicht mehr zu klären ist: Während die Kalksteinsäulen Wulstbasen zeigten, gehörten zu den Marmorsäulen ephesische Basen, deren Spirenfragmente fünf Gruppen von signifikant verschiedener Größe zugewiesen werden können: Der archaische Tempel wies demnach eine umlaufende Säulenstellung auf, die wenigstens an der Marmorfront dipteral ausgebildet war, einen Pronaos und einen Naiskos sowie mit großer Wahrscheinlichkeit einen 'Zweisäulensaal' und nahm damit charakteristische Formen des hellenistischen Tempels vorweg.

Über die regionale und überregionale Bedeutung des „uralten" Orakelheiligtums, „das alle Ionier und Aioler zu befragen pflegten"[1], sind wir für die archaische Zeit durch den im benachbarten karischen Halikarnassos um 480 v. Chr. geborenen Geschichtsschreiber Herodot unterrichtet, der u. a. überliefert, der ägyptische Pharao Necho (610–595 v. Chr.) habe nach dem Sieg in der Schlacht von Megiddo (609/608 v. Chr.) seine Rüstung zu den Branchiden gesandt und dem Apollon geweiht[2]; des Weiteren habe der Lyderkönig Kroisos (560–547 v. Chr.) goldene Votivgeschenke „denen in Delphi an Gewicht gleich und ähnlich im Aussehen"[3] in das Orakelheiligtum gestiftet, an das er sich mehrfach mit Anfragen wandte[4]. Auch den Untergang des archaischen Heiligtums schildert Herodot: Nach der Einnahme Milets (494 v. Chr.) durch die Perser unter König Dareios sei die Mehrzahl der Männer getötet, Frauen und Kinder zu Sklaven gemacht und „das Heiligtum in Didyma, Tempel sowohl wie Orakelstätte, ausgeplündert und niedergebrannt"[5] worden.

Das dem Apollon geweihte 'extra-urbane' Heiligtum von Didyma liegt im Süden der sog. Milesischen Halbinsel[6] am Golf von Iasos an der Nahtstelle zwischen den antiken

---

1 Hdt. 1, 157.

2 Hdt. 2, 159. – Vgl. dazu Günther 1971, 14; Fontenrose 1988, 9 f. – Vgl. ähnlich auch Stiftung des Amasis (570–525) in das Heraion von Samos (Hdt. 2, 162, 1. 2). – anders: Tuchelt 2007, 408 betont die regionale Bedeutung des archaischen Heiligtums und deutet Herodots Überlieferung der Necho-Weihung unter Hinweis auf ionische und karische Söldner unter König Psammetich (664–610 v. Chr.) in Ägypten (Hdt. 2, 152) als Legende. – Zu Ionien und Ägypten in archaischer Zeit: G. Hölbl, Ionien und Ägypten in archaischer Zeit, in: Panionion-Symposion 1999 (2007) 447–449. – Zu einem Beintäfelchen aus Berezan mit einer Orakelabschrift aus Didyma aus dem 6. Jh.: A. S. Rusjaeva, Miletus, Didyma, Borysthenes, Olbia. The Colonization of the Lower Bug Region, Vestnik drevnej istorii 1986/2, 1986, 25–64.

3 Kroisos, der laut Hdt. 1, 92 am Artemision in Ephesos die meisten Säulen gestiftet habe, ist am archaischen Tempel als Stifter inschriftlich auf mehreren Rundstabfragmenten des Säulenschaftfußes überliefert. vgl. D. G. Hogarth, Excavations at Ephesos. The Archaic Artemisia with Chapters by C. H. Smith, A. H. Smith, B. V. Head, and A. E. Hendersen (London 1908) 294 mit Abb.; C. Börker – R. Merkelbach, Die Inschriften von Ephesos 5 (Bonn 1980) 49 Nr. 1518.

4 Hdt. 1, 46. – Vgl. dazu Günther 1971, 15; Fontenrose 1988, 10.

5 Hdt. 6, 19, 3. – anders: Nach Strab. 14, 1, 5; 11, 11, 4; 17, 1, 43 (Kallisthenes FGrH 124 F 14) und Paus. 1, 16, 3 wurde Didyma erst unter Xerxes beim Rückzug der Perser im Jahre 479 v. Chr. heimgesucht. – Vgl. auch Plin. nat. 34, 75. – Vgl. dazu Günther 1971, 19 f.; Fontenrose 1988, 12 f. und zur Perserzerstörung Hahland 1964, 144 f. sowie – „archäologisch betrachtet" K. Tuchelt, Die Perserzerstörung von Branchidai-Didyma und ihre Folgen archäologisch betrachtet, AA 1988, 427–438.

6 Vgl. P. Wilski, Karte der Milesischen Halbinsel (1 : 50 000), Milet 1, 1 (Berlin 1906) 1–24 mit Abb. und Karte; T. Wiegand, Die Milesische Landschaft mit Beiträgen von K. Krause, A. Rehm und P. Wilski, Milet 2, 2 (Berlin 1929) 1–49 mit Abb. 1–24.

Landschaften Ionien und Karien[7]. Kultmal und 'Keimzelle' des Heiligtums war eine Süßwasserquelle auf dem wasserarmen verkarsteten Kalksteinplateau.

Die zeichnerische Aufnahme der ionischen Säulenordnung des Tempels durch den Architekten Nicholas Revett im Jahre 1765 für die „Antiquities of Ionia"[8] machte den hellenistischen Apollontempel als bedeutendes Werk der griechischen Baukunst bekannt und markiert die erste Etappe der rund 250-jährigen Forschungsgeschichte des Tempels. Die Ausgrabungen am Tempel wurden im Jahre 1872/1873 von Olivier Rayet und Albert Thomas begonnen[9] und 1895/1896 von Bernard Haussoullier und Emanuel Pontremoli fortgesetzt[10]. Ein ca. 90 cm hoher marmorner Gebälkblock mit der plastischen Darstellung eines von einem Löwen begleiteten apotropäischen Dämon, einer Gorgo[11], stellte den ersten archäologischen Hinweis auf den archaischen Vorläufer des Baus dar.

Die systematische Freilegung des Baus gelang dann erst zu Beginn des 20. Jhs.: Die Ausgrabungen der Königlich-Preußischen Museen in Didyma wurden im Jahre 1906 unter der Leitung von Theodor Wiegand (1864–1936) begonnen und von Dezember 1906 bis Dezember 1913 in acht drei- bis neunmonatigen Kampagnen und einer Kampagne nach dem ersten Weltkrieg im Jahre 1924 von dem Architekten Hubert Knackfuß (1866–1948) durchgeführt; Nachuntersuchungen fanden dann 1925, 1930 und 1938 statt[12]. Die Freilegung des in einem riesigen Trümmerberg verschütteten, von einer Windmühle bekrönten Tempels[13] (*Abb. 1*) mit drei von mehreren Erdbeben verschonten, aufrecht stehenden ca. 20 m hohen Säulen und einer lediglich partiell freigelegten Front stellte eine beachtliche logistische Herausforderung für die Ausgräber dar[14].

Bei den Ausgrabungen von 1906 bis 1913[15] kamen neben den zahllosen Baugliedern des hellenistischen Tempels auch einige archaische Architekturfragmente zu Tage, wie z. B. Bruchstücke von Säulentrommeln aus Marmor und aus 'Poros', Fragmente marmorner sog. ephesischer Säulenbasen und ionischer Volutenkapitelle (*Abb. 2 a. b*), Teile eines großformatigen ionischen Kymas (*Abb. 10*), Dachziegel u. a.[16]. Darüber hinaus wurden

---

7 Strab. 14, 12.

8 Society of Dilettanti (Hrsg.), Ionian Antiquities 1 (London 1769).

9 O. Rayet – A. Thomas, Milet et le Golfe Latmique. Fouilles et explorations archéologiques 2 (Paris 1880) 39–54. 67–70 Abb. 5–8 Taf. 21–52. – Vgl. auch Tuchelt 1991, 5 Abb. 6. 7.

10 E. Pontremoli – B. Haussoullier, Didymes: fouilles de 1895 et 1896 (Paris 1904) 39–51 mit Abb. und Taf. 3–6. 14. 15. – Zur Forschungsgeschichte zusammenfassend: C. Weickert in: Knackfuß 1941, 7; Tuchelt 1991, 5 Abb. 8.

11 Pontremoli – Haussoullier a. O. (Anm. 10) 188 f. 196–200 Taf. 20; G. Mendel, Musées Imperiaux Ottomans. Catalogue des sculptures greques, romaines et byzantines II. III (Konstantinopel 1914) 555–560 Nr. 239; Knackfuß 1941, 125 f. Taf. 215 F 609. 609 a; Tuchelt 1970, 105–107 K 82 Taf. 76, 1. 2. Der Gebälkblock Inv. 2182 befindet sich heute im Archäologischen Museum in Istanbul.

12 Wiegand 1908, 3. 32–46 mit Abb. 15; Wiegand 1911, 3 f. 35–71 mit Abb. 14–16 Taf. 4–13; Wiegand 1924, 3. 9–25 mit Abb. 5–11 Taf. 2–9; C. Weickert in: Knackfuß 1941, 7 f.

13 Tuchelt 1991, 6 Abb. 9. – Vgl. z. B. auch Wiegand 1911, 44 Taf. 6.

14 C. Weickert in: Knackfuß 1941, 8. – Vgl. auch Tuchelt 1994, 8–10 Abb. 18–29.

15 Wiegand 1908, 32–46 Abb. 15; Wiegand 1911, 43–54 Abb. 16 Taf. 4–13; Wiegand 1924, 9–25 Taf. 2–4 8. 9; Knackfuß 1941, 11–45 Textabb. 1. 2 Taf. 15. 16. 18 F 1–5. – Vgl. dazu Wiegand 1908, 32 f. Abb. 15; Wiegand 1911, 44 Abb. 14 Taf. 5; Wiegand 1924, 20 Taf. 9; Weickert in: Knackfuß 1941, 7; Knackfuß 1941, 11–45 Textabb. 1. 2 Taf. 1. 15. 16. 18–20 F 1–10 etc.; Tuchelt 1994, 2–13 Abb. 3–31.

16 Wiegand 1911, 38. 40 Abb. 14 Taf. 5; Knackfuß 1941, 123–125 Taf. 78 F 160; Taf. 82 Z 600, 1–6; Taf. 148 F 379; Taf. 212 F 604–606; Taf. 213 F 601; Taf. 216 F 603. – Vgl. auch Tuchelt 1991, 21 Abb. 33. 34, 1. 2; Tuchelt 1994, 21 Abb. 55.

Abb. 1
Trümmerberg der Ruine des hellenistischen Apollontempels in Didyma (um 1900) mit einer der drei aufrecht stehenden Säulen und der durch die französischen Ausgräber partiell freigelegten Front, bekrönt von einer griechischen Windmühle

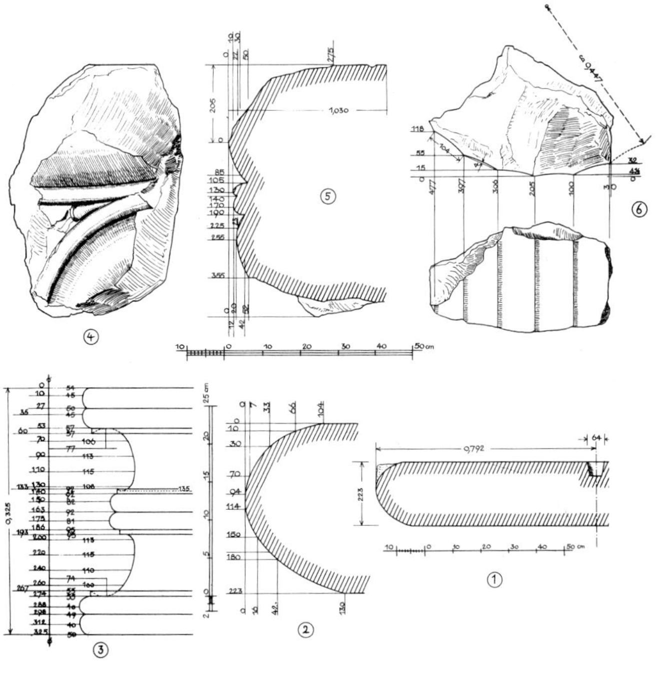

a)

b)

Abb. 2
Während der alten Grabung entdeckte Architekturfragmente des archaischen Apollontempels: Kapitell- und Säulenbasisfragmente (ephesische Spira und Torus) aus Marmor und Säulentrommelfragment aus 'Poros'

Abb. 3 Bauskulptur des archaischen Apollontempels in der Antikensammlung in Berlin: Fragmente der Koren der *columnae caelatae* (Köpfe, Oberkörper, Zehen) und Architravblock mit Resten einer Gorgo aus Marmor sowie Kalkstein-/Mergelsäulentrommeln mit Schiffsdarstellungen

wie am Artemision in Ephesos einige Fragmente außerordentlich qualitätvoller marmorner Bauskulptur entdeckt: mehrere Bruchstücke von reliefierten Säulentrommeln, sog. *columnae caelatae*, mit Koren im Halbrelief (*Abb. 3*), von denen Kopf und Oberkörper, Ellbogen mit Hüfte und Zehen erhalten sind[17], sowie ein facettierter Eckarchitravblock mit Resten einer zweiten geflügelten Gorgo[18]. Formen, Abmessungen, Material, stilistische und technische Merkmale sowie der Fundort dieser Architektur- und Bauskulpturfragmente sprachen schon damals für die ursprüngliche Zugehörigkeit der Werkstücke zu einem aufwendigen monumentalen archaischen Tempel – dem von Herodot überlieferten von den Persern ‘zerstörten’ Apollontempel. Schließlich konnten im Inneren des Hofes, des sog. Adyton, des hellenistischen Tempels (*Abb. 4*, **Nr. E**) die erhofften Fundamente des archaischen Vorläufers (*Abb. 4*, **Nr. a**) nach der problematischen Beseitigung der Reste einer dort aus Spolien errichteten byzantinischen Kirche im Winter 1915/1916 endlich freigelegt werden[19].

---

17 Knackfuß 1941, 123 Taf. 214 F 724–728; Taf. 216 F 602; Blümel 1964, 57 f. Nr. 59 Abb.162–168; Tuchelt 1970, 99–103 K 75–K 81 Abb. 19 Taf. 72–75.

18 Knackfuß 1941, 125 f. Taf. 83 a Z 611; Taf. 215 F 610. 610 a; Blümel 1964, 65 f. Nr. 72 Abb. 224. 225; Tuchelt 1970, 107–110 K 83 Abb. 20 Taf. 77, 1–3. – Zusammen mit mehreren Architekturfragmenten wurde die Bauskulptur zwischen den Weltkriegen nach Berlin gebracht und befindet sich heute in den Magazinen und der Ausstellung der Antikensammlung. – Vgl. A. Scholl – G. Platz-Horster (Hrsg.), Die Antikensammlung. Altes Museum – Pergamonmusem [3](Mainz 2007) 143 Abb. 7; U. Dirschedl in: Jahresbericht 2006 des DAI, AA 2007, 159 mit Abb. 32.

19 Knackfuß 1941, 29 f.

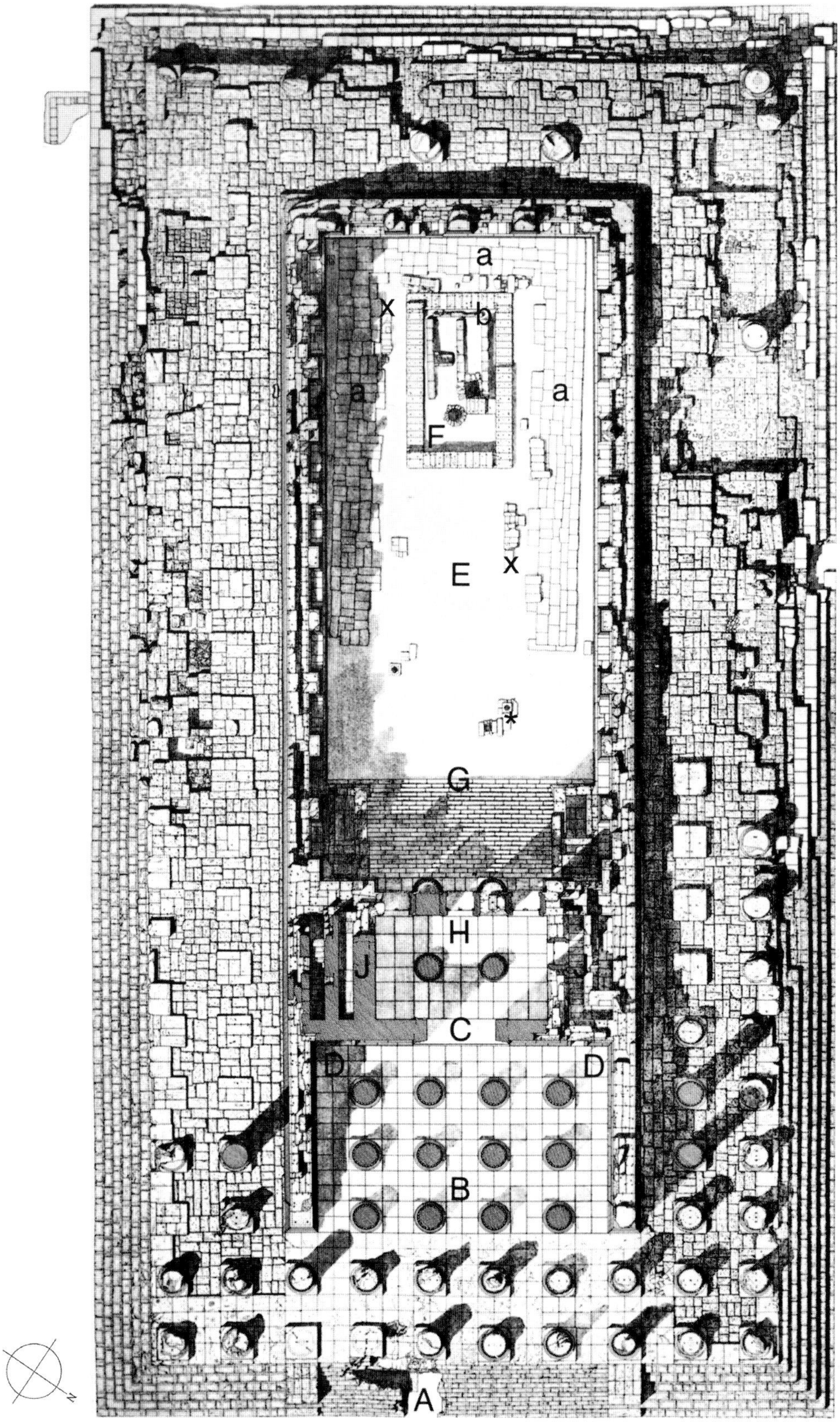

Abb. 4
Steinplan des hellenistischen Apollontempels III von Hubert Knackfuß (1941): A: Stufenbau und Peristase – B: Pronaos (sog. Dodekastylos) – C: Großes Portal – D: Tunnelzugänge – E: Adytonhof – F: Fundamente des hellenistischen Naiskos – G: Freitreppe – H: Zweisäulensaal – J: Treppenhäuser – a: Fundamente des Adyton des archaischen Tempels II – b: Fundament der Rückwand des archaischen Naiskos – x: Fundamentreste des spätgeometrisch-früharchaischen sog. Sekos I – * byzantinisches Hagiasma

Die Ergebnisse der alten Ausgrabungen legte Hubert Knackfuß dann in einem erst 1941 veröffentlichten dreibändigen Werk vor, das sich auf die detaillierte Beschreibung des hellenistischen Tempels konzentriert und Fundamenten, Baugliedern und der Bauskulptur (*Abb. 2 a. b; 3; 4,* **Nr. a**) des „vorpersischen“ Baus wenige Seiten widmet[20].

Vom archaischen Bau sind im Hof des hellenistischen Nachfolgers Reste eines 19,90 × 34 m messenden rechteckigen Kalksteinfundamentes (*Abb. 4,* **Nr. a**) erhalten, das sich nach Osten hin hufeisenförmig öffnet und von den Adytonmauern des hellenistischen Tempels eingerahmt wird; im Westteil umschließt es Π-förmig die Fundamente des hellenistischen Naiskos **(F)**, die wiederum Reste von dessen Vorgänger, dem archaischen Naiskos (b), einfassen[21]. Der nördliche und südliche jeweils zwei- bis dreilagige Fundamentzug bricht im Osten jeweils unvermittelt ab. Bemerkenswert sind an dem nach Osten hin offenen archaischen Fundament **(a)** die jeweils fünf pilasterartigen Verstärkungen[22] an den Längswänden sowie in den Ecken und ursprünglich wohl auch mittig an der Westwand, die statische und ästhetische Funktion hatten und am hellenistischen Tempel wiederholt werden.

Lage, Form und Dimensionierung der Reste dieses Fundamentes (*Abb. 4,* **Nr. a**) legen nahe, dass es sich, wie bereits Hubert Knackfuß erkannte[23], um die Fundamente des ebenfalls hypäthralen Adyton des archaischen Tempels handelte, dessen östliche, wegen des nach Osten ansteigenden Geländes weniger tief gegründeten Teile für den Bau des hellenistischen Nachfolgers abgeräumt wurden[24], und dessen analog zu den Tempeln in Samos und Ephesos angenommene doppelte Ringhallenfundamente „durch den gewaltigen Ringhallen- und Stufenbau des neuen Tempels vollständig zerstört“ wurden. Knackfuß’ Vorstellung eines dipteralen Tempels mit tiefem „altionischen“ Pronaos und einem, da er noch von einer Lage der Heiligen Quelle im Ostteil des Hofes beim byzantinischen Hagiasma (*Abb. 4,* *) ausging, langgestreckten Adytonhof, setzte dann ähnlich Gottfried Gruben in seiner ersten 1963 publizierten Rekonstruktion um (*Abb. 5* rechts oben).

Der archaische Apollontempel, dessen Standort wie der des hellenistischen Nachfolgers an die Lage der mantischen Quelle gebunden war, war nach Ausweis der erhaltenen Fundamente wie sein Nachfolger wohl ebenfalls hypäthral, beherbergte im Westen des Adyton (*Abb. 4,* **Nr. a**) bereits an der gleichen Stelle einen als Quellhaus genutzten Naiskos (b) und nahm nach Ausweis der Pilasterverstärkungen des Adytonfundamentes sowie einzelner Werkstücke, wie z. B. der ephesischen Säulenbasen (*Abb. 2 a. b*) und der Gorgonenarchitrave (*Abb. 3* rechts oben), offensichtlich auch bereits charakteristische Formen und Details der Architektur und Skulptur des hellenistischen Orakeltempels vorweg.

---

20 Knackfuß 1941, 121–129 Taf. 6–7 Z 145; Taf. 70 Z 512; Taf. 78 F 160; Taf. 82 Z 600, 1–6; Z 614; Taf. 83 a Z 611; Taf. 148 F 379; Taf. 212 F 605. 606; Taf. 213 F 601; Taf. 214 F 724–726; Taf. 215 F 609. 610; Taf. 216 F 602. 603. 727; Taf. 221 F 612. 613.

21 Knackfuß 1941, 121–123 Taf. 6–7 Z 145; Taf. 79 Z 599. – Vgl. auch U. Dirschedl in: Jahresbericht 2006 des DAI, AA 2007, 158 mit Abb. 31 (Ballonaufnahme).

22 Knackfuß 1941, 122 Taf. 6. 7 Z 145; Taf. 79 Z 599; Gruben 1963, 80 f. 83–88 Abb. 1. 2; Drerup 1964, 367 f.; Hahland 1964, 239 f.; Fehr 1971/1972, 16–20 Abb. 1; Gruben 2001, 399; Furtwängler 2009, 7 Abb. 11.

23 Vgl. Knackfuß 1941, 121 f.

24 Knackfuß 1941, 122.

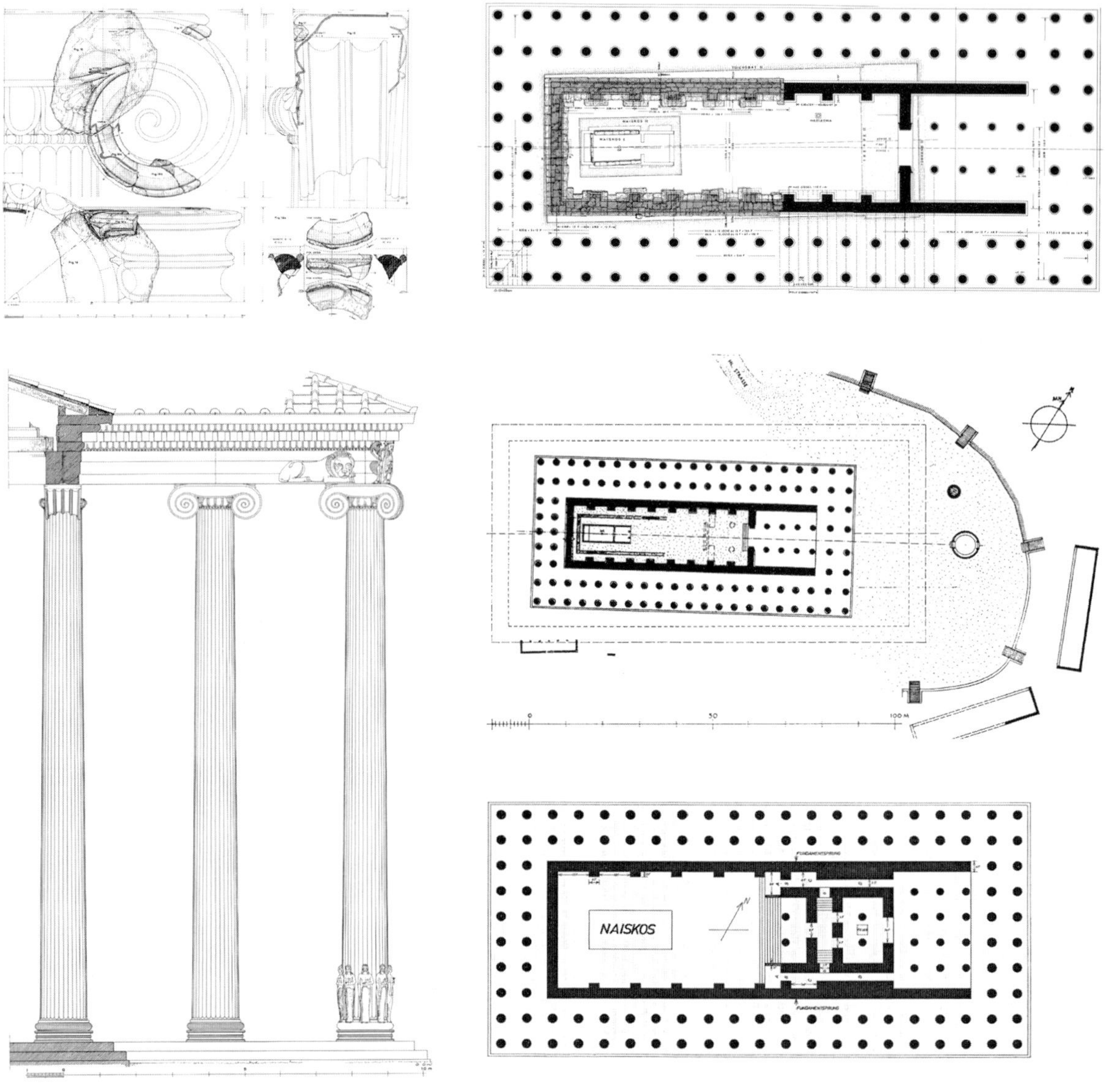

Abb. 5 Rekonstruktion des Kapitells und der Säulenordnung (Gruben 1963) sowie zwei verschiedene Rekonstruktionen des Grundrisses des archaischen Tempels von G. Gruben (1963 und 2001, rechts oben und Mitte) und eine Rekonstruktion von B. Fehr (1971/1972, rechts unten)

Entsprechend ging die Mehrzahl der Forscher in ihren Rekonstruktionen (*Abb. 5* rechts) des archaischen Tempels davon aus[25], dass sich dessen Konzeption – kultbedingt – in den ungewöhnlichen Formen des hellenistischen Nachfolgers widerspiegelten.

Da die Charakteristika des gut erhaltenen hellenistischen Tempels für die verschiedenen Rekonstruktionsvorschläge des fragmentarisch überlieferten archaischen Vorgängers eine wichtige Rolle spielen, wird auf dessen exzeptionellen Grund- (*Abb. 4*) und Aufriss kurz eingegangen: Der im 4. Jh. begonnene, laut Vitruv von den Architekten Paionios von

25 Knackfuß 1941, 122 f.; Gruben 1963, 81 f. Abb. 1. 4. 5; Drerup 1964, 365 f.; Fehr 1971/1972, 15 f.; Tuchelt 1973, 13 f. mit Anm. 2 Abb. 2. 3 Taf. 2; Fontenrose 1988, 34. 79. – Vgl. auch H. Lauter, Die Architektur des Hellenismus (Darmstadt 1986) 182. 184.

Ephesos und Daphnis von Milet[26] erbaute, bis in die römische Kaiserzeit nicht fertiggestellte riesige Tempel, zählt wie die beiden archaischen Dipteroi im nahen Heraion von Samos[27] sowie das archaische und das spätklassische Artemision in Ephesos[28] zu den berühmten miteinander konkurrierenden ionischen Dipteroi.

Eine Besonderheit des hellenistischen Tempels in Didyma ist, dass sich hinter der doppelten Säulenstellung auf einem hohen siebenstufigen Unterbau (*Abb. 4,* **Nr. A**), ähnlich wie am Artemision in Ephesos, ein von einer hohen Mauer eingefasster, zum Himmel hin offener sog. hypäthraler Hof **(E)** verbirgt, der in den hellenistischen Bauurkunden überwiegend als „ἄδυτον“ („Allerheiligstes“) bezeichnet wird[29] und nicht durch das Große Portal **(C)**, sondern lediglich von den Ecken des zwölfsäuligen Pronaos **(B)**, des sog. Dodekastylos[30], aus durch zwei schmale schräg abwärtsführende Tunnel **(D)** zugänglich ist; in der westlichen Hälfte im Bereich der für die Hydromantik genutzten Heiligen Quelle beherbergt er das Fundament des sog. hellenistischen Naiskos **(F)**, eines als Quellhaus und/ oder Götterbildschrein(?) genutzten kleinen prostylen ‘Tempels’[31]. Weitere Charakteristika im Grund- und Aufriss des Tempels können in ihrer Form und Funktion nur auf das Kultgeschehen im Orakeltempel zurückgeführt werden, von dessen Ritual die spärlichen schriftlichen Quellen nur eine vage Vorstellung geben[32]: Im Osten des Adyton befindet sich eine ca. 15 m breite imposante Freitreppe **(G)** mit drei ursprünglich durch Türen verschließbaren von korinthischen Halbsäulen flankierten Portalen, die einen zwischen dem hypäthralen Hof **(E)** und dem zwölfsäuligen Pronaos **(B)** zwischengeschalteten singulären sog. Zweisäulensaal **(H)** erschließt, der sich nach außen zum Pronaos hin mit einem riesigen ursprünglich ca. 14 m hohen Portal mit ca. 1,50 m hoher unüberschreitbarer Schwelle **(C)** nur bühnenartig öffnet. Eine weitere Besonderheit stellen zwei mit farbig gefassten Mäanderdecken aufwendig geschmückte Treppenhäuser **(J)**, die sog. Labyrinthoi, zu beiden Seiten des Zweisäulensaals dar, die ursprünglich Zugang zum Dachbereich gaben[33].

---

[26] Vitr. 7 praef. 16.

[27] C. Hendrich, Die Säulenordnung des ersten Dipteros von Samos, Samos 25 (Bonn 2007). – O. Reuther, Der Heratempel von Samos. Der Bau seit der Zeit des Polykrates (Berlin 1957); G. Gruben, Die Kapitelle des Heratempels aus Samos (Kurzfassung Diss. TU München 1960); N. Hellner, Die Säulenbasen des zweiten Dipteros von Samos, Samos 26 (Bonn 2009); G. Gruben – H. Kienast, Die Kapitelle des zweiten Dipteros von Samos, Samos 27 (im Druck). – Vgl. auch den Beitrag von H. Kienast in diesem Band S. 5-17.

[28] D. G. Hogarth, Excavations at Ephesos. The Archaic Artemisia (London 1908); A. Ohnesorg, Der Kroisos-Tempel. Neue Forschungen zum archaischen Dipteros der Artemis von Ephesos, FiE 12, 4 (Wien 2007). – A. Bammer, Die Architektur des jüngeren Artemision von Ephesos (Wiesbaden 1972). – Vgl. auch den Beitrag von A. Ohnesorg in diesem Band S. 19-40.

[29] Vgl. Günther 1971, 110; Fontenrose 1988, 81. – In den spätkaiserzeitlichen Inschriften in A. Rehm, Die Inschriften, Didyma 2 (Berlin 1958) 159 III 14 und 217, 6 wird der Kulthof ausnahmsweise als „σέκος“ bezeichnet.

[30] Wiegand 1911, 47. 61. Der bauinschriftlich für den Zwölfsäulensaal überlieferte Terminus „Dodekastylos“ wurde schon während der alten Grabung als Bezeichnung für den Pronaos eingeführt.

[31] Während z. B. Wiegand 1924, 11–13. 16 Abb. 4–10 Taf. 5–8; Knackfuß 1941, 128; Hahland 1964, 234; Gruben 1963, 81; Günther 1971, 17. 42. 111 mit Anm. 7; 115; Fontenrose 1988, 14. 16. 34. 39, 80 f. und Gruben 2001, 399 den Naiskos als Kultbildschrein deuteten, interpretierte K. Tuchelt, Fragen zum Naiskos von Didyma, AA 1986, 46–50 Abb. 1–6. 8, ders., Einige Überlegungen zum Kanachos-Apollon von Didyma, JdI 101, 1986, 76, ders. 1991, 19 f. Abb. 28. 29 und ders. 2007, 398 Abb. 5 diesen als ein die Kultquelle fassendes Quellhaus und Sitz des Orakels.

[32] Vgl. Günther 1971, 110–123; Fontenrose 1988, 78–85.

[33] Vgl. Tuchelt 1991, 12 Abb. 17. 23. – Zur Nutzung des Dachbereiches in Dipteroi und Pseudodipteroi vgl. den Beitrag von Th. Schulz in diesem Band S. 165-179.

Als die Ausgrabungen in Didyma nach jahrzehntelangen Unterbrechungen im Jahre 1962 durch das Deutsche Archäologische Institut unter der Leitung von Rudolf Naumann wieder aufgenommen wurden, gelang es Heinrich Drerup und Friedrich Hiller bei Untersuchungen im Adyton[34] des hellenistischen Tempels (*Abb. 4*, **Nr. E**), zum einen den noch älteren spätgeometrisch-früharchaischen, mit ca. 10 × 21 m deutlich kleineren Vorgänger des archaischen Adyton, den sog. Sekos I[35] (*Abb. 4*, **Nr. x**), in spärlichen Resten aus braunem Mergel nachzuweisen, sowie zum anderen die Lage der Heiligen Quelle im Westen des Adyton zu lokalisieren[36]. Auch Drerup vermutete, dass östlich an das Adyton wie beim hellenistischen Tempel eine Freitreppe sowie eine höher gelegene überdeckte Raumfolge anschloss, die beim Neubau abgeräumt wurde[37].

Die heilige Quelle[38] wurde als Kultmal also hypäthral über mehr als ein Jahrtausend an derselben Stelle in drei aufeinanderfolgenden, einander „ummantelnden", zunehmend größeren Höfen (*Abb. 4*, **Nr. x – a – E**) verehrt, die ab archaischer Zeit in prächtige Tempel inkorporiert waren.

Eine zeichnerische Rekonstruktion des Grund- und Aufrisses des archaischen Tempels (*Abb. 5* links und rechts oben) stellte erstmals Gottfried Gruben 1963 vor[39]. Diese überraschend detaillierte, gleichwohl wegen der bruchstückhaften Erhaltung zwangsläufig hypothetische Rekonstruktion basiert auf dem Befund des archaischen Adytonfundamentes[40] (*Abb. 4*, **Nr. a**) sowie auf der spärlichen Materialgrundlage von nur rund fünfundzwanzig publizierten, überwiegend marmornen Baugliedern (*Abb. 2. 3*); die Werkstücke in Didyma waren um 1960 nicht zugänglich, da das Grabungshaus mit seinen Magazinen im Jahre 1922 durch Brand zerstört worden war[41]. Er rekonstruiert einen ionischen Dipteros (*Abb. 5* rechts oben) mit 8/9 × 21 Säulen in der äußeren Ringhalle, einem übermäßig lang gestreckten[42] hypäthralen Adytonhof mit durch Pilaster gegliederten Wänden sowie einem tiefen Pronaos mit acht Säulen[43]. In der jüngsten Grundrissrekonstruktion (*Abb. 5*

34 Drerup 1964, 334.

35 Drerup 1964, 350–368 mit Abb. 1. 6–15 und Plan; Tuchelt 1973, 13 f. Anm. 2 Abb. 1. 2; Tuchelt 1991, 18 Abb. 27; P. Schneider, Zum alten Sekos von Didyma, IstMitt 46, 1996, 147–152.

36 Drerup 1964, 338–346 Abb.

37 Drerup 1964, 364 f. Bei der Nachgrabung ging Drerup auch der Frage der ursprünglichen Ausdehnung des archaischen Adytonhofes nach Osten hin nach und schloss aus der Beobachtung, dass sich die Adytonfundamente in den vorhandenen Schichten jeweils nicht über die Fundamentstirn nach Osten hin fortsetzen konnten, wie Hubert Knackfuß, auf ein in versetztem Niveau nach Osten weiterlaufendes Fundament, aber anders als dieser auf einen Sprung der Fundamentsohle von 1,30–1,35 m; die von Knackfuß angeführte, aber nicht nachweisbare Bodenneigung des Adyton als Ursache für ein Verspringen der Fundamente bezweifelte er und nahm als „natürlichste Deutung" dort das Ende des Adyton an, da die Steine an der Stirn beider Fundamentzüge entgegen ihrer üblichen Anordnung etwa rechtwinklig zur Bauachse verliefen und annähernd fluchteten. – Drerups Vorschlag setzte ähnlich dann Fehr 1971/1972, 25 f. mit Abb. 2 in eine Rekonstruktion (Abb. 5 rechts unten) um.

38 Vgl. dazu Günther 1971, 114 f.; Fontenrose 1988, 32. 40. 78–85.

39 Gruben 1963, 78–177 mit Abb. 1–46; bes. Abb. 1 und 39.

40 Wie bereits Gruben 1963, 81 feststellte, stand das archaische Adyton mit ca. 19,90 × 34 m der Cella verwandter ionischer Tempel in Samos (z. B. erster Dipteros ca. 25 × 52,5 m) und Ephesos an Größe kaum nach.

41 Vgl. Wiegand 1924, 3; Wiegand 1929, 18 Abb. 22. 23; Knackfuß 1941, 8. 103. 126.

42 Gruben 1963, 81 f. mit Anm. 7 Abb. 1 Die Lage der heiligen Quelle nahm er wie Knackfuß 1941, 46 f. am Ort des byzantinischen Hagiasma an.

43 Gruben 1963, 83–100 mit Abb. 1. 5.

rechts Mitte) seines überarbeiteten Handbuchs revidierte Gruben 2001, offenbar auch auf der Grundlage von Heinrich Drerups erst 1964 veröffentlichten Grabungsergebnissen, die alte Rekonstruktion dann partiell: Er verkürzte den Adytonhof und ergänzte hypothetisch einen vom Hof und vom Pronaos jeweils durch Treppen erreichbaren erhöhten zweisäuligen Saal, einen archaischen Vorläufer des hellenistischen 'Zweisäulensaals'[44]. In der Aufrissrekonstruktion (*Abb. 5* links unten) von 1963, für die Gruben ergänzend auf einzelne unpublizierte Werkstücke in den Magazinen des Pergamonmuseums zurückgreifen konnte, ruhen die extrem schlank rekonstruierten Säulen des 'Marmortempels' mit weit ausladenden Volutenkapitellen auf ephesischen Säulenbasen und tragen ein filigran erscheinendes Gebälk[45]. Anhand mehrerer Fragmente gelang es Gruben, die Form der Kapitelle in einer sehr eindrucksvollen Zeichnung (*Abb. 5* links oben) wiederherzustellen[46].

Burkhard Fehr setzte auf Drerups Ergebnissen aufbauend dann 1970 Grubens Grundriss von 1963 eine Rekonstruktion (*Abb. 5* rechts unten) eines zehnsäuligen Dipteros mit deutlich kürzerem Adyton und einer dem hellenistischen Bau ähnlichen, östlich an den Hof anschließenden Raumabfolge entgegen, die aus einer Freitreppe, einem Zweisäulensaal und einem zwölfsäuligen Pronaos besteht und der zwischen Freitreppe und Zweisäulensaal noch eine zweisäulige Vorhalle(?) und ein kleiner Korridor mit zwei Treppenhäusern sowie seitlich flankierenden Tunneln hinzugefügt sind[47].

In zwei Vorberichten stellte Peter Schneider eine Auswahl von Marmor- und Kalksteinbaugliedern des archaischen Tempels sowie Teile des großformatigen ionischen Kymas vor[48] (*Abb. 10* oben). Schneider, der den Eierstab in seiner ursprünglichen Verwendung dem archaischen Tempel als oberen Abschluss der Adytonwände zuweisen möchte und auf Grund der frühen Zeitstellung des Kymas um 550[49] bzw. 570[50] und des von Åke Åkerström um 575 bis 550 angesetzten Tondaches[51], Werner Kirchhoffs These folgend,

44 Gruben 2001, 399 Abb. 303. 409 nimmt darüber hinaus sogar einen archaischen Vorläufer des „heiligen Tors“ an.

45 Gruben 1963, 102–133 mit Abb. 10. 16. 19. 39.

46 Gruben 1963, 115–134 mit Abb. 15–23; bes. Abb. 16.

47 Fehr 1971/1972, 15 f. Abb. 1. – Tuchelt 1973, 13 f. Anm. 2 Abb. 3. Eine weitere Rekonstruktion eines archaischen Dipteros mit sehr gedrungenem Grundriss und kurzem Adyton, an das östlich unmittelbar ein achtsäuliger Pronaos anschließt, legte Klaus Tuchelt in seinen Vorarbeiten zu einer Topographie von Didyma 1973 vor. – Vgl. zu den verschiedenen Rekonstruktionen auch Fontenrose 1988, 31–34. – T. Schattner, Architrav und Fries des archaischen Apollontempels von Didyma, JdI 111, 1996, 1–23 mit Abb. 1–19 b. Eine von Gruben abweichende Rekonstruktion des Gebälks schlug 1996 Thomas Schattner vor, der die beiden Gorgonen-Gebälkblöcke wegen der unterschiedlichen Ausarbeitung des glatten bzw. facettierten Reliefgrundes jeweils als Fries- bzw. Architravblock deutet und übereinander anordnet.

48 P. Schneider in: K. Tuchelt, Didyma. Bericht über die Arbeiten der Jahre 1980–1983, IstMitt 34, 1984, 333–343 mit Abb. 6–12 Taf. 61, 1. 2; ders. 1996, 78–83 mit Abb. 1–8; Tuchelt 2007, 402 Abb. 8.

49 C. Weickert, Das lesbische Kymation. Ein Beitrag zur Geschichte der antiken Ornamentik (Leipzig 1913), 46; C. Weickert, Typen archaischer Architektur in Griechenland und Kleinasien (Augsburg 1929) 126 f.; Gruben 1963, 106 (gegen 540); Gruben 2001, 405.

50 W. Kirchhoff, Die Entwicklung des ionischen Volutenkapitells im 6. und 5. Jhd. und seine Entstehung (Bonn 1988) 117. 122 f. – Zur Datierung archaischer Eierstäbe vgl. auch E. Buschor, Altsamischer Bauschmuck, AM 72, 1957, 1–34 und W. Koenigs, „Rundaltäre“ aus Milet, IstMitt, 46, 1996, 141–146 mit Abb. 1–4 Taf. 27. 28.

51 Å. Åkerström, Die architektonischen Terrakotten Kleinasiens, ActaAth 4°, 11 (Lund 1966) 108–114. 204 f. Abb. 34, 1. 2 Taf. 55–57. – Die im Rahmen des von. H. Bumke geleiteten Taxiarchis-Projektes gefundenen Dachterrakotten bearbeitet seit 2007 Phil Sapirstein von der Cornell University New York.

einen Baubeginn bereits im frühen 6. Jh. postulierte[52], griff den von Klaus Tuchelt in den 70er Jahren geprägten vorläufigen Terminus „Porosbau?“[53] auf und wies die Bauglieder aus Kalkstein und Mergel entsprechend einem frühen „Kalksteintempel“[54] zu, den er von dem anhand der Bauskulptur zeitlich um etwa 540 bis 520[55] angesetzten 'Marmorbau' wegen der „chronologischen Differenz von einigen Jahrzehnten“ trennte.

Das Bergen und Inventarisieren der in Didyma nach der alten Grabung verbliebenen, im Ort verstreuten und z. T. durch den Grabungshausbrand beschädigten Architekturfragmente ab 1964[56] nach Wiederaufnahme der Grabungen durch das Deutsche Archäologische Institut verdeutlichte bereits, dass es neben den wenigen marmornen Architekturfragmenten des „vorpersischen Tempels“ (*Abb. 2 a. b*) auch eine sehr große Anzahl von Werkstücken aus Kalkstein und Mergel (*Abb. 6* oben und Mitte) gibt, die bereits Hubert Knackfuß beiläufig erwähnte (*Abb. 2 a* rechts oben)[57]. Während der Ausgrabungen in Didyma in den letzten hundert Jahren wuchs die Anzahl der dem archaischen Tempel zuweisbaren Werkstücke stetig weiter an, insbesondere durch Sondagen in den rasterförmigen Fundamenten der Peristasis des hellenistischen Tempels[58]. In den Jahren 2004 bis 2006 kamen an der Südwestecke bzw. der Nordseite des Tempels[59] eine Vielzahl zerschlagener, in den 'Caissons' des hellenistischen Rostfundamentes verbauter und verfüllter Bauglieder aus Kalkstein/Mergel und aus Marmor (*Abb. 6–9*) zu Tage, u. a. zahlreiche Bruchstücke z. B. der Säulentrommeln sowie große zusammenpassende Teile ephesischer Säulenbasen. Die auffallend gute Erhaltung der archaischen Werkstücke spricht für ein systematisches Zerschlagen und 'Bestatten' überwiegend unbeschädigter, gelegentlich durch Brand verfärbter Bauglieder im Nachfolgebau und stellt Herodots Überlieferung von der 'Zerstörung' des archaischen Tempels in Frage[60].

Die Entdeckung Hunderter sehr qualitätvoll gearbeiteter Fragmente des archaischen Tempels machte eine Neubearbeitung dieses für die Kenntnis der archaischen ionischen Tempelbaukunst sehr bedeutenden Bauwerks dringend erforderlich. Das Projekt „Der archaische Apollontempel („Tempel II“) in Didyma“ startete 2003 und zielt ab auf ein

---

52 Kirchhoff a. O. (Anm. 50) 116 f.; Schneider 1996, 83. – Anders: Tuchelt a. O. (Anm. 5) 431 mit Anm. 40 sowie Gruben 1963, 106. 146 f. 176 und Gruben 2001, 405, die anhand des Kyma den Baubeginn um 550 bzw. 540 ansetzen.

53 Vgl. Tuchelt 1973, 13 f. Anm. 2.

54 K. Tuchelt in: Jahresbericht des DAI, AA 1996, 558; Schneider 1996, 83; ders a. O. (Anm. 35) 151. – Vgl. auch Tuchelt 2007, 400. – Anders: Knackfuß 1941, 124 f. und Gruben 1963, 112–114 Frgt. 13 Abb. 14 und ders. 2001, 404, die die Marmor- und Kalksteintrommeln demselben Bau zuweisen, ähnlich wie z. B. in Samos.

55 N. Himmelmann-Wildschütz, Beiträge zur Chronologie der archaischen ostionischen Plastik, IstMitt 15, 1965, 38; Tuchelt 1970, 100. 106. 108 f. 132–136. 150–152 Tab. S. 158.

56 Tuchelt 1973, 14 Anm. 2; Tuchelt 1994, 21.

57 Knackfuß 1941, 122. 124 f. Taf. 82 Z 600, 6.

58 Knackfuß 1941, 50. 123 Taf. 78 F 160.

59 L. Haselberger, Bericht über die Arbeit am Jüngeren Apollontempel von Didyma, IstMitt 33, 1983, 90–123; A. Furtwängler in: Jahresbericht 2004 des DAI, AA 2005, 209; ders., Didyma, 2004, in: 27. KST Antalya 2005, 2 (Ankara 2006) 206 f. Abb. 1. 2; ders. in: Jahresbericht 2005 des DAI, AA 2006, 212; ders., Didyma 2005, in: 28. KST Çanakkale 2006 (Ankara 2007) 406 f. Abb. 1. 2; ders. in: Jahresbericht 2006 des DAI, AA Beih. 2007, 126 Abb. 11.

60 Vgl. Hdt. 6, 19, 3. s. dazu o. – Vgl. dazu auch Knackfuß 1941, 123; Tuchelt 1988, 435.

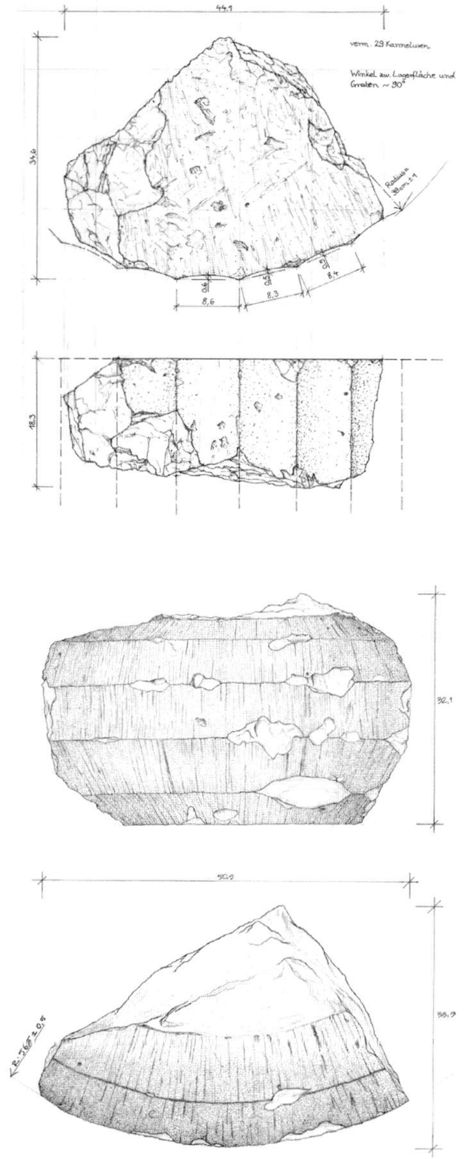

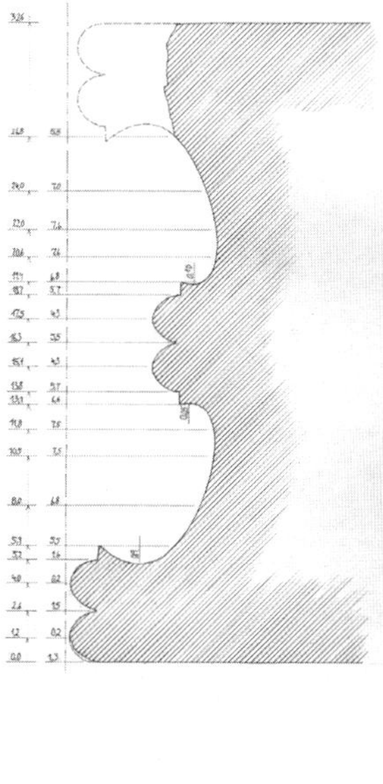

Abb. 6
Werkstücke des archaischen Tempels in Photos und Zeichnungen: Säulentrommeln (oben: Didyma Inv. A 199, A 1065 und A 184) und Tori (Mitte: A 2430, A 441 und A 158) aus Kalkstein/Mergel und Marmor sowie Spiren aus Marmor (unten: A 1634, A 1691 und A 1657)

möglichst vollständiges katalogmäßiges Erfassen sämtlicher dem sog. Tempel II zuweisbaren Werkstücke, die detailliert untersucht und vermessen werden, deren Form, Werkspuren, technische Details, Erhaltung, Material und ggf. Farb- oder Brandspuren etc. beschrieben und photographisch dokumentiert werden (*Abb. 6* links) und von denen eine Auswahl signifikanter Stücke zeichnerisch aufgenommen wird (*Abb. 6* rechts) – als Grundlage für die typologische, stilistische und chronologische Einordnung der Bauglieder und Bauskulptur sowie die Rekonstruktion von Grund- und Aufriss des Tempels, die in einer geplanten Monographie vorgelegt werden.

Neben den Sondagen in den rasterförmigen Fundamenten des hellenistischen Tempels seit 2004, die u. a. dazu dienten, das Spektrum der archaischen Bauglieder zu erweitern sowie darüber hinaus ggf. Aufschluss über die Fundamentsituation zu erhalten, wurden im Jahre 2004 eine neue Bauaufnahme der archaischen Adytonfundamente unter Peter Schneider sowie im Jahre 2005 begleitende archäologische Nachuntersuchungen an den archaischen und hellenistischen Fundamenten im Adyton des hellenistischen Tempels unter Leitung von Andreas Furtwängler durchgeführt[61], deren für den archaischen Tempel relevante Beobachtungen kurz zusammengefasst werden:

Wichtige neue Ergebnisse sind, dass von den ursprünglich dem archaischen Naiskos zugewiesenen Fundamenten[62] (*Abb. 4*, **Nr. F**) der einschalige Fundamentrest der westlichen Rückwand (**b**) das einzige *in situ* erhaltene Zeugnis dieses Baus darstellt, während die dem Bau bislang zugewiesenen unverbundenen Längswände offenbar zu einer „Interims-Lösung" gehören und erst ins 4. Jh. datieren, und des Weiteren, dass vom Vorgänger des archaischen Adyton (**a**), dem spätgeometrisch-früharchaischen Sekos I (**x**), einzelne Porosquader der ursprünglichen Rückwand in der Südwestecke des hellenistischen Adyton entdeckt wurden[63]. Darüber hinaus konnte Furtwängler die bereits von Heinrich Drerup nachgewiesene Lage der Heiligen Quelle im Westen des Adyton bestätigen und damit Tuchelts Deutung des Naiskos als Quellhaus und Sitz des Orakels.

Die Versuche, anhand von Sondagen im Inneren des Hofes an der nördlichen Adytonwand sowie in einem 'Caisson' des Rostfundamentes der Peristasis unmittelbar außen an der nördlichen Adytonwand des hellenistischen Tempels weitere Fundamentreste des archaischen Tempels über die 1915 entdeckten Adytonfundamente (*Abb. 4*, **Nr. a**) hinaus zu finden, die einer Klärung des Grundrisses dienen könnten, blieben, wie zu erwarten, ergebnislos[64]. Denn die wohl streifenförmigen Fundamente einer einfachen oder doppelten Säulenstellung des archaischen Tempels, die sich ursprünglich im Bereich der äußeren Adytonwand und Peristase des hellenistischen Tempels befunden haben müssen, wurden, wie bereits Hubert Knackfuß feststellte, und wie sämtliche der ca. 4 bis 5 m bis

61 A. Furtwängler in: Jahresbericht 2005 des DAI, AA 2006, 212–214 mit Abb. 8–12; ders., Didyma, 2004, in: 27. KST Antalya 2005, 2 (Ankara 2006) 205–212 mit Abb. 1–10; ders. in: Didyma 2005, in: 28. KST Çanakkale 2006, 2 (Ankara 2007) 405–418 mit Abb. 1–12; ders. in: Jahresbericht 2006 des DAI, AA Beih. 2007, 126.

62 Knackfuß 1941, 127 f. Taf. 70 Z 512; Taf. 186 F 721; Drerup 1964, 363 Abb. 12; Tuchelt 1973, 13 f. mit Anm. 2 Abb. 2. 3; Schneider a. O. (Anm. 35) 147–152 Abb. 1 Taf. 29.

63 A. Furtwängler, Didyma 2005, in: 28. KST Çanakkale 2006, 2 (Ankara 2007) 408 Abb. 4. 5; ders. 2009, 4 Abb. 11.

64 A. Furtwängler in: Jahresbericht 2005 des DAI, AA 2006, 214; ders., Didyma 2005, in: 28. KST Çanakkale 2006, 2 (Ankara 2007) 410 Abb. 1.

auf Fels oder Lehm in die Tiefe führenden Sondagen[65] in den 'Caissons' des Rostfundaments des hellenistischen Tempels erneut zeigen, bei den gewaltigen Fundamentierungsarbeiten für den hellenistischen Tempel zwangsläufig vollständig abgeräumt. Auch eine Überprüfung der jeweils östlichen Stirn der beiden archaischen Adytonfundamentzüge[66] (**a**) kam nicht über die oben dargelegten Beobachtungen Heinrich Drerups bei der Nachgrabung im Jahre 1962 hinaus, da für die Fundamente in den drei erhaltenen Lagen nach Osten hin keine Anschlüsse nachweisbar sind und ein Verspringen der Fundamente anzunehmen ist.

Da im östlichen Teil des hellenistischen Baus unter Freitreppe, Zweisäulensaal und Pronaos (*Abb. 4*, **Nr. G – H – B**) ein archäologisches Sondieren nicht möglich ist, wurden Prospektionen mit Georadar in den Jahren 2006 und 2007 im Bereich unter dem hellenistischen Zweisäulensaal und dem Dodekastylos und einem der Adytonzugangstunnel (H – B – D) durchgeführt[67]: Sie deuten auf „einen noch anstehenden Felsrücken mit Abarbeitungsspuren" unter den beiden Säulensälen hin[68] – also offenbar auf einen 'Geländeversprung', der die Ursache für das bereits von Hubert Knackfuß, Heinrich Drerup, Burkhardt Fehr und Gottfried Gruben angenommene „Verspringen" der östlich in einem versetztem höheren Niveau weiterlaufenden archaischen Adytonfundamente darstellt und für eine an das Adyton anschließende, diesem gegenüber erhöhte Raumabfolge bereits im archaischen Tempel spricht (vgl. z. B. *Abb. 5* rechts Mitte und unten), die kultbedingt wohl ähnlich gestaltet war wie im hellenistischen Nachfolger (*Abb. 4*); eine Felsformation unmittelbar vor dem Eingang eines Sakralbaus ist schwer vorstellbar.

Hatte der archaische Apollontempel also einen dipteralen Grundriss?

Diese Frage wird sich, wie ausführlich dargelegt, anhand der einzigen unzerstörten Baureste, der archaischen Adytonfundamente (*Abb. 1*, **Nr. a**), nicht mehr klären lassen. Eine Antwort können nur die diesem monumentalen archaischen Tempel zuweisbaren Werkstücke der 'aufgehenden' Architektur geben. Dem archaischen Tempel und seinem Altar kann nach detaillierter Untersuchung der Architektur- und Bauskulpturfragmente in Didyma und in der Antikensammlung zu Berlin anhand der Formen, des Formats[69], des

---

65 Vgl. z. B. A. Furtwängler in: Didyma, 2004, 27. KST Antalya 2005 (Ankara 2006) 205 Abb. 2; ders. in: Didyma 2006, in: 29. KST Kocaeli 2007 (Ankara 2008) 472 Abb. 1. 2.

66 A. Furtwängler in: Jahresbericht 2005 des DAI, AA 2006, 214 Abb. 10; ders. in: Didyma 2005, in: 28. KST Çanakkale 2006, 2 (Ankara 2007) 409 Abb. 1. 6; ders. 2009, 7.

67 A. Furtwängler in: Jahresbericht 2006 des DAI, AA Beih. 2007, 126; ders. in: Jahresbericht 2007 des DAI, AA Beih. 2008, 171.

68 A. Furtwängler in: Jahresbericht 2007 des DAI, AA Beih. 2008 171; ders. 2009, 6 Abb. 15.

69 Die mehr als 400 Säulentrommel- und Säulenbasisfragmente zeigen stark schwankende Durchmesser zwischen ca. 0,70 und 1,60 m (Ausnahme 'Miniaturspira' und '-trommel' mit ca. 0,60 und 0,45 m) und gehen mit bis zu 1,60 m über die üblichen Säulendurchmesser peripteraler und prostyler archaischer ionischer Tempel an der kleinasiatischen Küste und auf den Inseln deutlich hinaus (vgl. z. B. Myus, unterer Tempel ca. 0,60–1,10 m; Magnesia, älterer Artemistempel ca. 1,00–1,40 m; Chios, Phanai, jüngerer Tempel ca. 0,80–1,10 m; Naxos, Yria ca. 0,70–1,10 m; Sangri ca. 0,50–0,60 m; Paros, Burgtempel ca. 0,90–1,20 m; Delos, Naxieroikos ca. 0,35–0,65 m), stehen aber den Säulen dipteraler ionischer Tempel nahe (vgl. Samos, erster Dipteros ca. 1,30–1,90 m; Ephesos, älteres Artemision 1,30–2,30 m; Samos, zweiter Dipteros ca. 1,50–2,30 m; vgl. auch Naxos, Hekatompedos ca.

Materials, des Fundortes sowie der Werkspuren, der technischen Merkmale und ggf. Farbspuren mittlerweile ein Ensemble von rund sechshundert 'zerschlagenen' Werkstücken (*Abb. 2. 3. 6–11*) aus der Mitte des 6. Jhs. zugewiesen werden – Bruchstücke von Säulentrommeln, Säulenbasen, Kapitellen, Quadern, ionischen Kymatien und Dachziegeln sowie Architraven und Säulentrommeln mit Reliefschmuck[70].

Das Bild des archaischen Tempels, das sich nach den Aufarbeitungskampagnen bereits jetzt abzeichnet, weicht nicht unerheblich von bislang bekannten und publizierten Rekonstruktionen und Vorstellungen ab, insbesondere deswegen, weil anders als angenommen mehr als ca. 85 % der zuweisbaren Werkstücke aus Kalkstein/Mergel und nur ca. 15 % aus Marmor bestehen. Die Mehrzahl der verschiedenen Bauglieder (*Abb. 6–9*), wie z. B. die Säulentrommeln, Tori der Säulenbasen, Quadern und Kymata kommen sowohl in Kalkstein/Mergel als auch in Marmor vor, die Dachziegel in Terrakotta und Marmor, und nur die Spiren der ephesischen Säulenbasen (*Abb. 2. 6. 8. 9*), die ionischen Volutenkapitelle und die 'Gorgonen-Architrave' (*Abb. 3* rechts oben) bislang ausnahmslos aus Marmor[71]. Wie ein Neufund aus dem Jahre 2006 (*Abb. 11* links) nahe legt, gab es neben den bekannten *columnae caelatae* aus Marmor (*Abb. 3* links und Mitte; *5* links unten; *11* Mitte und rechts) auch Reliefsäulentrommeln aus Kalkstein/Mergel (s. u.). Die Verwendung unterschiedlicher Materialien, wie z. B. Kalkstein und 'Poros' sowie Kalkstein, 'Poros' und Marmor, nebeneinander am selben Bau ist in der archaischen Architektur kein Einzelfall, sondern z. B. auch an den beiden archaischen Dipteroi im benachbarten Heraion in Samos nachweisbar[72].

Einzelne für die Fragestellung signifikante vorläufige Ergebnisse zur Säulenarchitektur werden im Folgenden zusammengefasst:

Ein Großteil der dem Tempel zuweisbaren Bauglieder machen die bislang rund 340 kannelierten Säulentrommelfragmente aus Kalkstein und Mergel (*Abb. 2* rechts oben; *6* oben; *7* links) aus[73]. Während es sich bei mehr als zwei Drittel der Stücke um wenig aussagekräftige relativ kleinformatige Bruchstücke handelt, ergibt sich aus der detaillierten Untersuchung der größeren Trommelfragmente eine Vielzahl verschiedener Informationen: Die Säulentrommeln zeigen die für die ionische Architektur des zweiten Viertels und der Mitte des 6. Jhs. charakteristischen z. T. sehr flachen, in der Breite und Tiefe nicht unbeträchtlich differierenden Kanneluren mit Graten[74], waren ursprünglich ca. 0,40 bis 0,50 m hoch und verjüngen sich nach oben minimal. Von ca. 70 Werkstücken mit zwei

---

1,50–1,80). – Vgl. Dirschedl (im Druck) Kap. II. B. 1 und II. C. 1 Kataloge der samischen und ephesischen Säulenbasen mit Lit.

70 Vgl. dazu auch U. Dirschedl in: Jahresbericht 2007 des DAI, AA Beih. 2008, 23 f. mit Abb. 24–27.

71 Zur Materialverwendung vgl. U. Dirschedl in: Jahresbericht 2009 des DAI, AA Beih. 2010, 18 f. mit Abb. 18–22.

72 Vgl. dazu Hendrich a. O. (Anm. 27) 7. 24. 94–133 Taf. 1–22 sowie O. Reuther, Der Heratempel von Samos (Berlin 1957) 41–54 und N. Hellner, Die Säulenbasen des zweiten Dipteros von Samos, Samos 26 (Bonn 2009) 24–27. 133–137. 139. 202 Taf. 1–13 sowie den Beitrag von H. Kienast in diesem Band S. 5-17.

73 Vgl. U. Dirschedl in: Jahresbericht 2006 des DAI, AA 2007, 159 mit Abb. 33; dies. in: Jahresbericht 2009 des DAI, AA Beih. 2010, 18 Abb. 19. 20.

74 Zu den altertümlichen Kanneluren mit Graten und den Schwankungen der Kannelurenanzahl an den Säulen archaischer Bauten des 6. Jhs. sowie zur Ausbildung der 'kanonischen' ionischen vierundzwanzig Kanneluren mit Stegen vgl. zusammenfassend Dirschedl (im Druck) Kap. II. B. 9 und II. C. 10.

bis vier vollständig erhaltenen Kanneluren lässt sich mit Hilfe von Kreisschablonen jeweils der Radius mit einer vom Erhaltungszustand abhängigen Genauigkeit von ca. ±1–4 cm ermitteln und entsprechend auch die Anzahl der Kanneluren berechnen. Die Trommeln weisen Durchmesser zwischen ca. 0,70 und 1,20 m auf – sowie eine in der archaischen ionischen Architektur nicht ungewöhnliche unterschiedliche Anzahl von Kanneluren: Bislang können drei Gruppen verschieden starker Säulen mit jeweils 24, 28 sowie 32 Kanneluren (*Abb. 7 links*) unterschieden werden[75]. Eine stark beschädigte Trommel mit neun erhaltenen Kanneluren zeigte ursprünglich offenbar 20 Kanneluren.

Das Materialspektrum reicht an diesen Säulentrommeln von einem porösen, vereinzelt konglomerathaltigen braunen Mergel über einen dichteren beigen Mergel bis zu einem qualitätvollen feinkörnigen hellgrauen Kalkstein[76], die lokal auf der Milesischen Halbinsel gebrochen wurden[77]. Die Mantelflächen der Säulentrommeln sind wie im 6. Jh. üblich mit einem feinen Flacheisen sorgfältig bearbeitet und abschließend nachgeglättet (*Abb. 6* oben); die sehr zahlreich erhaltenen Lagerflächen zeigen Anathyrosen mit grob mit dem Spitzeisen gearbeitetem Spiegel sowie mit dem Flacheisen oder Beil, dem sog. Skeparnon, bearbeitetem und dann überschliffenem Saum. Nach Ausweis vereinzelt erhaltener zentraler zylindrischer Dübellöcher waren die Trommeln miteinander verdübelt.

Den sehr zahlreichen Säulentrommelfragmenten aus Kalkstein/Mergel stehen nur rund 25 überwiegend kleinformatige kannelierte Säulentrommelfragmente aus Marmor[78] (*Abb. 6* oben; *7* rechts) gegenüber, die die gleichen Merkmale zeigen wie die Mergeltrommeln. An nur drei der Fragmente sind mehr als zwei vollständige Kanneluren erhalten: Eine 'Miniatur'-Trommel mit ca. 0,45 m Durchmesser wies ursprünglich 28 Kanneluren auf, zwei große Säulentrommeln mit ca. 0,90 und 1,20 m Durchmesser zeigten ursprünglich jeweils 24 bzw. 40 Kanneluren (*Abb. 7* rechts); kleinformatige Trommelfragmente können letzteren anhand der Kannelurbreiten und -tiefen jeweils zugeordnet werden – eines sogar mit einem angearbeiteten Arm- oder Beinansatz einer der Koren der *columnae caelatae*. Die Herkunft der verschiedenen am archaischen Tempel verwendeten Sorten von weißem Marmor ist bislang nicht abschließend geklärt, doch zeichnet sich ab, dass der Marmor wie für den hellenistischen Nachfolger vermutlich überwiegend in den in der Antike auf dem Seeweg erreichbaren Marmorbrüchen bei Herakleia am Latmos am Ufer des heutigen Bafa Gölü[79] gebrochen wurde.

---

75 Einige Stücke können wegen stark schwankender Kannelurbreiten den Gruppen mit 28 bzw. 32 Kanneluren nicht sicher zugeordnet werden. – Die Säulentrommeln z. B. des ersten Dipteros in Samos zeigen 40 Kanneluren mit Graten, des unteren Tempels in Myus 32, des älteren Artemision in Ephesos nebeneinander 36, 40, 44 und 48, des Athenatempels in Phokäia 32 und 36 sowie des zweiten Dipteros in Samos 36 Kanneluren mit Stegen.

76 U. Dirschedl in: Jahresbericht 2009 des DAI, AA Beih. 2010, 18 f. mit Abb. 19–21.

77 Nach den Untersuchungen von B. Borg – G. Borg, Die unsichtbaren Steinbrüche. Zur Bausteinprovenienz des Apollon-Heiligtums von Didyma, AW 29, 1998, 509–518, 509–518 mit Abb. 1–14 stammt der Mergel und der Kalkstein aus der unmittelbaren Umgebung des Heiligtums sowie aus einem Umkreis von ca. 2 km Entfernung auf der Milesischen Halbinsel – Dazu kritisch: H. Lohmann, Die Chora Milets in archaischer Zeit, in: Panionion-Symposium 1999 (2007) 385 f.

78 Vgl. A. Furtwängler in: Didyma, 2004, in: 27. KST Antalya 2005, 2 (Ankara 2006) 205 mit Abb. 3; U. Dirschedl in: Jahresbericht 2009 des DAI, AA Beih. 2010, 18 Abb. 21.

79 A. Peschlow-Bindokat, Die Steinbrüche von Milet und Herakleia am Latmos, JdI 96, 1981, 157–235.

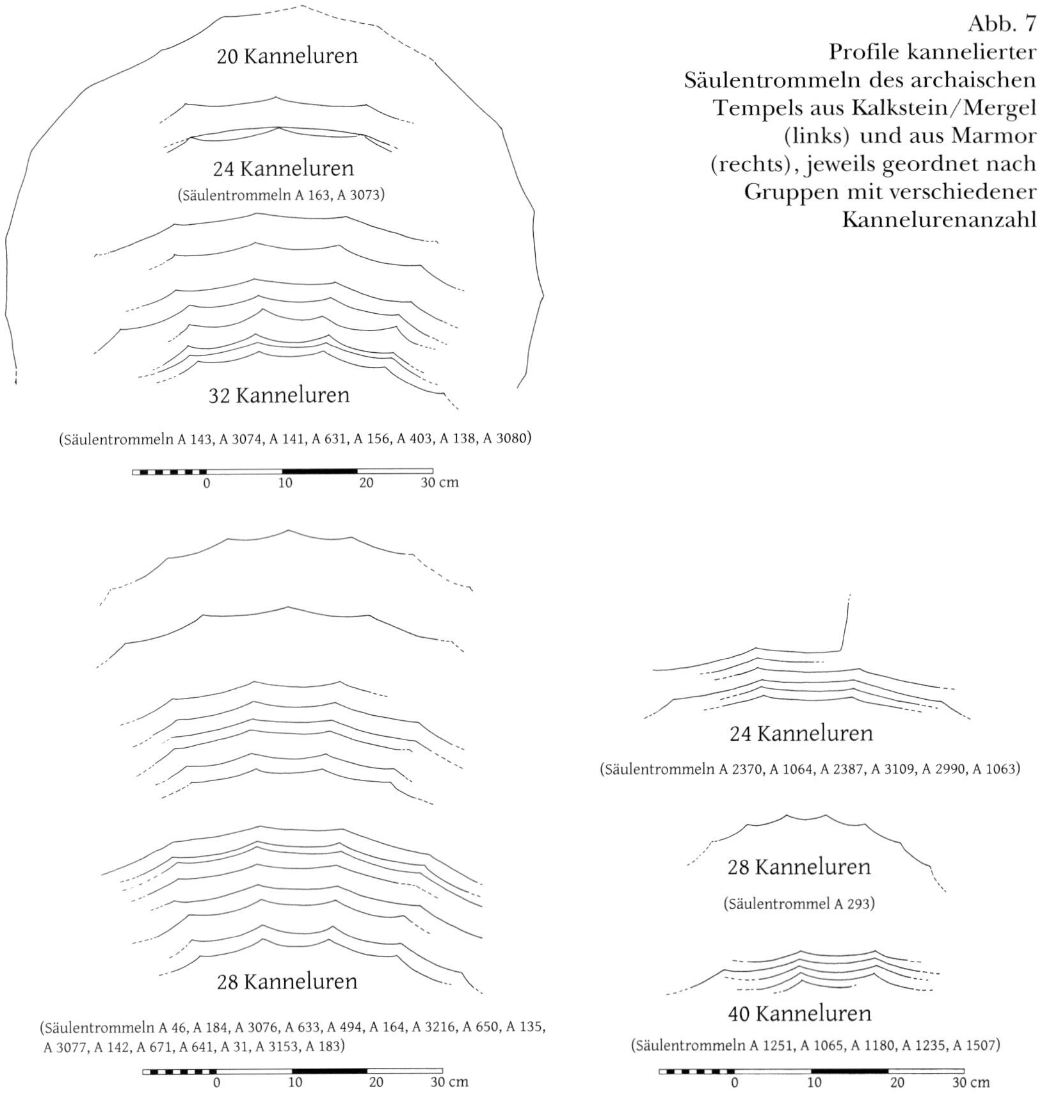

Abb. 7 Profile kannelierter Säulentrommeln des archaischen Tempels aus Kalkstein/Mergel (links) und aus Marmor (rechts), jeweils geordnet nach Gruppen mit verschiedener Kannelurenanzahl

Von besonderer Bedeutung für die Fragestellung sind neben den wenigstens sechs verschiedenen Gruppen von Säulenschäften (*Abb. 7*) vor allem die Säulenbasen: die facettierten und unkannelierten Tori aus Kalkstein/Mergel sowie die kannelierten und unkannelierten Tori und die ephesischen Spiren aus Marmor (*Abb. 2. 6* Mitte und unten; *8*; *9*). Erhalten sind 16 verschiedene Tori aus Kalkstein/Mergel (*Abb. 8* oben; *9* Mitte und rechts), davon sieben facettierte und zwei unkannelierte mit mehr oder weniger vollständigem Profil[80]. Die Werkstücke, deren Durchmesser zwischen ca. 1,08 und 1,34 m und deren Höhen zwischen ca. 0,28 und 0,37 m schwanken – mit Ausnahme von zwei kleiner dimensionierten unkannelierten Tori mit einem Durchmesser von ca. 0,70 und 1,02 m und einer Höhe von jeweils nur ca. 0,22 und 0,29 m –, weisen fünf bis sechs Facetten bzw. sehr flache Kanneluren auf und stehen den kannelierten Tori der samischen Säulenbasen des ersten Dipteros im Heraion in Samos aus dem dritten Viertel sowie den

80 Vgl. auch U. Dirschedl in: Jahresbericht 2007 des DAI, AA Beih. 2008, 23 mit Abb. 25 a. b.

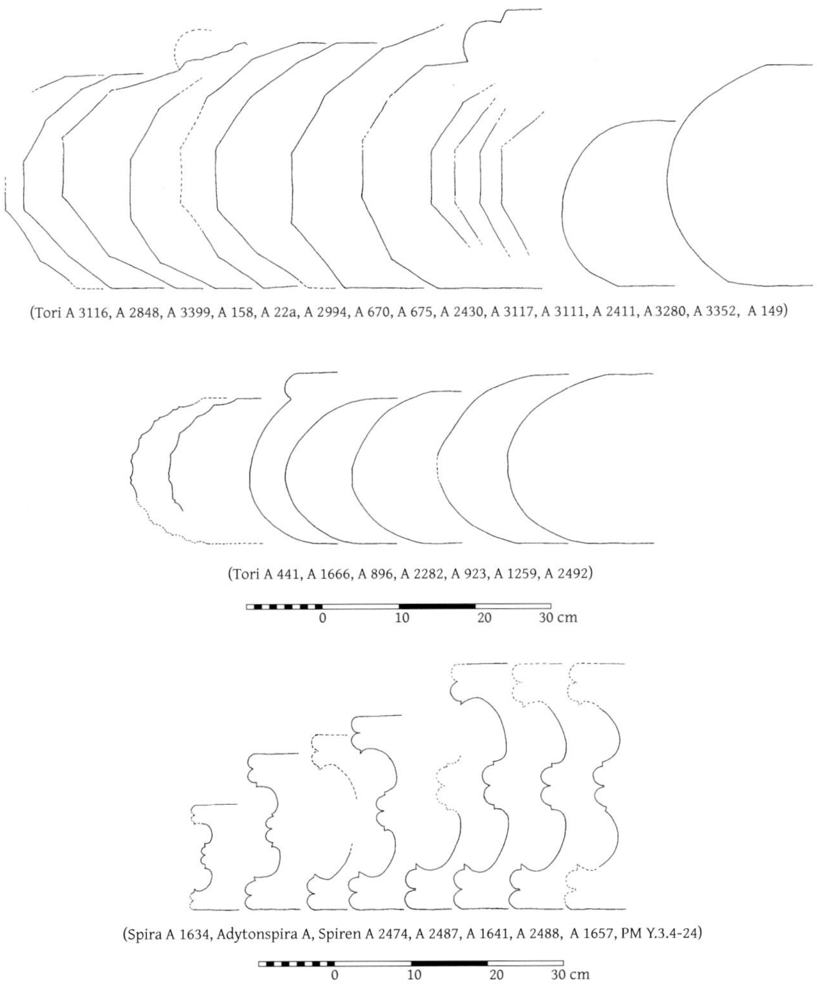

Abb. 8
Profile der facettierten und unkannelierten Tori aus Kalkstein/Mergel (oben) sowie der kannelierten und unkannelierten Tori (Mitte) und der ephesischen Spiren (unten) aus Marmor

facettierten Wulstbasen von zwei Weihgeschenksäulen im Hof des Nordtores des Heraion aus der Mitte des 6. Jhs. formal nahe[81]. Bemerkenswert ist, dass die Oberfläche sämtlicher facettierter Tori nicht abschließend geglättet wurde, sondern deutlich sichtbare, relativ gleichmäßige Werkspuren (*Abb. 6* Mitte) zeigt, die wie an den 'Toruskapitellen' des ersten Dipteros in Samos[82] wahrscheinlich von einem Beil herrühren. Einer der Tori weist noch den Rundstab mit dem Ansatz des Säulenschaftfußes auf, an einem anderen Exemplar lässt sich ein Rundstab zuverlässig ergänzen (*Abb. 8* oben; *9* Mitte und rechts). Die Kalkstein-/Mergeltori zeigen sowohl eine annähernd halbkreisförmige Profilform als auch eine ungleichmäßig gekrümmte Profilform mit der größten Ausladung in der unteren bzw. oberen Hälfte der Torushöhe und jeweils unterschiedlich großem unteren und oberen Durchmesser[83]. Mit einem Höhe : Durchmesser-Verhältnis von ca. 1 : 3,6–3,9 sind

---

81 Zu den samischen Basen **S 2** Dipteros I, den Wulstbasen **W/Pl 1** Samos und weiteren facettierten Marmortori in Athen und auf Salamis (**S 29–31** Athen Agora/A 1974+A 384, **S 31** Salamis) vgl. Dirschedl (im Druck) Kap. II. B. 1 und II. B. 9 Taf. 21, 3–8; 26, 5–8 sowie IV. C. 1 und IV. C. 6 Taf. 45, 1. 2.

82 Hendrich a. O. (Anm. 27) 28–38 Gruppen A–F, K1–K143; S. 32–38. 116–135 Kat. K1–K132 Abb. 7. 9–14 Beil. 15–44 Taf. 8–14.

83 Zur Definition der drei verschiedenen Profilformen 1–3 der Basistori ionischer Säulenbasen vgl. Wesenberg 1971, 117 und Dirschedl (im Druck) Kap. II. A. 2 Beil. 3, 1.

die facettierten Tori ungewöhnlich hoch proportioniert und stehen archaischen Wulstbasen in der Proportion nahe[84]. Eine zugehörige Spira aus Kalkstein/Mergel[85] ist bislang nicht bezeugt und war für die Kalkstein-/Mergelsäulen, wie unten dargelegt, offenbar auch nicht vorgesehen.

Von den aus Marmor gefertigten ephesischen Säulenbasen (*Abb. 6* Mitte und unten; *8* Mitte und unten; *9* links) sind bislang Fragmente von drei kannelierten und fünf unkannelierten Tori verschiedener Größe, einem mit angearbeitetem Rundstab, überkommen. Die kannelierten Stücke weisen konkave von Kerben gesonderte Kanneluren auf, wie sie ähnlich am ersten Dipteros im Heraion in Samos, insbesondere aber am älteren Artemision in Ephesos um die Mitte des 6. Jhs. begegnen[86]. Die Tori zeigen überwiegend die an den Tori ephesischer Basen bevorzugte ungleichmäßig gekrümmte Profilform 3 mit der größten Ausladung in der unteren Hälfte der Torushöhe[87]. Die Marmortori sind mit Durchmessern zwischen ca. 1,02 und 1,58 m und Höhen zwischen ca. 0,19 und 0,23 m sowie einem Höhe : Durchmesser-Verhältnis von ca. 1 : 5,8–7,6 vergleichsweise sehr flach proportioniert. Die unkannelierten Stücke sind offenbar unvollendet wie auch zahlreiche andere Werkstücke am Bau, die noch verschiedene fein gespitzte nicht abgearbeitete Bossen, u. a. auch Lehr- und Hebebossen, zeigen.

Von den Spiren der marmornen Säulenbasen (*Abb. 2 a. b; 6* unten; *8* unten; *9* links) sind bislang acht verschiedene großformatige Fragmente – zwei fast vollständige im Werkhof des Grabungshauses und zwei vollständige im Adyton des hellenistischen Tempels – sowie sehr zahlreiche kleinformatige Bruchstücke der Rundstabpaare mit Ansätzen der Kehlen erhalten. Die ephesische Spira mit zwei Kehlen und drei Paaren von Rundstäben gehört der Normalform des Typus an und zeigt ähnlich wie die Säulenbasen des archaischen Artemision in Ephesos ein gegenüber dem unteren und oberen Rundstabpaar leicht konkav eingezogenes mittleres Rundstabpaar, ist also nicht mehr ‘zylindrisch’ ausgebildet wie an den Basen des unteren Tempels in Myus, was für eine Zeitstellung im dritten Viertel des 6. Jhs. spricht[88]. Zwei heute im hellenistischen Adyton an der Hofrückwand deponierte mittelgroße ephesische Spiren (*Abb. 8* unten; *9* links), die seit der Auffindung wegen ihres fast passenden Formats dem hellenistischen Naiskos zugeschrieben wurden und zu eigenartigen Rekonstruktionen der Säulenarchitektur desselben führten, konnte die Verfasserin anhand der stereometrischen Form, der Proportion und der Werkspuren etc. ebenfalls als archaisch identifizieren und dem vorpersischen Tempel zuweisen[89].

---

84 Vgl. Dirschedl (im Druck) Kap. IV. B. 7 und IV. B. 8 mit. Tab.

85 Vgl. Dirschedl (im Druck) Kap. II. C. IV. Ephesische Spiren aus Kalkstein begegnen im Vergleich zu marmornen Spiren auffallend selten, da das Material sich im Gegensatz zum Marmor für die Form dieses schon ab der Mitte des 6. Jhs. relativ tief gekehlten Basiselements wenig eignet.

86 Zu den Tori der samischen Säulenbasen **S 2** Dipteros I sowie der ephesischen Basen **E 2** Artemision I vgl. Dirschedl (im Druck) Kap. II. B. 1 und II. B. 9 Taf. 21, 3–8 sowie II. C. 1 und II. C. 10 Taf. 30, 3.

87 Zu den an den Tori samischer und ephesischer Säulenbasen bevorzugten Torusprofilformen vgl. Dirschedl (im Druck) Kap. II. B. 8 und II. C. 9.

88 Zur Form der Spiren der ephesischen Säulenbasen **E 1** Myus und **E 2** Artemision I vgl. Dirschedl (im Druck) Kap. II. C. 1 und II. C. 8 Taf. 30, 1–3.

89 Zu den Spiren **E 4** Didymaion I/Adyton vgl. Dirschedl (im Druck) Kap. II. C. 1 und II. C. 2 und II. C. 8 Taf. 30, 7.

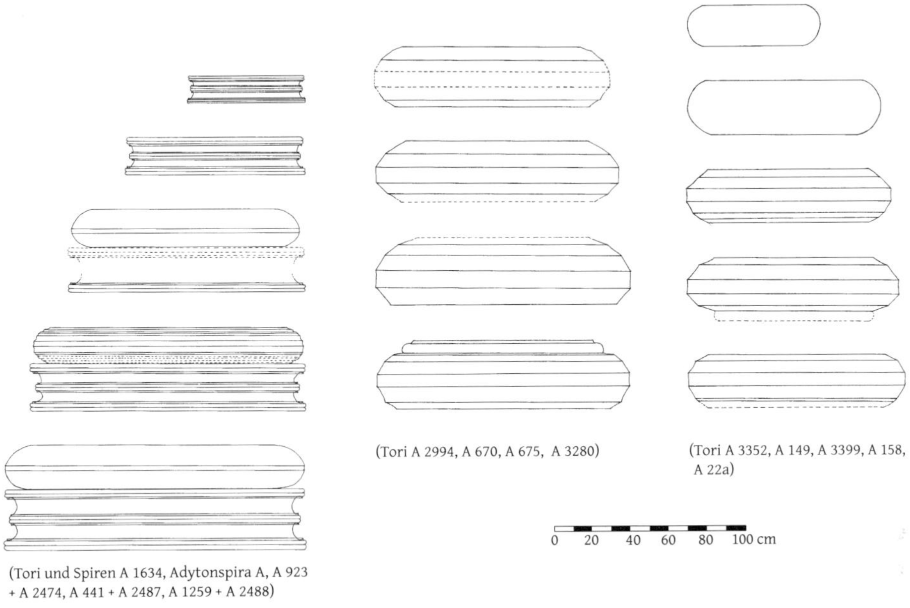

Abb. 9 Rekonstruktionszeichnungen der ephesischen Säulenbasen aus Marmor (links) sowie der 'Wulstbasen' aus Kalkstein/Mergel (rechts)

An der Zusammenstellung der Spiraprofile (*Abb. 8* unten) wird bereits deutlich, was an der Übersicht der aus den erhaltenen marmornen Tori und Spiren rekonstruierten ephesischen Säulenbasen (*Abb. 9* links) greifbar ist: fünf Gruppen von Spiren signifikant verschiedener Größe können unterschieden werden – beginnend mit einer 'Miniaturspira' mit einem Durchmesser von ca. 0,61 m und einer Höhe von ca. 0,14 m über zwei verschiedene Gruppen mittelgroßer Spiren mit Durchmessern von ca. 0,94 sowie 1,24 m und jeweils ca. 0,20 und 0,23 m Höhe bis zu zwei Gruppen 'monumentaler' Spiren mit einem Durchmesser von jeweils ca. 1,44 sowie 1,56–1,58 m und einer Höhe von ca. 0,25 und 0,32 m. Formen, Formate, Details, Fundort, Material und Werkspuren der Stücke sprechen dafür, dass es sich um ein Ensemble gleichzeitig entworfener ephesischer Säulenbasen in fünf verschiedenen Größen handelt, deren Durchmesser von den monumentalen Spiren bis zur Miniaturspira in regelmäßigen ca. 30 cm-Schritten abnimmt – mit Ausnahme der Gruppe der zweitgrößten Spira, die im Format eine den größten Spiren nahestehende Zwischengröße einnimmt. Vergleichbare Ensembles verschieden großer samischer und ephesischer Säulenbasen aus dem gleichen bzw. aus verschiedenen Materialien sind ein Charakteristikum archaischer ionischer Großtempel, wie z. B. des ersten und zweiten Dipteros im Heraion in Samos und des archaischen Artemision in Ephesos, wo die Säulenbasen entsprechend ihrer Aufstellung in der äußeren und inneren Peristasis (und der Prostasis), im Pronaos sowie ggf. in der Cella in der Größe gestaffelt werden[90]; auch am jüngeren Apollontempel in Didyma (*Abb. 4*) sind wenigstens vier Gruppen verschieden

90 z. B. unterscheidet Hendrich a. O. (Anm. 27) 11–24. 51–62. 93–116 S1–S 85 Abb. 3. 15 a–c Taf. 1–4 Beil. 1. 2 am ersten Dipteros anhand der Durchmesser sechs verschiedene Gruppen (A bis F) von Spiren und Tori (1,60 m – 1,45 m – 1,78 – 1,32 m – 1,13 m), die er den Säulen der inneren und äußeren Peristasis, der Prostasis, dem Pronaos und der Cella zuweist.

großer ephesischer Basen nachweisbar, die auf die Säulenstellungen der äußeren und inneren Peristase, des Dodekastylos und des prostylen Naiskos (*Abb. 4*; **Nr. A – B – F**) verteilt sind – sowie zwei Gruppen attischer Säulenbasen, die zum Zweisäulensaal und zur Türwand zwischen letzterem und dem Adyton **(G/H – H)** gehören[91].

Für die Fragestellung ist dieses Ensemble von fünf signifikant unterschiedlich großen marmornen Spiren, das Rückschlüsse auf den Grundriss des archaischen Tempels zulässt, besonders aussagekräftig:

Denkt man über eine Verteilung dieser Säulenbasen am Bau nach, so liegt es nahe, die Miniaturspira mit nur 0,61 m Durchmesser (*Abb. 8* unten; *9* links) dem archaischen Naiskos (*Abb. 4*, **Nr. b**) zuzuweisen – zusammen mit der marmornen Miniatursäulentrommel (Abb. 7 rechts Mitte). Die monumentalen Säulenbasen mit einem Durchmesser von 1,56 bis 1,58 m gehörten mit sehr großer Wahrscheinlichkeit zur Tempelperistasis (vgl. z. B. *Abb. 5* rechts). Die nächstkleineren Spiren mit ca. 1,44 m Durchmesser kommen mit einem üblicherweise nur etwas geringeren Durchmesser ebenfalls für die Peristasis in Frage – allerdings für die innere Säulenstellung – und stellen damit das erste Indiz für eine dipterale Säulenstellung des Tempels an der 'Marmorfront' des Baus dar. Die nächstkleineren Spiren mit einem Durchmesser von ca. 1,24 m gehörten entsprechend sehr wahrscheinlich zu den Pronaossäulen, wie bereits Gottfried Gruben annahm, der auch die *columnae-caelatae*-Trommeln (ca. 1,05 m Durchmesser) mit den lächelnden Koren (*Abb. 3* links und Mitte; *11* Mitte) der Vorhalle zuwies[92]. Bei der Zuordnung der verschiedenen Säulenbasen drängt sich unweigerlich der Grundriss des hellenistischen Tempels (*Abb. 4*) mit seinen vermeintlich innovativen, letztlich aber kultbedingten, schon am archaischen Tempel vorhandenen Charakteristika auf. Die beiden im Adyton aufgefundenen ebenfalls archaischen Spiren, die mit einem Durchmesser von ca. 0,94 m beträchtlich hinter den monumentalen Spiren der Ringhalle zurückbleiben und deutlich über die Miniaturspira des Naiskos hinausgehen, sind mit den Spiren der Peristasis oder des Pronaos kaum kombinierbar und waren offenbar gesondert im Tempel aufgestellt. Ihr Fundort legt eine Zuordnung zum Adyton oder einem benachbarten Raum nahe, ihr Format und die Anzahl eine Zuweisung zu einem archaischen Zweisäulensaal, der auf Grund der zahlreichen bemerkenswerten Analogien im Grund- und Aufriss des archaischen und des hellenistischen Tempels gelegentlich postuliert wurde (vgl. *Abb. 5* rechts Mitte und unten), aber bislang nicht nachweisbar war; für einen höher gelegenen archaischen Zweisäulensaal und ein archaisches Erscheinungstor spricht auch der jüngst unter dem Zwei- und dem Zwölfsäulensaals des hellenistischen Tempels mit Georadar entdeckte, oben erwähnte „Felsrücken".

Eine Gegenüberstellung der ephesischen Säulenbasen aus Marmor und der Tori aus Kalkstein/Mergel (*Abb. 9*) macht schließlich deutlich, dass es kein Zufall ist, dass Spiren zu letzteren fehlen. Die vergleichsweise sehr hoch proportionierten, gedrungenen Tori standen offenbar als schlichte facettierte 'Wulstbasen' den aufwendig gestalteten zweigliedrigen ephesischen Säulenbasen 'gegenüber' und können auf Grund ihrer Anzahl

---

91 Knackfuß 1941, 82 ff. Taf. 44. 138. 144. 145. 153. 154 F 330–336; Taf. 44 Z 337; S. 71 Taf. 37 Z 296; 76 Taf. 37 Z 321; Taf. 83 F 320

92 Gruben 1963, 107 f. mit Abb. 9. 10.

sowie ihres Materials und der außerordentlich zahlreichen zugehörigen Säulentrommeln aus Kalkstein/Mergel ihren Platz nur in der Peristasis der Langseiten und wohl an der Rückseite des Tempels eingenommen haben. Die Rekonstruktion dieser Kalkstein-/Mergelsäulen, zu denen Kapitelle bislang zu fehlen scheinen, wurde zurückgestellt, bis geklärt ist, ob sämtliche facettierten Tori aus Mergel als Wulstbasen zu deuten sind, oder ob die kleineren unkannelierten und die kleinformatigeren der facettierten Tori, wie z. B. das Werkstück mit rekonstruiertem Rundstab, ähnlich wie am ersten Dipteros in Samos[93] als schlichte 'Toruskapitelle' in Frage kommen.

Offenbar begann man mit der Konzeption und dem Bau des archaischen Apollontempels in Didyma noch vor der Mitte des 6. Jhs. und gestaltete wohl um ca. 560 v. Chr. nach dem Vorbild der im zweiten Viertel des 6. Jhs. entstandenen Säulen des ersten Dipteros im Heraion in Samos Kalkstein-/Mergelsäulen mit – statt der dort verwendeten sog. samischen Basen – schlichten facettierten Wulstbasen (*Abb. 8* oben; *9* Mitte und rechts), einer kleinasiatisch-äolischen Sonderform, die sich in dieser Experimentierphase ionischer Architektur[94] allerdings nicht durchsetzen konnte. Auch die ungewöhnlichen Halsreliefs dieser Säulen, die 'Schiffstrommeln' (*Abb. 3* rechts unten) und die 'Wagenlenkertrommel' (*Abb. 11* links), datieren wohl gleichzeitig wie der bekannte, in der Antikensammlung in Berlin aufbewahrte Wagenfries des um 560 entstandenen unteren Tempels in Myus. Nach dem Vorbild des Tempels in Myus und dem um 560 begonnenen älteren Artemision in Ephesos entschied man sich in Didyma offenbar spätestens im frühen zweiten Viertel des 6. Jhs., die Front des archaischen Tempels einschließlich der Vorhalle und des Zweisäulensaals sowie die Front des Naiskos ebenfalls mit Marmorsäulen mit den in Myus oder Ephesos neu erfundenen, 'lokalen' kleinasiatisch-ionischen, sog. ephesischen Säulenbasen und Volutenkapitellen sowie *columnae caelatae* und reliefierten Marmorarchitraven prächtig zu schmücken (*Abb. 5* links). Der Bau des aus verschiedenen Materialien errichteten Tempels mit schlichten Kalkstein-/Mergelsäulen an den Langseiten und einer aufwendig gestalteten Marmorfront wird nach Ausweis der Architektur- und Bauskulpturfragmente im zweiten und dritten Viertel des 6. Jhs. ca. drei bis vier Jahrzehnte beansprucht haben.

Ein bezüglich der Chronologie wichtiger Exkurs schließt die großformatigen ionischen Kymaplatten (*Abb. 10*) mit in die Betrachtung ein: Die Kymata[95] von ca. 35 cm Höhe und bis zu ca. 1,50 m Breite, die bei ihrer Auffindung während der alten Grabung ursprünglich der archaischen Terrassenmauer zugewiesen worden waren[96], wurden nach Peter Schneiders Beobachtung auf der den Tempelvorplatz bogenförmig einfassenden Mauer erst sekundär verbaut; für ihre Zweitverwendung auf dieser bogenförmigen

93 Hendrich a. O. (Anm. 27) 28–38 Gruppen A–F, K1–K143; S. 32–38. 116–135 Kat. K1–K132 Abb. 7. 9–14 Beil. 15–44 Taf. 8–14.

94 Dirschedl (im Druck) Kap. IV. D und Synopsis Kap. 2 und 6 Beil. 6. 7. In der ersten Hälfte und der Mitte des 6. Jhs. werden binnen zwei Generationen sechs neue Basistypen erfunden, von denen sich nur die sog. samischen und ephesischen Säulenbasen nachhaltig durchsetzen konnten.

95 Wiegand 1911, 38 Abb. 14 Taf. 4. 5; Knackfuß 1941, 131 f. Taf. 82 Z 629; Taf. 224 F 628; Schneider 1983, 333–343 Abb. 6–12 Taf. 61, 1. 2; Tuchelt 1991, 21 Abb. 33. 34, 1. 2; Tuchelt 1994, 21 Abb. 55.

96 Wiegand 1911, 38 Abb. 14 Taf. 5; C. Weickert, Das lesbische Kymation. Ein Beitrag zur Geschichte der antiken Ornamentik (Leipzig 1913) 43 f. Taf. 1 a; Knackfuß 1941, 130–133 Taf. 80 Z 619; Taf. 81 Z 620. 621; Taf. 82 Z629; Taf. 224 F 622. – Zur Datierung der Terrassenmauer jüngst Furtwängler 2009, 3 f. Abb. 9. 10.

Mauer in spätklassisch-hellenistischer Zeit erfuhren sie sehr grobe Abarbeitungen (*Abb. 10* oben), wie an der in der Aufsicht trapezoiden Form, der abgeschlagenen hinteren Partie der Platten und einer jeweils grob abgespitzten Stoßfläche deutlich wird[97]. Bei einer erneuten sorgfältigen Untersuchung fiel auf, dass der 'Prototyp' dieses an der Unterseite mit einer weiten Kehle versehenen überkragenden Kymas m. E. ursprünglich, unmittelbar an das Unterlager anschließend, einen großen Rundstab aufwies, der an sämtlichen Fragmenten mit Ausnahme eines im Lapidarium des Grabungshauses aufbewahrten einzelnen erhaltenen Werkstückes (*Abb. 10* unten) abgeschlagen worden war (*Abb. 10* oben vgl. Unterlager), um die Kymaplatten auf der Terrassenmauer so versetzen zu können, dass ihr ursprünglich weit ausladendes Eierstabprofil in der Zweitverwendung kaum über die Mauer vorragte. Die nach Ausweis roter Farbreste partiell farbig gefassten Kymata[98] gehören wohl noch in das ausgehende zweite Viertel des 6. Jhs. und führten, da sie von Schneider dem archaischen Tempel zugewiesen wurden, zur Annahme eines Baubeginns des Tempels bereits im ersten Viertel des 6. Jhs. sowie zur daraus abgeleiteten These eines im frühen 6. Jh. begonnenen „Kalksteintempels" und eines erst im dritten Viertel des 6. Jhs. entstandenen 'Marmorbaus'.

Abgesehen davon, dass der weitgehend 'homogene' Architekturbefund aus dem ausgehenden zweiten Viertel und dem dritten Viertel des 6. Jhs., wie oben exemplarisch dargelegt, typologisch, formal und stilistisch keine chronologisch signifikante 'unorganische' Trennung von Kalkstein/Mergel- und Marmorfragmenten zulässt, ist die extreme Frühdatierung des Tempels nicht zu halten, da die überwiegend auf dem Tempelvorplatz im Bereich der Terrassenmauer gefundenen großformatigen Kymaplatten m. E. nicht zum Tempel gehören, sondern sehr wahrscheinlich zu einem großen Brandopferaltar in Form eines Wangenaltars: Denn die Kymaplatten stehen denjenigen des großen Altars im samischen Heraion, insbesondere den archaischen Werkstücken des sog. Porosaltares, nicht nur formal, sondern auch im Format und in technischen Details auffallend nahe[99]. Einen großen zum Tempel gehörenden Brandopferaltar[100] muss es analog zu Samos und Ephesos auch in Didyma gegeben haben, ähnlich dem nur wenige Kilometer von Didyma entfernten Poseidonaltar von Kap Monodendri[101].

Neben den Arbeiten vor Ort in Didyma konnten dank Volker Kästner im Juni 2005 die zeichnerische Aufnahme der Bauskulptur in den Magazinen der Antikensammlung in Berlin (*Abb. 3*) begonnen und einige der *columnae-caelatae*-Fragmente dokumentiert werden,

---

97 Vgl. auch Knackfuß 1941, 132; Tuchelt 1991, Abb. 34, 1. 2; U. Dirschedl in: Jahresbericht 2006, AA 2007, 23 mit Abb. 34 a–c.

98 Tuchelt 1991, 21 Abb. 34, 1. 2; U. Dirschedl in: Jahresbericht 2009 des DAI, AA 2010, 19 Abb. 22 a. b.

99 Vgl. H. Schleif, Heraion von Samos. Der Altarplatz der Frühzeit, AM 58, 1933, 184–190 Abb. 6–11. 16. 17. 19 Beil. 55. 57, 1–3.

100 Schon Wiegand 1911, 41–43 Abb. 15 und Knackfuß 1941, 136–139 Taf. 1 F 1; Taf. 2 F 166; Taf. 14 F 705; Taf. 15 F 636; Taf. 79 Z 618; Taf. 80 Z 619; Taf. 84 Z 634; Taf. 227 F 635 interpretierten die kreisrunden archaischen Kalksteinfundamente einer kleinen „Opferstätte" auf dem Tempelvorplatz als Hauptaltar. – Vgl. z. B. auch Hahland 1964, 239; Tuchelt 1973, 13 f. mit Anm. 2 Abb. 3; Fontenrose 1988, 41 f. – Kritisch: K. Tuchelt in: Jahresbericht 1991 des DAI, AA 1992, 671; ders. in: Jahresbericht 1992 des DAI, AA 1993, 679; Tuchelt 1994, 20 f. mit Ab. 32; ders. 2007, 398. 401 mit Anm. 27 Abb. 1. 4. – Anders: Fehr 1972, 29–34.

101 A. von Gerkan, Der Poseidonaltar von Kap Monodendri, Milet 1, 4 (Berlin 1915) 1–24 Abb. 1–12 Taf. 1–27; Tuchelt 1991, 21 Abb. 54; ders. 1994, 51 Abb. 80–82.

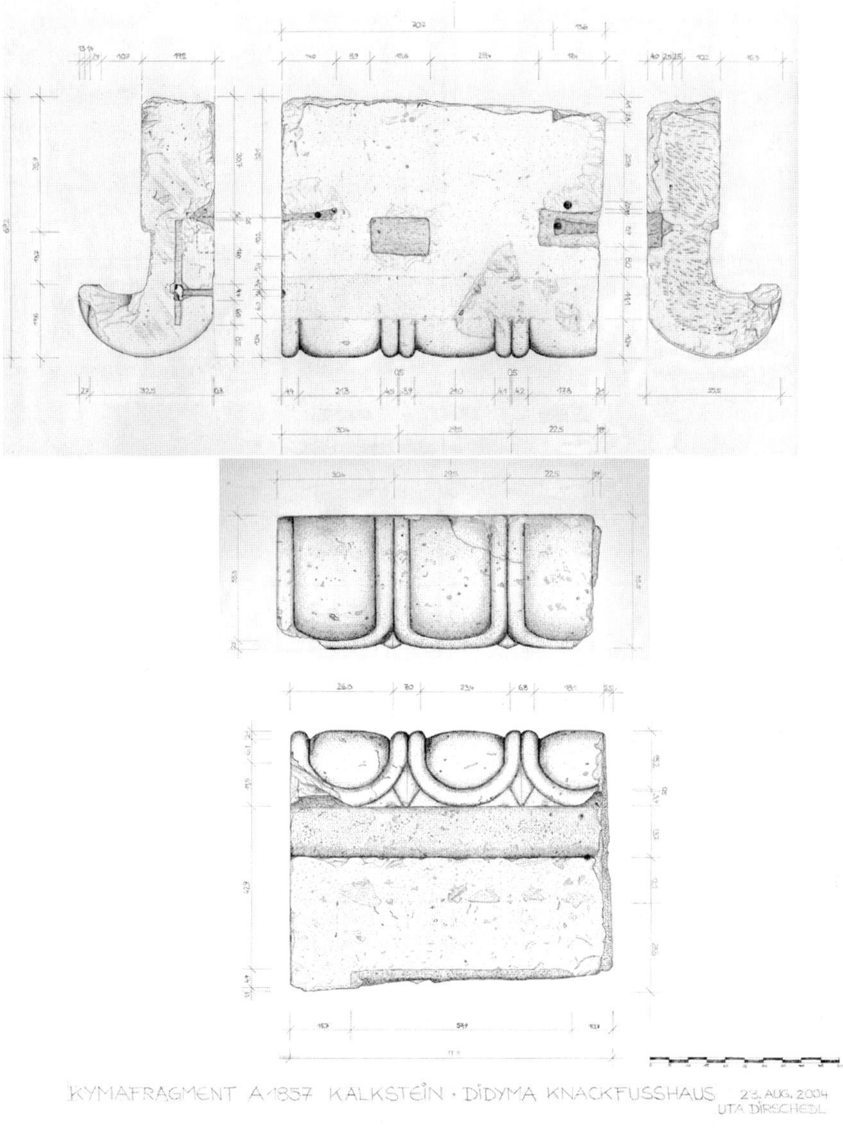

Abb. 10 Zeichnung einer großen ionischen Kymaplatte (A 1857), die für die Zweitverwendung auf der Terrassenmauer des Tempelvorplatzes in spätklassisch-hellenistischer Zeit umgearbeitet wurde und ursprünglich wohl zum archaischen Altar gehörte (oben) sowie Photo des ‘Prototyps’ des ionischen Kymas (A 897) mit Rundstab an der weit ausladenden gekehlten Unterseite (unten)

Abb. 11 Zeichnungen von *columnae caelatae* - Fragmenten des archaischen Apollontempels: 'Wagenlenker-Säulentrommel' aus Mergel im Museum Milet und Kopf eine Kore aus Marmor in der Antikensammlung in Berlin sowie Rekonstruktion einer marmornen *columna caelata* von Volker Kästner (2005)

wie z. B. ein gut erhaltener, partiell rot bemalter Kopf (*Abb. 11* Mitte) einer 'Schwester' der ursprünglich annähernd lebensgroßen Kore in der Ausstellung im Pergamonmuseum (*Abb. 3* links) sowie die lange Zeit verschollen geglaubten Zehen einer der Mädchenfiguren (*Abb. 3* Mitte unten), die einem Rundstab des Säulenschaftfußes angearbeitet sind. Die neue Rekonstruktion der unteren Partie der Marmorsäulen wird von Gottfried Grubens Rekonstruktion (*Abb. 5* links unten) deutlich abweichen, wie Volker Kästners Abwandlung der Rekonstruktion (*Abb. 11* rechts) zeigt: Zum einen standen die Mädchenfiguren, wie schon Burkhardt Wesenberg annahm und Gruben mittlerweile einräumte[102], nicht auf dem Basistorus, sondern auf dem Rundstab des Ablaufs der untersten Säulentrommel. Zum anderen gab es trotz der bis auf den Reliefgrund der Koren fortgesetzten Säulenkanneluren eine optische Zäsur am oberen Abschluss der Relieftrommeln über dem Kopf der Koren, da die obere Lagerfläche nach Kästners Beobachtung am Rand nach unten abgefast ist und eine deutliche Schattenfuge erzeugte. Darüber hinaus ist die Kalotte der beiden Mädchenköpfe (*Abb. 11* Mitte) nicht fertig ausgearbeitet, wie auch Partien des anschließenden kannelierten 'Reliefgrundes' seitlich der Köpfe. Zudem steht der Basistorus in Grubens Rekonstruktion auf dem Kopf und ist stattdessen mit Profilform 3 zu ergänzen, also mit einer größten Ausladung in der unteren Hälfte der Torushöhe[103].

---

102 Das Stück wird bereits von Knackfuß 1941, 123. 190 f. als Rundstab des Schaftfußes gedeutet. – Wesenberg 1971, 124; Gruben 2001, 401. – V. Kästner in: A. Scholl – G. Platz-Horster (Hrsg.), Die Antikensammlung. Altes Museum – Pergamonmusem ^{3}(Mainz 2007), 143 Abb. 7. – Vgl. zusammenfassend Dirschedl (im Druck) Kap. II. C. 2 Taf. 30, 6.

103 Vgl. Wesenberg 1971, 120 Nr. 22. 123 f. Abb. 260. 261 sowie zum Torus der ephesischen Basis **E 3** Didymaion I zusammenfassend Dirschedl (im Druck) Kap. II. C. 1 und II. C. 9 Taf. 30, 4.

In der Kampagne 2006 kam in der Sondage in einem 'Caisson' des Fundamentes der Nordperistase des hellenistischen Tempels ein überraschender singulärer Neufund zu Tage (*Abb. 11* links): ein Friesfragment aus Mergel mit der Darstellung eines Wagenlenkers im Flachrelief[104]. Das archaische Relief zeigt Kopf und Oberkörper eines wechselansichtig dargestellten Mannes in einem Ärmelchiton, der in der zu einer Faust geschlossenen rechten Hand Zügel hält. Das ins Profil gedrehte Gesicht wird bestimmt durch eine markante Nase, ein großes mandelförmiges Auge und ein angedeutetes 'Lächeln'. Charakteristisch ist die weiche Modellierung von Gesicht und Körper, die großflächig angelegt sind und in deren Darstellung auf Binnenzeichnung weitgehend verzichtet wird. Das Relief wird am oberen Rand durch ein breites flaches Band abgeschlossen, das der Kopf des Wagenlenkers überschneidet; am unteren Rand ist noch ein Rest des Wagens zu erkennen. Bemerkenswert ist, dass es sich nicht um ein Bruchstück eines Wandfrieses, sondern um das Fragment einer Säulentrommel handelt. Von den bekannten archaischen Friesen mit Wagenrennen in Larisa am Hermos, Myus und Iasos[105] steht der Neufund dem Fries aus Myus in der Antikensammlung in Berlin[106] bislang am nächsten, was eine Entstehung um die Mitte des 6. Jhs. nahe legt. Abmessungen, Zeitstellung, Fundort und Material des Werkstückes und der Vergleich mit den beiden fast gleich dimensionierten Säulentrommeln aus Kalkstein/Mergel mit Schiffsdarstellungen (*Abb. 3* rechts unten) aus der alten Grabung[107] sprechen dafür, dass die 'Wagenlenkertrommel' m. E. zusammen mit den 'Schiffstrommeln' sehr wahrscheinlich zu den Kalkstein-/Mergelsäulen des archaischen Tempels gehörte; wie eine der 'Schiffstrommeln' mit unterhalb des Reliefs angearbeiteten Kannelurenden zeigt, waren die Relieftrommeln ursprünglich wohl oben am Säulenhals unterhalb des Kapitells angebracht. Am archaischen Tempel gab es also offenbar auch eine 'Kalkstein-/Mergelvariation' der marmornen an der Front des Tempels angebrachten *columnae caelatae*.

---

104 A. Furtwängler, in: Jahresbericht 2006 des DAI, AA Beih. 2007, 126 Abb. 11; ders. in: Didyma 2006, in: 29. KST Kocaeli 2007, 3 (Ankara 2008) 483 Abb. 6; U. Dirschedl, in: Jahresbericht 2007 des DAI, AA 2008, 24 Abb. 7 a. b; Furtwängler 2009, 5 Abb. 13.

105 F. Berti, The 2006 Campaign at Iasos, in: 29. KST Kocaeli 2007, 2 (Ankara 2008) 298 Abb. 6 und Bucheinband.

106 Blümel 1964, 61 f. Nr. 65 Abb. 193–211.

107 Knackfuß 1941, 125 Taf. 205 F 608.

Abkürzungsverzeichnis

Blümel 1964 — C. Blümel, Die archaisch griechischen Skulpturen der Staatlichen Museen zu Berlin [2](Berlin 1964)

Dirschedl (im Druck) — U. Dirschedl, Die griechischen Säulenbasen, AF 27 (Wiesbaden 2012)

Drerup 1964 — H. Drerup, Bericht über die Ausgrabungen in Didyma 1962. I. Die Grabung im Adyton, AA 1964, 334–367

Fehr 1971/1972 — B. Fehr, Zur Geschichte des Apollontempels von Didyma, MarbWPr 1971/1972, 14–59

Fontenrose 1988 — J. Fontenrose, Didyma. Apollo´s Oracle, Cult and Companions (Berkeley – Los Angeles – London 1988)

Furtwängler 2009 — A. Furtwängler, Didyma: Ein Überblick über die jüngeren Forschungen, Colloquium Anatolicum 8 (Istanbul 2009) 1–21

Gruben 1963 — G. Gruben, Das archaische Didymaion, JdI 78, 1963, 78–177

Gruben 2001 — G. Gruben, Griechische Tempel und Heiligtümer (München 2001)

Günther 1971 — W. Günther, Das Orakel von Didyma in hellenistischer Zeit. Eine Interpretation von Steinurkunden, IstMitt Beih. 4 (Tübingen 1971)

Hahland 1964 — W. Hahland, Didyma im 5. Jahrhundert v. Chr., JdI 79, 1964, 142–240

Knackfuß 1941 — H. Knackfuß, Die Baubeschreibung, Didyma 1 (Berlin 1941)

Panionion-Symposion 1999 (2007) — J. Cobet – V. von Graeve – W.-D. Niemeier – K. Zimmermann (Hrsg.), Frühes Ionien. Eine Bestandsaufnahme, Panionion-Symposion Güzelçamlı 26. September – 1. Oktober 1999, MilForsch 5 (Mainz 2007)

Schneider 1996 — P. Schneider, Neue Funde vom archaischen Apollontempel in Didyma, in: E.-L. Schwandner (Hrsg.), Säule und Gebälk. Zu Struktur und Wandlungsprozeß griechisch-römischer Architektur. Bauforschungskolloquium Berlin 16.–18. Juni 1994, DiskAB 6 (Mainz 1996) 78–83

Tuchelt 1970 — K. Tuchelt, Die archaischen Skulpturen von Didyma. Beiträge zur frühgriechischen Plastik in Kleinasien, IstForsch 27 (Berlin 1970)

Tuchelt 1973 — K. Tuchelt, Vorarbeiten zu einer Topographie von Didyma. Eine Untersuchung der inschriftlichen und archäologischen Zeugnisse, IstMitt Beih. 9 (Tübingen 1973)

Tuchelt 1991 — K. Tuchelt, Branchidai – Didyma. Geschichte, Ausgrabung und Wiederentdeckung eines Heiligtums 1765 bis 1990, AW Sondernummer 1991 (Mainz 1991)

Tuchelt 1994 — K. Tuchelt, Notizen über Ausgrabungen und Denkmalpflege in Didyma, AW 25, 1, 1994, 2–31

Tuchelt 2007 — K. Tuchelt, Überlegungen zum archaischen Didyma, in: J. Cobet – V. von Graeve – W.-D. Niemeier – K. Zimmermann (Hrsg.), Frühes Ionien. Eine Bestandsaufnahme, Panionion-Symposion Güzelçamlı 26. September – 1. Oktober 1999, MilForsch 5 (Mainz 2007) 393–412

Wesenberg 1971 — B. Wesenberg, Kapitelle und Basen. Beobachtungen zur Entstehung der griechischen Säulenformen, BJb Beih. 32 (Düsseldorf 1971)

Wiegand 1908 — Th. Wiegand, Sechster vorläufiger Bericht über die von den Königlichen Museen in Milet und Didyma unternommenen Ausgrabungen, AbhBerlin 1908 (Berlin 1908)

Wiegand 1911 — Th. Wiegand, Siebenter vorläufiger Bericht über die von den Königlichen Museen in Milet und Didyma unternommenen Ausgrabungen, AbhBerlin 1911 (Berlin 1911)

Wiegand 1924 — Th. Wiegangd Achter vorläufiger Bericht über die von den Staatlichen Museen in Milet und Didyma unternommenen Ausgrabungen, AbhBerlin 1924 (Berlin 1924)

T. Schulz (Hrsg.), *Dipteros und Pseudodipteros. Bauhistorische und archäologische Forschungen*, BYZAS 12 (2012) 69-79

Priene im Wettbewerb mit Samos, Didyma und Ephesos Eine Skizze

Wolf KOENIGS

Zusammenfassung

Betrachtet man die großen Tempel Ioniens als Demonstration nicht nur der Frömmigkeit sondern auch der Konkurrenz unter den ionischen Städten, dann hat die Polis Priene als eine der kleinsten Teilnehmerinnen einen unspektakulären, zunächst auch nur halbfertigen Tempel errichtet, der von den drei großen Dipteroi an Prestige weit in den Schatten gestellt wurde. Unter einem „klassischen Tempel Ioniens" als Inbegriffs ionischer Architektur könnte man eher einen dieser Dipteroi oder auch den großen Artemistempel von Magnesia a. M. des Hermogenes verstehen. Vitruv bezieht ebenfalls seine Vorbilder vornehmlich aus der hellenistischen Epoche. – Der rational proportionierte Bau des Architekten Pytheos stellte jedoch mit seiner Aufnahme archaisch-ionischer und sogar dorischer Elemente eine Summe bisheriger Baugedanken dar. Daher ist seine Bezeichnung als klassisch durchaus zu rechtfertigen. – Die Zeitgenossen haben den Athenatempel nur selten zum Vorbild genommen, sondern vielmehr einen anderen Bau des Architekten Pytheos, das Maussolleion von Halikarnass, das die Säulenordnung des Athenatempels vorwegnahm, am meisten bewundert – vornehmlich allerdings wegen seiner Skulpturen und seiner Größe.

Der Athenatempel von Priene gehört sicher nicht wegen seiner absoluten Größe in die Reihe der Dipteroi, sondern eher wegen der Teilnahme des im 4. Jahrhundert v. Chr. neu etablierten Städtchens Priene am Wettbewerb der ionischen Nachbarstädte Samos, Milet (Didyma) und Ephesos um die größte sakrale Bauleistung vor den Göttern und noch mehr um das Prestige vor den Menschen. Priene war zwar die Schirmherrin des Panionions, des Zentralheiligtums des ionischen Bundes, dieser verfügte aber, anders als der Delisch-attische Seebund nicht über eine Kasse, die Priene für seine Zwecke hätte verwenden können, wie einst Athen. Daher konnte es sich an der zweiten Runde dieses Wettbewerbs, die im 4. Jahrhundert v. Chr. noch unter persischer Herrschaft begann, nur mit einem relativ bescheidenen Tempel beteiligen, der jedoch mehr als die Dipteroi Altes

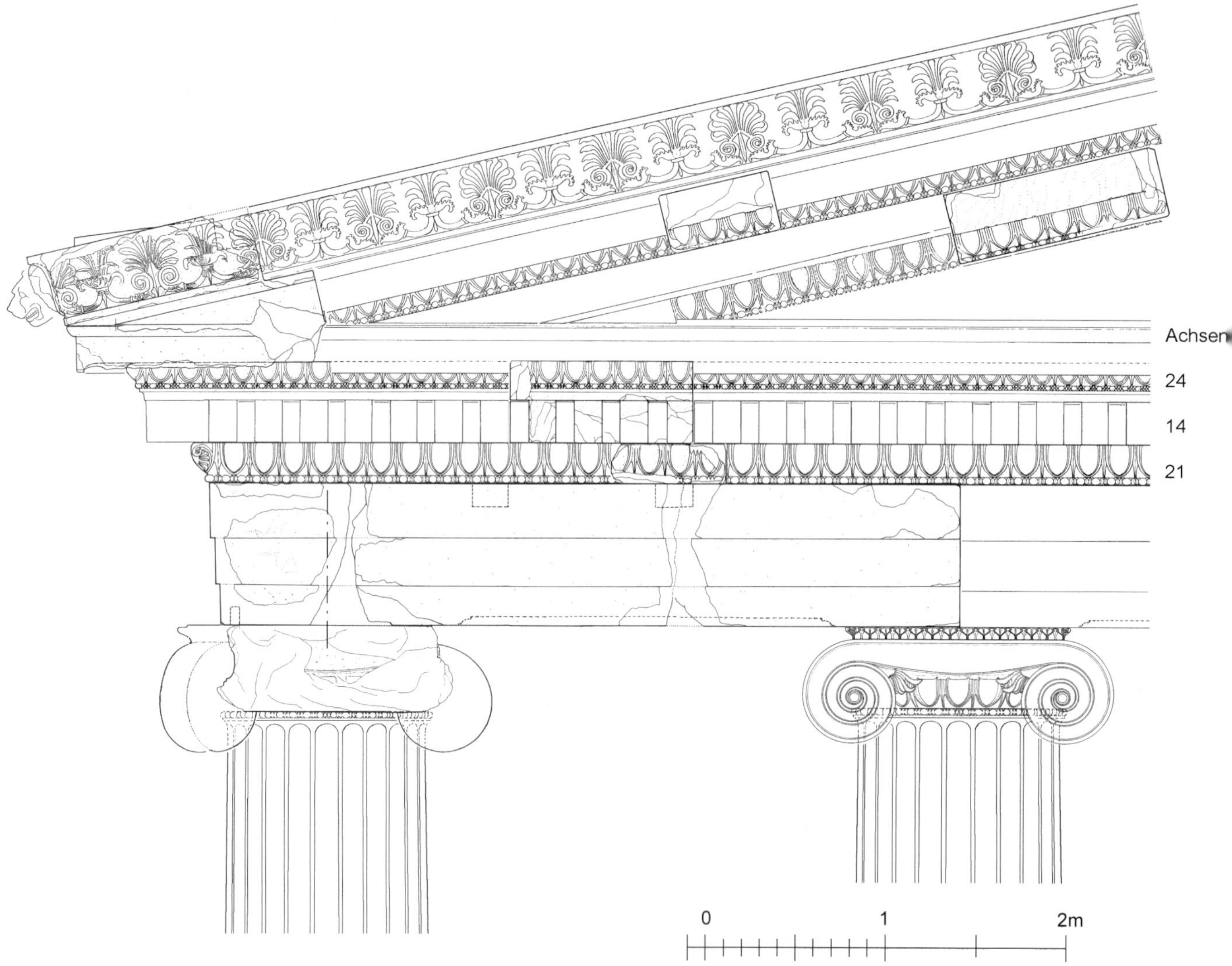

Abb. 1 Athenatempel. Gebälk der Südostecke (gez. I. Ring)

mit Neuem verband und heute als klassischer Tempel Ioniens angesehen wird. Die Formen seiner Säulenordnung griffen auf archaische Vorbilder der Umgebung zurück, aber seine Entwurfsprinzipien integrierten auch auswärtige Ideen und weisen in manchem auf die Pseudodipteroi voraus. – Einige Aspekte des Athenatempels sollen unter dem Thema dieser Tagung gerafft dargestellt werden, bevor sie dereinst ausführlich in der Abschlusspublikation ausgebreitet und begründet erscheinen werden. Und schließlich weisen einige historische Umstände in der Zeit seiner Fertigstellung nach Samos, der langjährigen Arbeitsstätte von H. Kienast.

Obwohl unter den griechischen Peripteros-Tempeln nur von mittlerer Größe, stellte der Bau des Athenatempels eine große Herausforderung für die Wirtschaft der kleinen Stadt Priene dar, deren Einwohnerzahl zwischen 5.000 und 13.000 gelegen haben dürfte. Das zeigte sich schon bald nach dem Baubeginn und der Fertigstellung des für den Kult essentiellen Naos, als der Weiterbau sich verzögerte, hinter anderen Bauvorhaben der Stadt zurücktreten musste und schließlich erst unter Augustus seinen Abschluss fand. Und es ist zu vermuten, dass – anders als in Samos und Ephesos – die Finanzierung am Anfang und am Ende der Bauzeit von außen kam – am Anfang von Alexander III. von Makedonien und am Ende vielleicht von Augustus und dem Imperium Romanum (s. u.).

Anders als bei den alten Heiligtümern der Nachbarn war der Grundriss des Athenatempels im neu gegründeten Priene nicht durch sakraltopographische Vorgaben gebunden. Seine Auftraggeber und der Architekt Pytheos wählten einen Peripteros-Grundriss (*Abb. 4*) mit dorischer Raumfolge und attischem Einheitsjoch, den Pytheos allerdings konsequent mit dem ionischen Achsraster strukturierte; die Verwendung der traditionellen ionischen Säulenordnung enthob ihn des notorischen, dorischen Eckproblems. Die Raumfolge Pteron, tiefer Pronaos, Cella, Opisthodom, Pteron findet sich bei fast allen späteren Großtempeln Kleinasiens wieder. Die Weiträumigkeit von Pronaos und Cella in Priene, die nur mit Holzbalkendecken zu bewältigen war, weist auf die ebenfalls weiträumigen Pseudodipteroi voraus. – Die Kenntnis der dorischen und auch der attisch-ionischen Säulenordnung muss man bei Pytheos voraussetzen, dessen Herkunft zwar nicht bekannt ist, der aber jedenfalls in Halikarnass mit Künstlern aus dem griechischen Kernland zusammengearbeitet hat. Mithin kann man in der Wahl der traditionellen ephesisch-ionischen Ordnung eine bewusste Anknüpfung an die örtliche Tradition sehen, auch wenn Pytheos selbst in seinen *commentarii*, wie Vitruv (4,3,1) überlieferte, auch formale Gründe für den Vorzug der ionischen Ordnung anführte.

Planung und Baubeginn des Athenatempels liegen in der Mitte des 4. Jahrhunderts v. Chr. und sind durch die Überlieferung bei Vitruv (1,1,12; 7 praef. 12) und anderen eng mit der Person des Architekten Pytheos verbunden und durch ihn mit Maussollos, dem Untersatrapen von Karien mit Sitz in Halikarnass, dessen Grabmonument, das berühmte Maussolleion, Pytheos entworfen hat. Maussollos ist 353/2 v. Chr. gestorben, hatte aber sein Grabmal, das ihn als Gründerheros von Halikarnass feiern sollte, schon deutlich früher in Auftrag gegeben. Auch ist überliefert, dass noch nach seinem Tode daran gearbeitet wurde. Andererseits ist es auch möglich, dass Pytheos an beiden Bauten gleichzeitig gearbeitet hat, denn man weiß nicht, ob er sie nur konzipiert hat oder und wie lange er jeweils auch als Bauleiter dort tätig war. – Eine weitere Zeitmarke im 4. Jahrhundert setzte die Weihinschrift König Alexanders III. von Makedonien auf dem Block der 24. Schicht der Nordostante (*Abb. 2*), die einen Abschluss der Bautätigkeit jedenfalls am inneren Naos und der gesamten Krepis des Tempels impliziert und die in den Jahren 334–324 v. Chr. angebracht worden sein dürfte. Die Ostseite der Peristasis und jeweils 4 Säulen der Nord- und Südseite einschließlich des Gebälks sind durch eine an bautechnischen Indizien erkennbare Zäsur vom übrigen Bau zu unterscheiden, sie sind durch ihre Bauornamentik um die Wende vom 4. ins 3. Jahrhundert v. Chr. zu datieren. Mit diesem Bauabschnitt waren die Krepis mit ihrer Kurvatur und den deutlich angerissenen Säulenstellungen, ferner der ganze Naos und die Säulenordnung einschließlich des Tympanons als *paradeigma* festgelegt. Der Tempel konnte von da an benutzt werden, sowohl zum Kult wie auch als Stadtarchiv.

Die weitere Fertigstellung vollzog sich in kleinen, durch die Bauornamentik datierbaren Schritten und wurde erst in der Zeit des Augustus, 350 Jahre nach dem Baubeginn

Abb. 2 Antenblock mit Weihinschrift Alexanders (IvPr Nr. 156. Aufn. Koenigs, gez. T. Kürzinger)

abgeschlossen. Wieder markiert eine Inschrift diesen Abschnitt (*Abb. 3*): sie steht auf der Mitte des östlichen Frontarchitravs und nennt nach Athena Polias den Augustus (SEBASTOS) als Synnaos. Zu der letzten, wiederum an typologischen Details der Ornamentik erkennbaren Bauphase gehörten vier Säulen der Westseite, die Nordwestecke, das ganze Westtympanon und einige Säulen der Nordseite des Tempels. Es liegt nahe, diese relativ umfangreiche Bauphase mit der Weihung an Augustus in Zusammenhang zu bringen und einige historische Fragen daran zu knüpfen:

Von wem ging die Initiative zu dieser Weihung aus? Und war sie mit einer finanziellen Zuwendung von Rom verbunden? Was könnte die Aufmerksamkeit des Augustus auf die kleine Landstadt am Mäander gelenkt und sein Interesse geweckt haben? Alle Antworten sind vorerst nicht beweisbare Hypothesen, doch *ein* historisches Faktum führt wenigstens in die Nähe: Augustus hielt sich in den Jahren um 20 v. Chr. längere Zeit in Samos auf, hielt hier sogar Hof und empfing Gesandte aus Indien und von der Königin Kandake von Äthiopien, die also rechtzeitig von diesem Ortswechsel des Hofes erfahren hatten. Die Nachbarstädte von Samos könnten, so die weitere Spekulation, ihre Aufwartung gemacht haben, darunter auch Priene, das einen Antrag auf finanzielle Unterstützung gestellt und diesen mit dem Hinweis auf das Vorbild Alexanders unterstrichen haben könnte. Augustus, bereit seine *magnificentia* in Kleinasien bei jeder Gelegenheit zu beweisen, könnte dem Antrag stattgegeben haben und – gegen seine bisherige Übung – auch den Herrscherkult seiner Person ohne den Zusatz ROMA zugelassen haben. Nur von letzterem zeugt die vorhandene Inschrift, das übrige sind einstweilen nur Geschichten.

Der Entwurf des Tempels wurde wesentlich vorausbestimmt durch die Wahl des Typus in Abhängigkeit von seiner Größe und damit von den Baukosten. Dabei haben letztere, wie die Beispiele Priene und Magnesia zeigen, bei dem Baubeschluss, den man ja voraussetzen muss, erstaunlicherweise die geringste Rolle gespielt, man rechnete wohl einerseits mit kleinen, aus jährlichen Einnahmen der Stadt oder des Heiligtums finanzierbaren Bauabschnitten, hoffte andererseits auf Euergeten, Stifter oder wie in Magnesia auf besondere Einnahmen aus religiösen Veranstaltungen. In Priene wählte man als Bautyp für den Stadttempel der Athena einen Peripteros mittlerer Größe in exponierter Lage, offenbar um einerseits mit einem prominenten, repräsentativen Bau mit den Nachbarstädten zu konkurrieren, andererseits aber eine echte Chance zu dessen Vollendung zu haben. Die Baukosten sind heute nach Analogien von Epidauros und Didyma auf ca. 200 Talente zu schätzen, das wären 300 000 Tetradrachmen (à 16,49 g) oder ca. 4.950 kg Silber.

Ob Priene selbst auch den Architekten Pytheos aus Halikarnass berufen hat, ob dieser bereits damals den später durch Vitruv (s. o.) etablierten Ruhm besaß und Priene damit an Prestige gewinnen wollte, oder ob Pytheos von den Hekatomniden von Halikarnass oder gar erst von Alexander entsandt wurde, ist unbekannt. Auch über den Umfang seiner praktischen Mitwirkung am Athenatempel wissen wir mit Sicherheit nur von dessen Entwurf. Wir wissen aber nicht, ob er auch als Entwerfer der Ornamentmuster, als Bauleiter oder als Unternehmer, tätig gewesen ist. – Auch seine oft behauptete Mitwirkung am Stadtplan von Priene, in den der Tempel eingepasst ist, ist weder überliefert noch ist sie zwingend aus dem Befund zu erschließen.

Nach der Wahl des Bautypus des Tempels und der Festlegung seiner Säulenordnung und seiner Größe war der Spielraum des Architekten eng begrenzt und umfasste vor allem die Proportionen im Grund- und Aufriss und Details des Steinschnitts und der Ornamentik. Im Unterschied zu den bisherigen, meist kleineren, ionischen Tempeln hat der Athenatempel eine Krepis aus drei kräftigen Stufen. Der Grundriss des Tempels (*Abb. 4*) ist festgelegt durch ein nach außen streng eingehaltenes. quadratisches Achsraster von 6 x 6 Fuß (à 29,44 cm), auf dem sowohl die Säulenmittelpunkte als auch die Achsen der

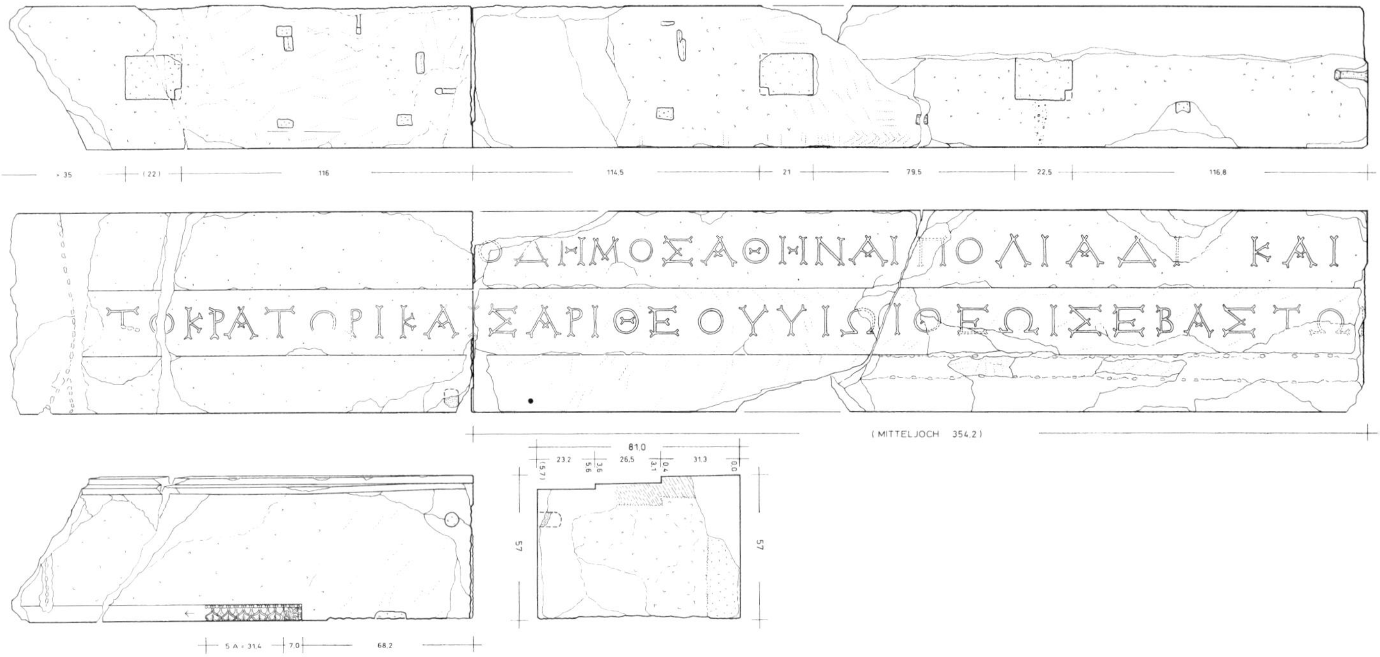

Abb. 3 Athenatempel. Mittelarchitrav der Ostseite mit Weihinschrift an Athena und Augustus (SEBASTOS) (IvPr Nr. 157. Aufn. Koenigs, gez. U. Hess)

Längswände stehen. Das bedeutet: alle Säulenjoche auf den Langseiten und an den Fronten waren gleich breit – auch das Mitteljoch. Jochdifferenzierungen wie an den archaischen Dipteroi entfallen. Dadurch wurde aber auch eine sehr dichte, nämlich genau ein Joch breite Peristasis bewirkt. Die Anten wurden, wie im Dorischen als Pfeiler, die von der Wand abgesetzt sind, ausgeführt, erhielten aber ein ionisches, zweiseitiges Antenkapitell. Das Achsraster des Grundrisses erscheint – um ein Viertel der Jochweite versetzt – im quadratischen Fugennetz des Peristasis- und Stylobatpflasters. Das glatte Jochmaß von 6 Fuß führt natürlich auch zu glatten Proportionen im Grundrissraster.

Doch außer diesem eher abstrakten Maßraster ergaben auch die Maße des Naos-Baukörpers und seiner Innenräume annähernd glatte Proportionen. Die Länge des Naos betrug ungefähr 100 Fuß, sie war aber kein Ausgangsmaß dieses Entwurfs, sondern ein vom Achsmaß und der Dicke der Anten abgeleitetes Maß, so dass die Idee des „Hekatompedos" hier allenfalls nachträglich assoziiert worden sein könnte. Die Breite des Naos betrug etwa 40 Fuß. Die Raummaße zeigen den für ionische Tempel typischen, tiefen offenen Pronaos und einen relativ breiten Cellaraum. Das Verhältnis ihrer Tiefenmaße von 1 : 2 dürfte absichtlich gewählt worden sein; denn damit versuchte man offensichtlich, die nicht sichtbare, immanente Achsdimensionierung des Äußeren mit der sichtbaren Bemessung der lichten Raumgrößen zu vereinen, und musste dazu mit den Querwänden von den Fluchten der Säulenachsen abweichen, mit denen das Verhältnis 1 : 2 in den Raumlängen gar nicht darstellbar gewesen wäre.

Als Proportionen ergeben sich in diesem Stadium für die lichten Maße des Pronaos 4 : 5, für die Maße der Cella 5 : 8 (*Abb. 4*). So weit, so rational, aber fast nirgends in der

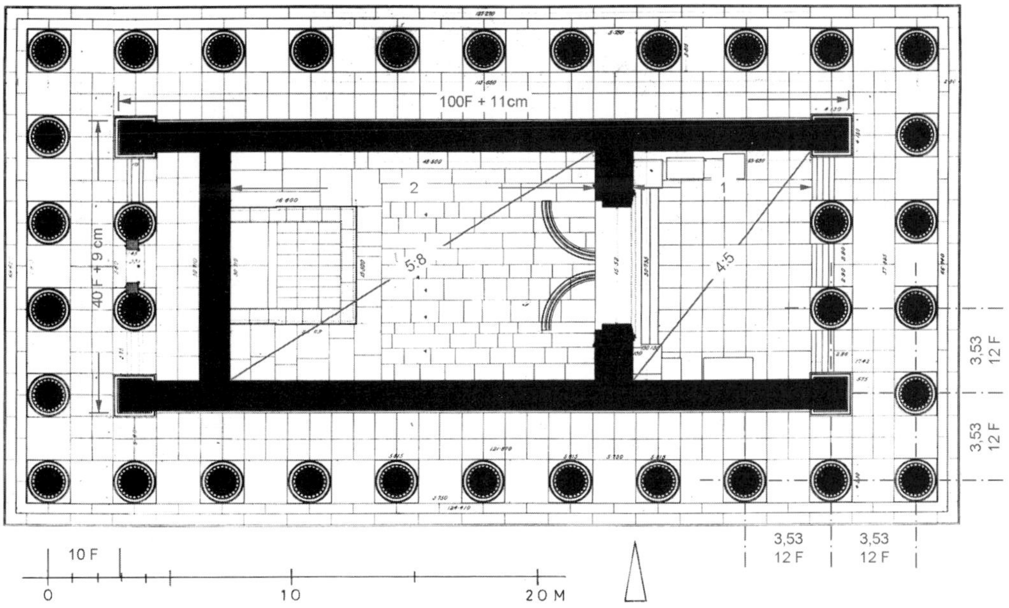

Abb.4 Athenatempel. Grundriss
(Pullan, Antiquities of Ionia IV, 1881. bearb. I. Ring)

griechischen Architektur und in der griechischen Kunst schon gar nicht, ging die Rationalität eines Entwurfs bis ins Detail auf, weil man immer zu viel verlangte: Man wollte ein rationelles Achssystem *und* glatte Proportionen der Räume erreichen, was aber wegen der materiellen Dicke der Säulen und der Wände nicht möglich ist. So wurden auch hier die gewonnenen Pauschalmaße aus verschiedenen Gründen weiter modifiziert, so dass die Proportionen nicht mehr exakt ganzzahlig sind: die Wände wurden dünner bemessen (125,5 cm) als das Plattenmaß (176,6 cm), ihre Stärke ergab sich analog zur Säulendicke, so dass auch die Kassetten der von Anfang an geplanten Steindecke über der Peristasis quadratisch wurden. – Die Türwand ist wegen des großen Türrahmens dicker (148,1 cm) als die normalen Wände. – Aus ästhetischen Gründen wurden auch einige Detailmaße der Säulenstellung modifiziert: Der Stylobat wurde gegenüber dem quadratischen Plattenraster nach außen etwa 3,5 cm verbreitert, so dass er über die genau im Raster stehenden Basisplinthen vorsteht, welche ihrerseits in beiden Richtungen leicht vergrößert wurden, um die Stylobatfugen knapp zu überdecken. Derartige Modifikationen, die das ursprünglich rationale, kanonische Schema umspielen und sich der Nachrechnung entziehen, sind ja auch sonst in der griechischen Kunst üblich. In welchem Stadium des Projekts diese Modifikationen erfolgten, ob schon in der Planung oder erst bei der Ausführung, ist heute nicht mehr zu entscheiden. Immerhin verwirklichte der Grundriss des Athenatempels in Priene im Peristasisbereich das Achsraster mit dem Grundmaß des Einheitsjoches so konsequent und dicht wie danach nur noch der des Apollon-Dipteros in Didyma und der Dionysostempel von Teos, dessen Architekt Hermogenes den Athenatempel von Priene in dieser Hinsicht offensichtlich zum Vorbild genommen hatte.

Betrachtet man den Grundriss des Tempels als Ganzes und behält die Kategorien dorisch und ionisch bei, wie es auch die antike Bautheorie bis in die römische Zeit hinein tat, so ließe sich überspitzt formulieren: Hier wurden dorische und ionische Raumelemente nach einem ionischen Prinzip, dem Achsenraster, angeordnet, zugleich aber soweit als möglich eine „dorische", körperhafte Kompaktheit angestrebt. Im äußeren Erscheinungsbild, vor allem durch die Säulenordnung, überwiegt das Ionische, während dorische Entwurfselemente angewandt wurden, um die Autarkie des Baus in seiner Umgebung zu erhöhen. Dieser eigenständige Entwurf war der Beitrag Prienes und des Architekten Pytheos zum Wettbewerb der spätklassischen, ionischen Sakralarchitektur in Kleinasien, der – wie sich an der Übernahme von Motiven in Didyma zeigt – auch schon bei den Zeitgenossen Beachtung fand.

Als Gebälk der ionischen Ordnung hatte der Architekt oder der Bauherr in Priene die kleinasiatische Variante ohne Fries gewählt (*Abb. 1*), deren Gestaltungsspielraum – ähnlich wie beim dorischen Gebälk – sehr eng auf Variationen der Maße und des Sima-Ornaments beschränkt war. Hier wurde ein verschränktes Proportionssystem angewandt, das die Zahlen 1, 2, 3, 7 und 8 enthielt und sich folgendermaßen darstellt:

1 Joch

3 Löwenköpfe der Sima

24 Kymaachsen des Geison

14 Achsen des Zahnschnittes (Zahn : Lücke = 2 : 3)

21 Kymaachsen des großen Architravkymas

Natürlich waren diese Proportionen vom Boden aus, in einer Entfernung von 12 bis 14 m nicht wirklich nachzuvollziehen, dieser Einwand gilt aber für viele Details, die nichtsdestoweniger nachweisbar sind. Am Ornamentschema und an den Proportionen wurde weitgehend über die ganze Bauzeit festgehalten, lediglich der Stil der Ausführung und kleine typologische Details änderten sich, so dass Datierungen von Bauphasen durch den Vergleich mit anderen, unabhängig datierten Bauten möglich waren. – Einzig die Proportionen der ionischen Kapitelle wurden noch während der Bauzeit geändert. Im Pronaos und Opisthodom, den ältesten Partien des Tempels, sind sie deutlich langgestreckter als am Außenbau.

Mit der Großkassettendecke aus Steinbalken hatte Pytheos am Maussolleion ein neues Motiv entwickelt und dieses auch am Athenatempel eingebaut: Anstelle der bisher an Tempeln gebräuchlichen Peristasisdecken aus Marmorbalken, welche mit kassettierten Marmorplatten abwechselten, wurde hier eine Form großer quadratischer Kassetten aus übereinanderliegenden, abgetreppten Marmorbalken konstruiert, von denen jede Kassette ein ganzes Quadrat aus Säulenjoch und Wandabschnitt einnimmt. Diese Form wandte das Quadratraster des Grundrisses also auch auf die Peristasisdecke an, die dadurch gewissermaßen aus einer Reihe quadratischer „Räume" bestand. Dieses spezifische Steingebilde bleibt natürlich auf Decken relativ schmaler Ptera beschränkt, findet sich aber in abgewandelter Form auch am Dipteros von Didyma mit einer Achsweite von ca. 5,30 m.

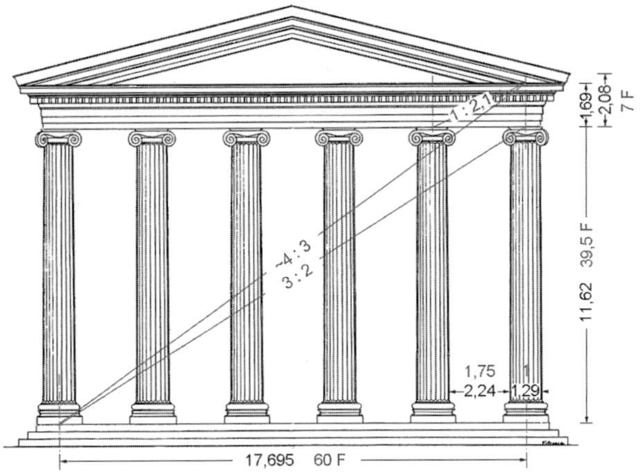

Abb. 5 Athenatempel. Frontansicht mit Proportionen (Wiegand. bearb. I. Ring)

Die Bemessung der Front des Tempels (*Abb.* 5) – die nächste wichtige Entwurfsaufgabe – ist natürlich primär von der Entscheidung über die Säulenhöhe abhängig, und aus diesem Grund in Priene nicht mit Sicherheit nachvollziehbar. Für die Säulenhöhe (SH) ergeben sich am Athenatempel aus der Rekonstruktion der mit Inschriften bedeckten Nordostante zwei mögliche Varianten: eine höhere (SH = 12,93 m), die genau das zehnfache des unteren Durchmessers (UD) betragen hätte, oder eine niedrigere (SH = 11,62 m), die das neunfache des unteren Durchmessers ergäbe und die besser zu der räumlichen Dichte der Peristasis dieses Tempels zu passen scheint. Denn man kann diesen übrigens als leicht verdichtete Form der *species* Systylos (UD : Interkolumnium = 1 : 1,75 statt 1 : 2) nach Vitruv (3,3) bezeichnen. Die einzigen sicher feststellbaren Dimensionen der Tempelfront sind die Gebälkhöhe und die Jochweite, woraus sich folgende Proportionen von Gebälkhöhe (GH) und Joch (J) ergeben:

GH : J = 1 : 2 (ohne Sima), bzw.: GH : J = 3 : 5 (mit Sima).

Danach wären folgende Entwurfsschritte vorstellbar:

Niedrigere Säulenhöhe I (SH = 11,62 m):

1. Abstände der Ecksäulen (Breite) als Hälfte der Länge (Proportion 1 : 2)
2. ⅔ dieser Breite ergibt die niedrigere Säulenhöhe I
   (SH I = 11,62 m, Proportion 2 : 3).
3. ¾ dieser Breite ergibt außerdem die niedrigere Gesamthöhe der Säulenordnung bis zum Geison (GH = 13,31 m, Proportion 3 : 4).

Doch auch für die größere Säulenhöhe II (SH = 12,93 m) ergäben sich ganzzahlige Proportionen für den Fassadenaufriss aus folgenden Entwurfsschritten:

1. Schritt wie oben
2. ¾ der Breite ergibt die höhere Säulenhöhe II
   (SH II = 12,93 m, Proportion 3 : 4).
3. ⅚ der Breite ergibt außerdem die höhere Gesamthöhe der Säulenordnung bis zum Geison
   (GH = 13,31 m, Proportion 5 : 6).

Auch ein anderer Entwurfsgang, nämlich über die Außenmaße der Frontansicht, würde zu ganzzahligen Proportionen führen, wobei man vom Stylobatmaß als Breite ausgehen könnte: Die Stylobatbreite verhält sich zur niedrigeren Säulenhöhe I wie 5 : 3, zur höheren Säulenhöhe II wie 3 : 2, zur niedrigeren Gesamthöhe der Säulenordnung wie 3 : 2, zur höheren wie 4 : 3. – Für eine Entscheidung zwischen den möglichen Entwurfsgängen gibt es keine sicheren, inneren Indizien, manches spricht für die Entwürfe, die von den Achsen ausgehen. Dass solche Proportionen dem Architekten des Tempels, Pytheos, und nachfolgenden Theoretikern jedenfalls wichtig waren, bekräftigte er durch sein Traktat über *symmetriae* und Vitruv (VII, praef.) durch dessen Lektüre und Verwendung.

Die Alternativen der Säulenhöhe (11,62 bzw. 12,93 m) wurden bereits diskutiert. Zwar ist aus Vergleichen mit anderen Bauten der Nachbarschaft in dieser Hinsicht kein sicherer Schluss zu ziehen, doch scheinen die etwas früheren ionischen Bauten Labraundas auch eher niedrige Säulen gehabt zu haben, was gut zu den „dorischen" Motiven am Athenatempel, darunter etwa das enge Säulenjoch, passen würde. Der Entwurf des Athenatempels steht an der Grenze von Klassik und Hellenismus und führt deutlich in eine von Zahlen bestimmte Formenwelt, wie sie uns Vitruv im Buch III über die Tempel präsentiert. Deutlich ist auch die Annäherung der beiden Säulenordnungen, der dorischen und der ionischen, in ihrem Verhältnis von Körper und Raum, wie sie auch auf der anderen Seite der Ägäis, etwa am Athenatempel von Tegea, erkennbar ist. Dort wird der Innenraum „freigeräumt", die Innenstützen haben keine tragende Funktion mehr, sondern werden nur noch zur Wandgliederung benutzt.

In Rahmen des hier skizzierten Wettbewerbs im Sakralbau der umliegenden ionischen Städte hatte Priene als kleinster Teilnehmer einen auf den ersten Blick unspektakulären, zunächst auch nur halbfertigen Bau errichtet, der durch die großen Dipteroi an Prestige weit in den Schatten gestellt wurde, auch wenn diese ebenfalls nur teilweise fertig geworden sind. Aber mit seinem rationalen, zahlenmäßig strukturierten Entwurf, seiner Aufnahme dorischer und archaischer ionischer Elemente und mit seiner Raumaufteilung stellte er einerseits eine Summe bisheriger Baugedanken dar, zeigte andererseits – ohne dass er direkt nachgebaut wurde – in manchem in eine neue Richtung.

Versteht man das Epitheton 'klassisch' als Bezeichnung für Ausgewogenheit bestimmter widerstrebender Baugedanken, also etwa Räumlichkeit gegenüber Körperlichkeit; mathematisch stringent proportionierter gegenüber freiplastischem Entwurf; betonte Ausbildung von Details gegenüber Einordnung der Details in das Gefüge des Ganzen, versteht man 'klassisch' ferner als Bezeichnung für *symmetria*, also Harmonie der Maßverhältnisse, so kann man den Athenatempel von Priene als Einzelmonument durchaus als klassisch bezeichnen. Denn nicht Originalität zeichnet die ionische Ordnung der Tempel des 4. Jahrhunderts v. Chr. aus, also auch des Athenatempels von Priene des Pytheos, sondern das Streben nach einer geschlossenen Form. Als eher schon klassizistisch kann die deutliche Tendenz bezeichnet werden, auf Allgemeingültiges zurückzugreifen, ohne aber eine als vorbildlich erkannte Stilperiode einfach nachzuahmen, und der Athenatempel ist ein Vertreter einer solchen Bauweise.

Versteht man unter einem 'klassischen Tempel *Ioniens*' jedoch die Verwirklichung des 'Inbegriffs ionischer Tempelarchitektur Kleinasiens', dann wäre eher an einen der Dipteroi oder auch an den Artemistempel von Magnesia a. M. des Hermogenes, einen Pseudodipteros, als an den Athenatempel zu denken. Und auch Vitruv (III. Buch) bezieht ja seine Vorbilder vornehmlich aus der hellenistischen Epoche des Hermogenes. – Die Einordnung des Athenatempels von Priene in die Klassik stammt im Übrigen aus der Neuzeit, während auf die attische 'Klassik' bereits im 5. Jahrhundert durch Thukydides (2, 40) als eine Zeit besonderer Kultur hingewiesen wurde. – Die Zeitgenossen haben, soweit aus den wenigen Überresten erkennbar, den Athenatempel *nicht* als Ganzes zum Vorbild genommen. Bewunderung hat vielmehr ein anderer Bau des Pytheos, das Maussolleion, ausgelöst, aber nicht wegen seiner Säulenordnung, die weitgehend die des Athenatempels vorwegnahm, sondern wegen seiner (farbigen) Skulpturen und seiner schieren Größe.

Literaturverzeichnis

T. Wiegand – H. Schrader Priene: Ergebnisse der Ausgrabungen in den Jahren 1895–1898 (Berlin 1904) 81–119

F. Hiller von Gaertringen Inschriften von Priene (Berlin 1906)

W. Koenigs Der Athenatempel von Priene, IstMitt 33, 1983, 134–175

W. Koenigs The Temple of Athena Polias at Priene: Doric Architecture in the Guise of Ionic?, in: L. Haselberger (Hrsg.), Appearance and Essence. Refinements of Classical Architecture: Curvature. Proceedings of the Second Williams Symposium on Classical Architecture Held at the University of Pennsylvania, Philadelphia, April 2–4, 1993 (Philadelphia 1999) 139–153

Vitruve De l' architecture. Livre III. Texte établi, traduit et commenté par P. Gros. Collection des universités de France (Paris 1990)

F. Rumscheid Untersuchungen zur kleinasiatischen Bauornamentik des Hellenismus (Mainz 1994) darin: Priene: Bd. 1, 42–45. 179–191. Zusammenfassung: 192 f.; Bd. 2, 69–71 Kat.-Nr. 293

W. Eck Augustus und seine Zeit (München 1998) 99

H. Svenson-Evers Die griechischen Architekten archaischer und klassischer Zeit (Frankfurt a. M. 1996) 116–150: Pytheos

G. Gruben Griechische Tempel und Heiligtümer ^{5}(München 2001) 136–140 (Tegea); 416–423 (Priene)

K. Jeppesen The Maussolleion at Halikarnassos, Vol. 5. The Superstructure (Jütland 2002) Rez. P. Hellström, Gnomon 79, 2007, 238–249

Ch. Dugas – J. Berchmans – M. Clemmensen Le sanctuaire d'Aléa Athéna à Tégée au IVe siècle (Paris 1924)

P. Hellström Labraunda. A Guide (Istanbul 2007)

B. Wesenberg Das Paradeigma des Eupalinos, JdI 122, 2007, 43–45

T. Schulz (Hrsg.), Dipteros und Pseudodipteros. Bauhistorische und archäologische Forschungen, BYZAS 12 (2012) 81-94

Der Pseudodipteros in Vitruvs Architekturtheorie

Burkhardt WESENBERG

Zusammenfassung

Als Synonym für *pseudodipteros* verwendet Vitruv (3,3,8) *exostylos*, das in den Ausgaben ohne Not zu *octastylos* emendiert wird. Das Hapaxlegomenon kann als Bezeichnung eines Weithallentempels verstanden werden, die den Pseudodipteros einschließt, nicht aber auf ihn beschränkt ist. Die vieldiskutierte *asperitas intercolumniorum* (3,3,9) vermag eine spezifische Ästhetik des Pseudodipteros nicht zu begründen. Dieser besitzt für Vitruv dieselben ästhetischen und praktischen Qualitäten wie der Dipteros, erreicht diese aber mit geringerem Aufwand.

Der Pseudodipteros ist ein Tempel mit einer zwei Joche tiefen Ringhalle, aber nur einem Säulenkranz. Der römische Architekt Vitruv, ein Zeitgenosse Caesars und des Augustus, behandelt den Pseudodipteros im dritten seiner *Zehn Bücher über Architektur.* Beschrieben wird im dritten Buch die ionische Ausführung eines komplexen Tempelentwurfs, der, wie das vierte Buch zeigen wird, auch in dorischer und korinthischer Ordnung ausgeführt werden kann. Das Konzept dieses Tempelentwurfs entstammt der späthellenistischen Architektur Kleinasiens[1]. In diese Darstellung einer theoretischen Architektur fließen Mitteilungen ein, die auch für die historische Realarchitektur Gültigkeit haben. Zu ihnen gehört eine Systematik griechischer Tempelgrundrisse am Anfang des zweiten Kapitels des dritten Buches[2]:

---

1 Zu Systematik und Geschichte des von Vitruv beschriebenen Tempelentwurfs B. Wesenberg, Beiträge zur Rekonstruktion griechischer Architektur nach literarischen Quellen, AM Beih. 9 (Berlin 1983) 109–178. 180 f.

2 Text und Übersetzung (letztere mit gelegentlichen Abweichungen) hier und im folgenden nach: Vitruv, Zehn Bücher über Architektur. Übersetzt und mit Anmerkungen versehen von Dr. Curt Fensterbusch (Darmstadt 1964). Weitere Ausgaben und Übersetzungen, die im folgenden herangezogen werden: Vitruvii de architectura libri decem. Ad antiquissimos codices nunc primum ediderunt Valentinus Rose et Herman Müller-Strübing (Leipzig 1867 und – ohne Müller-Strübing – 1899); Vitruve, De architectura. Traduit et commenté par Auguste Choisy (Paris 1909); Zehn Bücher über Architektur des Marcus Vitruvius Pollio. Übersetzt und erläutert von Dr. phil. J[akob] Prestel. Zur Kunstgeschichte des Auslandes 96. 100. 102. 108 (Strassburg 1912–1914); Vitruvius, On Architecture. Edited and translated by Frank Granger, Loeb Classical Library (Cambridge/Mass. – London 1934); Marcus Vitruvius Pollio, Über die Baukunst. Neu bearbeitet und herausgegeben von Erich Stürzenacker (Essen 1938); Vitruvio, Architettura (dai libri I–VII). Recensione del testo, traduzione e note di Silvio Ferri

3,2,1. Aedium autem principia sunt, e quibus constat figurarum aspectus, ea: primum in antis, quod graece ναος εν παραστασιν *dicitur, deinde prostylos, amphiprostylos, peripteros, pseudodipteros, <dipteros>, hypaethros.*

Bei den Tempeln aber gibt es folgende Grundformen, auf denen das Aussehen ihrer Gestalten beruht: erstens den Antentempel (in antis), den die Griechen naon en parastasin nennen, dann den Prostylos, Amphiprostylos, Peripteros, Pseudodipteros, Dipteros, Hypaethros.

Das Wort Dipteros fehlt in den Handschriften, muß hier aber zwingend ergänzt werden, weil unter den nachfolgenden Beschreibungen der einzelnen Grundrißtypen zwischen dem Pseudodipteros und dem Hypaethros der Dipteros abgehandelt wird. Der Aufbau der Grundrißsystematik ist klar: der nächstfolgende Typus ist immer komplexer als der vorausgehende. Am Anfang steht die Aedes in antis mit zwei eingestellten Säulen, gefolgt vom Prostylos mit mindestens vier vorgelagerten Säulen und dem Amphiprostylos mit beidseitig vorgelagerten Säulen. Der Peripteros ist allseitig eng von Säulen umgeben, beim Pseudodipteros bilden die Säulen eine tiefe umlaufende Halle aus. Der Dipteros endlich besitzt nicht einen, sondern zwei Säulenumgänge. Der Pseudodipteros wird von Vitruv zwischen dem Peripteros und dem Dipteros eingeordnet. Er erscheint dadurch nicht – wie die Bezeichnung *Scheindipteros* erwarten ließe – als eine Reduktionsform des Dipteros, sondern als Vorform zu diesem oder auch als erweiterter Peripteros. Das bedeutet, daß im unmittelbaren Fortgang der Darlegung die Definition des Pseudodipteros – anders als seine Bezeichnung – nicht auf den Dipteros Bezug nehmen kann. In der Tat kommt Vitruvs Definition ohne eine solche Bezugnahme aus, obwohl der Grundriß durchaus als Reduktionsform des Dipteros beschrieben werden könnte:

3,2,6. Pseudodipteros autem sic conlocatur, ut in fronte et postico sint columnae octonae, in lateribus cum angularibus quinae denae. Sint autem parietes cellae contra quaternas columnas medianas in fronte et postico. Ita duorum intercolumniorum et imae crassitudinis columnae spatium erit ab parietibus circa ad extremos ordines columnarum. Huius exemplar Romae non est, sed Magnesiae Dianae Hermogenis Alabandei et Apollinis a Menesthe facta.

Der Pseudodipteros aber wird so errichtet, daß an der Vorder-und Rückseite je 8 Säulen sind, an den Seiten einschließlich der Ecksäulen je 15. Die Cellawände aber sollen an der Vorder- und Rückseite den 4 mittleren Säulen an der Vorder- und Rückseite gegenüber liegen. So wird ringsum von den Wänden bis zu den äußersten Säulenreihen ein Zwischenraum von zwei Säulenabständen nebst der unteren Dicke einer Säule sein. Ein Beispiel gibt es in Rom hierfür nicht, aber in Magnesia gibt es den Tempel der Diana, der von Hermogenes aus Alabanda, und den des Apollo, der von Menesthes erbaut ist[3].

(Rom 1960); Vitruvius, The Ten Books on Architecture. Translated by Morris Hicky Morgan. With illustrations and original drawings prepared under the direction of Herbert Langfort Warren (New York 1960); Vitruve, De l'architecture. Livre III. Texte établi, traduit et commenté par Pierre Gros. Collection des universités de France (Paris 1990); Vitruvio, De architectura. A cura di Pierre Gros. Traduzione e commento di Antonio Corso e Elisa Romano (Turin 1997); Vitruvii De architectura. Βιτρούβιου Περί αρχιτεκτονικής. Βιβλία I–V. Μετάφραση – σχόλια: Paulos Lephas (Athen 1997); Vitruvius, Handboek bouwkunde. Vertaald door Ton Peters (Amsterdam 1997); Vitruvius, Ten Books on Architecture. Translated by Ingrid D. Rowland. Commentary and illustrations by Thomas Noble Howe (Cambridge 1999).

3 Nach Fensterbusch (s. Anm. 2). Zur richtigen Lesung des letzten Satzes: P. Gros, Le dossier vitruvien d'Hermogénès, MEFRA 90, 1978, 139–703 (hier: 697–700) = P. Gros, Vitruve et la tradition des traités d'architecture. Fabrica et ratiocinatio. Recueil d'études (Rom 2006) (im folgenden: Recueil) 139–156 (hier: 149–152).

Es wird sich zeigen, daß die Anordnung des Pseudodipteros zwischen Peripteros und Dipteros, die bereits auf Vitruvs Quelle zurückgehen dürfte, wohl mit Bedacht gewählt ist, und daß auch die Beschreibung an dieser Stelle nicht von ungefähr eine Bezugnahme auf den Dipteros vermeidet. – Im anschließenden Kapitel kommt Vitruv auf den Architekten des Artemistempels von Magnesia zurück:

3,3,8. ... Hermogenes, qui etiam primus invenit octastylon pseudodipterive rationem. Ex dipteri enim aedis symmetriae distulit interiores ordines columnarum XXXIV eaque ratione sumptus operasque compendii fecit. Is in medio ambulationi laxamentum egregie circa cellam fecit de aspectuque nihil inminuit, sed sine desiderio supervacuorum conservavit auctoritatem totius operis distributione. 9. Pteromatos enim ratio et columnarum circum aedem dispositio ideo est inventa, ut aspectus propter asperitatem intercolumniorum habeat auctoritatem, praeterea, si ex imbrium aquae vis occupaverit et intercluserit hominum multitudinem, ut habeat in aede circaque cellam cum laxamento liberam moram. Haec autem ut explicantur in pseudodipteris aedium dispositionibus!

... Hermogenes ..., der auch als erster den achtsäuligen Tempel – die Anlage des Pseudodiperos – erfunden hat. Denn aus der symmetrischen Anlage des Dipterostempels entfernte er die inneren Reihen der 34 Säulen und ersparte damit Kosten und Arbeit. In der Mitte (wo die 34 Säulen gestanden hatten) legte er in hervorragender Weise einen verbreiterten Umgang rings um die Cella an, verminderte in keiner Weise das schöne Aussehen, sondern wahrte, ohne daß man das Überflüssige vermißt, durch die Einteilung des ganzen Bauwerks seine große Wirkung. 9. Das System nämlich der Seitensäulenhallen und die Anordnung der Säulen rings um das Gebäude ist deshalb erfunden worden, damit durch die Herbheit (krasse Wirkung) der Säulenzwischenräume der Anblick wirkungsvoll ist, ferner damit, wenn die Wassermenge eines Platzregens eine große Anzahl von Menschen überrascht und abschneidet, diese sich im Gebäude und um die Cella herum mit ihrem breiten Umgang zwanglos aufhalten kann. Wie aber wird dies bei dem Pseudodipteros durch die Anlage des Tempels ermöglicht!

Anstoß erregt der Beginn der Stelle, der, wörtlich übersetzt, lautet: *Hermogenes, der auch als erster den achtsäuligen Tempel oder die Anlage des Pseudodipteros erfunden hat.* Octastylos und Pseudodipteros werden hier gleichgesetzt, erscheinen als unterschiedliche Bezeichnungen ein und desselben Grundrißtypus. Die Bezeichnungen *Octastylos* (Tempel mit achtsäuliger Front) und *Pseudodipteros* (Tempel mit einem scheinbar dipteralen Grundriß) betreffen aber unterschiedliche Kategorien: das eine Mal die Säulenzahl, das andere Mal die Grundrißgestalt. Sie können also nicht dasselbe bedeuten – zumal es ja auch achtsäulige Peripteroi gibt, und die Dipteroi in der Regel ohnehin eine achtsäulige Front besitzen[4].

Wie ist es möglich, daß ein Systematiker wie Vitruv, ein Architekt, so evident verschiedene Kategorien wie Säulenzahl und Grundrißgestalt nicht auseinanderhält? Die Antwort ist einfach: das Wort Octastylos 'Achtsäuler' kommt an dieser Stelle seines Textes in Wahrheit gar nicht vor. Das Wort ist in unseren Textausgaben tatsächlich eine Konjektur, also eine von modernen Herausgebern vorgenommene Änderung des überlieferten Textes. Die Lesung *octastylos* geht auf die Vitruv-Ausgabe von Fra Giovanni Giocondi da Verona aus dem Jahre 1511 zurück. Von dort ist sie in die modernen Vitruv-Ausgaben

---

4 Zu Recht tadelt denn auch P. Gros in seinem Kommentar *ad loc.* die im Vitruvtext vorgenommene Gleichsetzung (s. Anm. 2).

übernommen worden[5]. Die Handschriften haben an dieser Stelle nicht *octastylos*, sondern *exostylos*[6].

Das Wort *Exostylos* ist in antiken Quellen anderweitig nicht belegt. Das heißt nicht, daß die Vitruv-Herausgeber es mit Recht ausgeschieden hätten. Es handelt sich um ein sog. *hapax legomenon* oder *hapax eiremenon*, also ein Wort, das in den antiken Schriftquellen nur ein einziges Mal – in diesem Fall an eben unserer Stelle – vorkommt. Wenn ein solches Wort nicht evident falsch ist, muß es selbstverständlich als Bestandteil der Textüberlieferung akzeptiert und ernst genommen werden. *Exostylos* ist ein unverdächtiges Determinationskompositum mit adverbialem Vorderglied – wie z. B. auch *Prostylos*. Unter dem Aspekt philologischer Editionstechnik ist die Beibehaltung von *exostylos* im Text Vitruvs nicht nur *lege artis*, sondern geradezu zwingend. Die Stelle ist also zu lesen: *Hermogenes, der auch als erster den Exostylos oder die Anlage des Pseudodipteros erfunden hat.*

Wie die Säulen eines Prostylos *pro* (also *vor* der Cella) stehen, müßten die Säulen eines Exostylos *exo* angeordnet sein. Das Adverb *exo* bedeutet zunächst außen. Man könnte die Wortbedeutung von *exostylos* so erklären, daß nur die äußere von zwei möglichen Säulenstellungen zur Ausführung kommt[7]. Das kann aber nicht überzeugen, denn diese Erklärung impliziert die Vorstellung eines reduzierten Dipteros, die in dem Wort *Exostylos* nicht enthalten ist. Schlüssiger erscheint es, wenn *exostylos* als Bezeichnung einer nach außen vorgeschobenen Säulenstellung verstanden wird[8]. In der Tat bezeichnet das Adverb *exo* nicht nur das Außen und das Draußen, sondern auch die Richtung nach außen und das nach außen Hervortreten. So heißt ἔξωστρον der – nach außen vortretende – *Balkon*[9]. Das Wort ἐξώρροπος bedeutet *nach außen geneigt*, ἐξωφανής *nach außen gewölbt* (also *konvex*)[10]. Mit ἐξώδων wird in der griechischen Veterinärmedizin auf die vorstehenden Zähne eines Pferdes Bezug genommen[11]. Von hervortretenden Augen spricht Platon einmal mit den Worten τὸ ἔξω τῶν ὀμμάτων[12]. Bezogen auf den Grundriß eines

---

[5] Gelegentlich hat sie eine weitere Konjektur nach sich gezogen. Wohl um den inneren Widerspruch der Stelle aufzulösen, unterdrückt Valentin Rose (1867 und 1899, s. Anm. 2) das an *pseudodipteri* angehängte *ve* („oder"). Diesen Text übernimmt M. Kreeb, Hermogenes – Quellen- und Datierungsprobleme, in: W. Hoepfner – E.-L. Schwandner (Hrsg.), Hermogenes und die hochhellenistische Architektur. Internationales Kolloquium in Berlin vom 28. bis 29. Juli 1988 (Mainz 1990) 110. Kreeb übersetzt: „Hermogenes ..., der auch als erster die Bauvorschriften für den oktastylen Pseudodipteros erfand". Auf diese Weise wird die Gleichsetzung von Begriffen unterschiedlicher Kategorien vermieden, ohne daß eine im Kontext sinnvolle Aussage entstünde, denn es geht Vitruv ganz offensichtlich nicht um die Anzahl der Frontsäulen, sondern um die Erfindung des Pseudodipteros als Grundrißtypus. Zudem enthält die Passage jetzt nicht nur eine, sondern zwei willkürliche Veränderungen des überlieferten Texts.

[6] Einige Handschriften haben *exastylos*, was leicht als eine Angleichung an den im vorangehenden Satz vorkommenden Sechssäuler zu erkennen ist.

[7] So R. Vallois, ΕΞΩΣΤΥΛΟΣ, AEphem 1953–54 T. 2, 1958, 2. Ebenso Gros – Corso – Romano *ad loc.* (s. Anm. 2).

[8] Von Vallois a. O. (Anm. 7) alternativ erwogen.

[9] A. K. Orlandos – I. N. Travlos, Λεξικόν αρχαίων αρχιτεκτονικών όρων (Athen 1986) 105.

[10] Beides ist allerdings erst bei dem spätantiken Grammatiker Johannes Philoponos belegt: Ioannis Philoponi in Aristotelis meteorologicorum librum primum commentarium. Ed. M. Hayduck (Berlin 1901) S. 28 Z. 7; Ioannis Philoponi in Aristotelis Analytica posteriora commentaria cum anonymo in librum II. Ed. M. Wallies (Berlin 1909) S. 439 Z. 7.

[11] Corpus hippiatricorum Graecorum I. Hippiatrica Berolinensia. Ed. E. Oder u. C. Hoppe (Stuttgart 1971) 115, 4.

[12] Plat. Tht. 143e.

Ringhallentempels würde Exostylos auf nach außen vorgeschobene, gewissermaßen vom Kernbau fortstrebende Säulen verweisen, also ein verbreitertes Pteron[13].

Anders als *Exostylos* begreift die Bezeichnung *Pseudodipteros* den Grundrißtypus als eine Reduktionsform des Dipteros. Als solche wird die Erfindung des Hermogenes von Vitruv, der dies zunächst vermieden hatte, später auch ausdrücklich dargestellt (3,3,8): ... *Hermogenes, der auch als erster den Exostylos oder die Anlage des Pseudodipteros erfunden hat. Denn aus der symmetrischen Anlage des Dipterostempels entfernte er die inneren Reihen der 34 Säulen und ersparte damit Kosten und Arbeit.* Im Gegensatz hierzu ist e*xostylos* von jeder Bindung an den Typus des Dipteros frei und paßt auch auf solche Grundrisse, deren erweiterter Umgang die volle Tiefe von zwei Säulenjochen nicht erreicht, sodaß sie nicht durch das Einfügen einer inneren Säulenreihe zu einem Dipteros ergänzt werden können.

Derartige Grundrisse sind lange vor Hermogenes in der archaischen dorischen Tempelarchitektur insbesondere Großgriechenlands mehrfach belegt. Man hat für sie die Bezeichnung Weithallentempel geprägt[14]. Auch wenn Vitruv *exostylos* und *pseudodipteros* inhaltlich nicht differenziert, bezeugt er doch die Existenz zweier Bezeichnungen, deren eine – *exostylos* – dem Wortsinn nach Weithallentempel verschiedener Form ebenso einschließt wie den Pseudodipteros im engeren Sinne, der sich als eine Sonderform des Exostylos darstellt. Der Einordnung des Exostylos zwischen Peripteros und Dipteros durch Vitruv – ich erinnere an das zu Beginn Gesagte – liegt die vom Dipteros unabhängige Begriffsprägung zugrunde. Vitruvs Gleichsetzung der beiden Grundrißtypen könnte ein Hinweis darauf sein, daß der hellenistische Pseudodipteros in der Tradition der älteren Weithallentempel steht und nicht, wie Vitruv es in seiner Hermogenes-Anekdote darstellt, als Reduktionsform des Dipteros *ad hoc* erfunden wurde. Allerdings können Beobachtungen zur Terminologie diese Frage nicht entscheiden, wir bleiben hier auf eine Beurteilung der monumentalen Überlieferung angewiesen. Immerhin kommen wir mit der Wiederherstellung des Exostylos zu einer erweiterten Grundrißsystematik, die das breite Spektrum der historischen Tempelarchitektur differenzierter abdecken kann als die herkömmliche Systematik, die nur den vom Dipteros abgeleiteten Pseudodipteros kennt.

Bereits vor einem halben Jahrhundert hat René Vallois in einem Aufsatz in der Archaiologike Ephemeris (1958) prägnant und schlüssig dargelegt, daß im Vitruvtext die Lesung *exostylos* anstelle von *octastylos* beibehalten werden muß[15]. Einem Vitruv-Herausgeber ist der Beitrag offenbar nicht bekannt geworden (auch mir ist er erst *post festum* begegnet). Wir haben es mit einem der – vermutlich gar nicht so seltenen – Fälle zu tun, in denen es einer evident richtigen Position nicht gelungen ist, in den breiten Strom der weiterführenden

13 Es gibt eine weitere Bautypenbezeichnung mit *exo*, die ebenfalls nur einmal und zwar an versteckter Stelle überliefert ist, nämlich bei dem Grammatiker Herodian. Dieser nennt neben dem uns geläufigen Prostoon, also der einem Eingang vorgelagerten kleinen Portikus, auch ein Exostoon, dessen exakte Bedeutung allerdings nicht erklärt wird. Herodiani Partitiones. E codd. Parisinis edidit Jo. Fr. Boissonade (London 1819, Nachdruck Amsterdam 1963) 267.

14 H. Drerup, Zum Artemistempel von Magnesia, MarbWPr 1964, 13–22 (hier: 14). Zum Weithallentempel: F. E. Winter, Tradition and Innovation in Doric Design II: Archaic and Classical Doric East of the Adriatic, AJA 82, 1978, 151–161 (hier: 152); D. Mertens, Der ionische Tempel von Metapont. Ein Zwischenbericht, RM 86, 1979, 103–137 (hier: 122–128).

15 R. Vallois, ΕΞΩΣΤΥΛΟΣ, AEphem 1953–54 T. 2, 1958, 1–3.

Forschung vorzudringen. Der Beitrag von René Vallois war dem Andenken des 1951 verstorbenen griechischen Archäologen Georgios Oikonomos gewidmet. Der Autor wollte mit ἐξώστυλος der griechischen Sprache ein verloren gegangenes Wort wiederschenken und wünschte sich, daß dieses in den Liddell-Sott, das große griechisch-englische Wörterbuch, aufgenommen würde. Das 1996 letztmalig überarbeitete Supplement des Lexikons enthält das Lemma ἐξώστυλος nach wie vor nicht. Immerhin haben Anastasios Orlandos und Joannis Travlos Vallois' Anregung aufgegriffen und verzeichnen 1986 den Exostylos in ihrem Lexikon der antiken griechischen Architektur-Termini (das allerdings, da es altgriechische Bezeichnungen in neugriechischer Sprache erläutert, nur einen begrenzten Leserkreis findet)[16]. Ich möchte anregen, das Wort als eine verbürgte antike Bezeichnung für den Weithallentempel in die archäologische Terminologie zu übernehmen. Vielleicht kann dies Vallois' Wunsch nach lexikalischer Anerkennung der Erfüllung näherbringen. Wie ich sehe, hat sich jetzt auch Antonio Corso in der von Pierre Gros besorgten Turiner Vitruv-Ausgabe des Jahres 1997, allerdings wieder unbeeinflußt von Vallois' Beitrag, sehr dezidiert für die überlieferte Lesung *exostylos* entschieden[17].

Aus Vitruvs Anekdote von der Erfindung des Pseudodipteros durch Hermogenes hat die Forschung eine eigene Ästhetik dieses Grundrißtypus abgeleitet. Als Grundlage diente der Begriff *asperitas intercolumniorum* (wörtlich: die Rauheit, oder Herbheit, der Säulenzwischenräume) abgeleitet. Es war Heinrich Drerup (1964), der Vitruvs Formulierung auf den Hell-Dunkel-Kontrast von Säule und Zwischenraum bezogen hat. Der Helligkeitskontrast resultiere aus der großen Tiefe und der dadurch erzeugten Verschattung des Pteron[18]: „Was Hermogenes laut Vitruv mit der Anlage des Pseudodipteros bezweckte, war nichts anderes als der Dunkelkontrast der Säulenzwischenräume an sich."[19] Daß der Versuch, den vorgestellten Effekt für den Artemistempel von Magnesia im Foto des Modells zu veranschaulichen (*Abb. 1*), nicht gelungen war, hat Drerup allerdings selbst eingeräumt.

Im Hell-Dunkel-Kontrast erkannte Drerup ein Stilmittel der Zeit, das auch die Bauornamentik des Hermogenes prägt: so die ionischen Kapitelle des Artemistempels und der Agora in Magnesia (*Abb. 2–3*). Gerade im Kapitell von der Agora (für die Hermogenes als Architekt allerdings nicht verbürgt ist) liegen die Einzelformen des Eierstabs und der Zwickelpalmette wie ausgestanzt vor einer konturierenden Schattenzone.

Vergleichbare Hell-Dunkel-Kontraste in der hellenistischen Skulptur des 2. Jhs. wie z. B. am Pergamonfries (*Abb. 4*) veranlaßten Drerup, sich für die Gerkansche Spätdatierung des Artemistempels auszusprechen (d. h. nicht an das Ende des 3. Jhs., sondern in die

---

16 Orlandos – Travlos a. O. (Anm. 9) 105.

17 Gros – Corso – Romano *ad loc.* (s. Anm. 2). Die Lesung *exostylos* auch schon bei Granger (s. Anm. 2); trotz der großen Verbreitung der Loebschen Ausgabe blieb dies ohne Auswirkung auf die archäologische Architekturforschung.

18 Drerup a. O. (Anm. 14) 15–20. Bereits Prestel (s. Anm. 2) übersetzte *unterstützt von dem durch die Interkolumnien erzeugten Kontraste von Licht- und Schattenwirkung*, was ohne Einfluß auf die Forschung blieb. F. W. Schlikker, Hellenistische Vorstellungen von der Schönheit des Bauwerks nach Vitruv (Berlin 1940) 23, sah mit *asperitas intercolumniorum* einen „etwas ungefällig harten, aber mitreißenden, leidenschaftlichen Rhythmos" der Säulenreihe bezeichnet. Vgl. a. Ferri (s. Anm. 2) *ad loc.*

19 Drerup a. O. (Anm. 14) 16 ('Dipteros' statt 'Pseudodipteros' ist an dieser Stelle ein Versehen).

Abb. 1 Modell des Artemistempels von Magnesia

Abb. 2
Kapitell des
Artemistempels
von Magnesia

Abb. 3
Eckkapitell der
Agorahallen von
Magnesia

Abb. 4. Ostfries des Pergamon-Altars: Alkyoneus

Mitte bzw. das 3. Viertel des 2. Jhs.). Die Herausstellung des Hell-Dunkel-Kontrasts durch Drerup hatte – zumindest in der deutschen Forschung – eine große Wirkung. Durch die schnelle Übernahme in Gottfried Grubens einflußreiches Buch *Die Tempel der Griechen* (erstmals 1966) wurde die Vorstellung, die Ästhetik des Pseudodipteros sei durch den Hell-Dunkel-Kontrast entscheidend geprägt, zu einer weit verbreiteten Lehrmeinung[20].

Als Bernhard Schmaltz[21] (1995) versuchte, den Hell-Dunkel-Kontrast der Ringhalle des Artemistempels im Computerbild zu veranschaulichen (*Abb. 5*), hatte sich die Vorstellung von dieser spezifischen Ästhetik des Pseudodipteros bereits soweit verselbständigt, daß ein Rekurs auf Vitruvs *asperitas intercolumniorum* nicht mehr nötig erschien. Die Visualisierung des postulierten Effekts fällt – bei offenbar frei gewählten Graustufen – im Computerbild kaum überzeugender aus als im Modellfoto[22].

Unbeachtet blieb ein neuer Forschungsansatz, den bereits 1974 das Buch *The Ancient View of Greek Art* von Jerome Pollitt gebracht hatte, das die Terminologie der antiken Kunstkritik untersucht[23]. Auf der Grundlage weiterer Textstellen bei Vitruv, Vergil und Plinius gelangt Pollitt zu dem Resultat, daß *asperitas* auf die Unebenheit von Oberflächen gemünzt ist und schlicht 'Relief' bedeutet. Das Wort wird z. B. auf die getriebene Reliefverzierung von Metallgefäßen angewendet. Vitruv benutzt es in seiner berühmten Wandmalereipolemik, wie es scheint, für das Vor- und Zurücktreten gemalter Architekturmotive in der *scaena* des Apaturius zu Tralles (7,5,5). In der Hermogenes-Anekdote bezeichnet er mit

---

20 G. Gruben, Die Tempel der Griechen (München 1966) 370; ders. zuletzt: Griechische Tempel und Heiligtümer (München 2001) 429.; W. Hoepfner, Bauten und Bedeutung des Hermogenes, in: W. Hoepfner – E.-L. Schwandner (Hrsg.), Hermogenes und die hochhellenistische Architektur. Internationales Kolloquium in Berlin vom 28. bis 29. Juli 1988 (Mainz 1990) 1–34 (hier: 29).

21 B. Schmaltz, 'Aspectus' und 'effectus' – Hermogenes und Vitruv, RM 102, 1995, 133–140 mit Abb. 1 geg. 134. Vgl. W. Hoepfner, Hermogenes und Epigonos, JdI 112, 1997, 109–148 (hier: 113).

22 Es sollte in diesem Zusammenhang nicht von einer „Hauptansicht" des Tempels gesprochen werden (Schmaltz a. O. [Anm. 21]), weil wesentliche Formmerkmale, welche die Ästhetik des Tempels konstituieren, verdeckt sind: die Standfläche der Säulen, die Form der Säulenbasis, die Säulenproportion, die Proportion des Intercolumnium, die Proportionen von Front- und Seitenansicht sowie des Baukörpers. Es handelt sich hier um die eigenwertige Inszenierung eines mehrteiligen Architekturprospekts aus Altar, Tempel und Stoen, als flüchtiger Eindruck bezogen auf den durch das Propylon eintretenden Besucher, dauerhafter und mit zunehmendem Gewicht des Altars wahrgenommen von den Teilnehmern der Prozessionen, deren Aufstellungsplatz O. Bingöl vor der inneren Front des Propylon festgestellt hat: O. Bingöl, Magnesia am Mäander (Ankara 1998) 42 f. Abb. 55.

23 J. J. Pollitt, The Ancient View of Greek Art. Criticism, History, and Terminology (New Haven – London 1974) 307–311.

Abb. 5
Rekonstruktion des Artemisheiligtums von Magnesia (B. Schmaltz)

asperitas intercolumniorum, so Pollitt, den Tiefenkontrast zwischen der Cellawand und den vortretenden Säulen der Tempelringhalle. Dazu fügt sich nahtlos die Übersetzung von Pierre Gros[24] (1990): *relief créée par les entrecolonnements – von den Säulenzwischenräumen erzeugtes Relief.* Den reliefhaft verstandenen Tiefenbezügen zwischen Säulen und Kernbau mißt Vtruv offenbar ästhetischen Eigenwert bei. Der Effekt eines Helligkeitskontrasts hingegen findet in seinen Worten keinen Ausdruck.

Eine eigene Ästhetik des Pseudodipteros kann Vitruvs *asperitas intercolumniorum* – ganz unabhängig von der Wortbedeutung – ohnehin nicht begründen. Denn nach seiner Darstellung ist die Tempelringhalle als solche erfunden worden, um durch die *asperitas intercolumniorum* dem Bauwerk das zu verleihen, was er *auctoritas* nennt: Gewicht, Wucht, Würde, große Wirkung, vielleicht Monumentalität[25]. Damit stellt in Vitruvs Gedankengang, worauf bereits 1960 Silvio Ferri zutreffend hingewiesen hat[26], die *auctoritas* durch *asperitas intercolumniorum* keineswegs ein Spezifikum des Pseudodipteros dar, sondern ist Ringhallentempeln jeglichen Grundrißtypus gleichermaßen eigen: sie zeichnet von jeher den einfachen Peripteros ebenso aus wie den Pseudodipteros und den Dipteros[27].

---

24 s. o. Anm. 2. Gros hat die Wortbedeutung 'Relief' später bekräftigt, zugleich aber eine Konkretisierung versucht, indem er Textstellen bei Platon, Dionys von Halikarnass und Plinius maior heranzog, in denen das Wort *asperitas* zwar nicht verwendet wird, aber indirekt präsent zu sein scheint. Er erschloß das erweiterte Bedeutungsspektrum 'rhythmische Belebung', 'Wechsel von Körpern und Leeren' und wieder 'Hell-Dunkel-Kontrast': De la rhétorique à l'architecture: l'ambiguïté de l'*asperitas*, in: Voces 2, 1991, 73–79 (= Recueil 281–287). Von zentraler Bedeutung ist dabei die Stelle Dion. Hal. comp. 22. Gros gibt für die Stelle „*les mots doivent y être plantés comme des colonnes, à la fois solidement et éloignés les uns des autres; ils doivent pour cela être séparés par des intervalles perceptibles*" (a. O. 76 = Recueil 284). Auch W. R. Roberts übersetzt "*that the words should be like columns firmly planted and placed in strong positions, so that each word should be seen on every side, and that the parts should be at appreciable distances from one another, being separated by perceptible intervals*": Dionysius of Halicarnassus, On Literary Composition. Being the Greek Text of the *De compositione verborum*. Edited with Introduction, Translation, Notes, Glossary, and Apppendices by W. Rhys Roberts (London 1910) 211. Der griechische Text enthält den Vergleich mit den Säulen nicht (a. O. 210): ἐρείδεσθαι βούλεται τὰ ὀνόματα ἀσφαλῶς καὶ στάσεις λαμβάνειν ἰσχυράς, ὥστ᾽ ἐκ περιφανείας ἕκαστον ὄνομα ὁρᾶσθαι, ἀπέχειν τε ἀπ᾽ ἀλλήλων τὰ μόρια διαστάσεις ἀξιολόγους αἰσθητοῖς χρόνοις διειργόμενα· Vgl. a. Dionysius of Halicarnassus, The Critical Essays in Two Volumes. II. With an English Translation by Stephen Usher (Cambridge/Mass. – London 1985) 169.

25 Choisy: dignité; Granger: impressiveness; Morgan: dignity; Stürzenacker: guter Eindruck; Ferri: grandiosità; Gros: dignité de l'impression; Gros–Corso–Romano: autorevolezza; Lephas: εντυπωσιακή εμφάνιση; Peters: imposant effect; Rowland: dignity (die Vitruv-Übersetzungen s. Anm. 2).

26 Ferri (s. Anm. 2) ad 3,2,6 u. 3,3,9.

27 Auf diese generelle, auf den Ursprung des Peripteraltempels sich erstreckende Bedeutung der *auctoritas* in der vitruvianischen Theorie hatte Drerup an anderer Stelle zurückgegriffen, um die Entstehung der

Allerdings wohl doch nicht in gleichem Maße. Indem Hermogenes die innere Säulenreihe des Dipteros wegläßt, mindert er, wie Vitruv ausdrücklich hervorhebt, die *auctoritas* des Tempels nicht, sondern bewahrt sie. Das heißt: der Pseudodipteros besitzt dieselbe *auctoritas* wie die Ausgangsform, der Dipteros. Vitruvs Bemerkung macht nur Sinn, wenn durch die Entfernung des inneren Säulenkranzes die *auctoritas* des Tempels tatsächlich hätte gemindert werden k ö n n e n. Dies wäre offenbar durch die Reduktion auf einen schmalen Säulenumgang möglich gewesen, wie der einfache Peripteros ihn besitzt, dessen *auctoritas* demnach für geringer erachtet wird als die des Dipteros und Pseudodipteros. Da die *auctoritas* sich hier ausschließlich auf die *asperitas intercolumniorum* gründet, muß die größere *auctoritas* des Dipteros und Pseudodipteros wohl durch eine größere *asperitas intercolumniorum* hervorgerufen sein. Somit könnte das Maß der *asperitas intercolumniorum* den Pseudodipteros zwar durchaus vom einfachen Peripteros unterscheiden, nicht aber vom Dipteros, dessen *auctoritas* – und damit auch die *asperitas intercolumniorum* – im Pseudodipteros ja erhalten bleibt. Die *asperitas intercolumniorum* kann somit zwar keinesfalls eine spezielle Ästhetik des Pseudodipteros konstituieren, wohl aber eine gemeinsame Ästhetik des Pseudodipteros und Dipteros.

Die besondere Ästhetik des D i p t e r o s wiederum kann kaum im scharfen Kontrast von marmorhellen Säulen und tief verschattetem Zwischenraum bestehen, denn seine Außensäulen kontrastieren nur ausnahmsweise unmittelbar mit dem Leerraum des Intercolumnium; überwiegend stehen ihre Konturen vor den Säulen des inneren Umgangs. Zur Veranschaulichung mag Fritz Krischens Rekonstruktionszeichnung des jüngeren Artemision von Ephesos (*Abb. 6*) dienen[28]. Dem Pseudodipteros und dem Dipteros ist nicht ein Hell-Dunkel-Effekt von Säule und Zwischenraum gemeinsam, sondern lediglich die große Tiefe der Ringhalle – und damit im Sinne Vitruvs gegenüber dem Peripteros eine Steigerung des vor dem Grund der Cellawand im Vor- und Zurückspringen von Säule und Zwischenraum sich entwickelnden Reliefs.

Das ästhetische Prädikat *auctoritas* wird von Vitruv außerhalb der Hermogenes-Anekdote auch nichtperipteralen Bauten zugesprochen. Pierre Gros hat 1987 auf dem Vitruv-Kolloquium in Leiden eine Untersuchung des *auctoritas*-Begriffs bei Vitruv vorgetragen und ihm seinen Platz in der Ideologie des sich formierenden Principats zugewiesen. Es ergab sich, daß vor allem zwei architektonische Motive die *auctoritas* eines Bauwerks und damit die Nobilität seines Bauherrn oder Besitzers signalisieren: hohe Säulen und große gedeckte Räume[29].

---

griechischen Tempelringhalle zu erklären: H. Drerup, Zur Entstehung der griechischen Tempelringhalle, in: N. Himmelmann (Hrsg.), Festschrift für Friedrich Matz (Mainz 1962) 32–38.

28 Weitere Rekonstruktionszeichnungen des älteren und jüngeren Artemision von Fritz Krischen: F. Krischen, Die griechische Stadt (Berlin 1938) Taf. 33–36; ders., Weltwunder der Baukunst in Babylonien und Ionien (Tübingen 1956) Taf. 16–19; G. Gruben, Griechische Tempel und Heiligtümer (München 2001) 381 Abb. 287; 392 Abb. 298; A. Ohnesorg, Der Kroisos-Tempel. Neue Forschungen zum archaischen Dipteros der Artemis von Ephesos, FiE XII/4 (Wien 2007) Taf. 38–39 (in Einzelheiten verändert). Die Säulen des archaischen Tempels sind durchweg zu hoch gezeichnet.

29 P. Gros, L'*auctoritas* chez Vitruve. Contribution à l'étude de la sémantique des ordres dans le *De Architectura*, in: H. Geertman – J.J. de Jong (Hrsg.), *Munus non ingratum.* Proceedings of the International Symposium on Vitruvius' De Architectura and the Hellenistic and Republican Architecture. Leiden 20–23 January 1987 (Leiden 1989) 126–133 (= Recueil 263–270).

Abb. 6
Rekonstruktion des jüngeren Artemistempels von Ephesos (F. Krischen)

In der Hermogenes-Anekdote spielen hohe Säulen keine Rolle. Es weist zunächst auch nichts darauf hin, daß eine größere Säulenhöhe den Dipteros und Pseudodipteros gegenüber dem einfachen Peripteros auszeichnen könnte. Zwar sind die Dipteroi tendenziell sehr groß und haben entsprechend hohe Säulen (jüngeres Artemision in Ephesos[30] 60 Fuß, Apollontempel in Didyma[31] 19,71 m), aber die Pseudodipteroi bewegen sich – mit Ausnahme des Tempels in Sardes – in einer Größenordnung, die auch von weniger aufwendigen Grundrissen erreicht wird (so sind z. B. die Pseudodipteroi in Messa und Chryse nur drei bis vier Meter länger als der Peripteros des Pytheos in Priene, die Säulenhöhen sind durchweg unsicher). Wenn auch die absolute Säulenhöhe mit dem Grundrißtypus nichts zu tun hat, so wirkt sich doch die gegenüber dem einfachen Peripteros verdoppelte

30 Plin. nat. 36,95.

31 Nach L. Haselberger, in: W. Voigtländer (Hrsg.), Antike aktuell. Didyma und Milet im Modell. Ausstellung des Deutschen Architekturmuseums Frankfurt (Frankfurt 1986) 39. 47.

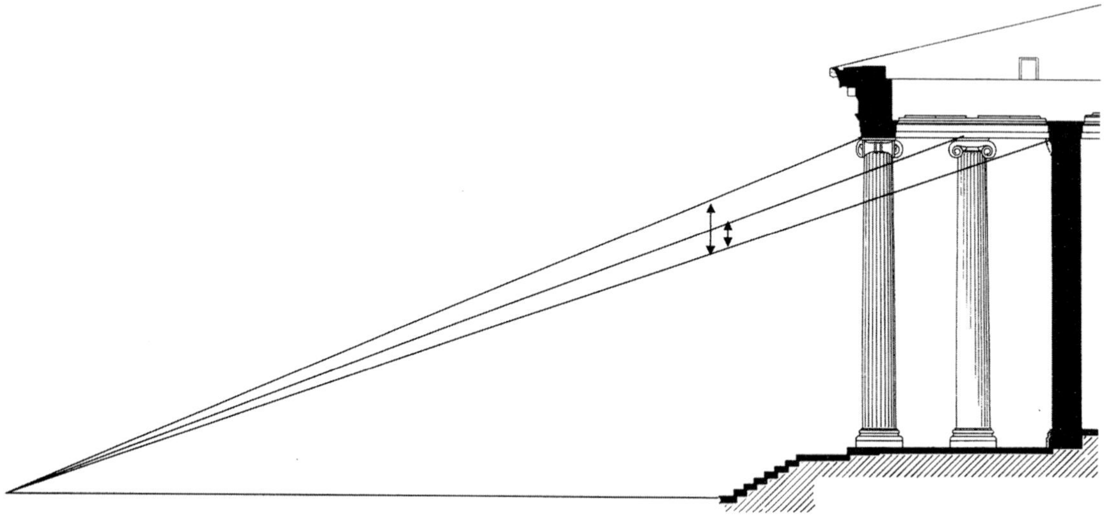

Abb. 7. Optische Projektion von Säulen- und Cellawandhöhe des Peripteros, Dipteros und Pseudodipteros

Pterontiefe des Dipteros und Pseudodipteros auf die Größen e r s c h e i n u n g der Säule aus.

Die Säulen des Pseudodipteros (wie des Dipteros) sind dem Betrachter um ein volles Intercolumnium näher als die Säulen eines Peripteros gleicher Cellagröße. In der optischen Projektion erscheinen sie gegenüber der Cellawand entsprechend vergrößert, d. h. sie gewinnen an Gewicht, an *auctoritas*, wie *Abb. 7* dies am Beispiel des Artemistempels von Magnesia demonstriert. Die Veränderung der Größenerscheinung von Baugliedern in Abhängigkeit von der Betrachterdistanz ist fester Bestandteil der vitruvianischen Architekturtheorie. Die optische Steigerung der Säulenhöhe gegenüber der Cellawand ins ästhetische Kalkül zu ziehen, wäre der vitruvianischen Architekturtheorie systemimmanent. Vitruv könnte den Effekt bei der ästhetischen Würdigung des Dipteros und Pseudodipteros durchaus berücksichtigt haben – nachweisen läßt sich dies freilich nicht.

Die Schaffung eines großen gedeckten Raumes (das zweite von Gros ermittelte *auctoritas*-Motiv) ist für Vitruv erklärtermaßen eine *raison d'être* der griechischen Tempelringhalle als solcher. In der Hermogenes-Anekdote wird die Großräumigkeit des Pteron allerdings nicht unter dem *auctoritas*-Begriff subsumiert, sondern ihr praktischer Nutzen tritt selbständig neben den ästhetischen Aspekt. Der herausgestellte Effekt, daß im Pteron eines Tempels und insbesondere eines Pseudodipteros eine Menschenmenge Schutz vor einem Regenguß finde, wirkt natürlich an den Haaren herbeigezogen, ja lächerlich (Gros spricht im Kommentar zur Stelle treffend von einem naiven Prosaismus). Doch die Regentauglichkeit von Tempelarchitektur ist für Vitruv durchaus ein durchgehender Gesichtspunkt: so empfiehlt er, darauf zu achten, daß die Wasserspeier nur über den Säulen durchbohrt werden, über den Intercolumnien aber geschlossen bleiben, damit der Strahl des abgeleiteten Wassers nicht die Hindurchgehenden trifft (3,5,15). Das ist trivial-praktisch gedacht. Aber hinter der Bedeutung, die Vitruv einer Benutzung des Tempels bei Regenwetter beimißt, mag auch die Absicht stehen, auf eine Grundfunktion der Architektur Bezug zu nehmen, nämlich ihre Schutzfunktion, die in Vitruvs Theorie von der Entstehung der Architektur aus Urbehausungen wie Laubhütte und Erdhöhle eine Rolle spielt (2,1,2). Zugleich schlägt sich hier eine Architekturbewertung nieder, die sich in hohem Maße am Nutzen des Bauwerks orientiert und diesen der Ästhetik möglicherweise voranstellt; eine derartige Architekturanschauung gilt als spezifisch römisch, hat im Hellenismus aber durchaus ihre Vorläufer[32].

Eine Frage bleibt abschließend zu beantworten: Wenn Vitruv zwischen der Ästhetik des Dipteros und Pseudodipteros nicht unterscheidet, warum zollt er Hermogenes für seine Erfindung des Pseudodipteros so hohe Anerkennung? Die Antwort auf diese Frage ist banal. Daß Hermogenes durch die Erfindung des Pseudodipteros die ästhetischen und praktischen Qualitäten eines Dipteros mit deutlich reduzierter Säulenzahl erreicht, ist für Vitruv eine ökonomische Leistung: *sumptus operasque compendii fecit* – Hermogenes sparte Kosten und Arbeit. Dieser Gedanke wird im Folgesatz, wie ich glaube, noch einmal aufgegriffen: *„sondern (er) wahrte, ohne daß man das Überflüssige vermißt, die auctoritas des ganzen Bauwerks – d i s t r i b u t i o n e". Distributio* wird hier in der Regel auf die Plangestaltung bezogen – Fensterbusch übersetzt: *durch die Einteilung des ganzen Bauwerks*[33]. Diese Übersetzung ist unbefriedigend, weil im Unklaren bleibt, welche Form der Einteilung gemeint ist. Gros spezifiziert daher zu einer *bonne distribution*, einer guten Einteilung[34]; aber auch damit bleibt unausgesprochen, mit welcher Art von Einteilung die *auctoritas* gewahrt werden soll. Gemeint ist wohl etwas ganz anderes. *Distributio* ist einer der sechs Grundbegriffe der Architektur, die Vitruv im ersten Buch seines Werks darlegt. Der Begriff bezeichnet das sparsame Wirtschaften am Bau. Vitruv benutzt *distributio* als lateinische Übersetzung des griechischen Wortes οἰκονομία – Ökonomie (1,2,1; 1,2,8).

In diesem Sinne (und nicht im Sinne einer nicht näher spezifizierten Plangestaltung) muß *distributio* an unserer Stelle gemeint sein, die m. E. zu übersetzen ist: *„sondern (er) wahrte, ohne daß man das Überflüssige vermißt, bei sparsamem Einsatz der Mittel die große Wirkung (auctoritas) des ganzes Bauwerks"*. Der sparsame Einsatz von Arbeit und Material ist für Vitruv eine Kerntugend des Architekten. So versäumt er es auch nicht, die von ihm selbst beim Bau seiner Basilika in Fanum erzielten Einsparungen nachdrücklich hervorzuheben (5,1,10)[35].

Ich fasse zusammen. Wir gewinnen aus dem Text Vitruvs die seit fünf Jahrhunderten unter einer Konjektur verschüttete Bezeichnung *Exostylos* für einen Weithallentempel. Obwohl

---

32 H. Drerup, Architektur als Symbol. Zur zeitgenössischen Bewertung der römischen Architektur, Gymnasium 73, 1966, 181–196; H. von Hesberg, Bemerkungen zu Architekturepigrammen des 3. Jahrhunderts v. Chr., JdI 96, 1981, 55–119 (hier: 81–83).

33 Sinngemäß beinahe sämtliche übrigen modernen Übersetzungen: Choisy: distribution; Granger: arrangement; Corso-Romano: ripartizione; Lephas: καταναμή; Peters: indeling; Rowland: allocation of parts (die Vitruv-Übersetzungen s. Anm.2).

34 s. o. Anm. 2. Vgl. Ferri: sapiente distribuzione. Sehr frei Morgan: new treatment.

35 Dem sparsamen Wirtschaften am Bau mißt Vitruv auch sonst großes Gewicht bei. Genüßlich berichtet er in der Vorrede zum zehnten Buch, daß die Ephesier ein Gesetzt haben, nach welchem der Architekt eines öffentlichen Bauvorhabens, der seinen Kostenvoranschlag einhält, mit einem Ehrendekret belohnt wird, aber mit seinem Vermögen haftet, wenn er ihn um mehr als ein Viertel überschreitet. Der Autor wünscht sich ein entsprechendes Gesetz in Rom nicht nur für öffentliche, sondern auch für private Bauvorhaben (X. praef. 1–2).

Vitruv *Exostylos* und *Pseudodipteros* als Synonyme verwendet, handelt es sich bei letzterem offenbar um einen Sonderfall des ersteren, so daß es legitim erscheint, *Exostylos* als Bezeichnung für den Grundrißtypus des Weithallentempels in die moderne archäologische Terminologie zu übernehmen.

Die Vorstellung, man habe mit dem Helldunkelkontrast von Säule und Zwischenraum ein authentisch bezeugtes „ästhetisches Grundprinzip hellenistischer Architektur in der Hand" (Drerup), verliert ihre Grundlage. In Vitruvs Augen besteht die Leistung des Hermogenes allein darin, mit dem Pseudodipteros einen Grundrißtypus geschaffen zu haben, der bei kostengünstigerer Ausführung die praktischen und ästhetischen Vorzüge eines Dipteros bietet. Während der praktische Vorzug in der banalen Funktion als Regenschutz liegt, besteht der ästhetische Vorzug in einer Steigerung der reliefhaft verstandenen Tiefenbezüge von Ringhallensäulen und Kernbau; eine spezifische Ästhetik des Pseudodipteros kann aus Vitruv nicht abgeleitet werden. Daß die rein ökonomische Leistung des Hermogenes überschwenglich gewürdigt wird, paßt zu dem hohen Stellenwert, der dem sparsamen Wirtschaften am Bau in Vitruvs Architekturtheorie zukommt.

T. Schulz (Hrsg.), Dipteros und Pseudodipteros. Bauhistorische und archäologische Forschungen, BYZAS 12 (2012) 95-111

The Temple of Artemis at Sardis

Fikret YEGÜL

Abstract

The Temple of Artemis at Sardis, the fourth largest Ionic temple of antiquity, was probably started c. 300–275 BC and continued through the Roman imperial era. It was never fully finished. The Hellenistic structure consisted only of the cella with front and back pronaos porches. Sometime during the second century AD, the structure was redesigned as an irregular pseudodipteros; the cella divided into two equal chambers and the temple incorporated the Imperial Cult as attested by the discovery of several colossal portrait heads of the Antonines. Excavated first between 1910 and 1914 by Howard C. Butler of Princeton University, the temple has been under comprehensive investigation since 1988. With its unusual Roman-era plan, the Temple of Artemis can best be described as a transitional building between Greece and Rome. Situated in the Lydian capital, the temple displays some of the curious local archaisms of the city while it embraces new experiments in the creation of a hybrid sense of design reflecting the Empire's successful amalgamation of its cherished cultural and artistic heritages.

The Temple of Artemis at Sardis, the fourth largest Ionic temple from antiquity, is situated dramatically on the western slopes of the Acropolis below the mass of the Tmolos Mountains, in a broad valley opening into the ancient Pactolus River bed[1]. Like the other two Artemisions of Asia Minor, the great Archaic-Hellenistic temple at Ephesos and Hermogenes' Temple of Artemis Leucophryene at Magnesia-on-the-Meander, the principal façade was towards the west. Judged by the Archaic altar located at the west end of the temple which predates it, the area might have been sacred to the goddess from the earliest days onward (*Fig. 1*)[2].

1 This article was published in a different form in the catalogue for "Lidyalılar ve Dünyaları" exhibition in Istanbul undertaken by Yapı Kredi Sanat Yayınları and the Archaeological Expedition of Sardis under the aegis of the Turkish Ministry of Culture and Tourism: Yegül 2010, 363–388.

2 This might have been the altar and the location of the meeting between Cyrus II and Orontes in 402 B.C. recalled by Xen. an. 1,6,7.

Fig. 1
Temple of Artemis, Sardis, with the Acropolis and the archaic altar (in front), looking east (Yegül)

The temple is relatively well preserved in terms of its overall structure and clear details that illuminate the process of its construction. The east end, buried deeper, is better preserved including two columns which survived intact to our day. Yet, certain portions, such as the entire west end, the south and north peristyle colonnades and the roof structure are gone, have been altered, or were never finished. We have a single full piece and some fragmentary blocks of the architrave but none of the frieze, cornice, or the hypothetical pediment. Marble roof tiles found in large qualities indicate that the building, at least the cella, was wholly or partially covered. This makes the understanding of the original design, and its successive renovations, difficult. Furthermore, the Temple of Artemis at Sardis was highly unusual, making it hard to place in a traditional category of Greek temple design.

The construction of the cella probably including the columns between the anta walls of the front and back porches must have started sometime after the death of Alexander the Great, c. 300–275 B.C. and continued through the Roman imperial era. Although the temple was in use during this period, none of the peripheral columns had yet been built. Some time during the first half of the second century A.D. the cella was divided into two equal chambers and the temple incorporated the Imperial Cult as attested by the discovery of several colossal portrait heads of the members of the Antonine family inside and immediately around the building. We do not know in what order the construction of the peristasis progressed, probably unevenly through the century or more after the cella division achieving the completion or near completion of the west and east end porches and colonnades but little of the long north and south sides except most of their foundations. Recent discoveries of eastern terra sigilata pottery at foundation level between the northeast anta and column #16 in front of it tender the possibility that construction on at least some of the east porch columns could have begun sometime in the first century A.D. The gigantic structure was still unfinished at the end of the fourth century when a small church was erected at its southeast corner. After centuries of willful destruction, by the ninth and tenth centuries A.D. it was buried deeply by landslides from the Acropolis, but the tops of several columns with their capitals and architraves were tantalizingly visible and recorded by early travelers.

History of Excavations

The earliest attempt to uncover the building was made by Robert "Palmyra" Wood and his party who stopped at Sardis in 1750 on their way to Palmyra and Ba'albek. Giovanni Battista Borra, Wood's friend and draughtsman, made a beautiful ink-wash drawing of the temple showing six columns of the east porch as well as several pencil drawings of details (now in the Joint Library of the Hellenic and Roman Societies, the Institute of Classical Studies, London) (*Fig. 2*)[3]. Wood also excavated one of the columns in front of the northeast anta (#16). C. C. Cockerell, the well-known English neo-classical architect, then only twenty-four, visited the site in 1812 and made some sketches of the standing columns[4]. In 1850, George Dennis, the British consul in Izmir, excavated several trenches in the cella and discovered a colossal head identified as Faustina the Elder, the wife of emperor Antoninus Pius, now in the British Museum[5]. Proper excavations at the temple were undertaken from 1910 to 1914 by Howard Crosby Butler, a professor of architecture at Princeton University and the director of the first Sardis Archaeological Expedition. Although the First World War imposed a premature end to the excavations at the temple, the results were published after Butler's death in the first two volumes of the Publications of

Fig. 2
Drawing of the Temple of Artemis by Giovanni Battista Borra, east porch, looking south, c. 1750. Yale Center for British Art, Paul Mellon Collection, B 1977.14.959 (Greenewalt, Jr. et al. 2003, no. 4).

---

[3] On early travelers to Sardis and especially the visit of Robert Wood and his team: Scott 2001, 143–155; Hutton 1927, 102–128; Greenewalt, Jr. *et al.* 2003, 20–21. 25–29 fig. 6–9. 13; Yegül 2003, 32–33; Butler 1922, 5.

[4] Leake 1824, 342–345; Yegül 2003, 34–35.

[5] Butler 1922, 7; Hanfmann – Waldbaum 1974, 24.

the American Society for the Excavation of Sardis in 1922 and 1925[6]. Between 1960 and 1970, the present Harvard-Cornell sponsored expedition, then under the directorship of George M. A. Hanfmann, undertook a partial study of the temple and its larger precinct; some ten trenches were opened[7]. More recent explorations of limited scope were undertaken in the east porch in 1996, 2002, and 2011; and in the north pteroma in 2010. Outside the official Sardis Expedition, the temple has become the subject of several scholarly studies, notably by Gottfried Gruben, who published his results in the *Athenische Mitteilungen* in 1961; and more recently by Thomas Howe in 1999[8].

Since 1988 a comprehensive investigation of the temple was started by the author for the Sardis Archaeological Expedition then under the directorship of Crawford H. Greenewalt, Jr. Among the primary goals of this project was the complete architectural documentation of the colossal building (a set of 'stone-by-stone' drawings at 1/20 and 1/10 scales, construction and decorative details, axonometric views, perspectives and many computer-aided reconstruction studies). The close observation and recording of the structure resulted in new information illuminating the complex history of the temple and revealed a picture in some ways significantly different than previous hypotheses[9].

The Building

The Temple of Artemis is a pseudodipteros, eight columns in front and back and twenty along the sides. The original front porch faced west and the back porch, the *opisthodomos,* before the present day door existed, faced east (*Figs. 3. 4*). Both porches display four projecting columns in the front and two in the returns behind them. Consequently, the side ambulatories, *pteroma,* do not wrap uniformly two interaxial distances in width as they do in normal psudodipteral plans. The sides are the usual two but the ends three interaxial distances wide. The columnar spacing of the sides, uniform at 4.99 m, is considerably narrower than the ends where interaxial spacing increases progressively from 5.31 m at the corners to 5.45 m, 6.65 m, and 7.06 m at the center. Such 'complex contractions' of interaxial distances is rare, probably unprecedented in Hellenistic temple design. It is an archaic Ionic practice that was used at the Artemision of Ephesos. The overall dimensions of the temple peristyle are 44.58 m by 97.60 m (roughly 151 by 330 RF). The cella is exceptionally elongated, 23 m by 67.52 m, a ratio of 1 : 2.9, another archaic or "archaizing" characteristic. The cella floor is 1.60 m higher than the porches and ambulatories. A double row of twelve slender columns, preserved in their marble foundations helped reduce the span and support the roof. Placed centrally inside the original cella is the base or podium for the cult image preserved in sandstone foundation blocks. The relatively thin, 0.90 m wall that divides the cella into almost two exactly equal parts was added during the Roman imperial era, probably late Hadrianic or early Antonine. A door, 6.08 m wide, was

[6] Principal publications on the Temple of Artemis by Sardis Excavations are: Butler 1922; Butler 1925; Hanfmann – Waldbaum 1975.

[7] Hanfmann – Waldbaum 1975, 74–103 fig. 120.

[8] Gruben 1961, 155–196; Hoepfner 1990, 1–34, esp. 3–7; Howe 1999, 199–210.

[9] Forthcoming final publication by F. K. Yegül.

Fig. 3
Temple of Artemis, aerial view of cella, looking west (Yegül)

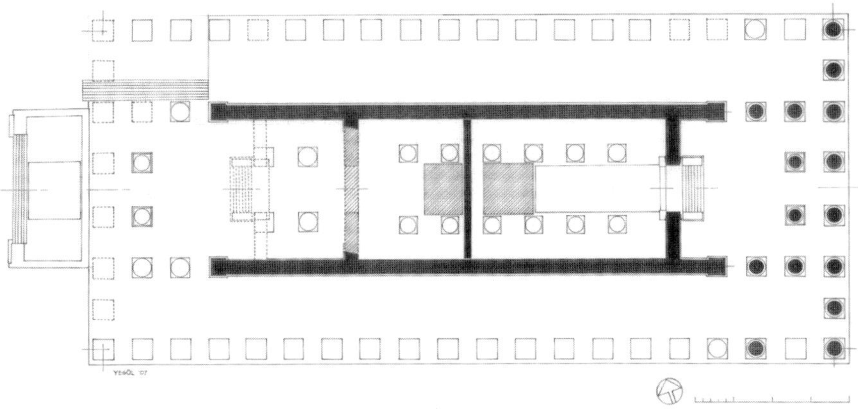

Fig. 4
Temple of Artemis, composite plan showing features of Hellenistic and Roman periods (Yegül)

cut in the blank east wall of the *opisthodomos*. In order to create two equal back-to-back cellas, the original west wall was dismantled and moved forward or westward for a distance of 10.13 m and rebuilt complete with a new door and stairs leading up to it. Careful measurements at foundation and plinth levels reveal a distinct convex curvature of the north and south walls of the cella[10].

We believe that major construction to lay the peripheral colonnades was started during the Roman imperial period and not before. However, it appears that only the columns of the east and west porches were erected although only those of the east end have been substantially preserved. Several of the base foundations of the long sides might have received columns above now gone, but most, existing in rough, untrimmed blocks, could not. Of the six columns of the projecting west porch five are preserved in their foundations. Only the northwest corner column (#52) is entirely missing, or probably was never built. With the single exception of the southwest corner column (#64), none of the columns of the

10 See also Howe 1999, 199–201 fig. 11, 1.

west front seems to have been started. In contrast, the spectacular row of eight columns of the east front has been preserved at different and substantial heights; two are intact with their capitals.

Building History

The inspiration for the temple belongs to the post-Alexandrian world of ideological and materialistic expansion, although no record connects the temple with Alexander's short visit to Sardis in 334 B.C. The original structure might have been *conceived* as a dipteros following, in general, the plan arrangement and proportions of the great Ionic dipteroi, such as the contemporary Temple of Apollo at Didyma and the late Classical Temple of Artemis at Ephesos[11]. The colossal building was probably begun under the Seleucids soon after the Battle of Korupedion in 281 B.C., when Seleukos I (Nikator), the founder of the dynasty, defeated Lysimachos near Sardis. This date is also suggested by a dedicatory inscription on a votive marble ball found near the temple. The inscription mentions one Stratonike "daughter of Demetrius the son of Antigonos", who must be Queen Stratonike, the wife of Seleukos I (301–281 B.C.), later married to Antiochus I, her stepson[12]. Another epigraphic indication that the cella and possibly the front and back porches with their columns *inside* the anta walls, were complete and the temple was in use by the end of the third century B.C. is the so-called Mnesimachus Inscription. Partially preserved *in situ* on the interior of the northwest anta wall, the inscription records in detail the mortgage obligations of a certain Mnesimachus and can be dated to around 250–220 B.C.[13] A group of 127 coins found in the foundations of the original image base, all predating 200 B.C., supports this assumption[14]. At this stage no work had started on the exterior colonnade.

Several scholars, particularly Gottfried Gruben, who has done more to illuminate the temple's building history than any other researcher, have asserted that the establishment of the pseudodipteral peristyle belong to the "second Hellenistic" phase of construction during the last quarter of the second century B.C., perhaps under the growing influence of Hermogenes and his renowned Temple of Artemis at Magnesia-on-the-Meander (*Fig. 5*)[15]. This hypothesis is attractive because it is hard to imagine the unfinished Sardis temple not responding in some way to the potent and fashionable influence of Hermogenes who was active around 200 B.C. There are also some similarities between the two temples (such as in the proportions of cella divisions, column alignments and the central position of their image bases). However, the differences between their plans are significant and fundamental, especially the design of the highly unusual, spacious arrangement of the front and back porches and the deliberately archaizing, complex interaxial

11 Hanfmann – Frazer in: Hanfmann – Waldbaum 1975, 74–87.

12 Buckler – Robinson 1932, no. 86. 91. 92 pl. 13; Butler 1922, 43; Franke 1961, 196–208; Macurdy 1932, 78–82.

13 Buckler – Robinson 1932, no.1, 1–7; Buckler – Robinson 1912, 15–84, esp. 22–26; Atkinson 1972, 62–67. See also the "Sacrilege Inscription" from Ephesos: Knibbe 1961–63, 175. 182; Sokolowski 1965, 427–431; Hanfmann 1987, 1–8.

14 Hanfmann – Waldbaum 1975, 75–77; Franke 1961, 205; Seyrig 1963, 23–24.

15 Gruben 1961, 167–170. 181–184; Akurgal 1978, 127–131.

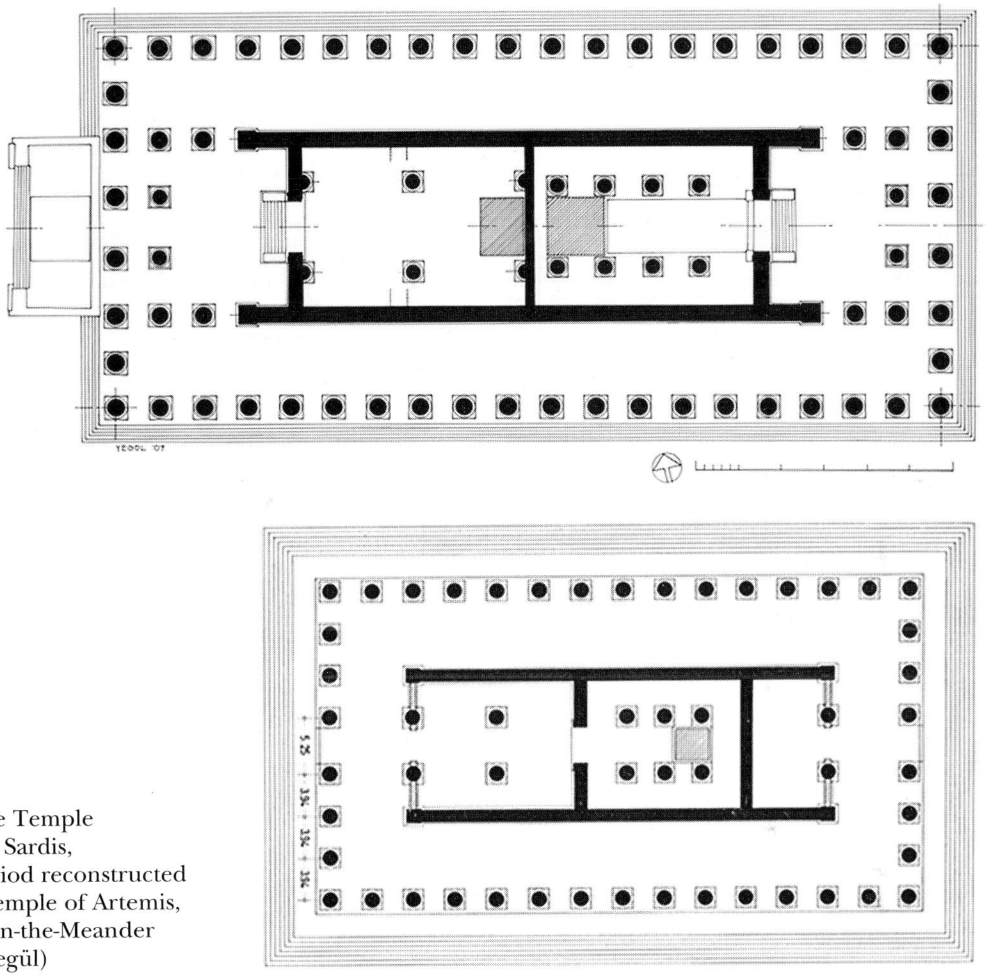

Fig. 5
Plans of the Temple of Artemis, Sardis, Roman period reconstructed (above); Temple of Artemis, Magnesia-on-the-Meander (below) (Yegül)

contractions of Sardis compared to the orthodox plan of the pseudodipteral of Hermogenes at Magnesia. Judged by its plan and technically, the Artemision of Sardis is not even a true pseudodipteros.

In a 1990-study devoted to Hermogenes, Wolfram Hoepfner proposed that the Sardis Artemision was conceived from the outset as a pseudodipteros with traditional tetrastyle-prostyle porches, predating Hermogenes by a century or more. Excavations inside the east porch in 1996 revealed undisturbed bedrock in the area where the hypothetical porch columns should have stood and failed to support this bold idea[16].

Two Different Construction Techniques

It is surprising that neither Butler nor Hanfmann, the successive directors of the first and second American excavations at Sardis, paid much attention to the clearly delineated construction techniques and details of the building. We owe it to Gruben, who as a result of a week's clandestine work at Sardis in 1960, observed two distinctively different masonry

16 Hoepfner 1990, 1–7 fig. 2.

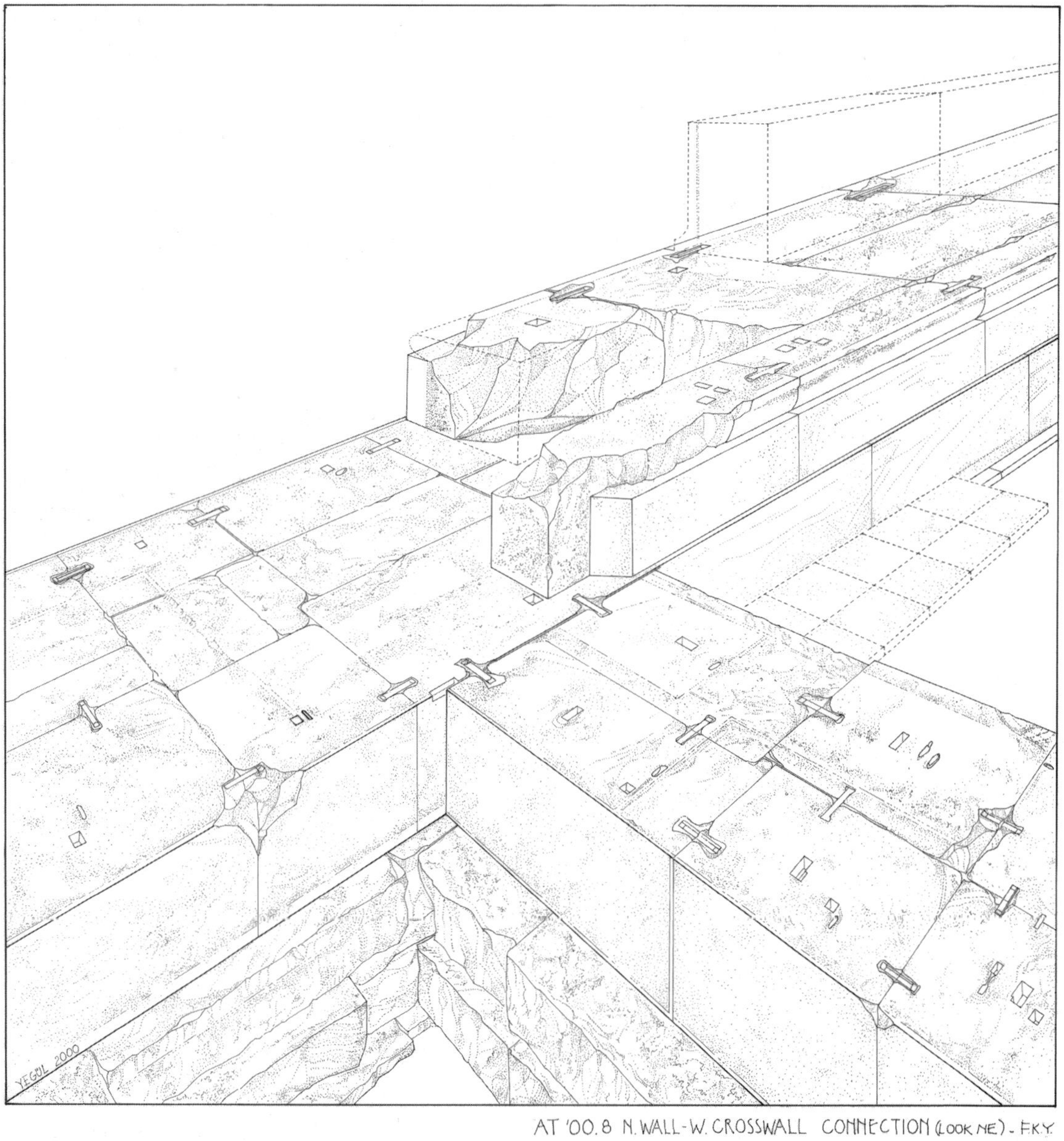

Fig. 6 Temple of Artemis, Sardis. North wall and crosswall connection showing Hellenistic and Roman construction techniques, looking northeast, perspective (Yegül)

techniques used on the walls and foundations of the temple (which he called *Technik I* and *Technik II*) and that can be assigned to the two major phases of the building: the Hellenistic and Roman imperial[17]. Our efforts since 1988 have refined these observations, offering a different explanation to some of Gruben's oversights and conclusions (*Figs. 6. 7*).

In the original, Hellenistic work marble blocks are joined to each other by simple I-shaped (or 'bar-shaped') clamps; small, square dowel holes are placed at the edges of joints and paired with "prying holes" or grooves, used for crow bar leverage in setting the blocks.

17 Gruben 1961, 160–170.

Fig. 7 Temple of Artemis, Sardis, east pronaos porch, columns in front of the south anta (columns #10, #16), showing Roman construction technique, looking east (Yegül)

Lewis holes for lifting blocks are entirely absent. Blocks are well-fitted and trimmed and have smooth surfaces. These construction methods are uniformly applied to all four major walls of the cella and all of the foundation blocks of the interior columns. It conforms to the widespread Hellenistic masonry practices of Asia Minor and is readily comparable to ashlar walls from late classical and Hellenistic temples such as the Temple of Athena Polias at Priene, the Temple of Artemis at Magnesia and the Temple of Artemis at Letoon. The second type of construction is recognized as Roman work and shows blocks with relatively uneven surfaces and rougher fit. Many reused, these blocks are generally much smaller than those of the main walls, those placed in the middle of the wall as "fill" smaller and irregular. Clamp holes appear consistently and frequently on all blocks, even the small ones, sometimes connecting a block to its neighbors on all four sides or more. Large, coarsely made 'butterfly' clamps are used for courses that are *below* the floor or stylobate level, but regular bar-clamps are the norm at or above the stylobate level. For large and small blocks lewis holes for lifting are uniformly used. This second technique of construction, signifying Roman work, is used consistently in the cross wall dividing the cella and the new west wall of the cella and all the foundations of the peristyle columns including those of the east and west porches.

Two further structural and archaeological conditions support the conclusion that the entire peristyle colonnade and the dividing wall of the present cella belonged to a single project undertaken during the Roman imperial period. First, individual marble block foundations of the peristyle columns (1.70–1.90 m deep) are connected to each other by a construction of heavy rubble set in lime mortar, a local version of the well-known Roman concrete (*opus caementicium*). In contrast, all of the major cella walls have continuous block foundations, c. 2.50–3.0 m deep, a common Hellenistic practice The nature and details of the mortared rubble construction make it clear that it was laid concurrently with the block foundations of the columns, not added "as reinforcement" against earthquake as suggested by Butler and Hanfmann. Second, only few of the foundations of the long north and south sides could carry bases or columns because their top courses were never finished. These blocks do not have the usual construction features such as clamps, dowel holes or setting marks, except for large and crude lewis holes, essential for lifting them.

Gruben's Proposal

Gruben proposed three phases[18]. The first, the early Hellenistic phase of c. 300–280 B.C. was represented by the cella and the *in antis* pair of columns of the west and east porches, three pairs in the former, only one in the latter. This phase largely conforms to our conclusions. We found archaeological evidence for the proposed *in antis* pair of columns of the east porch, the *opisthodomos*, or the frontal pair inside the west or front porch now missing. Also supported by us in its general lines is Gruben's third, or Roman phase characterized by the division of the cella and the opening of the new, east door sometime during the late Hadrianic or early Antonine period. Gruben's hypothetical second or "late Hellenistic" phase, c. 190–150 B.C., coinciding with the influence of Pergamene rule in Sardis, deviates from our finds in the field hence our beliefs. Gruben thought that the pseudodipteral arrangement of the Sardis temple was introduced at this time as a response to contemporary ideas on temple planning popularized by Hermogenes. As mentioned above, this argument carried considerable common sense to persuade (with adjustments) Hanfmann. Gruben knew that all of the unfinished columns of the east and west porches belonged to the Roman phase but supposed that their foundations had been actually laid during the late Hellenistic period upon which the Romans simply erected the columns. We believe this was misreading evidence. The critical detail is the visible use of bar-clamps on the *top* courses of some of the columns foundations, which he believed to be an exclusive Hellenistic feature (*Technik I*); but, he was mistaken. Roman construction did use bar-clamps at the floor or stylobate level. Furthermore, in order to establish an orderly proportional system for the temple based on an imaginary 20-foot interaxial module, Gruben forced himself to believe that the positions of the peripheral columns had been established as early as the hypothetical dipteros of the first phase.

Hellenistic Phase

If we were to view the Temple of Artemis of Sardis during the late Hellenistic or early Imperial era we would have been startled by its stark and uncommon appearance: an oddly elongated, tall marble box covered by a simple, hipped roof of marble tiles – no peripheral columns, just the cella. This marble box was probably raised over a low earth embankment, natural ground sloping from east to west creating a level difference of some three meters. The early altar might have stood free on the lower ground in front of the west (or front) porch of the cella and connected to it by marble steps or natural ramps or both. Softening the stark geometry of the cella and the altar, there must have been trees and planting around them and a many small votive monuments and inscriptions associated with the altar. One of these dedications was carved on a block and supported a statue of a

[18] Gruben 1961, 179–184 pl. 5.

priestess of Artemis, and it honored the goddess with the words "O, Artemis, ever preserve Sardis in concord by the prayers of Moschine, the daughter of Diphilos!"[19]

The Greco-Roman Temple

After an unusually long period of inactivity major construction must have resumed around the middle of the second century A.D. with the starting of the block column foundations of the long north and south sides and the division of the cella to create a pair of back chambers of almost equal length (east chamber 25.76 m, west chamber 25.20 m). The original west wall and probably its door were brought westward to create a new west porch exactly the same depth as the east porch (6.07 m). Since the floor of the west pronaos was c. 1.60 m lower than that of the cella, the new addition had to be raised to the level of the original cella. The blank east wall of the back (east) porch was cut open and built with a monumental door approached by stairs. A stylistic analysis of the fully modeled jamb ornament in comparison to other relevant examples of architectural ornament from Asia Minor suggests a late Hadrianic date[20]. A new image-base, preserved in its mortared rubble foundations, was constructed at the back of the new, west cella, placed against the dividing wall. Another major architectural shaping of the temple during this period, which redefined the whole concept of the ancient pseudodipteros, was the creation of the six-column tetrastyle-prostyle porches at the east and west ends probably by removing the original *in antis* columns. The prostyle porches thus created enclosed magnificent, hall-like volumes probably open to the sky because of their large spans (13.5m x 18.0 m) (*Fig. 8*).

Fig. 8
Reconstruction of the east pronaos porch of the temple (Yegül)

[19] Buckler – Robinson 1932, no. 50.

[20] Vanderput 1977; Putz 1989, 74–77; Kadıoğlu 2006, esp. nos. 240. 309. 489. 508. – See also Rumscheid 1994; Strong 1953, 118–151.

Fig. 9
Columns on pedestals, east porch (columns #11 and #12), looking south (Yegül)

The two middle pairs of columns on pedestals (#11 and #12 on the east, #53 and #54 on the west) belong to the original temple[21]. Raised on tall, unfinished pedestals they are unusual, perhaps unique, elements in all of classical architecture – and the only instance of the use of finished fluting in the temple (*Fig. 9*). These shafts and the fine Ionic capitals they once carried might have belonged to the original, Hellenistic phase of the temple, possibly reused shafts from the cella interior. The pedestals, composed of roughly hewn, reused fluted column drums, belong to Roman reconstruction. One of these capitals is now in the Metropolitan Museum of Art in New York. Impressed by their rustic outlook, Butler described the roughly-formed pedestals as "feature(s) so unusual, so foreign to anything known in the whole range of Hellenic architecture" and thought that their projecting upper parts were intended for relief sculpture comparable to the *columnae caelatae* of the Archaic and Classical Artemisions of Ephesos[22]. This may have been so; or the outward tapering blocks could have been intended to accommodate a strongly projecting crown molding for the pedestal. Viewing them as representatives of a line of aesthetics going back to Anatolia's distant past, he thought they were copies from an earlier Lydian temple on the site. Although we have found no Lydian or any other predecessors to our temple, Butler's imaginative point about the continuity of Lydian culture in Sardis is worth considering[23]. We may remember that carved on the *apophyge* of column #12 is a single line of inscription in Lydian which records a dedication to Artemis by a relative of *'Bakivas'*, perhaps the donor of the column and pedestal. If these columns belonged to the original temple dated c. 300–280 B.C. as surmised, the Lydian language and Lydian lineage still carried meaning in Croesus' old capital well into the classical period[24].

21 Gruben 1961, 181–184.

22 Butler 1922, 106–107; Butler 1925, 93–96.

23 Butler 1925, 97.

24 Butler 1922, 106; Buckler 1924, no. 21 pl. 9; Gusmani 1964, 259 no. 21. – A second Lydian inscription carved on a another astragal fragment records a dedication to Artemis by one (son of) *Srkastus*, who must have donated a similar pedestal column: Greenewalt, Jr. *et. al.* 1982, 24–25; Gusmani 1980–1981, 21–27.

An important question is how much the temple was really finished in the end – let us say by the late Roman period. We have indicated that only a few of the peristyle columns of the long south and north sides were erected. The east side, including its frontal row of eight columns, preserved *in situ,* was complete although we do not know if they carried a pediment (no trace of one was found in the field except a nineteenth century watercolor clearly shows a cornice fragment on the ground). The transition from a fully developed eight-column wide east front (with or without a pediment) to truncated sides without a columnar *pteroma,* would have looked odd and presented difficult though not insurmountable detailing problems at the roof level. None of the eight columns of the west front (with the exception of the block foundations of the southwest corner column #64) was attempted. Five of the pronoas porch columns are *in situ;* the northwest corner column (#52) is missing. Given the structural importance of this column for the construction of a proper porch, we might consider that it was built but later robbed down to its last foundation block although there is no proof of this. Regarding that the west side of the temple was its original *front,* and possibly still gave entrance to the cella which belonged to the goddess (and the east cella presumably housed the images of the imperial family), it is curious why the Roman rebuilding commenced from the east, 'back' side, and progressed substantially before much work could be done on the east, front side.

Architectural Analysis and Comparisons

The transformation of a colossal, unfinished Greek temple into a Roman pseudodipteros with back-to-back cellas, posed certain problems and produced an unorthodox architectural solution. Unlike the typical pseudodipteral temples of Asia Minor (such as the Temple of Augustus and Roma in Ankara, the Temple of Aphrodite in Aphrodisias and the Temple of Zeus in Aizane), with their simple tetrastyle internal porches and uniform double-intercolumnation wide ambulatories around the cella, the side ambulatories at Sardis are connected to triple-intercolumnation wide pronaos porches. These tall, cubical volumes circumscribed by these porches and probably open to the sky, must have created a dramatic sense of space not found in the canonical temple architecture of Hermogenes and his followers[25]. Although rooted in the history and traditions of Anatolia, the Sardis Artemision had mixed distant sources and traditions behind it that lay outside.

The deep, tetrastyle-prostyle box-like porches of Sardis find parallels in the traditional late Republican Roman temples of Italy, such as Temple of Saturn, the Temple of Apollo Palatinus, and the Temple of Portunus in the Forum Boarium all in Rome. More dramatically, we can consider the wide porch arrangement of the Temple of Mars Ultor in the Forum of Augustus. Roman temple design from its inception always emphasized the space in front of the cella with boldly projecting prostyle porches, this width sometimes equaling the width of the cella itself, a specification underlined by Vitruvius when describing the Etruscan temple (*De arch.* 4,7,1)[26]. The alleged Italian influence in the creation of an independent and spatial internal porch in Sardis can be demonstrated by comparing it to

---

25 Howe 1999, 199–200.

26 Boethius – Ward-Perkins 1970, 29–42, 51–56. 108–114. 132–133; Coarelli 1974, 279–282; Stamper 2005.

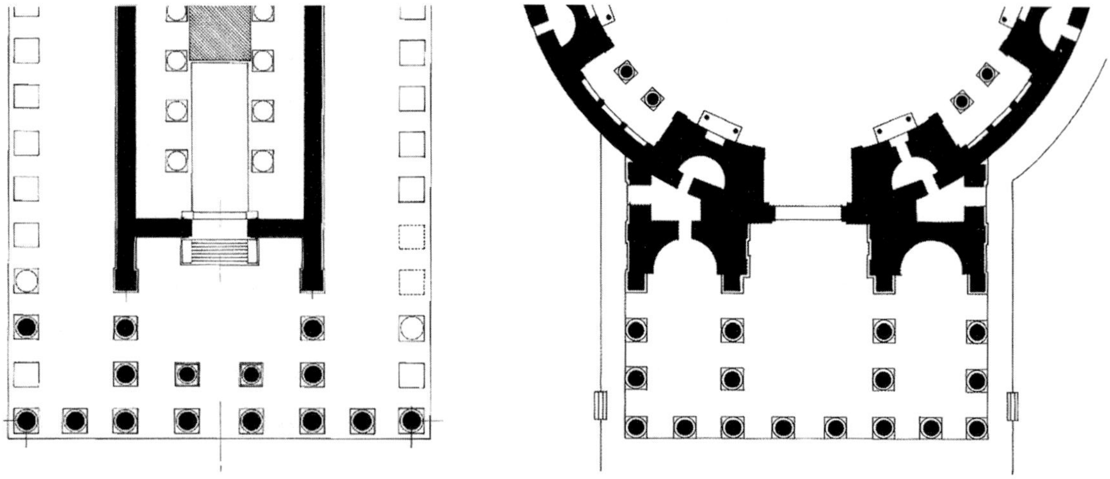

Fig. 10 Partial plans of the east porch of the Temple of Artemis, Sardis and the Pantheon porch, Rome (Yegül)

various Italian temples but particularly the Hadrianic Pantheon with its "pseudodipteral", three-aisled, porch[27]. The Pantheon, with its famous front porch grafted onto a circle, is not a pseudodipteral temple. But, Pantheon's octastyle porch, with its three-intercolumnation wide central "nave" flanked by two-intercolumnation wide "aisles", *mimics* a pseudodipteral composition (*Fig. 10*). The Hadrianic connection is further underscored by comparison of the back-to-back cella arrangement of Sardis to the original layout of the Temple of Venus and Roma in Rome[28]. All this is not to suggest that there was a direct and exclusive connection between these projects in Rome and Sardis (although there are demonstrably important architectural connections between Asia Minor and Rome under Trajan and Hadrian). There is little reason to assume the employment of an Italian architect, or a design imported from Rome that shaped the Roman rebuilding of our temple. In fact, the closest guides for the unknown architect for the Roman phase of the Sardis Artemision were already existing facts on the ground, the narrow and elongated Hellenistic cella and the restrictions placed by the topography and the position of the great altar. Still, in the expanding world of the Empire, ideas on art and architecture were exchangeable between the capital and the provinces and no period was more fertile and conducive to such porosity in intellectual and artistic borders than that defined by Hadrian.

Dating and the Imperial Cult

We have no hard dates for the extensive Roman reconstruction and reorganization of the temple. The evidence is suggestive but not precise. The colossal imperial portrait series found in or around the cella begin with Antoninus Pius and Faustina but there is

27 Ward-Perkins 1981, 133–142; MacDonald 1982, 94–118; Stamper 2005, 184–196 fig. 151.

28 Ward-Perkins 1981, 122–123; Stamper 2005, 206–212; Barattolo 1978, 397–410; Opper 2008, 126–127; Howe 1999, 204; Cassatella – Panella 1990, 52–55; Gros 1996, 178–180.

no reason why Hadrian and Sabina might not have been represented[29]. The widespread and competent use of mortared rubble construction is Roman but mortared rubble is in keeping with the middle-imperial era, but does not allow for close dating. More suggestive is the well preserved architectural ornament of the east door jamb which can be dated stylistically to the Hadrianic period. An inscription in Greek carved on the bottom fillet of one of the columns of the east colonnade (column #4) informs the visitor that its torus and plinth are made from a single block of marble and proudly declares that "of all the columns I was the first to rise" – an intriguing example of *l'architecture parlante* from the classical world. Based on letter forms and epigraphic style a tentative date around A.D. 120–140 has been suggested by the late Peter Hermann and supported by circumstantial considerations[30]. Hadrian traveled widely in Asia Minor and several temples were granted to him "as god," such as the massive pseudodipteros at Cyzicus and the temples at Ephesos and Sagalassos. He probably included Sardis in his visit to Phyrigia and Lydia in A.D. 123/24 as suggested by the discovery of a statue base in Sardis dedicated to the traveling emperor[31] Sardis may already have had its first *neokorate* honor (the privilege of possessing a provincial temple to the cult of the Roman emperor) by Hadrian's hypothetical visit to the city and may have received a second *neokorate* on that occasion (multiple honors were not unusual for major cities); if not the honor would have been long overdue[32]. This, of course, would have been the occasion for the transformation of the temple as a center of the Imperial cult and furnish an explanation for the 'Italification' of its design and its identification as a transitional building between Greece and Rome.

---

29 For the colossal heads from the temple: Hanfmann – Ramage 1978, no. 79 figs. 196. 197; no.102 figs. 223. 224; no. 251 fig. 434; no. 252 fig. 435. See also Greenewalt, Jr. – Rautmann 2000, 675–676 fig. 32. – For Roman Imperial cult and the use of colossal cult images as *agalma*: Burrell 2004, 317–321; Price 1984, 193–195.

30 The Hadrianic date has been suggested by P. Herrmann (and more recently also by G. Pelz), who in one particular detail provided a different translation of the inscription than the one given by Buckler – Robinson 1932, no. 181. 144. Herrmann questioned the interpretation of the word *anistemi* as "to rise again", which infers a rebuilding (of an already existing row of columns in this instance), preferring simply "to rise".

31 Bowersock 1969, 121–123; Birley 1997, 159. 168; Weiss 1995, 213–214.

32 Burrell 2004, 100–115, esp. 103–106.

Bibliography

Akurgal 1978 E. Akurgal, Ancient Civilizations and Ruins of Turkey (Istanbul 1978)

Atkinson 1972 K. T. C. Atkinson, A Hellenistic Land Conveyance, Historia 21, 1972, 45–74

Baratollo 1978 A. Baratollo, Il Tempio di Venere e Roma. Un Tempio 'Greco' nell'urbe, RM 85, 1978, 397–410

Birley 1997 A. R. Birley, Hadrian, the Restless Emperor (London 1997)

Boethius – Ward-Perkins 1970 A. Boethius – J. B. Ward-Perkins, Etruscan and Roman Architecture (Baltimore 1970)

Bowersock 1969 G. W. Bowersock, Greek Sophists in the Roman Empire (Oxford 1969)

Buckler 1924 W. H. Buckler, Sardis VI. Lydian Inscriptions 2 (Leiden 1924)

Buckler – Robinson 1912 W. H. Buckler – D. M. Robinson, Greek Inscriptions from Sardis, AJA 16, 1912, 15–84

Buckler – Robinson 1932 W. H. Buckler – D. M. Robinson, Sardis VII. Greek and Latin Inscriptions 1 (Leiden 1932)

Burrell 2004 B. Burrell, Neokoroi: Greek Cities and Roman Emperors (Leiden 2004)

Butler 1922 H. C. Butler, Sardis I. The Excavations, Part 1:1910–1914 (Leiden 1922)

Butler 1925 H. C. Butler, Sardis II. Architecture, Part 1: The Temple of Artemis (Leiden 1925)

Cassatella – Panella 1990 A. Cassatella – S. Panella, Restituzione dell'impianto adrianeo del Tempio di Venere e Roma, Archeologia Laziale 10, 1990, 52–55

Coarelli 1974 F. Coarelli, Guida archeologica di Roma (Rome 1974)

Franke 1961 P. R. Franke, Inschriftliche und numismatische Zeugnisse für die Chronologie des Artemis-Tempels zu Sardes, AM 76, 1961, 196–208

Greenewalt, Jr *et al.* 1982 C. H. Greenewalt Jr. – E. L. Sterud – D. F. Belknap, The Sardis Campaign of 1978, BASOR 245, 1982, 1–34

Greenwalt, Jr. *et al.* 2003 C. H. Greenewalt, Jr. – N. D. Cahill – P. Stinson – F. K. Yegül (eds.), The City of Sardis, Approaches in Graphic Recording (Cambridge/Mass. 2003)

Greenwalt, Jr. – Rautmann 2000 C. H. Greenewalt Jr. – M. Rautmann, The Sardis Campaigns of 1996, 1997 and 1998, AJA 104, 2000, 643–81

Gros 1996 P. Gros, L'Architecture romaine 1: Les monuments publics (Paris 1996)

Gruben 1961 G. Gruben, Beobachtungen zum Artemis-Tempel von Sardes, AM 76, 1961, 155–96

Gusmani 1964 R. Gusmani, Lydisches Wörterbuch (Heidelberg 1964)

Gusmani 1980-81 R. Gusmani, Note d'Antroponomastica Lidia, Incontri Linguistici 6, 1980–81, 21–7

Hanfmann – Waldbaum 1975 G. M. A. Hanfmann – J. C. Waldbaum, A Survey of Sardis and the Major Monuments outside the City Walls. Report 1 (Cambridge/Mass. 1975)

Hanfmann 1987 G. M. A. Hanfmann, The Sacrilege Inscription: The Ethnic, Linguistic, Social and Religious Situation at Sardis at the End of the Persian Era, BAsInst 1, 1987, 1–8

Hanfmann – Ramage 1978 G. M. A. Hanfmann – N. H. Ramage, Sculpture from Sardis; The Finds through 1975. Report 2 (Cambridge/Mass. 1978)

Hoepfner 1990 W. Hoepfner, Bauten and Bedeutung des Hermogenes, in: W. Hoepfner – E.-L. Schwandner (eds.), Hermogenes und die hochhellenistische Architektur. Internationales Kolloquium in Berlin vom 28. bis 29. Juli 1988 im Rahmen des XIII. Internationalen Kongresses für Klassische Archäologie veranstaltet vom Architekturreferat des DAI (Mainz 1990) 1–34

Howe 1999	T. N. Howe, The Toichobate Curvature of the Artemis Temple at Sardis and the End of the Late Hellenistic Temple Design, in: L. Haselberger (ed.), Appearance and Essence. Refinements of Classical Architecture: Curvature. Proceedings of the Second Williams Symposium on Classical Architecture held at the University of Pennsylvania, Philadelphia, April 2–4, 1993 (Philadelphia 1999) 199–210
Hutton 1927	C. A. Hutton, The Travelers of 'Palmyra' Wood in 1750–51, JHS 47, 1927, 102–28
Kadıoğlu 2006	M. Kadıoğlu, Die Scaenae Frons des Theaters von Nysa am Maeander. Forschungen in Nysa am Maeander 1 (Mainz 2006)
Knibbe 1961-63	D. Knibbe, Ein religiöser Frevel und seine Sühne: Ein Todesurteil hellenistischer Zeit aus Ephesos, ÖJh 46, 1961–63, 175–82
Leake 1824	W. M. Leake, Journal of a Tour in Asia Minor (London 1824)
Macurdy 1932	G. H. Macurdy, Hellenistic Queens: A Study of Woman-Power in Macedonia, Seleucid Syria and Ptolemaic Egypt (Baltimore 1932)
Opper 2008	T. Opper, Hadrian, Empire and Conflict (Cambridge/Mass. 2008)
Price 1984	S. Price, Rituals and Power: Roman Imperial Cult in Asia Minor (Cambridge 1984)
Putz 1989	S. Putz, Untersuchungen zur kaiserzeitlichen Bauornamentik von Didyma, IstMitt Beih. 35 (Tübingen 1989)
Rumscheid 1994	F. Rumscheid, Untersuchungen zur kleinasiatischen Bauornamentik des Hellenismus. Beiträge zur Erschließung hellenistischer und kaiserzeitlicher Skulptur und Architektur 14, 2 vols. (Mainz 1994)
Rüpke 2007	J. Rüpke, Religion of the Romans (Cambridge 2007)
Scott 2001	J. A. Scott, Ruins and Landscapes from Sardis to Stowe: The Work of Giovanni Battista Borra, in: P. and J. Starkey (eds.), Unfolding the Orient: Travelers in Egypt and the Near East (Reading 2001) 143–155
Seyrig 1963	H. Seyrig, Monnaies Hellenistiques, RNum 6.5, 1963, 7–63
Sokolowski 1965	F. Sokolowski, A New Testimony for the Cult of Artemis at Ephesos, HarvTheolR 58, 1965, 427–431
Stamper 2005	J. W. Stamper, The Architecture of Roman Temples (Cambridge 2005)
Strong 1953	D. Strong, Late Hadrianic Architectural Ornament in Rome, BSR 8, 1953, 118–151, pls. 30–37
Vanderput 1997	L. Vanderput, Architectural Decoration in Roman Asia Minor. Sagalassos: A Case Study, Studies in Eastern Mediterranean Archaeology 1 (Leuven 1997)
Ward-Perkins 1981	J. B. Ward-Perkins, Roman Imperial Architecture (New York 1981)
Weiss 1995	P. Weiss, Hadrian in Lydien, Chiron 25, 1995, 213–224
Yegül 2003	F. K. Yegül, Sketch of the Artemis Temple at Sardis, in: Greenwalt, Jr. *et al.* 2003, 34–35
Yegül 2010	F. K. Yegül, Sardeis Artemis Tapınağı/The Temple of Artemis at Sardis, in: N. D. Cahill (ed.), Lidyalılar ve Dünyaları – The Lydians and their World (Istanbul 2010) 363–388

T. Schulz (Hrsg.), *Dipteros und Pseudodipteros. Bauhistorische und archäologische Forschungen*, BYZAS 12 (2012) 113-121

Neue Erkenntnisse am Tempel der Artemis Leukophryene in Magnesia

Orhan BİNGÖL

Zusammenfassung

Die Ausgrabungen der letzten 25 Jahre in Magnesia haben zahlreiche neue Erkenntnisse zur Topographie der Stadt erbracht. So wurden außer dem Artemistempel auch die den Tempel umgebenden Hallen, das Propylon der Agora, das Stadion und das sog. Theatron untersucht. Die dabei erzielten Ergebnisse betreffen nicht nur die Archtektur, sondern auch den Kult der Artemis. Neue Untersuchungen der Bauglieder des Tempels konnten die Verteilung der Kapitelle am Bau klären. Der Vergleich mit den Kapitellen des Propylons und der Hallen lässt die Chronologie dieser Bauten in neuem Licht erscheinen.

Magnesia am Mäander verdankt seinen Ruhm sowohl in der Antike als auch in der Neuzeit dem Architekten Hermogenes[1]. In seinem dritten Buch nennt Vitruv (3, 2, 6) Hermogenes als Erfinder des Tempeltypus „Pseudodipteros", den er erstmalig im Artemision von Magnesia verwirklicht haben soll. Dies war der Anlass, die Stadt zu suchen und zu erforschen. Unser Wissen über das Artemision und den Tempel reicht etwa 200 Jahre zurück. Leake, Trémaux, Rochette und Texier mit Clerget waren die ersten, die im 19. Jahrhundert den Tempel und das Heiligtum erforscht und dokumentiert haben[2]. Gegen Ende des Jahrhunderts hat Humann zwischen 1891–93 zusammen mit Kohte und Kern die ersten Grabungen in Magnesia durchgeführt[3].

Im 20. Jahrhundert, bis vor 25 Jahren, war man auf die Publikationen dieser Forscher oder die Bauteile in den Museen angewiesen, um sich von Hermogenes und seinen Bauten ein Bild machen zu können[4]. Ausgehend von diesen Publikationen und dem

---

1 Hoepfner 1990.

2 Leake 1824; Trémaux 1874; Raoul-Rochette 1845; Texier 1849, 33–112.

3 Humann u. a. 1904.

4 Für die Literatur s. Hoepfner 1990.

vorhandenen Material wurden neue Theorien entwickelt, Fragen gestellt und vieles erneut interpretiert[5].

Magnesia war dagegen verlassen und vergessen. Obwohl eine von Einheimischen und Touristen sehr befahrene Landstraße das Artemision zweiteilte, machte kaum jemand dort Halt und niemand stieg aus dem Auto aus, um zu sehen, worum es sich bei den Ruinen überhaupt handelte. Einöde und Einsamkeit herrschten in Magnesia. 90 Jahre nach den Ausgrabungen von Humann war dies die Situation in dieser berühmten und bedeutenden antiken Stadt. Der geschilderte Zustand verdeutlicht ausreichend, dass sowohl wissenschaftliche als auch denkmalpflegerische Bedürfnisse einen Neuanfang zur Rettung von Magnesia erforderten. Dafür hat mir das türkische Kultus-Ministerium auf mein Ersuchen 1986 eine neue Grabungsgenehmigung erteilt[6]. Die darauf folgenden Ausgrabungen der letzten 25 Jahren haben unsere Kenntnis über Magnesia in zweierlei Hinsicht bereichert. Einerseits haben wir durch die breite Palette von Kleinfunden bis zu neu entdeckten Bauten viel hinzugelernt, andererseits haben wir auch die Gelegenheit erhalten, durch die Wiederentdeckung der bekannten und berühmten Bauten Magnesias das bisherige Wissen zu überprüfen bzw. zu ergänzen und auch neue Hypothesen aufzustellen[7].

Die Stadt hat nicht nur den Tempel der Artemis, sondern darüber hinaus noch unendlich viel Neues zu bieten, das unsere Kenntnis der antiken Stadt in vielen Punkten wesentlich erweitern wird. Deswegen standen lange andere Baukomplexe im Zentrum unseres Interesses. Zunächst widmeten wir uns der Erforschung des sog. Theatron[8]. Als wir in Magnesia mit den Ausgrabungen begannen, rechneten wir nicht damit, dass wir uns mit dem Theatron fast 20 Jahre lang beschäftigen würden. Durch diese Arbeiten hat Magnesia jedoch meiner Meinung nach einen für die Baugeschichte des Altertums wichtigen Bau gewonnen.

Einen neuen Schwerpunkt bildet die Untersuchung des Stadions, ein dreijähriges Projekt der Türkischen Forschungsgemeinschaft (TÜBITAK)[9]. Es ist z. Zt. das wichtigste und umfangreichste Unternehmen in Magnesia.

Dazwischen fanden die Forschungen hauptsächlich im Artemision statt. In den vergangenen 15 Jahren wurden im Artemision das Propylon, die Süd- und Nordhallen und die Westseite des Tempels weitgehend freigelegt. Die berühmten Baureste von Magnesia, nämlich Artemistempel, Altar und das Propylon der Agora sind nach dem Verfall der Stadt zum ersten Mal durch Ausgrabungen wieder vereinigt. Zwischen dem Altar und dem Propylon wurden drei neue Anlagen entdeckt und interpretiert: *„der Platz für Opfertiere“*, *„heilige Quelle“* und *„Versammlungsplatz“*[10].

---

[5] Hoepfner 1990.

[6] Die Ausgrabungen in Magnesia in den Jahren 1984 und 1985 wurden unter dem Direktorat des archäologischen Museum von Aydın und unter meiner wissenschaftlichen Aufsicht durchgeführt.

[7] Bingöl 2007a.

[8] Bingöl 2005.

[9] Bingöl 2008a; Bingöl u. a. 2010.

[10] Bingöl 2007a.

Obwohl der Hauptzweck der Ausgrabungen, nämlich der Tempel der Artemis, immer noch als eine Ruine liegt, begreift man gleich, dass sich die meisten der erforschten Bauten und Anlagen in Magnesia auf den Kult der Artemis Leukophryene beziehen. So ist z. B. das Stadion eine dieser Anlagen. O. Kern hatte schon am Ende des 19. Jh. die politische und kulturelle Bedeutung des Stadions erkannt[11]. Er brachte das Stadion mit dem Fest der Artemis, den Leukophryena, in Zusammenhang und vermutete, dass ein Teil der gymnischen und hippischen Agone, die ein fester Bestandteil dieses Festes waren, im Stadion veranstaltet wurden. Diese These fand jetzt ihre Bestätigung durch die Entdekkung der Reliefs an der Wand des Podiums im Stadion. Auf diesen Reliefs sind offenbar die Preise für die Sieger bei den Agonen dargestellt. Die Entdeckung dieser Reliefs am Stadion hat zugleich unsere Vermutung bestätigt, dass die Tabulae an der Podiumwand des Theatrons ebenfalls für Reliefs bestimmt gewesen waren. Auf diesen Tabulae wären vermutlich die Reliefs von Siegespreisen für musische Agone angebracht worden, wenn der Bau fertig gestellt gewesen wäre. Dadurch haben wir einen zweiten Bau, der mit dem Artemiskult in Verbindung steht: das Theatron. Es braucht nicht betont zu werden, dass die neu entdeckten Anlagen wie *„der Platz für Opfertiere"*, die *„heilige Quelle"* und der *„Versammlungsplatz"* mit dem Kult der Artemis in Verbindung standen.

Wenden wir uns jetzt dem Artemistempel selbst zu. Jedes Jahr von neuem wird versucht, ihn von Unkraut zu befreien. Die Ruine des Tempels wurde mit Digital-Scanner dokumentiert. Der Zweck ist, den heutigen Zustand präzis festzuhalten. Das darf als ein Versprechen gelten, dass wir bald mit der Ausräumung der Cella anfangen werden.

Die Ausgrabungen beim Tempel setzten zuerst an der Westfront ein, deren Bauglieder erstmals seit Texier und Humann wieder freigelegt wurden[12] (*Abb. 1*). Die Bauglieder des Westgiebels wurden dokumentiert, einzeln restauriert und der Giebel als Architekturprobe wiederaufgebaut. Die technischen Einzelheiten des Giebels sind im Rahmen einer Doktorarbeit untersucht worden[13] (*Abb. 2*). Es hat sich bei der Wiederaufrichtung herausgestellt, dass die Türöffnungen im Giebel wahrscheinlich mindestens zeitweise abgedeckt werden konnten. Dieser Befund könnte einerseits als Gegenargument gegen meine Epiphanie-Theorie dienen[14]. Andererseits zeigt eine neue Visualisierung meiner Theorie eindeutig, dass das Mondlicht direkt auf die Kultstatue fiel[15].

Bei der Bearbeitung des Westgiebels stellte sich auch heraus, dass sich einige der am Ende der Siebzigerjahre freigelegten Bauglieder des Ostgiebels von denen des Westgiebels in der Ausführung des ionischen Kymations unterscheiden. Es wurde beschlossen, an der Ostseite des Tempels erneut Ausgrabungen zu beginnen, um festzustellen, ob dieser Unterschied auf den unterschiedlichen Erhaltungszustand zurückzuführen ist oder ob noch weitere Unterschiede unter den Baugliedern der beiden Giebel bestehen. Dieses

[11] Kern 1900, 214 (Register) Inschriften Nr. 243–246.

[12] Bingöl 2007b.

[13] Demirtaş 2006.

[14] Bingöl 1999.

[15] Für die Visualisierung bedanke ich mich herzlich bei Diane Favro aus U.C.L.A.

Abb. 1
Fundlage der Bauglieder der Westfront nach der ersten Freilegung seit Texier und Humann

Abb. 2
Die Aufsicht des wiedererrichteten Westgiebels mit technischen Ausführungen wie Klammer- und Dübellöchern

Unternehmen konnte leider wegen der dort verlaufenden Hauptstraße von Ortaklar-Söke nicht abgeschlossen werden.

Die Bearbeitung der Bauglieder des Artemistempels hat außerdem gezeigt, dass ein einziges Beispiel eines Typus eines Bauglieds nicht ausreicht, um zu einem exakten Ergebnis zu gelangen und dieses auf die anderen Bauglieder desselben Typus zu übertragen und zu verallgemeinern. Für übergreifende Fragestellungen – wie nach dem spezifischen Stil des Hermogenes – benötigen wir mehrere Exemplare von jedem Typus eines Bauglieds.

So können z. B. die neu angefertigten Profile oder gewonnenen Maße einiger weniger Basen nichts Neues beitragen[16]. Sie können weder einzeln interpretiert noch verallgemeinert werden. Anders ist es bei den Kapitellen. Da in Magnesia 27 Kapitelle des Tempels erhalten sind, besteht die Möglichkeit, aufgrund der typologischen Eigenschaften, z. B. der Polster, zu aussagekräftigen Ergebnissen zu gelangen.

Wie ich bereits an anderer Stelle gezeigt habe[17], wurden die Kapitelle der Westfront auf diese Fragestellung hin untersucht[18]. Fünf Kapitelle dieser Seite wurden wieder entdeckt: das südwestliche Eckkapitell, das zweite, das fünfte, das siebte und das nordwestliche Eckkapitell. Die Fundlage dieser Kapitelle ermöglichte uns, die Anordnung der Polstertypen zu bestimmen. Die Anordnung der übrigen Kapitelle der Westfront ist nach einer Skizze im Pergamonmuseum in Berlin von unbekannter Abstammung festzulegen (wiederum das südwestliche Eckkapitell sowie das vierte, das fünfte und das sechste Kapitell)[19]. Das Istanbuler Kapitell könnte das dritte von Süden gewesen sein. Stellt man alle diese Kapitelle zusammen, dann ergeben sich 9 Kapitelle, da eines von diesen anscheinend halbiert worden ist. Die beiden Teile wurden digital in Photoshop wieder vereinigt[20]. Die Polster der Westfront des Tempels waren erwartungsgemäß spiegelbildlich angeordnet. Sie sind entweder mit Schilf- oder mit Akanthusblättern verziert. Am Balteus fanden Lorbeer oder Flechtband Verwendung. Nach dem Vergleich dieser Polstertypen mit den Kapitellen der Bauten, die dem Hermogenes am nächsten stehen, nämlich des Zeustempels, des Altars und der Oststoa der Agora, stellte sich heraus, dass die Polstertypen beim Propylon mit den Polstern der Kapitelle der Westseite des Artemis-Tempels fast gleich sind (*Abb. 3* und *4*). Die Feststellung der typologischen Verwandtschaft hat die Frage nach der stilistischen Verwandtschaft zur Folge. Stellt man die Typen von Tempel und Propylon nebeneinander, so sieht man, dass sie nicht nur typologisch gleich sind, sondern auch verblüffende stilistische Ähnlichkeiten aufweisen.

Die Frühdatierung des Artemistempels stammt von O. Kern, der anhand seiner Untersuchungen zu den Inschriften von Magnesia den Bau zwischen 220–205 v. Chr. ansetzt[21]. Dieser Frühdatierung setzte A. v. Gerkan eine Spätdatierung entgegen, die sich auf

16 An dieser Stelle sei Aytaç Coşkun herzlich gedankt.

17 Bingöl 2008.

18 Bingöl 2007b.

19 Bingöl 2007b.

20 Bingöl 2007b, Abb. 6.

21 Kern 1900

Abb. 3
Polsterseite eines der Kapitelle des Artemistempels

Abb. 4
Polsterseite eines der Kapitelle des Propylon

stilistische Kriterien stützt, aufgrund derer der Tempel zwischen 160–130 v. Chr. datiert werden sollte [22]. An dieser Stelle sollte man auf die übersichtliche Zusammenstellung der verschiedenen Forschungsmeinungen durch F. Rumscheid verweisen, der den Baubeginn um 200 v. Chr., die Fertigstellung im 3. Viertel des 2. Jhs. datiert[23].

Die bereits von verschiedenen Seiten geäußerte Hypothese, dass das Propylon nicht früher als in augusteischer Zeit entstanden sein kann[24], wurde in einer kürzlich fertig gestellten Dissertation zweifelsfrei bestätigt[25]. Die Osthalle der Agora wurde demnach gleichzeitig mit dem Propylon gebaut. Nach den letzten Ausgrabungen und deren Ergebnissen gehören die Nord- und Südhallen des Artemision in das 1. Jh. n. Chr. Dafür zeugt auch eine neu entdeckte, doppelseitige, 3.12 m hohe Inschrift aus der augusteischen Zeit mit

22 Gerkan 1929, 24–35; vgl. auch ders., AA 1923/24, 343–348.

23 Rumscheid 1994, 25–27 und 213.

24 Bammer 1972; Alzinger 1974.

25 Kökdemir 2009.

Abb. 5
Die Blöcke der Schrägsima des Westgiebels

den Namen der Sponsoren, die die Säulen und Gebälke der Hallen des Artemision gestiftet haben[26].

Versucht man die typologischen und stilistischen Ähnlichkeiten der Polster zu interpretieren, muss man entweder annehmen, dass die Kapitelle des Propylon hellenistisch sind wie die des Tempels, oder aber umgekehrt, die Kapitelle des Tempels augusteisch wie die des Propylon. Oder aber man muss nach der Zeitspanne zwischen diesen beiden Bauten fragen. Wie groß war diese Zeitspanne? Anscheinend haben wir jetzt ein wichtiges Kriterium dafür, dass diese Zeitspanne relativ kurz war. Von diesen Überlegungen ausgehend möchte ich zum Schluss vorschlagen, für die Lösung dieser Frage nach anderen, neuen Kriterien zu suchen, die weder typologischer noch stilistischer Art sind. Dabei sollte die handwerklich-technische Ausführung der einzelnen Bauglieder stärker berücksichtigt werden[27]. Die technischen Einzelheiten im Zusammenhang mit der baulichen Ausführungsweise machen es plausibel, die Fertigstellung des Tempels zeitlich später zu datieren. Dieser neue Datierungsvorschlag kann an folgendem Beispiel verdeutlicht werden. Auf den Schrägsimen des Westgiebels befinden sich Buchstaben, die als Versatzmarken die Reihenfolge der Bauglieder anzeigen (*Abb. 5*). Unter diesen befinden sich zwei Simen, die jeweils mit einem A mit geknickter Haste gekennzeichnet sind (*Abb. 6* und *7*). Aus paläographischen Gründen kann dieser Typus des Alpha mit geknickter Haste in das 1. Jh. vor oder das 1. Jh. nach Chr. datiert werden[28].

---

26 Neufund des Jahres 2008.

27 Bingöl 2008.

28 Marek 2006.

Abb. 6 A mit geknickter Haste auf einem Simablock des Westgiebels

Abb. 7 A mit geknickter Haste auf einem anderen Simablock des Westgiebels

„Epiphanie, Tempelneubau und Wettspiele". Diese drei Begriffe kennzeichnen die bauliche Entwicklung in Magnesia vom 1. Jh. v. Chr bis 1. Jh. n. Chr – eine Zeit in der Kult und Agone auf ihrem Höhepunkt stehen. In diesem Zeitraum wurden die Artemisionhallen, das Propylon und die Agora für den Kult, das Theatron für musische und das Stadion für gymnische und hippische Agone – allesamt aus Marmor – errichtet. Als man mit dem Bau der genannten Anlagen begann, war der Tempel wahrscheinlich gerade fertig gestellt worden. Die Arbeiten am Tempel müssen jedenfalls vor 25/23 v. Chr. abgeschlossen gewesen sein, so dass Vitruv den Tempel in seinem Buch erwähnen konnte.

Literaturverzeichnis

Alzinger 1974	W. Alzinger, Augusteische Architektur in Ephesos (Wien 1974)
Bammer 1972	A. Bammer, Die Architektur des jüngeren Artemision von Ephesos (Wiesbaden 1972)
Bingöl 1999	O. Bingöl, Epiphanie an den Artemistempeln von Ephesos und Magnesia am Mäander, in: H. Friesinger – F. Krinzinger (Hrsg.), 100 Jahre Österreichische Forschungen in Ephesos. Akten des Symposion Wien 1995 (Wien 1999) 233–240
Bingöl 2005	O. Bingöl, Theatron. Magnesia on the Meander (English) – THEATRON. Menderes Magnesiası (Türkçe). Magnesia ad Maeandrum Monografileri 1 (Istanbul 2005)
Bingöl 2007a	O. Bingöl, Magnesia ad Maeandrum – Magnesia am Mäander (Istanbul 2007)
Bingöl 2007b	O. Bingöl, Die Westseite des Artemistempels von Magnesia, in: E. Öztepe – M. Kadıoğlu, Patronus. Coşkun Özgünel'e 65. Yaş Armağanı = Festschrift für Coşkun Özgünel zum 65. Geburtstag (Istanbul 2007) 113–118.
Bingöl 2008a	O. Bingöl, Das Stadion von Magnesia am Mäander, in: H. Börn – N. Ehrhardt – J. Wiesehöfer (Hrsg.), *Monumentum et instrumentum inscriptum.* Festschrıft für Peter Weiß zum 65. Geburtstag (Stuttgart 2008) 21–30
Bingöl 2008b	O. Bingöl, Innovationen und Impulse von und durch Hermogenes, in: F. Pirson – U.Wulf-Rheidt (Hrsg.), Austausch & Inspiritation. Kulturkontakt als Impuls architektonischer Innovation, DiskAB 9 (Berlin 2008) 107–112
Bingöl u. a. 2010	O. Bingöl – G. Kökdemir – M. Oral, Menderes Magnesiası Stadion Kazıları (2004, 2007, 2008), Anadolu/Anatolia 34, 2008 (2010), 101–123
Demirtaş 2006	M. Baki Demirtaş, Magnesia Artemis Tapınağı'nın Teknik ve İşçilik Özellikleri (Ungedruckte Diss. Universität Ankara 2006)
Gerkan 1929	A. von Gerkan, Der Altar des Artemis-Tempels in Magnesia am Mäander (Berlin 1929) 24–35 (Vgl. auch AA 1923/24, 343–348)
Hoepfner 1990	W. Hoepfner (Hrsg.), Hermogenes und die hochhellenistische Architektur. Internationales Kolloquium in Berlin vom 28. bis 29. Juli 1988 im Rahmen des 13. Internationalen Kongresses für Klassische Archäologie (Berlin 1990)
Humann u. a. 1904	C. Humann – J. Kohte – C. Watzinger, Magnesia am Mäander (Berlin 1904)
Kern 1900	O. Kern, Die Inschriften von Magnesia (Berlin 1900)
Kohte 1904	J. Kohte, Magnesia am Mäander (Berlin 1904)
Leake 1824	W. M. Leake, Journal of a Tour in Asia Minor (London 1824)
Kökdemir 2009	G. Kökdemir, Menderes Magnesiası-Propylon (Ungedruckte Diss. Universität Ankara 2009)
Marek 2006	C. Marek, Die Inschriften von Kaunos, Vestigia 55, 2006, 109–118
Raoul-Rochette 1845	D. Raoul-Rochette, Considérations archéolgiques et architectoniques sur le temple de Diane Leucophryne récemment découvert à Magnésie du Méandre (Paris 1845)
Rumscheid 1994	F. Rumscheid, Untersuchungen zur kleinasiatischen Bauornamentik des Hellenismus (Mainz 1994)
Texier 1849	Ch. Texier, Description de l'Asie Mineure 3 (Paris 1849)
Trémaux 1874	P. Trémaux, Exploration archéologique en Asie Mineure, comprenant les restes non connus de plus de quarante cités antiques (Paris 1874)

T. Schulz (Hrsg.), Dipteros und Pseudodipteros. Bauhistorische und archäologische Forschungen, BYZAS 12 (2012) 123-135

Zur *ratio* des hermogenischen Pseudodipteros: Die Säulenhöhe des Artemistempels in Magnesia*

Lothar HASELBERGER

Zusammenfassung

Das einzige Bauwerk des Hermogenes, das uns in seiner Bausubstanz sicher greifbar blieb, ist der pseudodipterale Artemistempel von Magnesia. Für ein Schlüsselmaß seiner Säulenstellung, die Säulenhöhe, mußte man sich bisher jedoch mit einem geschätzten Maß (ca. 13.10 m) begnügen, da der Baubefund der vollständig niedergestürzten Ruine bereits vor gut hundert Jahren keine Maßbestimmung mehr zuließ. Eine am Ort vorgenommene Höhenbestimmung von J.-J. Clerget aus den 1840er Jahren war wohl im Ergebnis bekannt (12.40 m), doch fehlten genauere Angaben über die Umstände seiner Messungen. Bekannt war außerdem, daß der in Paris verwahrte Nachlaß Clergets hinsichtlich der Säulenhöhe bereits ergebnislos geprüft worden war. Eine erneute Überprüfung dieses Nachlasses vermag nun jedoch zu zeigen, daß Clerget unter den denkbar günstigsten Voraussetzungen

* Thekla Schulz habe ich sehr dafür zu danken, durch ihre Einladung zum Kolloquium mir den Anstoß zur Wiederaufnahme früherer Überlegungen gegeben zu haben. Annie Jacques (INHA Paris) gewährte mir uneingeschränkten Zugang zu den Sammlungen der École des Beaux-Arts, wofür ihr besonders gedankt sei. Volker Kästner stellte mir freundlicherweise das Meßergebnis der im Pergamonmuseum wiedererrichteten Säulen des Artemistempels zur Verfügung; mit Fikret Yegül konnte ich brieflich die Datierung des Artemistempels von Sardis diskutieren; mit Orhan Bingöl stehe ich in freundschaftlichem Briefaustausch zu Magnesia; B. Wesenberg ist immer wieder gerne bereit, unsere Diskussion zur Definitionsfrage des unteren Säulendurchmessers fortzuführen. Hansgeorg Bankel danke ich für kritisch-anregende Diskussion metrologischer Fragen des Artemistempels, vor allem aber für die Zusage, die Baumaße des Tempels durch eine metrologische Tabelle zu prüfen. Das hier Vorgelegte versteht sich als ein zusammenfassender Ausblick.

An besonderen Abkürzungen werden hier verwendet:

Magnesia	C. Humann u.a., Magnesia am Mäander (Berlin 1904)
Hermogenes	W. Hoepfner – E. L. Schwandner, Hermogenes und die hochhellenistische Architektur. Internationales Kolloquium in Berlin vom 28. bis 29. Juli 1988, im Rahmen des XIII. Internationalen Kongresses für Klassische Archäologie (Mainz 1990)
Gruben 1966	G. Gruben, Die Tempel der Griechen 1 (München 1966)
Gruben 2001	G. Gruben, Griechische Tempel und Heiligtümer (München 2001)
Antiquities of Ionia	Society of Dilettanti (Hrsg.), Antiquities of Ionia V (London 1915)
Monuments antiques	H. d'Espouy – G. Seure (Hrsg.), Monuments antiques I (Paris ca. 1910)

gearbeitet hat. Viele Säulen des Tempels, darunter sämtliche der Frontseite, lagen damals noch in nahezu ungestörter Sturzlage am Boden. Und nach bisher unbeachteten Feldnotizen hat Clerget seine Messungen an einer gestürzten Säule Trommel für Trommel in lückenloser Folge mit der Genauigkeit von Zentimeterbruchteilen vorgenommen. Sein Ergebnis darf als vollständig zuverlässig gelten, – gibt allerdings eine ganze Reihe von neuen Fragen zum Tempelentwurf auf, die hier nur umrissen werden können. Worin lag Hermogenes' gerühmte Leistung im Hinblick auf den Pseudodipteros?

Der Tempel der Artemis Leukophryene in Magnesia ist durch Vitruv als ein rühmenswertes Werk des Hermogenes bezeugt: Jener ungemein scharfsinnige Architekt habe diesen Pseudodipteros entworfen, und er sei es auch gewesen, der die *ratio* – die theoretische Grundlage – dieses Bautyps „als erster erfunden" und der Nachwelt hierzu Quellen hinterlassen habe (Vitr. 3,2,6; 3,3,8–9). Auch Vitruvs griechischer Zeitgenosse Strabon preist in seiner Universalgeographie den Artemistempel von Magnesia als ein Werk, das dem Artemistempel von Ephesos zwar an Größe und Vielzahl der Weihegaben hintenanstehe, sich aber von diesem durch die Anmut der Proportionen und Kunstfertigkeit der Cella-Gestaltung „bei weitem" unterscheide (14,1,40). Seinem antiken Ruhm entsprechend, fand der Tempel nach der Wiederentdeckung Magnesias im Jahr 1803 rasch die Aufmerksamkeit der Forschung, doch galt diese vor allem dem wohlerhaltenen Skulpturenfries des Tempels. Der Bau war in Sturzlage annähernd vollständig überkommen, wurde aber schon bald nach den französischen Ausgrabungen der 1840er Jahre (durch die große Teile des Frieses nach Paris kamen) ein Opfer verheerenden Steinraubs für Zwecke des Eisenbahnbaus. Die Ausgrabungen der Berliner Museen der 1890er Jahre (in deren Folge Teile der aufgehenden Architektur nach Berlin verbracht wurden) legten den Tempel vollständig frei, ordneten das Erhaltene und konnten in der Magnesia-Publikation von 1904 erstmals die Architektur des Tempels vorlegen; es ist die bis heute verbindliche Dokumentation seines Baubefunds[1].

Was in der Magnesia-Publikation nicht mehr geklärt werden konnte, war die Säulenhöhe des Tempels. Zwar habe J.-J. Clerget bei den französischen Ausgrabungen „durch Zusammenzählen der Trommeln" noch das Maß von 12.40 m erhalten, doch leider nicht vermerkt, welche Säule er benutzte[2]. Die unveröffentlichten Bauaufnahmen Clergets in Paris wurden konsultiert, doch sah man sich gleichwohl zu einer Schätzung des Maßes genötigt. Mit Hinweis auf die eustyle Säulenhöhe Vitruvs (3,3,10) von 9½ unteren Schaftdurchmessern sowie das gleiche, durch Vermessen bestimmte Verhältnis an

1 Magnesia 39–105, mit Bearbeitung der Bauwerke von J. Kohte. Bald danach wurden die vorausgehenden englischen und französischen Architekturdokumentationen des Artemistempels publiziert: Monuments antiques I, 73–74 (mit Abbildung fast aller der fertig ausgearbeiteten Dokumentationszeichnungen Clergets als stark verkleinerten, aber gestochen scharfen Heliogravuren); Antiquities of Ionia V, 8 (Liste). 10–15 mit Taf. 1–10. – Clergets Ergebnisse zu den Hauptabmessungen des Tempels, einschließlich der Säulenhöhe von 12.40 m, waren nur summarisch in schriftlicher Form vorgelegt worden: Raoul-Rochette, Journal des Savants, Nov. 1845, 642 Anm. 1, und zwar im Zusammenhang mit der Pariser Ausstellung von Clergets großformatigen Dokumentationszeichnungen des Artemistempels im Salon von 1844. Auf die Publikation dieser Zeichnungen in den Monuments antiques wurde zuletzt im Ausstellungskatalog der École nationale supérieure des Beaux-Arts (Hrsg.), Paris – Rome – Athènes (Paris 1982) 30–32 mit Abb. 9–10 hingewiesen.

2 Magnesia 53 Anm. 2; aus den vorhandenen Säulenstücken konnte seinerzeit nur noch „etwa das Maß von 12 m" (ebenda) bestimmt werden.

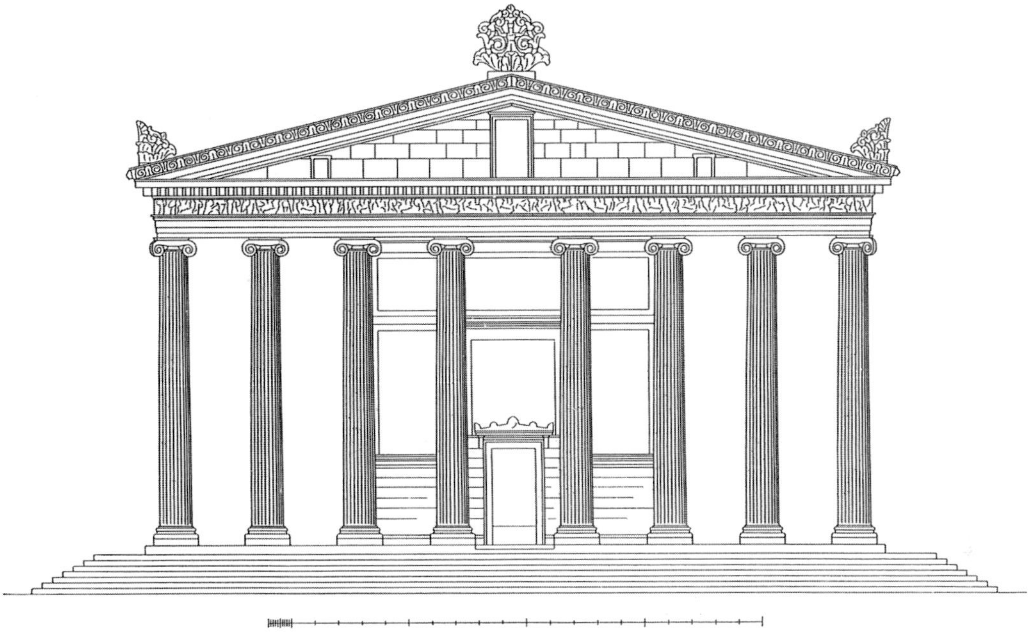

Abb. 1 Tempel der Artemis Leukophryene in Magnesia, entworfen von Hermogenes. West- und Hauptfront in bisheriger Rekonstruktion (1904) mit ungesicherter Säulenhöhe von ca. 13.10 m

Magnesias Zeus-Sosipolis-Tempel wird in der Publikation schließlich auch für den Artemistempel eine Säulenhöhe von 9½ unteren Schaftdurchmessern (UD) oder 13.30 m erschlossen und außerdem angenommen, daß dieses Maß „vielleicht auf 40 Fuß gleich 13.108 m abgerundet" war[3]. In dieser Höhe sind die Säulen in der publizierten Frontansicht des Tempels gezeichnet, die bis heute unverändert als Anschauungsgrundlage benutzt wird (*Abb. 1*).

Die ungeklärte Säulenhöhe des Artemistempels in Magnesia war schon deshalb mißlich, da die Säulenhöhe ein primäres Entwurfsmaß jeder Säulenordnung darstellt und zudem gerade in Ostionien außer der Säulenhöhe des Zeustempels von Magnesia (6.30 m oder ca. 9½ UD) und derjenigen des Jüngeren Apollontempels von Didyma (19.71 m oder ca. 9¾ UD) bisher keine andere Säulenhöhe eines Tempels zuverläßig bestimmt werden konnte[4]. Die Situation am Artemistempel von Magnesia war umso bedauerlicher, als

[3] Magnesia 54; zu J. Kohtes Einsicht in die unveröffentlichten Bauaufnahmen des Artemistempels von Clerget (und von J. N. Huyot, 1820) s. Magnesia 16. – Für den rekonstruktiven Wiederaufbau der Säulen des Artemistempels im Pergamonmuseum, Berlin, wurde eine etwas größere Säulenhöhe bevorzugt: Nach freundlicher Mitteilung von V. Kästner (16. Nov. 09) ergab "eine Nachmessung der Säulenhöhe (Stylobat bis Architravunterkante) am rekonstruierten Joch des Artemistempels von Magnesia ... Werte zwischen 13.41 und 13.42 m."

[4] Zeustempel, Magnesia (erhaltene Säulentrommeln, bestätigt durch Wandaufbau): Magnesia 142–45; Didyma, Jüngerer Apollontempel (nach Befund der stehenden Säulen): L. Haselberger, Eine „Krepis von 200 Fuß gestreckter Länge" – Bauarbeiten am jüngeren Apollontempel von Didyma nach der Urkunde Nr. 42, IstMitt 46, 1996, 167 mit Anm. 68. Vgl. die Zusammenstellung ostionischer Tempelsäulen von G. Gruben, Griechische Un-Ordnungen, in E.-L. Schwandner (Hrsg.), Säule und Gebälk. Zu Struktur und Wandlungsprozeß griechisch-römischer Architektur. Bauforschungskolloquium in Berlin vom 16. bis 18. Juni 1994, DiskAB 6 (Mainz 1996) 74–75 Abb. 17. Zur näher eingrenzbaren, aber weiterhin ungesicherten Säulenhöhe des Athenatempels von Priene: W. Koenigs, Der Athena-Tempel von Priene. Bericht über die 1977–1982 durchgeführten Untersuchungen, IstMitt 33, 1983, 147–48. – Vom Versuch, am Artemistempel von Magnesia aus den Säulentrommeln an der NW-Ecke des

Abb. 2 Artemistempel, Magnesia, Hauptfront in Sturzlage. Zustandsplan im Jahr 1842, nach der Dokumentation von J.-J. Clerget

dieser Tempel der einzige sicher greifbare unter den beiden bezeugten Werken des Hermogenes (Vitr. 3,2,6; 7. pr.12) ist, nachdem sich der Dionysostempel von Teos inzwischen als „almost a complete rebuilding" (M. Uz) des Originalbaus zur römischen Kaiserzeit herausgestellt hat[5].

Da die Tempelruine in Magnesia im heutigen Zustand kaum mehr Aufschlüsse zur einstigen Säulenhöhe des Baus erwarten läßt, lag es nahe, die zeichnerische Dokumentation Clergets erneut zu überprüfen. Ich habe das 1988 im Hinblick auf das von W. Hoepfner initiierte Hermogenes-Kolloquium jenes Jahres getan und hole jetzt nach, was ich seinerzeit versäumt habe[6]. Gleichwohl bleiben viele der Schwierigkeiten ungelöst, die mir heute noch mehr als damals zu schaffen machen.

Die Baudokumentation Clergets liegt weiterhin wohlverwahrt in der Bibliothek der École des Beaux-Arts in Paris, wo mir in großzügiger Weise Einsicht in das gesamte Material ermöglich wurde; mein besonderer Dank gilt der Bibliotheksdirektorin A. Jacques. Das

Tempels ein annäherndes Höhenmaß zu gewinnen, hat O. Bingöl auf diesem Kolloquium berichtet.

5 M. Uz, The Temple of Dionysos at Teos, in: Hermogenes 51–61, bes. 61.

6 L. Haselberger, Der Eustylos des Hermogenes, in: Hermogenes 81; vgl. ders., Debent habere gravitatem. Pyknostyle Säulenstellung und augusteische Tempelbaukunst, RM 110, 2003, 151–96.

Material besteht zum einen aus den großformatigen, grundsätzlich bekannten Dokumentationszeichnungen des Artemistempels (Inv.-Nr. 31689, no. 1–7), zum anderen aus einer bisher unbeachteten Planmappe („Clerget, Dessins originaux: Asie Mineure") mit insgesamt 83 numerierten Skizzenblättern Clergets. Blatt no. 1 der Dokumentationszeichnungen zeigt den Zustandsplan des Tempels und seines Kulthofs im Jahr 1842 (*Abb. 2*)[7]. Die zum Altar gewandte Hauptfront des Tempels lag damals mit allen acht Frontsäulen samt Gebälk und Giebel nahezu vollständig am Boden (erst die deutschen Ordnungsarbeiten scheinen diesen Zustand gründlich beseitigt zu haben); sogar das erweiterte Mittelinterkolumnium der Front läßt sich in der dokumentierten Fallage noch erkennen. Clerget konnte unter den vielen sich bietenden Möglichkeiten die am besten zu vermessende Folge von Säulentrommeln auswählen. Zu welcher Säule diese Trommeln gehörten, läßt sich zwar weiterhin nicht genau sagen: Daß Clerget aber die sorgfältige, trommelweise Vermessung einer Säule vorgenommen hat, bezeugt das Blatt no. 2 der Skizzenmappe. Dieses Blatt zeigt die maßstäbliche, aber irrtümlich zu kurz gezeichnete Aufrißzeichnung einer Säule mit der – ausdrücklich korrigierten – Maßkette der Trommelhöhen, die zahlengleich auch am Blattrand notiert ist. Beginnend mit der Höhe der Säulenbasis und endend mit der Kapitellhöhe lauten die Werte:

630	
1.525	
1.150	
1.470	
825	
840	
750	
710	
945	
1.630	
660	
480	
785	
12.400	[m]

Die Dezimalstellen sind dabei zwar jeweils bis auf Millimeter angegeben, doch zeigt die Verwendung von ausschließlich 0 oder 5 im Millimeterbereich, daß die Maße auf den nächsten halben oder vollen Zentimeterwert gerundet wurden; die Messungen erfolgten also mit der Genauigkeit von Zentimeterbruchteilen (± 0,25 cm). In der aus 13 Einzelmessungen zustandekommenden Gesamthöhe der Säule ist daher eine gewisse Toleranz enthalten, doch besteht kein Grund, bis zum rechnerischen Maximum (13 x ± 0,25 cm = ± 3,2 cm) auszugreifen, da sich die Ungenauigkeiten der Einzelwerte mit statistischer

7 Originalgröße des Blatts 119,5 x 86 cm; hier im Ausschnitt. Zuvor publiziert in: Monuments antiques I, 73 Taf. 1b (gesamte Zeichnung); École nationale supérieure des Beaux-Arts (Hrsg.), Paris – Rome – Athènes (Paris 1982) 31 mit Abb. 9, links (Ausschnitt). Damit vgl. Antiquities of Ionia V, Taf. 1.

Wahrscheinlichkeit gegenseitig ausgleichen. So wird man, immer noch auf der vorsichtigen Seite, dem Gesamtbetrag eine Toleranz von nicht mehr als ± 2 cm zuzugeben haben.

„Durch Zusammenzählen der Trommeln" kam Clerget in der Tat auf ein Maß von 12.40 m. Mit Hinzufügen einer Maßtoleranz von ± 2 cm ist dies nun aber kein geschätztes oder versuchsweise vorgeschlagenes, sondern ein (wie mir scheint) vollständig zuverlässiges Maß. Damit liegt erstmals überhaupt eine gesicherte Säulenhöhe – und Säulenproportion – des Hermogenes vor. Das Aussehen des Tempels ändert sich merklich (*Abb. 3*).

Gegenüber der bisher geschätzten Säulenhöhe des Artemistempels von ca. 13.10 m verringern sich die Säulen jetzt um fast einen dreiviertel Meter oder rund einen halben Säulendurchmesser an Höhe; sie werden also gedrungener als bisher angenommen und führen zu einer im Ganzen merklich gedrückten Höhe des Baus. Das kräftig erweiterte Mittelinterkolumnium der Front (wie auch der Rückseite) scheint sich dadurch eher noch schärfer abzuzeichnen.

Die übrigen Hauptmaße der Säulen und Säulenordnung des Artemistempels sind mehr oder minder genau bekannt (nur zu den Maßen des Stufenbaus liegen keine hinreichend genauen Angaben vor), und auf dieser Grundlage scheint es nun sehr einfach zu sein, die Säulenhöhe in ihren Maßzusammenhang mit anderen wichtigen Entwurfsgrößen des Baus zu setzen. Im Fall des Artemistempels wurde dies schon deshalb stets mit besonderer Aufmerksamkeit verfolgt[8], da man sich von einem Hauptwerk des Hermogenes Grundlegendes im Hinblick auf proportionale Schlüssigkeit versprechen konnte: Vitruvs Preis des Hermogenes schließt ja auch dessen Festlegung der Symmetrien des Eustylos ein, jener „am meisten empfehlenswerten" Kategorie von Tempeln, die bekanntlich allesamt durch festgelegte Zahlenschlüssel der Hauptmaße ihrer äußeren Säulenordnung – Säulenstärke, Interkolumnium und Säulenhöhe – definiert werden (Vitr. 3,3,1–10). Doch tut uns, wie bisher schon das Interkolumnium des Artemistempels, auch seine nunmehr gesicherte Säulenhöhe durchaus nicht den numerisch-proportionalen Gefallen, den man erwarten möchte.

Legt man als Säulenstärke den unteren Schaftdurchmesser ohne Ablauf zugrunde (wovon abzuweichen ich weiterhin keinen Grund sehe), so ergeben sich für die Säulenordnung des Artemistempels bis in den Bereich von Vierteleinheiten nur grob annähernde Proportionswerte zwischen der Grundeinheit der Säulenstärke (UD) und der Säulenhöhe oder dem Normalinterkolumnium; einzig für das erweiterte Mittelinterkolumnium ergibt sich ein hinlänglich genauer Proportionswert. Für Einzelnes ist hier nur beschränkter Platz[9]; eine Zusammenfassung zeigt die Tabelle:

---

8 In jüngerer Zeit bes. W. Hoepfner, Bauten und Bedeutung des Hermogenes, in: Hermogenes 1–34, bes. 8–10. 18–20; P. Gros, Vitruve III (Paris 1990) 90. 108–16; O. Bingöl, Magnesia am Mäander (Ankara 1998) 24–35; Gruben 2001, 427–31.

9 Für die Berechnungen wurde dem unteren Schaftdurchmesser (ohne Ablauf) der Durchschnittswert von 1.39,6 m ± 1 cm zugrundegelegt, der sich aus dem Maß in Magnesia 53 (1.40 m) sowie der Messung Clergets (Raoul-Rochette, Journal des Savants, Nov. 1845, 642 Anm. 1: 1.38,6 m) und der Antiquities of Ionia V, 11 (1.38,7 m; 1.40,7 m) ergibt. Das Interkolumnium berechnet sich dann aus den Jochmaßen in Magnesia 45 mit Abb. 29 (Normaljoch 3.24 m; Mitteljoch 5.25 m). – Nach der Textinterpretation Vitruvs, die B. Wesenberg vertritt, schließt das Entwurfsmaß der Säulenstärke den Vorsprung des Schaftablaufs ein – eine These, die schon vor ihrer Zurückweisung auf der Grundlage Vitruvs durch P. Gros, Vitruve III (Paris 1990) 203–07 keine Nachfolge mehr gefunden hatte. Jetzt erneut: B. Wesenberg, *In summis hypotracheliis*. in: X. Lafon – G. Sauron (Hrsg.),

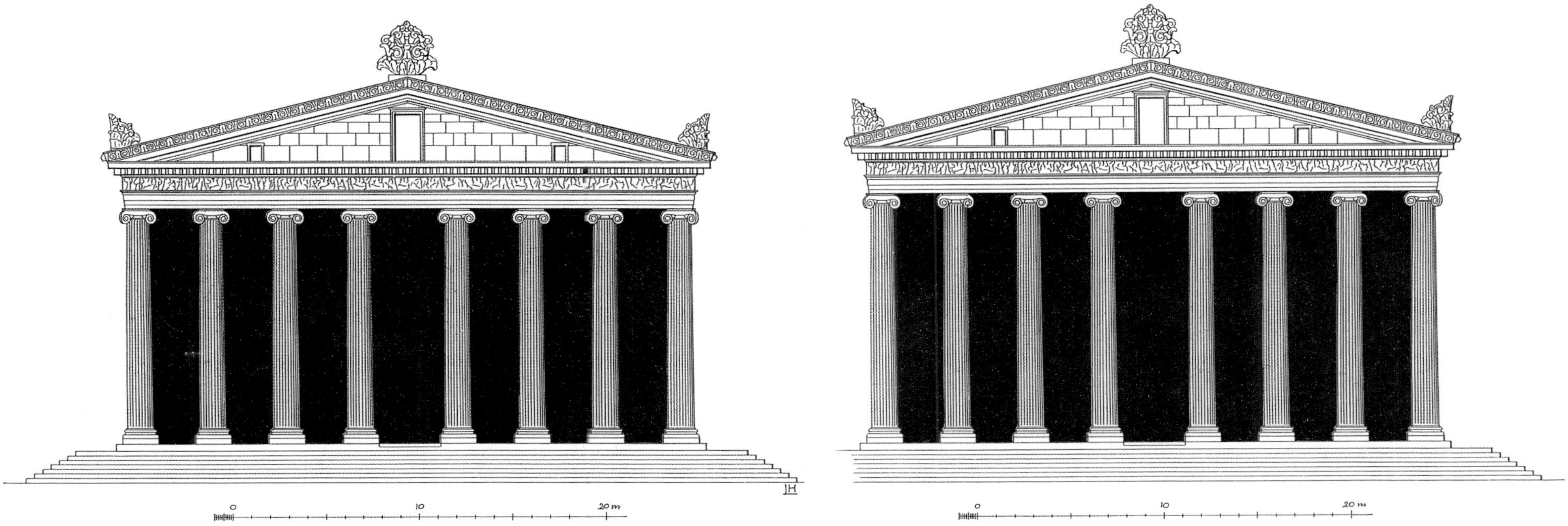

Abb. 3 Artemistempel, Magnesia. Hauptfront mit zuverlässig bestimmter Säulenhöhe von 12.40 m nach Clerget (links), in Gegenüberstellung mit bisher angenommener Säulenhöhe von ca. 13.10 m (rechts)

BEZUGSGRÖSSEN	ARTEMISTEMPEL, BEFUND	VITRUV (3.3) für Eustylos
Säulenhöhe/UD (= 1)	8,88 (± 0,08) oder ca. **9**	**9½**
Normalinterkolumnium/UD	1,83 (± 0,02) oder ca. **1¾** (=1,75)	**2¼**
Mittelinterkolumnium/UD	2,76 (± 0,02) oder **2¾** (=2,75)	**3**

Auch an bemerkenswerten Zahlenverknüpfungen im Entwurf des Artemistempels eröffnen sich, soweit ich sehe, keine überraschend neuen Einsichten. Bedeutsam bleibt, daß am Artemistempel – wie auch am Athenatempel von Priene – der Höhenaufbau des Gebälks nach einer klar faßbaren Proportionskette entworfen ist. Am Artemistempel folgen die Höhen von Architrav, Fries und übrigem Gebälk der Zahlenfolge **3 : 2½ : 3½** (oder 6 : 5 : 7), eine Erkenntnis, die seit ihrer Formulierung in der Magnesia-Publikation zu Recht als ein Fixpunkt im Maßaufbau des Artemistempels gilt[10]. Zusammen mit dem Zahlenverhältnis von **12 : 16** (oder 3 : 4) zwischen dem Normaljoch des Tempels und seinem erweiterten Mitteljoch hat man daraus bereits in der Magnesia-Publikation eine gemeinsame Grundeinheit von 32,8 cm erkannt und dieses Maß schlüssig mit demjenigen Fußmaß identifiziert, das W. Dörpfeld 1890 in zwingender, bis heute beispielsetzender Methode am Erechtheion aus der Verbindung gemessener Bauteile mit deren inschriftlich gesicherten Fußmaßbeträgen gewonnen hat[11].

Théorie et pratique de l'architecture romaine. Festschrift P. Gros (Aix-en-Provence 2005) 39–46 (ebenda 44 Anm. 40 mit Hinweis auf Gros' irrtümlich zitierte Vitruvstelle 3,3,12); B. Wesenberg, Retractio oder Proiectura? Zur Diskussion um den Entwurfsdurchmesser ionischer Säulen, in: S. T. Mols – E. Moormann (Hrsg.), *Omni pede stare*. Festschrift J. de Waele (Neapel 2005) 52–64 (ebenda 62 Anm. 63 mit Verweis auf den „allgemein üblichen unreflektierten Gebrauch des traditionellen ud", ein Urteil, das ich nicht teilen kann); dazu Rez. von P. Gros in RA 2008/2, 310. Zwei Rezensionen der Festschrift Gros jetzt mit summarischer Zustimmung zur These Wesenbergs: A. Roth Conges, JRA 20, 2007, 508; zurückhaltender: A. Bouet – L. Cavalier, REA 109, 2007, 297 (beide nach freundl. Hinweis B. Wesenberg). An Gros' Einschätzung der Situation im Ganzen, wie in Vitruve III dargelegt, scheint sich mir allerdings nichts zu ändern. Der Vollständigkeit halber soll vermerkt werden, daß nach Magnesia 51 Abb. 35 (Rekonstruktionszeichnung) der untere *Ablauf*durchmesser der Säulen des Artemistempels ungefähr 1.52 m (± 1 cm) beträgt. Daraus ergibt sich, mit entsprechend verkürztem Lichtmaß zwischen den Säulen*abläufen* (welches mit Vitruvs Beschreibung des *intercolumnium*, 3, 3, 1–7 schlecht vereinbar ist):

BEZUGSGRÖSSEN		ARTEMISTEMPEL, BEFUND
Säulenhöhe	: Ablaufdurchmesser	8,16 (± 0,07) oder ca. **8¼** (= 8,25)
Normalabstand	: Ablaufdurchmesser	1,68 (± 0,02) oder ca. **1¾** (= 1,75)
Mittelabstand	: Ablaufdurchmesser	2,54 (± 0,02) oder ca. **2½** (= 2,50)

10 Magnesia 60; Gruben 1966, 371–72, ebenso Gruben 2001, 431. Der Sachverhalt wurde auch von W. Hoepfner, Bauten und Bedeutung des Hermogenes, in: Hermogenes 24 Abb. 34 trotz eines neu postulierten Fußmaßes (folgd. Anm.) nicht in Frage gestellt. – Zum proportionalen Gebälkaufbau des Athenatempels von Priene: Gruben 1966, 361; weiter bes. W. Koenigs, Der Athena-Tempel von Priene. Bericht über die 1977–1982 durchgeführten Untersuchungen, IstMitt 33, 1983, 153. Am hochhellenistischen Asklepiostempel von Priene hat sich jetzt ein entsprechender proportionaler Gebälkaufbau nachweisen lassen, dazu vorläufig H. Bankel in: W. Raeck, Priene. Neue Forschungen an einem alten Grabungsort, IstMitt 53, 2003, bes. 413–14.

11 Magnesia 45, mit Verweis auf W. Dörpfeld, Metrologische Beiträge V, AM 15, 1890, 167–87. – Der einzige andere Maßbezug des Artemistempels, der sich einigermaßen sicher greifen läßt, besteht in den Längen- und Abstandsmaßen der Säulenplinthen: Bereits in Magnesia 53 (vgl. Vitr. 3,3,2) wird auf die „fast genau" gleiche Seitenlänge der Säulenplinthen und derem lichten Normalabstand hingewiesen, denen beiden je **6** Einheiten zu wiederum ca. 32,8 cm zugrundezuliegen scheinen; allerdings könnte diese Beziehung im Detail um ca. 2 cm modifiziert sein. Ansonsten läßt sich noch im Fall der Architravhöhe eine Proportionsbeziehung von 1 : 12½ zur Säulenhöhe vertreten, sofern man darauf verzichtet, diese Proportion in nicht mehr als Viertelbrüche des Fußes von ca. 32,8 cm aufzuteilen. Die Verwendung dieses sogenannten 'Dorischen' Fußes in Ostionien hat Anlaß zu Verwunderung gegeben: Gruben 2001, 429; doch besteht dazu kein Anlaß, da es sich bei der Bezeichnung um eine moderne Prägung handelt, vgl. The Dictionary of Art XIII (1996) 410–12 (L. Haselberger). – Ein Maß von 32,0 cm wurde von Hoepfner in Hermogenes 24–26 mit Abb. 34–35 ohne weitere Diskussion für

Für die Säulenhöhe des Artemistempels ergibt sich daraus (wie von G. Gruben, 1966, erstmals versuchsweise vorgeschlagen)[12] eine Höhe von ca. 38 Fuß:

Säulenhöhe 12.40 m (± 2 cm) **38** Fuß zu 32,8 cm = 12.46,4 m; mittl. Diff. + 6,4 cm

Mit einer stärker präzisierten Einheit von 32,75 cm läßt sich eine insgesamt noch bessere Einpassung in die bekannten Hauptmaße der Säulenordnung erzielen, so daß im Ganzen einiges dafür spricht, das seit langem postulierte Fußmaß (im Rahmen seiner anerkannten Schwankungsbreite von 32,5 – 32,8 cm) für den Tempel weiterhin zu betrachten[13]. In einer Schemazeichnung der Front- und Hauptseite des Tempels werden die Werte hier in anschaulicher Form zusammengefaßt (*Abb. 4*).

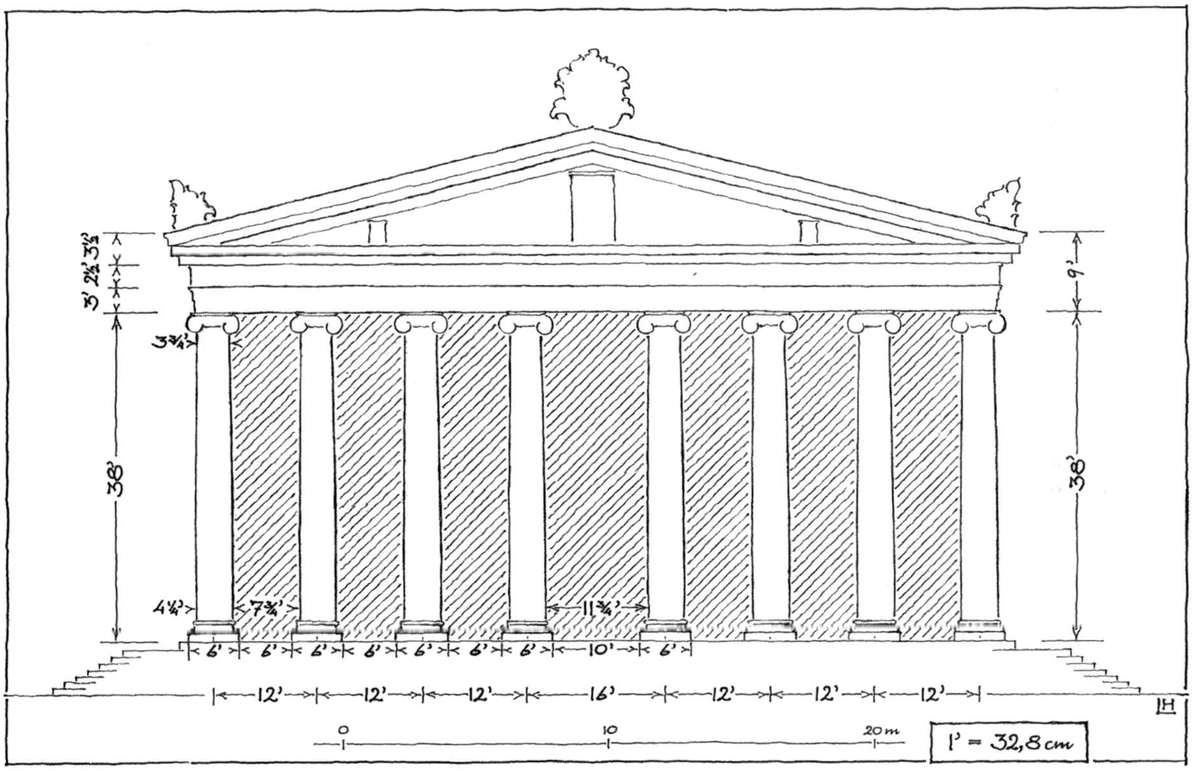

Abb. 4 Artemistempel, Magnesia. Schemazeichnung der Hauptfront mit versuchsweisen Maßwerten des Fußmaßes von ca. 32.8 cm

den Artemistempel zusammen mit dem Zeus-Sosipolis-Tempel als gemeinsamer „Fuß" des Bauentwurfs vorgeschlagen, doch ist zum einen ein griechisches Fußmaß solcher Abmessung nicht bezeugt, zum anderen die Paßgenauigkeit dieser Größe mit den Befunden nicht so zwingend, daß man sie etwa als baustellenspezifischen Modulus akzeptieren müßte. Der Vorschlag wurde daher zu Recht nicht mehr aufgegriffen, vgl. Gruben 2001, 429.

12 Gruben 1966, 371; Gruben 2001, 430.

13 Mit einem Fußmaßwert von 32,75 cm ergibt sich am Artemistempel im Fall der Säulenhöhe – des größten hier in Betracht gezogenen Maßes – ein mittlerer Differenzbetrag von 4,5 cm (38 x 32,75 cm = 12.44,5 m); der *minimal* anzunehmende Differenzbetrag beträgt dabei nur 2,5 cm. – Zur Schwankungsbreite des 'Dorischen' Fußes: H. Bankel, Zum Fußmaß attischer Bauten des 5. Jahrhunderts v. Chr., AM 98, 1983, 65–67; M. Wilson Jones, Doric measure and architectural design, 1. The evidence of the relief from Salamis, AJA 104, 2000, 75–79; B. Wesenberg, Vitruv und Leonardo in Salamis. Vitruvs Proportionsfigur und die metrologischen Reliefs, JdI 116, 2001, 370–73.

Doch ist an diesem Punkt die Frage der Maßordnung des Artemistempels grundsätzlich neu zu stellen: Ist unter den antiken Maßgrößen, die mit Sicherheit als Fußmaß bezeugt sind, das hier betrachtete Maß die einzige und die beste Möglichkeit? Trotz der unzulänglichen Größenbestimmung der Baumaße des Tempels vermag vielleicht eine übergreifende metrologische Prüfungsmethode der Art, wie sie H. Bankel entwickelt hat[14], eine neue Beurteilungsgrundlage zu schaffen, und ich bin dankbar, daß mir Bankel dieser Frage nachzugehen zugesagt hat.

Beim Stand der Dinge ist es jedenfalls auffallend, daß außer den bereits genannten Proportionsbeziehungen keinerlei sonstige proportionale Verknüpfungen zu erkennen sind. Vor allem bleibt das Maß der Säulenhöhe merkwürdig isoliert. Weder im Hinblick auf die Säulenstärke noch auf die Interkolumnien oder Jochmaße der Säulen ergeben sich irgendwelche 'schlagenden', aus einfachen Zahlenketten bestehenden Proportionsbeziehungen.

Immerhin könnte man den oben gezeigten ganzzahligen Fußmaßbeträgen die entscheidende Rolle im Entwurfsprozess zusprechen. Demnach hätte Hermogenes die Grundrißdisposition des Artemistempels im Joch- und Plinthenmaß entworfen, also mit einer Jochkette von

12 – 12 – 12 – 16 – 12 – 12 – 12 Fuß

in der Frontseite und einer Folge von Plinthenlängen und -abständen zu einheitlich **6** Fuß, unterbrochen nur von einer Erweiterung auf **10** Fuß in Frontmitte. In Gestalt der Jochmaße einerseits und der Plinthenmaße andererseits würde dann dem Tempelentwurf eine Mischung aus abstrakten wie auch aus handgreiflichen Maßgrößen zugrundeliegen. Der Aufriß wäre als ein Liniengerüst immaterieller Säulenachsen konzipiert, der Fußteil der Säulen dagegen in dinglicher Form ausgedrückt worden, während der Entwurf des übrigen Säulenkörpers zunächst einmal beiseite blieb. Ein solches Vorgehen ist zwar nicht auszuschließen, stößt aber doch auf einige gedankliche Widersprüche. Sie liegen sowohl im Erscheinungsbild des Tempels selbst, dessen Fronten durch einen dramatisch erweiterten lichten Abstand der Mittelsäulen gekennzeichnet sind, als auch in den Darlegungen, die uns Vitruv (3,3) zur Erscheinungsform von Tempeln überliefert und die, gipfelnd im Preis auf Hermogenes, sich ausschließlich auf nicht-abstrakte, körperhaft definierte Maße beziehen. Der Widerspruch muß festgehalten werden, läßt sich aber bisher nicht auflösen.

Auch mit der nunmehr als gesichert zu betrachtenden Säulenhöhe des Artemistempels führt die Zahlenanalyse dieses einzigen Werks des Hermogenes, das uns mit Sicherheit greifbar ist, zu keinem zwingenden Ergebnis. Es bleibt bei einem seltsam fragmentarischen Bild, welches nichts von der außerordentlichen Wertschätzung widerspiegelt, die dem Tempel und seinem Entwurfsverfasser in der Antike entgegengebracht wurden.

Angesichts dieser Situation ließe sich anführen, daß Hermogenes mit dem Artemistempel vielleicht Bemerkenswertes zur Standardisierung des Tempelentwurfs geleistet und

---

14 Dazu bes. H. Bankel, Zum Fußmaß attischer Bauten des 5. Jahrhunderts v. Chr., AM 98, 1983, 65–99; ders., Akropolis-Fußmaße, AA 1991, 151–63, mit Entgegnung auf Kritik.

Möglichkeiten einer vereinfachten, stärker 'rationalisierten' Umsetzung theoretischer Überlegungen in die Baupraxis gefunden habe; daß er dabei auch in der Handhabung des Rasterplans eine neuartige, einfach in Baumaßen auszudrückende Flexibilität gefunden habe; und daß er bei all dem die Gestaltfindung am Bau selbst nicht etwa vernachlässigt habe, sondern – wie durch Vitruv 3,3 dokumentiert – im Erscheinungsbild, der *species*, des Tempels überzeugende neue Lösungen brachte.

Gerade dieser letztere, auf einem antiken Schriftzeugnis gründende Aspekt verdient es, weiter verfolgt werden. Dazu seien hier abschließend nur einige Punkte umrissen, die mir bedenkenswert erscheinen:

- Nach Vitruv, unserer einzigen ausdrücklichen Schriftquelle zu Hermogenes, besteht die herausragende Leistung dieses Architekten darin, daß er (zumindest) für den Eustylos die prinzipiellen Proportionsverhältnisse „festgelegt" und daß er außerdem „als erster die *ratio* ... des Pseudodipteros erfunden hat" (3,3,8)[15]. Es ist eine theoretische Leistung, die Hermogenes für den Bautyp des Pseudodipteros erbracht hat. (Davon, daß Hermogenes 'den Pseudodipteros erfunden' habe, wie allzu oft wiederholt wird, ist in der Textpassage durchaus nicht die Rede.) Worin nun diese theoretische Leistung, die Hermogenes „als erster" erbracht hat, gesehen wurde, das legt Vitruv unmittelbar anschließend dar (3,3,8–9). Hermogenes habe nämlich begründet, warum die pseudodipterale Anordnung des Säulenumgangs gegenüber derjenigen eines Dipteros vorzuziehen sei: Durch Weglassen der inneren Säulenstellung erziele man, ohne Einbuße an gutem Aussehen, sowohl Kosten- und Arbeitsersparnis als auch eine „grandiose" Raumerweiterung; ja der „Grund (*ratio*) für die Erfindung" der pseudoperipteralen Säulenanordnung liege darin, „dem Anblick durch die Kontrastwirkung (*asperitas*) der Interkolumnien Würde zu verleihen" und „dem Cella-Umgang des Baus eine großzügige Weite zu geben", die dann im Fall eines Platzregens „großen Menschenmengen" Schutz gewähre. Das eben sei es, was in der pseudodipteralen Anordnung von Tempeln so klar zu Ausdruck komme! – Neben angeblichen praktischen Vorteilen (deren Fragwürdigkeit Th. Schulz im Fall der Kostenersparnis glänzend erhellt hat[16]) sind es also die räumlich-ästhetischen Qualitäten, die dem Pseudodipteros den entscheidenden Vorteil gegenüber dem althergebrachten Dipteros einräumen. Dies theoretisch formuliert und durch Bauen – des pseudodipteralen Artemistempels in Magnesia – demonstriert zu haben, machte den Ruhm des Hermogenes als „erster Erfinder" aus.

---

15 Die Textüberlieferung dieses Satzes ist zwar gerade an der Stelle vor „Pseudodipteros" umstritten, vielleicht aber dennoch nicht gestört, wozu B. Wesenberg auf diesem Kolloquium einen bestechenden Erklärungsvorschlag geliefert hat. – Auf die besondere, mit 'rationaler Begründung' einhergehende Bedeutung von *ratio* hat mich D. Hennig, Kommission für Alte Geschichte und Epigraphik, 1988 eindringlich hingewiesen, wofür ihm erneut gedankt sei; dazu bereits L. Haselberger, Der Eustylos des Hermogenes, in: Hermogenes 81; und ders., *Debent habere gravitatem*. Pyknostyle Säulenstellung und augusteische Tempelbaukunst, RM 110, 2003, 186 Anm. 123, sowie F. Rumscheid, Untersuchungen zur kleinasiatischen Bauornamentik des Hellenismus I (Mainz 1994) 70.

16 Th. Schulz, Baukonstruktion und Bautechnik des Zeustempels von Aizanoi im Vergleich zu anderen Pseudodipteroi, in: M. Bachmann (Hrsg.), Bautechnik im antiken und vorantiken Kleinasien, Byzas 9 (Istanbul 2009) 515–25 (am Beispiel des Zeustempels von Aizanoi und der technisch höchst aufwendigen, weitgespannten Steinbalkendecke seiner pseudodipteralen Peristasis).

- In der Kontrastwirkung (*asperitas*) der Interkolumnien, ihrem „Dunkelkontrast" gegenüber den Säulenkörpern und der bewußt eingesetzten Wirkung des „Interkolumnienschattens" hat H. Drerup, 1964, nicht nur ein „ästhetisches Grundprinzip hellenistischer Architektur" erkannt, sondern auch die besondere Leistung des Hermogenes gesehen, „der den Willen hatte, die im Weithallentempel angelegten neuen Wirkungsmöglichkeiten der Form bis zur letzten Konsequenz durchzudenken und durchzugestalten"[17]. Drerup hat seine Überlegungen (denen wir auch die gültige Erklärung des vielschichtigen Begriffs *asperitas* in der Vitruvpassage verdanken[18]) nicht auf trockene Rekonstruktionszeichnungen, sondern auf ein Modell des Artemistempels als Anschauungsgrundlage gestützt, denn „als raumumschließendes und dem Lichteinfall unterworfenes Gebilde führt das Modell in jedem Fall ein kleines Stück näher an die Wirkungsbedingungen des in Trümmer gesunkenen Bauwerks heran"[19]. Die Raum- und Interkolumnienwirkung des hermogenischen Baus hat seither kaum mehr Beachtung gefunden. Jedoch ist zu fragen, ob nicht der Ruhm des Tempels, seine „Anmut der Proportionen und Kunstfertigkeit der Gestaltung" (Strabo), vielleicht in besonderer Weise darin begründet lag, daß Hermogenes die sichtbaren Effekte seines Entwurfs rational erklärte und eben dadurch bemerkenswert Neuartiges geleistet hat. Man konnte den Bau jetzt, jenseits aller persönlichen Eindrücke, mit guten Gründen bewundern.

- Es ist in diesem Zusammenhang auffallend, doch in der Forschung nahezu unbeachtet, daß ein architekturgeschichtlicher Neuansatz sich allem Anschein nach erstmals am Artemistempel von Magnesia greifen läßt: die Erweiterung des Interkolumnium in der Frontmitte eines Pseudodipteros. (Hoepfners Vorschlag einer Planung des Artemistempels von Sardis als Pseudodipteros bereits in frühhellenistischer Zeit bleibt eine Spekulation, die weder von Gruben oder Th. Howe noch von F. Yegül geteilt wird[20].) In der Tat scheint die spezifisch *hermogenische* Fassung des Pseudodipteros in der rational klar geordneten Durchbrechung des klassischen Einheitsjochs zu liegen, – jener

[17] H. Drerup, Zum Artemistempel von Magnesia, MarbWPr 1964, 13–21, mit Zitaten (S. 16. 20).

[18] Dazu s. Gruben 1966, 370; Gruben 2001, 429; eingehend P. Gros, Vitruve III (Paris 1990) 115–16 („les zones d'ombre"), vgl. Vitr. 7,5,5 (*asperitas* in illusionistischer Architekturdarstellung).

[19] H. Drerup, Zum Artemistempel von Magnesia, MarbWPr 1964, 13 (Zitat). Drerups wegweisender Ansatz wurde aufgegriffen von B. Schmaltz, „Aspectus" und „effectus", Hermogenes und Vitruv, RM 102, 1995, 133–40 und weiter von W. Hoepfner, Hermogenes und Epigonos. Pergamon zur Zeit Attalos I., JdI 112, 1997, 109–48, allerdings jeweils im Hinblick auf die den Tempel umgebende Platzanlage – von der freilich nur die Westhalle in hermogenische Zeit gehört, während die übrigen Hallen aus späterer Zeit stammen und damit durchaus nicht als Teil eines übergreifenden Architekturkonzepts des Hermogenes gesichert sind. Zur Datierung des Propylon in augusteische Zeit s. F. Rumscheid, Untersuchungen zur kleinasiatischen Bauornamentik des Hellenismus I (Mainz 1994) 170–75.

[20] W. Hoepfner, Bauten und Bedeutung des Hermogenes, in: Hermogenes 3–5, vgl. 10; Künstlerlexikon der Antike I (München 2001) 306 s. v. Hermogenes (W. Hoepfner). – Dagegen: Th. Howe, The Toichobate Curvature of the Artemis Temple at Sardis and the End of the Late Hellenistic Tradition of Temple Design, in: L. Haselberger (Hrsg.), Appearance and Essence. Refinements of Classical Architecture: Curvature (Philadelphia 1999) 208–10 mit Abb. 11.7–8; Gruben 2001, 435 Abb. 324; F. Yegül, The Temple of Artemis at Sardis, in: N. D. Cahill (Hrsg.), Lidyalılar ve Dünyaları – The Lydians and their World (Istanbul 2010) 363–88, nach brieflichem Hinweis des Autors; außerdem ders. in diesem Band. Übereinstimmung besteht allerdings auch darin, die gestaffelte Erweiterung der Frontinterkolumnien des sardischen Tempels bereits in dessen erste Bauphase (noch als Dipteros) und damit in *vor*hermogenische Zeit zu setzen; dieses Charakteristikum wird dann, mit Hoepfner (Hermogenes 3–7), am ehesten vom ephesischen Artemistempel angeregt worden sein.

Errungenschaft der mutterländischen Frühklassik, die dann Pytheos am Athenatempel von Priene in strengster Konsequenz für den ionischen Tempel exemplifiziert und zugleich propagagiert hatte (Vitr. 4,3,1) und die dann in Didyma strikt auf den ionischen Dipteros übertragen wurde. Daß es aber in Ionien eine ehrwürdige Tradition erweiterter Frontmittelinterkolumnien gab, demonstrierte eindrucksvoll der getreu über altem Grundriß errichtete Neubau des ephesischen Weltwundertempels. In Hermogenes' Neufassung des Dipteros als eines 'Schein-Dipteros' kam es offenbar auf die Zusammenführung beider Traditionen an, und zwar nicht allein durch Bauen eines programmatischen Pseudodipteros in Magnesia. Zugleich war dem Meister daran gelegen (wie die Überlieferung bei Vitruv bezeugt), diese Entscheidung auch in theoretischer Form zu rechtfertigen und die *Gründe* für diese Entscheidung vorzulegen. Im Gegensatz zum Tempel in Didyma, eines Dipteros auf striktem Planraster, sollte die altionische Tradition einer erweiterten Frontmitte auf neuer, rationaler Grundlage wiederbelebt und der uniforme Rasterplan entlang der gesamten Mittelachse des Baus systematisch durchbrochen werden. Eine neue Konzeption der Räumlichkeit brach sich Bahn, und in der Neufassung der Peristasis eines 'Schein-Dipteros' fand sie ihre volle Entfaltung. Nach außen zeigte sich diese jetzt theoretisch begründete Umwälzung des ionischen Tempels (den Hermogenes noch ausdrücklicher als Pytheos als den allein 'fehlerfreien' vertrat: Vitr. 4,3,1) in der *asperitas* der Interkolumnien, vor allem aber in der unübersehbaren Erweiterung des Mittelinterkolumnium! Kaum zufällig wird der Name des Hermogenes in Vitruvs Überlieferung mit der Theorie des erweiterten Mittelinterkolumnium im Tempelbau verknüpft: Es ist das herausragende, alleinige Charakteristikum jenes „am meisten empfehlenswerten" Eustylos, dessen Proportionsverhältnisse Hermogenes „festgelegt" hat (3,3,6–8). Was immer er an seinem beispielhaften Eustylos-Tempel in Teos exemplifiziert haben mag, der Befund des Artemistempels in Magnesia zeigt klar, daß Hermogenes dieses Charakteristikum auch an einem Pseudodipteros verwirklicht wissen wollte. In der Säulenfassade dieses Tempels ist es der deutlichste, augenfälligste Hinweis auf die sich dahinter abspielende Revolution der Raumauffassung. Hermogenes' Ruhm als „erster Erfinder" bestand darin, diese Revolution begriffen und durch Bau und Schrift seinen Zeitgenossen und der Nachwelt logisch zwingend begründet zu haben. Es war die *ratio* seiner Erfindung.

T. Schulz (Hrsg.), Dipteros und Pseudodipteros. Bauhistorische und archäologische Forschungen, BYZAS 12 (2012) 137-153

Die Ergebnisse der neuen Ausgrabungen im Smintheion

Coşkun ÖZGÜNEL

Zusammenfassung

Die Ausgrabungen im Heiligtum des Apollon Smintheus in der Troas werden seit 1980 durchgeführt. Während das Interesse zunächst dem Tempel und seiner Restaurierung galt, konzentrierten sich die Arbeiten in den letzten Jahren zunehmend auf die weitere Erforschung des Heiligtums und seiner Umgebung. Die Reste einer chalkolithischen Siedlung, die in die 1. Hälfte des 5. Jahrtausends v. Chr. datiert werden kann, unterstreicht die enge Verbindung zwischen dem westlichen Kleinasien und dem griechischen Festland sowie den Inseln der Ägäis in dieser Zeit. Die Freilegung von fünf Wasserdepots in unmittelbarer Nähe des Tempels lässt auf die große Bedeutung des Wassers im Kult des Apollon schließen. In der römischen Kaiserzeit entstand eine reich ausgestattete Thermenanlage. Statuenbasen für die Statuen der Sieger in den Agonen ermöglichen dank ihrer Inschriften einen Einblick in die im Namen Apollons veranstalteten Wettkämpfe.

Das Heiligtum des Apollon Smintheus – das Smintheion – befindet sich im Landkreis Ayvacık der Provinz Çanakkale im Nordwesten Kleinasiens, am Zipfel der Biga Halbinsel im heutigen Ort Gülpınar. Die ganze Region – ein Hochplateau – ist durch die verschiedenen durch Eruptionen entstanden Formationen geprägt, wodurch Gülpınar und sein umliegendes Land auch als vulkanische Hochebene bezeichnet werden[1]. Dies gilt aber nicht für das Heiligtum – das Smintheion – selbst. Denn dieses gründet auf Sedimentärgestein, was am Siedlungsrand von Gülpınar ansetzt und sich bis zum Meer hin erstreckt[2]. Daher zeigt dieser heilige Ort, dessen Einrichtung an dieser Stelle sicher durch die heiligen sprudelnden Quellen der Vulkangesteine begründet liegt, eine ganz andere Entwicklung auf.

---

1 Özgünel 2001, 1–2.

2 Kayan 1994, 24.

Abb. 1 Smintheion, Luftbild

Die geographische Lage von Gülpınar war ausschlaggebend für die Gründung des Smintheion, da Heiligtümer des Apollon sich zumeist in der Nähe von heiligen Quellen oder – wie im Falle des Smintheion – unmittelbar an einer heiligen Quelle befinden. Diese Quelle und die überaus günstige geographische Lage stellen wohl auch den Grund für die nahezu ununterbrochene Besiedlung an diesem Ort dar[3].

Die seit dem Jahr 1980 andauernden Grabungen haben hinsichtlich der Entstehung der Geographie und auch der Anlage des Heiligtums zahlreiche neue Erkenntnisse erbracht (*Abb. 1*). Reisende, Forscher und Ausgräber des 19. Jahrhunderts haben sich lediglich mit dem Tempel und seiner Architektur beschäftigt[4], nicht aber mit dem Heiligtum im Ganzen und seiner Umgebung. Daher gingen die Arbeiten der Grabungen und Forschungen der Vergangenheit nicht über den Tempel und seine Problematik hinaus. Aus diesem Grund sollen dem Begriff des Heiligtums und seiner Bedeutung in diesem Beitrag mehr Beachtung gewidmet werden (*Abb. 2*).

Während der letzten Jahre wurde bei den Grabungen die früheste Besiedlungsperiode – das Chalkolithikum – erreicht. Diese Arbeiten werden seit 2004 von Dr. Turan Takaoğlu,

3 Kaplan 2007.

4 Özgünel 2001, 29–36.

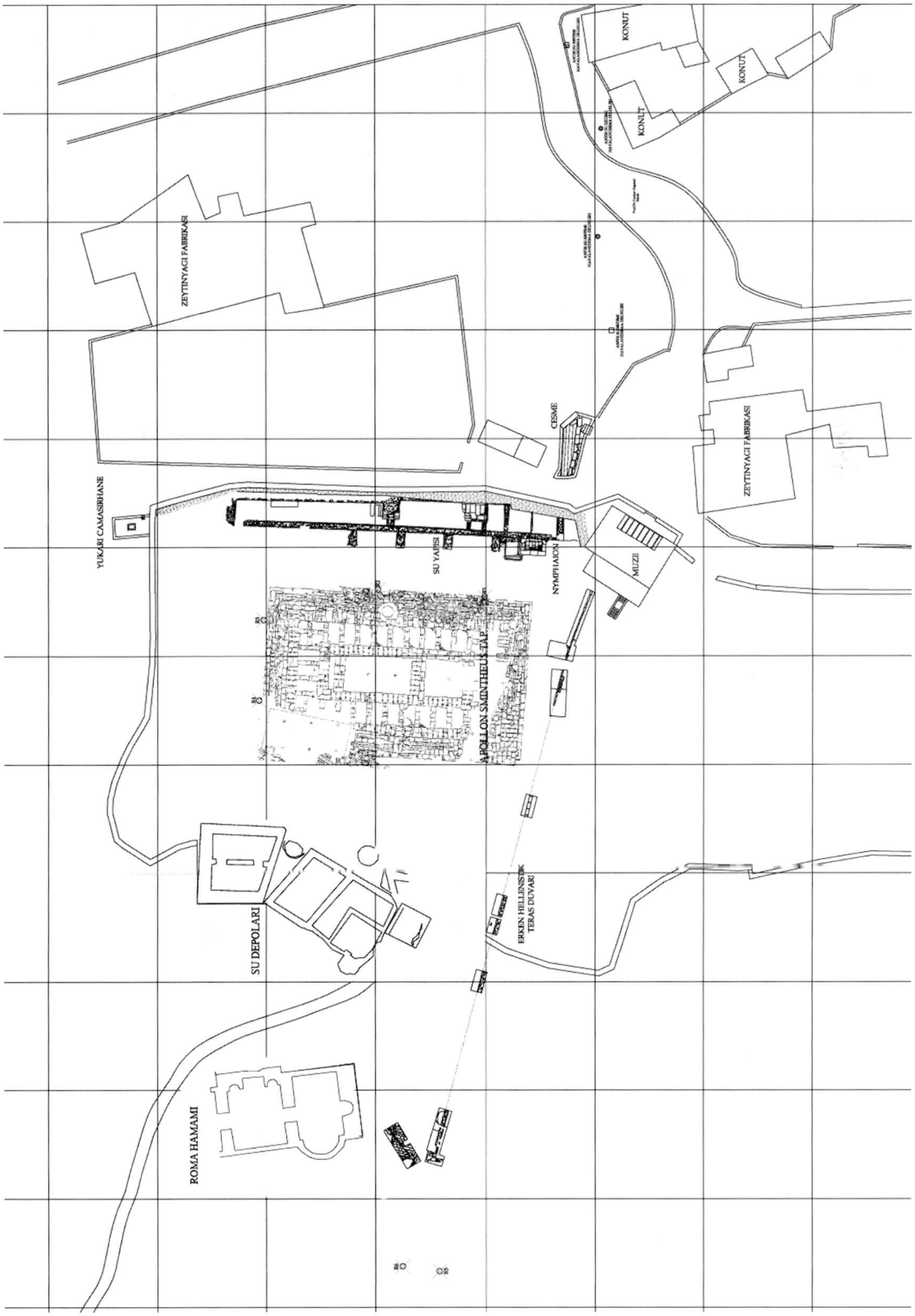

Abb. 2 Smintheion, Gesamtplan

Universität Çanakkale, durchgeführt und ausgewertet[5]. Die circa 200 m nördlich des Heiligtums gelegene chalkolithische Siedlung wurde unter der sich zum Smintheion erstreckenden römischen Straße und unter den in deren Umgebung liegenden byzantinischen Gebäuden festgestellt. Die chalkolithische Besiedlung wird durch den Kumtepe 1a/Beşik Sivritepe/Gülpınar Kulturhorizont repräsentiert, der in die erste Hälfte des 5. Jahrtausend vor Christus datiert und in der Troas in vortrojanischer Zeit charakteristisch ist. Zwar vertreten die Siedlungen Kumtepe 1a/Beşik Sivritepe und Gülpınar innerhalb der anatolischen Chronologie das Chalkolithikum, werden in der Chronologie Griechenlands aber der Phase Spätneolithikum I zugeschrieben[6].

Für die westanatolische und ägäische Archäologie dieser sehr wenig bekannten Zeitstufe steuern diese Grabungen wesentliche neue Erkenntnisse bei. Da diese Siedlungen zumeist nicht lange Bestand hatten, sind sie nicht wie z. B. im Fall von Höyüks oberflächlich leicht auszumachen, sondern werden des Öfteren zufällig ans Tageslicht gebracht. Die Grabungen in Gülpınar stellen sicherlich eine Bereicherung für die Forschungen der Troas dieser Zeit dar[7]. Insbesondere für Archäologen, die sich mit der Frühgeschichte der Ägäis beschäftigen, war und ist die Troas dieser Zeitstufe immer von großem Interesse.

Es ist daher auch bemerkenswert, dass sich die Vergleiche zur Keramik aus Gülpınar in Siedlungen auf den ägäischen Inseln und im Osten Makedoniens finden. Diese Übereinstimmungen zeigen wiederum auf, dass zwischen den Völkern Westanatoliens, des Balkans, des griechischen Festlands und der ägäischen Inseln ein kultureller Austausch stattgefunden hat. Aufgrund der geographischen Lage der Troas hatte diese Region sicherlich eine große Rolle innerhalb dieses Netzes inne. Daher wird es sich bei der Siedlung in Gülpınar, am Südwestzipfel der Troas, gewiss ebenfalls um eine wichtige prähistorische Niederlassung gehandelt haben.

Während der Grabungen konnten wichtige Erkenntnisse hinsichtlich dieser „Küsten-Gemeinde" in der Troas gewonnen werden, insbesondere in Bezug auf ihre Bevölkerung und ihre Sitten. Innerhalb der ca. 30 cm dicken Kulturschicht haben sich Spuren von Steinarchitektur und Abdrücke von Holzpfeilern erhalten[8]. An einigen Stellen stehen die Steinmauern bis zu einer Höhe von 1 m an. Es wurden auch die bei diesen Siedlungen häufig anzutreffenden, in den Boden eingelassenen Öffnungen ans Tageslicht gebracht. Während der Grabungen wurden Knochen von Schafen, Ziegen, Kühen und von Hirschen sowie verschiedene Fischgräten und Muscheln und auch Pflanzenüberreste gefunden[9]. Diese steuern aufschlussreiche Erkenntnisse über die ökonomische Situation der Siedlung bei.

Die neuen Grabungen in Gülpınar erbringen auch neue Erkenntnisse hinsichtlich der Keramiktradition dieser Zeitstufe. Es ist bemerkenswert, dass neben Keramik guter Qualität,

---

5 Takaoğlu 2004; Takaoğlu 2006a; Takaoğlu 2006b.

6 Özgünel – Kaplan 2009, 409–410.

7 Takaoğlu 2006b.

8 Takaoğlu 2004; Takaoğlu 2006a; Takaoğlu 2006b.

9 Özgünel – Kaplan 2009, 411.

Abb. 3 Apollontempel: Restaurierung SW-Ecke

auch Stücke vorhanden sind, die stark poliert (Politürmuster Ware) und mit Ritzmustern verziert sind. Gefäße mit Hornhenkeln waren sehr beliebt und fanden häufig Verwendung. Besonderes Augenmerk gilt auch den figürlichen Terrakotten[10]. Hervorzuheben sei an dieser Stelle die Figur einer weinenden Frau, denn die unter den Augen vor dem Brand eingeritzten Linien können wohl als Tränen interpretiert werden[11].

Die weiteren Grabungen im chalkolithischen Gülpınar werden sicherlich auch in Zukunft neue und bereichernde wichtige Erkenntnisse in Bezug auf die Kulturgeschichte der Troas der Zeit vor Troja erbringen.

In den seit dem Jahr 1980 unter meiner Leitung geführten Forschungen konnten die Grabungen am Tempel selbst nunmehr abgeschlossen werden. Jedoch war es bei diesem für das antike Anatolien wichtigen, heute noch existierenden Tempel des Apollon Smintheus, der bis auf seine Fundamente zerstört wurde, nicht möglich, sich auf die Ausgrabung und Erforschung allein zu beschränken. Am Tempel wurden stets, wenn auch nur begrenzt, Restaurierungsmaßnahmen durchgeführt, um ein Bild seiner einstigen Gestalt zu vermitteln (*Abb. 3*)[12].

[10] Özgünel – Kaplan 2009, 410.

[11] Takaoğlu 2006b.

[12] Özgünel – Özturanlı 1985, 391 f.

Abb. 4 Apollontempel: Restaurierung von Cella und Pronaos

Im Rahmen der Wiederaufrichtung der Südwestecke des Tempels wurden drei Säulen der Peristasis sowie Teile der Westwand der Cella in dem Bereich, wo die Türwand in die Westwand einbindet, aus Originalmaterial sowie eine Nachahmung der Fundamentstreifen aus Tuff wieder aufgebaut (*Abb. 4*)[13]. Was das Umfeld des Tempels betrifft, insbesondere den Bezug des Tempels zu seiner Umgebung, so haben die Grabungen vor einigen Jahren auch in diesem Areal begonnen. Da einige der umliegenden Felder in Privatbesitz sind, konnten die Arbeiten nur mit Verzögerungen beginnen. Aber auch dieser zu verzeichnende Rückstand konnte durch den selbstlosen Einsatz des Teams wieder eingeholt werden.

Was das Heiligtum der archaischen und klassischen Zeit betrifft, so haben sich zwar keine architektonischen Überreste erhalten, aber einige Antefixe, Dachziegel und Kleinfunde weisen in diese Zeit. Um dahingehend aufschlussreichere Ergebnisse erzielen zu können, müssten die zwei am äußersten Rand der heutigen Siedlung liegenden – also unmittelbar an das Heiligtum grenzenden – Ölfabriken vollständig abgerissen werden. Unsere Bemühungen in dieser Hinsicht werden fortgesetzt.

---

13 Özgünel – Kaplan 2009, 426.

Wasserdepots (*Abb. 5*)

Die Tatsache, dass das Heiligtum an einer heiligen Quelle errichtet wurde, hat zum einen sicherlich die Gestaltung der Architektur an sich als auch den Bau zahlreicher mit Wasser in Verbindung stehender Anlagen veranlasst[14]. Die ca. 14–16 m von der Langseite des Tempels entfernten Sammelbecken fallen daher ins Auge – durch ihre Planung und ihre Architektur. Generell nahmen Wasserdepots innerhalb von Heiligtümern einen wichtigen Platz ein – denn dieser Bereich und die Gebäude befinden sich unmittelbar am Tempel.

Für den Bau des Tempels wurde der gewachsene Fels eingeebnet. An der – nach dem Tempel – höchsten Stelle des gewachsenen Felsens wurden die Wasserdepots nach Norden hin errichtet, die Geländebedingungen berücksichtigend. Während sich die Depots drei, vier und fünf auf dem höchsten Punkt des Felsens befinden, der auch nach Westen zu verfolgen ist, erstrecken sich die Depots eins und zwei nach Norden, wobei ihr Fußbodenniveau dem natürlichen Gefälle folgend tiefer liegt.

Da der gewachsene Fels auch zwischen dem Tempel und den Depots ansteht, war es gewährleistet, dass sowohl der Tempel als auch die Depots vor möglichen Wasserschäden geschützt waren. Der Unterschied besteht lediglich darin, dass der Tempel einen Boden aus Tuffstein und die Depots einen aus Kalkmörtel und Bruchsteinen aufweisen.

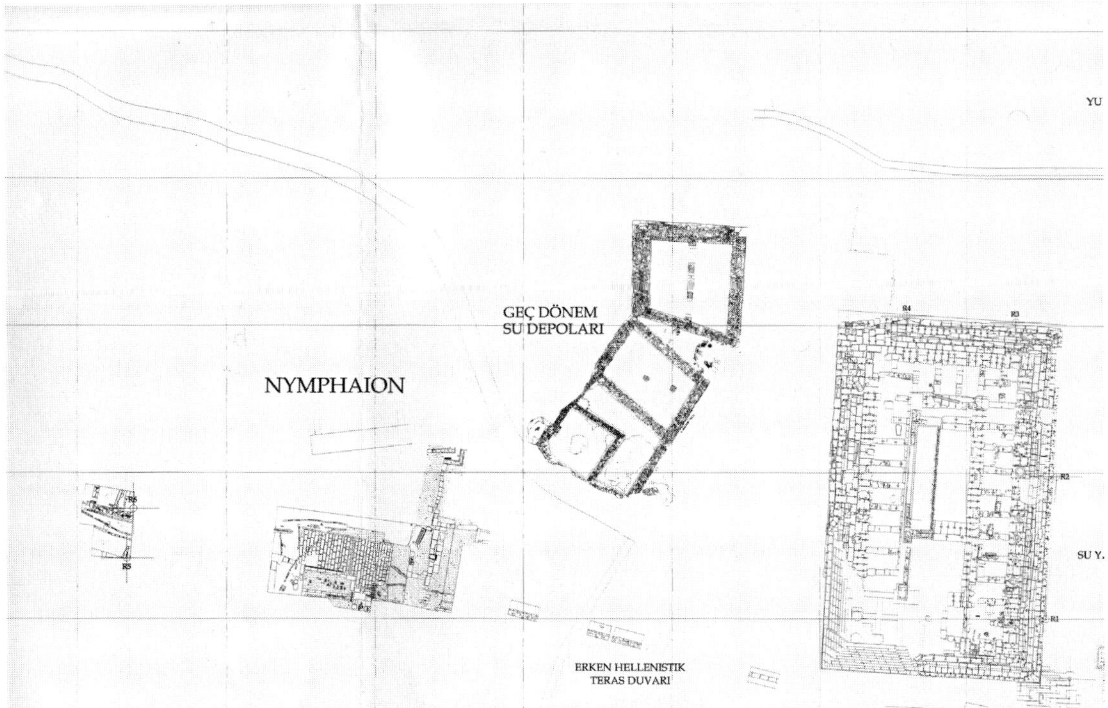

Abb. 5 Plan der Wasserdepots

14 Özgünel 2008, 41–43.

Abb. 6 Wasserdepot 1

Das **Depot Nummer 1** ist am besten erhalten und fasst gleichzeitig das größte Volumen (*Abb. 6*)[15]. Das während der Grabungen des Jahres 2006 ans Tageslicht gebrachte Depot steht in keiner Weise parallel zum Tempel und weist auch in sich einen schiefen Grundriss auf. Die längste Seite misst 16 m und die kürzeste 13 m. Unter Berücksichtigung des Gefälles, sind die Nordwest- und Südwest-Seite kürzer als die dem Tempel am nächsten stehende Front. Diese Längenunterschiede beeinflussten auch die Mauerstärken – so weisen die kürzeren Mauern eine Stärke von 2,23 m, die dem Tempel am nächsten stehende hingegen nur eine Dicke von 1,88 m auf. Neben den Unterschieden der Mauerstärken und Mauerlängen finden sich auch unterschiedliche Bautechniken. So bilden die kürzeren Mauern einen stumpfen Winkel, und die Bearbeitung des Mauerwerks wird zur Tempelfront hin sorgfältiger[16].

Wie bereits erwähnt beträgt die Mauerstärke der westlichen kürzeren Mauer 2,23 m und die dem Tempel zugewandte Flanke 1,88 m. Entgegen der gewohnten Bautechnik mit Quadermauerwerk ist die Mauer hier aus Bruchsteinen gebaut worden. Lediglich an den Ecken und an der Außenfassade fanden Kalksteinblöcke Verwendung. Einer horizontalen Lage von Quadern folgt eine vertikale, sich nach oben hin immer mehr verjüngend.

15 Özgünel 2008, 40–43.

16 Özgünel – Kaplan 2009, 411–412.

Zwischen den Blöcken wurden keine Klammern oder ähnliche Verbindungselemente festgestellt; es wurde lediglich Mörtel verwendet. Zwischen diesen Blöcken wurden mit Mörtel fixierte Bruchsteine platziert, mit der geglätteten Fläche zur Front gerichtet.

An allen Ecken des Gebäudes befinden sich als Eckverstärkungen Quaderblöcke und alle Innenwände bestehen aus Bruchsteinmauerwerk. Aber trotz dieser soliden Bauweise litt das Gebäude, das sehr lange genutzt wurde, an einigen Stellen, was sehr deutlich an den Rissen und erneuten Verspachtelungen an der westlichen verstärkten Wange zu erkennen ist.

Neben den Wänden sind als weitere tragende Elemente die in Nordsüd-Richtung gespannten und das Wasserdepot in zwei Bereiche teilenden Bögen zu nennen. Bei einem Gebäude, dessen Fassungsvermögen bei ca. 380 Kubikmetern liegt, wurden die Bögen gleichzeitig als tragende Elemente für den Oberbau verwendet. Es handelt sich hier um drei Bögen gleicher Größe und Form. Die Pfeiler des in der Mitte stehenden Bogens stehen frei, hingegen sind die der beiden anderen in die jeweilige Wand integriert. Die Spannweite der Bögen beträgt 2,60 m. Jeder einzelne Pfeiler besteht aus 4 massiven Spiegelquadern.

Bei der Untersuchung der einzelnen Bogensegmente konnte eine Höhe von 2,70 m bis zur Unterkante und eine Höhe von 3,15 m bis zur Oberkante des Schlusssteines gemessen werden. Jeder Bogen besteht aus insgesamt 13 Bogensteinen, einschließlich des Schlusssteins. Die Innenseiten der Blöcke wurden an beiden Seiten bis zu 11–15 cm geglättet. Diese Spuren sind wohl auf das Gerüst und die Schale für die Setzung der einzelnen Segmente zurückzuführen. Den Befunden zufolge fand in den Zwischenräumen der Bogensegmente und an den Pfeilern die gleiche Bautechnik Verwendung wie an den Außenwänden bzw. den Eckverstärkungen, nämlich Mörtel und mit Mörtel fixierte Bruchsteine.

Während der Grabungen in dem 3 m tiefen Wasserreservoir wurden keinerlei Funde gemacht, die Aufschluss über das Dach geben könnten. Die einzigen Hinweise geben die im Norden und Westen erhaltenen Mauerreste, die eine andere Technik und geringere Stärke aufweisen als die tragenden Wände. Da keine weiteren Befunde diesbezüglich vorhanden sind, verstärkte sich der Gedanke an ein Tonnengewölbe. Es ist davon auszugehen, dass das Gewölbe in späterer Zeit eingestürzt ist, aber der Bau trotzdem weitergenutzt wurde. Der Eingang in das Depot erfolgte von Süden her, wo sich unmittelbar neben dem Ansatz eines Bogenpfeilers eine Treppe befindet.

Was die Vorrichtung für die Wasserzufuhr in das Depot betrifft, so konnten diesbezüglich keine Befunde festgestellt werden. Allerdings befindet sich an der Ostecke 2,15 m über dem Bodenniveau eine Öffnung von 80 x 70 cm, die für den Wassereinlauf in das Reservoir gedient haben könnte.

Die Wasserverteilung erfolgte über Öffnungen, die in die kürzeste, aber gleichzeitig stärkste Mauer im Nordwesten eingelassen waren. Die Verteilung verlief über zwei Tonrohre. Die Mündung beider Leitungen weisen unterschiedliche Höhen auf, und auch der Durchmesser variiert. Es handelt sich demnach um den Hauptausgang des Wassers, der stets offen war. Der Höhenunterschied der innerhalb des Beckens festgestellten Tonleitungen

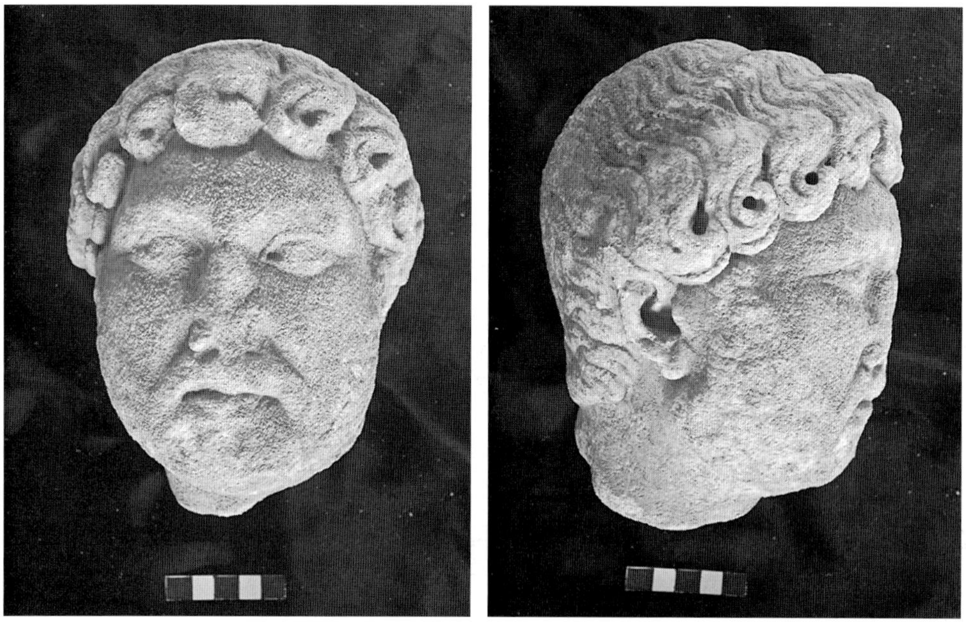

Abb. 7
Römischer
Porträtkopf

resultiert daraus, dass das erste Rohr wohl eher für die Ableitung des schmutzigen Wassers am Boden diente und die zweite Leitung für die Zufuhr des Frischwassers genutzt wurde.

Der Boden des Depots ist mit Steinplatten ausgelegt, auf die eine dicke Putzschicht aufgetragen wurde. Diese steigt zur Hauptöffnung hin 20 cm an. Im Gegensatz zu den an den Wänden festgestellten 4 verschiedenen Putzschichten, die auf Erneuerungsmaßnahmen deuten, konnten am Boden keinerlei Renovierungen konstatiert werden. An den Putzresten an den Wänden konnte nachvollzogen werden, dass für das Auftragen der neuen Schicht die Oberfläche des verfallenen Putzes an den Wänden angeraut wurde.

Das ca. 380 m^3 fassende Depot war mit unterschiedlichen Materialien verfüllt. Die Verfüllung bestand hauptsächlich aus Materialien des Tempels. Dazwischen haben sich einige figürliche Fragmente, die den Friesen am Tempel zuzuordnen sind, und auch Architekturteile erhalten. Zu nennen seien an dieser Stelle Architekturelemente aus türkisem Gestein, Profilleisten, Eierstäbe und Kymatien. Außerdem wurden zahlreiche, hauptsächlich ins 11.–12. Jh. datierte glasierte Amphoren, wie sie heute noch in Verwendung sind, und andere glasierte Keramik aus byzantinischer Zeit gefunden. In dieser Zeit wurde, während der Tempel bis auf seine Grundmauern abgerissen wurde, der Schutt – darunter auch die Architektur- und Friesfragmente – für die Verfüllung des Wasserdepots genutzt.

An die Südwestecke des Wasserdepots Nummer 1 schließt das **Reservoir Nummer 2** an, das einen Grundriss ın der Form eines Parallelogramms aufweist[17]. Das Gebäude misst 15 x 10 m, und das Bodenniveau liegt höher als bei Depot Nummer 1. Die Mauerhöhe ist hier nicht so hoch erhalten, und die einzigen Gemeinsamkeiten zwischen beiden Reservoirs sind die Mauertechnik und das verwendete Baumaterial.

17 Özgünel – Kaplan 2009, 410–414.

Es ist anzunehmen, dass auch im zweiten Depot für die Wasserzufuhr das gleiche System mit zwei Tonleitungen Verwendung fand. Dieses wurde jedoch in der 2. Nutzungsphase verschlossen. Die Wasserumleitung erfolgte dann nur über ein Tonrohr in der Südwestwand.

Die aus der Verfüllung dieses Depots zu Tage gekommenen Skulpturfragmente unterscheiden sich sehr von denen des Tempels. Ein männlicher Kopf aus hadrianischer Zeit zeigt, dass im Heiligtum auch weitere Plastiken aufgestellt waren (*Abb. 7*). Der Kopf stellt das früheste Zeugnis der Verfüllung dieses Gebäudes dar. Daneben haben sich auch wieder zahlreiche Fragmente gefunden, die der Tempelarchitektur zuzuordnen sind. Es folgen Materialien der Spätantike, der osmanischen Zeit und der Moderne.

Werkstatt

In dem 5 m breiten Raum zwischen den Depots 1 und 2 konnte ein Mahlstein mit Schlegel aus Andesit geborgen werden, der in der Mitte einer mit Bruchsteinen kreisförmig angeordneten Steinreihe steht; westlich davon liegt ein weiteres einzelnes Becken aus Andesit [18]. Die umgebenden Bruchsteine sind auf der Innenseite verglast. Aus der Verfüllung des Innenraumes haben sich spätantike Ziegelfragmente sowie 8 bzw. 12 cm große Nägel gefunden. Es ist zu vermuten, dass die Ziegel und die Nägel zu dem Dach dieser Werkstatt gehörten.

Darüber hinaus konnten im Inneren Kalkschichten festgestellt werden. Diese Kalkschichten enthielten auch einige noch nicht ganz zersetzte Marmorfragmente, so dass man davon ausgehen kann, dass in byzantinischer Zeit an dieser Stelle der Marmor des Tempels zu Kalk gebrannt wurde. In der Verfüllung fand sich neben vermischten kleinteiligen Keramikfragmenten auch ein mit geometrischen Mustern verzierter Siegelabdruck aus Ton. Drei byzantinische Münzen datieren in die letzte Nutzungsphase dieser Anlage.

Das Depot Nummer 3

hat einen „L“ förmigen Grundriss, grenzt an die südwestliche Langseite von Reservoir 2 und liegt etwas tiefer als dieses[19]. Wie in Depot 1 und 2 ist die Neigung nach Westen hin orientiert. Die nördliche Mauer ist den Depots 2 und 3 gemeinsam. Auch hier wurden die Wände aus Bruchsteinen errichtet, wobei die am höchsten erhaltene 2,20 m misst, während die übrigen lediglich noch 50 cm hoch anstehen. Von den Tonleitungen, die das Wasser nach draußen leiteten, hat sich leider nichts erhalten. Jedoch ist zu vermuten, dass sich diese Einrichtung an der nördlichen, heute zerstörten Wand befunden hat. Innerhalb der Verfüllung wurden tönerne Antefixe (wie in Depot Nummer 2), ein marmornes Inschriftenfragment mit einer zehnzeiligen lateinischen Inschrift, verschiedene Elemente von Architekturdekoration wie Eierstäbe und Kymatien und zahlreiche Knochen von Schafen und Ziegen sowie Stierhörner gefunden.

---

[18] Özgünel – Kaplan 2009, 414–415.

[19] Özgünel – Kaplan 2009, 415–416.

Das Reservoir Nummer 4

liegt südwestlich von Nummer 3 und sah auf den ersten Blick wie ein Teil von diesem aus. Bei näherer Betrachtung jedoch stellte sich heraus, dass es sich um ein weiteres Gebäude mit quadratischem Grundriss handelt[20]. Die nordwestlichen Mauern haben sich teilweise erhalten, wobei die im Westen liegenden Wände bis auf das Bodenniveau zerstört sind. Was das Baumaterial betrifft, so entspricht es Depot Nummer 3, jedoch konnten hier auf dem Boden drei verschiedene Putzschichten unterschieden werden. Die westliche Ecke des Gebäudes ist in der Weise gestaltet, um dem Wasserdruck entgegen zu wirken. Der Grund für die Anlage der Wandpfeiler liegt sicherlich zum einen darin, das Dach zu tragen, zum anderen, um die zwei in der Mauer dahinter verbauten Fallrohre zu schützen.

Bei allen Wasserdepots wurde das gleiche Baumaterial verwendet, wobei hier auch Silex Verwendung fand, und bei allen wurde der anstehende Fels für die Errichtung geglättet.

Das Reservoir Nummer 5

grenzt an die Nordwest-Seite von Depot Nummer 4, wobei aber nur ein kleines Mauerstück erhalten geblieben ist[21]. Auch dieser Bau wurde aus Bruchsteinen und Mörtel errichtet. Das auf den gewachsenen Fels gegründete Depot ist das kleinste unter den hier gefundenen, und auch dieses wurde renoviert, wie zwei verschiedene Putzschichten zeigen. Auf dem Boden hat sich lediglich ein geringer Rest des einstigen Belages erhalten.

Die römische Thermenanlage (*Abb. 8. 9*)

In der römischen Kaiserzeit entwickelten sich die Thermen zu einem Mittelpunkt des gesellschaftlichen Lebens. Fanden in der Frühzeit Waschungen und Reinigungszeremonien statt, so waren diese zumeist religiös bedingt. Dieses wurde dann in der Welt der Griechen und Römer zu einem Alltagsgeschäft. In dieser Zeit der Verbreitung wurde ihre Existenz innerhalb von Heiligtümern nicht aufgegeben. In der Kaiserzeit entfalten sich die Thermen in jeder Hinsicht zu hervorragenden Gebäudekomplexen, an denen wichtige Entwicklungen und Neuerungen in der Architektur und im Ingenieurwesen zu beobachten sind.

Die Thermenanlage im Smintheion bildet ein Beispiel, in der alle diese Entwicklungen zu fassen sind. Zwar ist sie noch nicht vollständig ausgegraben, doch stellt sie sowohl durch den bisherigen Plan als auch durch die Funktion ein schönes Exempel der römischen Architektur und des Ingenieurwesens dieser Zeit dar.

Die Freilegung der fünf Wasserdepots während der Grabungskampagnen 2006 und 2007 in der unmittelbaren Umgebung des Tempels hatte gezeigt, dass Wasser und Gebäude, die mit Wasser in Verbindung standen, im Leben des Heiligtums eine wichtige Rolle spielten. Daher zielten die Grabungen des Jahres 2008 darauf ab, weitere Gebäude dieser Art freizulegen.

---

20 Özgünel – Kaplan 2009, 416–417.

21 Özgünel – Kaplan 2009, 417–418.

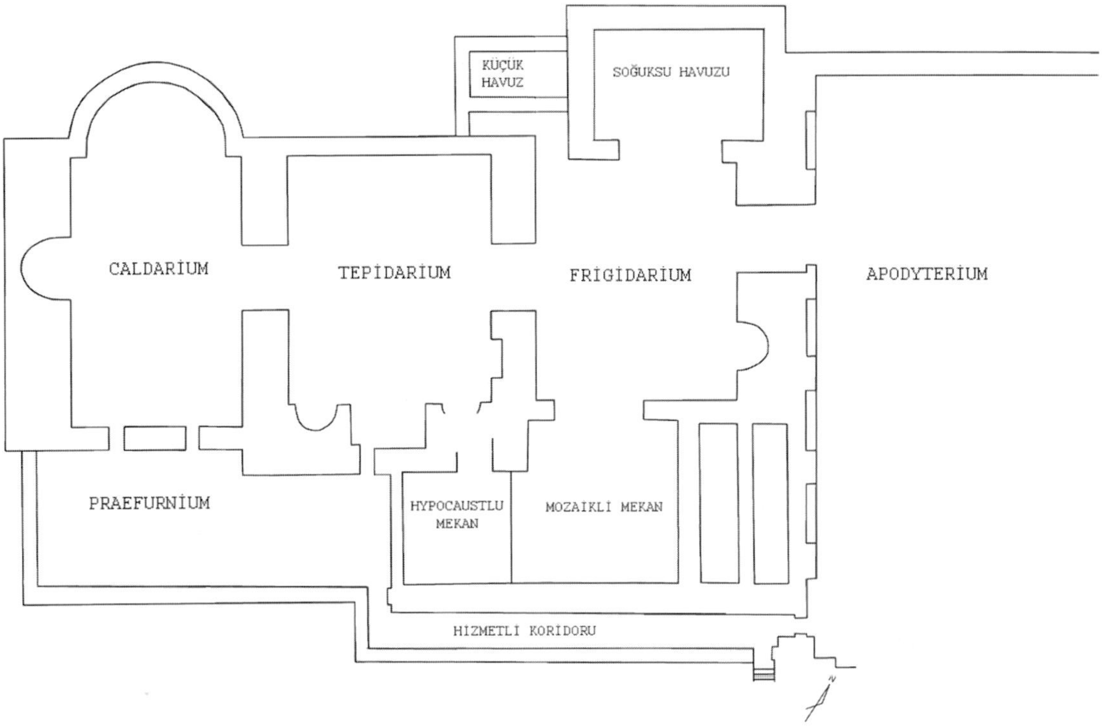

Abb. 8 Plan der römischen Thermen

Abb. 9 Römische Thermen, Gesamtansicht

Abb. 10 Römische Thermen, Caldarium

In einer Entfernung von ca. 57–60 m vom Tempel liegt die hier zu besprechende Badeanlage. Eine Wand der Therme stand noch aufrecht; aufgrund der Erosion bestand jedoch mittlerweile Einsturzgefahr. Durch die Grabungen war es zum einen möglich, einen Großteil des Gebäudes freizulegen, und zum anderen gleichzeitig Sicherungsmaßnahmen durchzuführen. So konnten während der Arbeiten 2008 und 2009 die gesamten Warmlufträume und andere Räume der Thermen freigelegt werden[22].

Das Caldarium ist der wärmste und monumentalste Raum der Thermen (*Abb. 10*). Die halbrunde Apsis an der Süd-West Fassade und die Nische an der Südwand des rechtekkigen Raums sind die wesentlichen Merkmale. Nur wenige *Hypokausten-Ziegel* sind auf dem Boden erhalten. Zwei Heißluftdurchgänge befinden sich an der Wand neben dem Praefurnium.

Das Tepidarium liegt zwischen Caldarium und Frigidarium. Zwei Nischen waren für Waschbecken bestimmt. Im Gegensatz zum Caldarium gab es hier nur einen Durchgang für die Heißluft. In diesem Raum sind die Hypokausten und Bodenverkleidungen wie im caldarium entfernt worden.

Die Heizanlage (Praefurnium) wurde neben dem Caldarium und Tepidarium gebaut. Alle Räume mit Fußbodenheizung waren durch eine oder zwei Öffnungen mit der Heizungsanlage verbunden.

[22] Das Apodyterium und die Palästra werden in den kommenden Jahren ausgegraben.

Abb. 11 Römische Thermen, Fußbodenmosaik

Längs der Vorderseite des Bades führt ein Korridor, der mit einem Gewölbe aus Bruchsteinen und Mörtel gedeckt war.

Zwischen dem Praefurnium, dem gewölbten Korridor und dem Tepidarium liegt ein Raum mit Hypokausten. Der Heißluftdurchgang des durch die Heizanlage erwärmten Raums ist noch sichtbar. Ausser den ca. 30 x 30 cm messenden Hypokausten wurden auch senkrecht gestellte Tonrohre verwendet.

Das Frigidarium liegt zwischen Tepidarium und Apodyterium. Im nordwestlichen Teil des Raumes befindet sich ein Kaltwasserbecken, im Nordosten eine Wasch-Nische und im Osten eine Nische mit einem Mosaikfußboden. Das Pflaster aus Kalkstein wurde in der byzantinischen Zeit entfernt und in verschiedenen Strukturen wiederverwendet.

An der Südost-Ecke des Frigidariums befindet sich ein einziger Raum mit Mosaikboden (*Abb. 11*). Die Dekoration des Mosaiks besteht ausschließlich aus floralen und geometrischen Motiven.

Vom Apodyterium konnte bisher nur ein Teil ausgegraben werden. Der Eingang zum Apodyterium befand sich der Nähe der südwestlichen Ecke. Dieser Eingang wurde in späterer Zeit geschlossen.

Eine monumentale Straße verläuft in ost-westlicher Richtung. Beiderseits der Strasse kamen insgesamt 19 Statuenbasen zutage. Alle Basen ähneln einander und tragen meistens Inschriften. Wahrscheinlich trugen diese Denkmäler die Ehreninschriften

Abb. 12 „Heilige Straße"

und die Porträtstatuen der preisgekrönten Sportler in den Wettbewerben, die im Rahmen der Festspiele zu Ehren des Apollo Smintheus stattfanden (*Abb. 12*).

Abschließend ist zu sagen, dass es durch die Grabungskampagnen der letzten Jahre in Gülpınar möglich war, eine Siedlungskontinuität seit dem Chalkolithikum festzustellen. Wie es in archaischen Heiligtümern des Apollon üblich war, bestand auch hier eine Verbindung zwischen dem Tempel und einer heiligen Quelle. Der Schwerpunkt der zukünftigen Grabungen in Gülpınar wird zum einen dem Bezug zwischen der heiligen Strasse und den umliegenden Bauten, zum anderen der Anbindung des Heiligtums an die anderen Städte der Troas gelten.

Literaturverzeichnis

Kaplan 2007 — D. Kaplan, Khrysa?/Gülpınar'daki Apollon Smintheus Kültü Üzerine Gözlemler, in: E. Öztepe – M. Kadıoğlu, Patronvs: Coşkun Özgünel'e 65. Yaş Armağanı = Festschrift für Coşkun Özgünel zum 65. Geburtstag (Istanbul 2007) 231–239

Kayan 1994 — İ. Kayan, Tuzla Ovasının (Ayvacık-Çanakkale) Alüvyal Jeomorfolojisi ve Holosen'deki Kıyı Çizgisi Değişimleri (Izmir 1994)

Özgünel – Özturanlı 1984 — C. Özgünel – G. Özturanlı, Gülpınar Apollon Smintheus Tapınağı Kazıları 1982–1983 Yıllarında Gerçekleştirilen Kaide Onarım Çalışmaları, KST 6, 1984, 391 f.

Özgünel 2001 — C. Özgünel, Troas'ta Kutsal Bir Alan: Smintheion (Ankara 2001)

Özgünel 2004 — C. Özgünel, Smintheion 2003 (24.Yıl), KST 26.2, 2004, 303–310

Özgünel 2008 — C. Özgünel, 2006 Yılı Gülpınar Kazıları (27.Yıl), KST 29.2, 2008, 39–52

Özgünel – Kaplan 2009 — C. Özgünel – D. Kaplan, 2007 Gülpınar-Smintheion Kazı Çalışmaları (28. Yıl), KST 30.4, 2009, 409–432

Takaoğlu 2004 — T. Takaoğlu, Interactions in the Fifth Millennium B.C. Eastern Aegean: New Evidence, Anatolia Antiqua 12, 2004, 1–6

Takaoğlu 2006a — T. Takaoğlu, The Late Neolithic in the Eastern Aegean: Excavations at Gülpınar in the Troad, Hesperia 75, 2006, 289–315

Takaoğlu 2006b — T. Takaoğlu, A Prehistoric Mourning Figurine from Gülpınar in North-western Anatolia, Archaeology, Anatolia and Eurasia 2, 2006, 3–7

T. Schulz (Hrsg.), *Dipteros und Pseudodipteros. Bauhistorische und archäologische Forschungen*, BYZAS 12 (2012) 155-164

Stilistische Untersuchungen der Reliefplastik des Tempels des Apollon Smintheios

Erhan ÖZTEPE

Zusammenfassung

Der Apollon Smintheus Tempel in der Troas nimmt mit seinen Reliefs einen besonderen Platz in der hellenistischen Kunst in Kleinasien ein. Diese Arbeit beschäftigt sich mit den stilistischen Ergebnissen der Reliefplastik am Smintheion. Die verschiedenen Möglichkeiten bei der Komposition des Reliefs am Tempel, wie Grundparallelität oder Figurengruppierung, treten nebeneinander in den Szenen auf. Aufgrund des Gestaltungsprinzips und der verschiedenen Stilrichtungen lässt sich der Telephosfries in Pergamon gut mit der Reliefplastik des Smintheion vergleichen. Die Bauplastik des Smintheion kann ihrem Stil und den Einzelheiten in der Reliefgebung nach zwischen dem Telephosfries am Großen Altar in Pergamon und dem Fries des Artemis Tempels in Magnesia am Mäander angesiedelt werden, also in das dritte Viertel des 2. Jh. v. Chr.

Der Tempel des Apollon Smintheus in der Troas, beim heutigen Dorf Gülpınar im Bezirk Ayvacık, ist in seiner Verbindung von Säulentrommeln mit Relief und Friesplatten ein singuläres Beispiel für einen ionischen Pseudodipteros mit reichem figürlichem Schmuck. Die seit 1980 am Heiligtum unter der Leitung von Coşkun Özgünel der Universität Ankara durchgeführten Ausgrabungen ermöglichen eine konkrete Vorstellung vom einstigen Aussehen des Tempels und seines Bildschmucks. Vor den und während der Özgünel-Grabungen am Smintheion sind insgesamt 19 Friesplatten und 6 Säulentrommeln mit figürlichen und ornamentalen Reliefs ans Tageslicht gekommen. In den letzten drei Jahren haben wir zwei weitere Säulentrommeln mit figürlichen Darstellungen in der Umgebung des Dorfes Gülpınar gefunden. Die Ikonographie der Reliefplastik am Smintheion wurde bereits überzeugend vom Grabungsleiter Coşkun Özgünel vorgestellt, wonach die Reliefplastik des Tempels Szenen der Ilias wiedergibt[1]. Stilistisch wurde die Reliefplastik bislang wenig diskutiert, was mit dem vorliegenden Beitrag nachgeholt werden soll[2].

---

[1] Özgünel 1990–1991, 49–53; Özgünel 2001, 101–213; Özgünel 2002, 53–99; Özgünel 2003, 261–291.

[2] Öztepe 1999; Öztepe 2004, 221–234.

Abb. 1 Apollon Smintheus Tempel Friesplatte 4

Der größte Teil der Bauplastik am Smintheion wird heute vor Ort im Museum ausgestellt. Bedauerlicherweise sind die vollständig erhaltenen Reliefplastiken am Apollon-Smintheus Tempel nicht besonders gut erhalten. Jedoch können trotz des schlechten Erhaltungszustandes bei der Betrachtung der Gesamtdarstellung einige stilistische Eigenschaften erkannt werden.

Bei einer Durchsicht aller bislang gefundener Friesplatten sowie Säulentrommeln fällt auf, dass eine Szene nicht der Länge einer Platte entspricht, sondern sich auf einige Blökke ausdehnen kann. Mit anderen Worten könnte man sagen, dass nicht jede Platte oder Säulentrommel für eine Szene geplant wurde. Die Länge der Szenen hängt vom Thema oder der Gruppierung der aneinandergerückten und auseinandergezogenen Figuren ab. Zum Beispiel ist Friesplatte 4 in zwei Szenen gegliedert (*Abb. 1*). Auf der rechten Hälfte der Friesplatte werden drei sitzende männliche Figuren dargestellt. Links sitzt ein Mann auf einem Baumstamm und wendet sich den anderen Figuren rechts vom ihm zu. Die in der Mitte sitzende Figur ist ebenfalls nach rechts gerichtet. Beide sind halbnackt und sitzen nebeneinander in einer Schrägstellung vor dem Reliefgrund. Am rechten Rand der Friesplatte erkennt man einen weiteren Mann, der auf einem felsigen Untergrund sitzt. Er ist in Frontalansicht dargestellt.

Die nebeneinander sitzenden Figuren erinnern an Kompositionen, die in einem Halbkreis angeordnete Figuren zeigen. Diese sind in einer Reihe von Beispielen vom 4. Jh. v. Chr. bis in hellenistische Zeit bekannt. Die Vergleichsbeispiele können grob in zwei Gruppen geteilt werden: 1.) die Reliefs und Vasenmalerei aus dem 4. Jh. v. Chr. und 2.) Darstellungen der Sieben Weisen und ähnliche Ikonographie aus hellenistischer Zeit[3].

[3] Vgl. zu einer allgemeinen Diskussion über die hellenistischen Halbkreiskompositionen A. von Salis, Der Altar von Pergamon (Berlin 1912) 134–139; Osada 1993, 45–47.

Als Beispiele aus dem 4. Jh. v. Chr. seien ein Weihrelief aus Megara in Berlin[4], ein Urkundenrelief des Jahres 347–346 v. Chr.[5] und das Nymphenrelief aus Vari[6] genannt. Auf dem Weihrelief aus Megara lässt sich die ringförmige Anordnung der Figuren nach oben statt in die Tiefe verlängern. Bei den anderen Beispielen des 4. Jh. v. Chr. wird durch allmähliche Staffelung der Figuren eine Halbkreiskomposition in die Tiefe erreicht[7].

Auf dem Urkundenrelief des Jahres 347–346 v. Chr. bilden die Könige des bosporanischen Reiches ein Viertel einer Halbkreiskomposition. Eine ähnliche Komposition findet sich bei den zwei Nymphenreliefs aus Vari sowie Athen[8] und auf den Philosophenmosaiken aus Neapel[9]. Aus dem 2. Jh. v. Chr. bildet der Telephosfries das wichtigste Beispiel. An der Plattenfolge 38–40[10], auf denen Telephos bei den Argiverfürsten ist, sind die Figuren in einem Halbkreis angeordnet. Die Tiefenstaffelung ist von beiden Seiten der Gruppe zu der fast in Vorderansicht stehenden Figur geführt. Diese Komposition erinnert an die Szene auf der Friesplatte aus dem Smintheion, so dass angenommen werden kann, dass noch weitere Figuren auf der anschließenden Platte dargestellt waren.

Betrachtet man die Reliefplatten aus dem Heiligtum des Apollon-Tempels insgesamt, fällt auf, dass die Figuren meistens die gesamte Plattenhöhe ausfüllen. So sind z. B. auf der Platte 2 (*Abb. 2*) ein Krieger mit Brustpanzer und auf Platte 9 (*Abb. 3*) ein alter bärtiger, nach rechts gerichteter Mann im Vordergrund dargestellt. Auf beiden Platten füllen die Figuren die gesamte Höhe zwischen Deckleiste und Bodenleiste aus. Durch die Wiedergabe der Figuren und Gruppen im Vordergrund oder in der vorderen Ebene des Darstellungsfeldes sollen diese betont werden. Auf Platte 4 wurde die linke Gruppe durch ihre Anordnung im vorderen Reliefgrund betont. Der auf der linken Ecke der Kline sitzende Mann reicht mit seinem Kopf bis zum oberen Abschluss der Platte. Die Figur füllt den ganzen Bereich zwischen Deck- und Bodenleiste aus. An der rechten Hälfte der Platte reichen die Köpfe der sitzenden Männer nicht bis zum oberen Abschluss der Platte, wodurch ein freier Streifen auf dem Reliefgrund entsteht. Dieser große Abstand der Figuren zum oberen Reliefabschluss ist bemerkenswert. Es entsteht ein „hoher Luftraum"[11], der über den sitzenden Figuren eine räumliche Atmosphäre suggeriert. Die rechte Gruppe ist

---

[4] C. Blümel, Die klassisch-griechischen Skulpturen der Staatlichen Museen zu Berlin (Berlin 1966) Nr. 71, Taf.103; Heres-von Littrow 1970, 109 Anm. 48; Osada 1993, 45.

[5] H. Speier, Zweifiguren-Gruppen im 5. und 4. Jh. v. Chr., RM 47, 1932, Taf. 22, 1; Heres-von Littrow 1970, 108; Osada 1993, 45.

[6] Speier a. O. (Anm. 5) 76 Taf. 22, 3; W. Fuchs, Attische Nymphenreliefs, AM 77, 1962, 247 Beil. 67; Heres-von Littrow 1970, 108; Osada 1993, 45–47.

[7] Vgl. zu den Beispielen aus dem 4. Jh. v. Chr. s. Heres-von Littrow 1970, 109 Anm. 49; Osada 1993, 45–46.

[8] H. Froning, Marmor-Schmuckreliefs mit griechischen Mythen im 1. Jh. v. Chr. (Mainz 1981) 53 f. Anm. 33 Taf. 51; Osada 1993, 45.

[9] G. M. A. Richter, The Portraits of the Greeks I (London 1965) 82 mit Literatur Abb. 316. 319; zum Vorbild der beiden Philosophenmosaiken aus Neapel vgl. Heres-von Littrow 1970, 109–110; Osada 1993, 47–50.

[10] H. Winnefeld, Die Friese des grossen Altars, AvP 3,2 (Berlin 1910) 188–191 Taf. 33; von Salis a. O. (Anm. 3) 134–141 Abb. 27; G. Bruns, Der grosse Altar von Pergamon (Berlin 1949) Abb. 48; A. Schober, Die Kunst von Pergamon (Innsbruck-Wien 1951) 102 Abb.57; E. M. Schmidt, Der grosse Altar zu Pergamon (Leipzig 1961) 73–74 Taf. 67; K. P. Stähler, Das Unklassische im Telephosfries (Münster 1966) 173–176 Taf. 24; Heres-von Littrow 1970, 107–110 Taf. 9; C. Bauchhenss-Thüriedl, Der Mythos von Telephos in der antiken Bildkunst (Würzburg 1971) 58 f.; Osada 1993, 45–50.

[11] Heres-von Littrow 1970, 104.

Abb. 2
Apollon
Smintheus
Tempel
Friesplatte 2

Abb. 3
Apollon
Smintheus
Tempel
Friesplatte 9
(Zeichnung)

an den Reliefgrund zurückgeschoben, ein wenig im Hintergrund dargestellt, während die linke Gruppe durch ihre Anordnung im Vordergrund betont wird (*Abb. 3*).

Dieses Gestaltungprinzip ist in ähnlicher Weise auch bei einigen Beispielen hellenistischer Zeit zu beobachten, so z. B. auf der Platte 10 des Telephosfrieses[12]. Diese Darstellungsweise der „räumlichen Öffnung der Reliefbühne" hat schon Kähler als ein Charakteristikum des Telephosfrieses erkannt[13]. An dieser Platte wurde König Teuthras von Mysien mit seinem Gefolge dargestellt. Zwischen den Figuren sowie zum oberen Abschluss der Platte existiert ein hoher Luftraum. Wie schon von Littrow betont, wird die Reliefbühne anhand dieses freien Raums nach vorne geöffnet und verliert auch nach hinten ihre feste Begrenzung[14]. Dadurch wirkt der Reliefgrund wie ein grenzenloser Raum.

---

12 Winnefeld a. O. (Anm. 10) 167 f. Taf. 32, 5; Schmidt a. O. (Anm. 10) 72 Taf. 61; R. Dreyfus – E. Schraudolph (eds.), Pergamon. The Telephos Frieze from the Great Altar (San Francisco 1996) 58 f.

13 H. Kähler, Der Große Fries von Pergamon (Berlin 1948) 176 Anm. 31; s. dazu Heres-von Littrow 1970, 104.

14 Heres-von Littrow 1970, 104.

Als ein weiteres Beispiel seien die Friesblöcke eines hellenistischen Altars aus Knidos erwähnt, auf denen der große Abstand zwischen den Köpfen der Figuren und dem Reliefabschluss auffällig ist[15].

Der Reliefgrund auf den Friesplatten des Smintheion ist von besonderer Bedeutung. Zwischen den Figuren sind größere und kleinere Flächen sichtbar. Mann kann hier nicht von einem *horror vacui* sprechen. Teils sind die Figuren dichter aneinandergerückt, teils etwas auseinandergezogen. Auf einigen Szenen stehen die Figuren isoliert nebeneinander. Der Reliefgrund ist sowohl zwischen den Figurengruppen als auch zwischen den isolierten Figuren zu erkennen. Mit Hilfe der Schrägstellungen und Drehungen der Figuren ins Halb- oder Dreiviertelprofil wird Räumlichkeit geschaffen. Jedoch existieren keine komplizierten Überschneidungen. Auf einigen Platten sind die Figuren in zwei Reihen übereinander wiedergegeben.

Abb. 4 Apollon Smintheus Tempel Säulentrommel 3

Auf einigen Platten und Figuralsäulentrommeln, auf denen die Figuren isoliert stehen, wurde mithilfe von Drehungen und Wendungen wie bei den hohen Reliefs eine beschränkte Räumlichkeit erzielt. Die Raumwirkung wird allein von den Figuren getragen (*Abb.4*). Der Reliefgrund bildet den hinteren Abschluss und die Szene läuft im Vordergrund ab.

Innerhalb der hellenistischen Beispiele sind z. B. auf dem hellenistischen Fries des Dionysosaltars in Kos häufig isolierte Figuren mit einer Drehung dargestellt[16]. Es existieren keine komplizierten Überschneidungen, so dass zwischen den Figuren der Reliefgrund zu erkennen ist. Die Figuren agieren vor dem Reliefgrund, der als feste Grenze gilt. Eine Räumlichkeit wird nur anhand der Darstellungen der Figuren im Halb – oder Dreiviertelprofil geschaffen, nicht durch die Gesamtkomposition. Daher ist der Altarfries aus Kos mit den hier besprochenen Reliefs aus dem Smintheion vergleichbar.

Als weiteres Beispiel aus dem 2. Jh. v. Chr. sei der Apollontempel in Alabanda genannt. Zwei der Friesplatten des Apollontempels sind zwar erhalten, jedoch in einem

---

15 Bruns-Özgan 1995, 240–245. 261 Nr. A7. A8. A9 Abb. 2–5.

16 N. Ch. Stampolides, Ο βωμός του Διονύσου στην Κω (Athen 1981) 439–456 Abb. 1–16, bes. Abb. 1–2. 5–6. 11. 15.

schlechten Erhaltungszustand[17]. Auch hier sind zwischen den Figuren größere und kleinere Flächen des Reliefgrunds sichtbar, und die Räumlichkeit wurde mithilfe des hohen Reliefs geschaffen.

Auf den Platten am Smintheion mit der Darstellung eines Zweigespanns sind die Figuren grundparallel wiedergegeben[18]. Die Bewegungen sind parallel zum Reliefgrund ausgerichtet. Die Pferde und Wagen sind im Profil wiedergegeben, wodurch ein bildparalleler, rückwärtiger Abschluss der Szene entsteht. Bei diesen Platten ist die Darstellung offenbar bewusst altertümlich gestaltet. Dieses Gestaltungsprinzip war in klassischer Zeit verbreitet.

Auf der Platte 9 am Smintheion ist das im Hintergrund stehende Pferd bemerkenswert. Der Kopf des stillstehenden Tieres ist zurückgewand und erscheint dadurch wie umgeklappt. Durch die Kopfdrehung des Pferdes entsteht eine beschränkte Räumlichkeit. Dieses Darstellungsprinzip ist in der hellenistischen Zeit sehr beliebt. Als Beispiele seien der Fries am Reiterdenkmal des Aemilius Paullus in Delphi[19], das Lecce-Relief in Budapest[20], der Rundaltar in Budapest[21] und eine vergoldete Tonapplik aus Tarent[22] genannt. Auf dem Fries am Reiterdenkmal des Aemilius Paullus in Delphi schiebt das reiterlose Pferd mit seinem gedrehten Kopf den Reliefgrund zurück. Mithilfe des in die Tiefe des Bildes gehenden Pferdes ist in diesem einzelnen Reliefbild ein eigener Raum geschaffen. Ein ähnliches Verhältnis zum Reliefgrund ist auch auf dem Relief aus Lecce zu beobachten. Es handelt sich hierbei um ein künstlerisches Gestaltungsprinzip, das in hellenistischer Zeit weit verbreitet war[23].

Die Platte 3 am Smintheion zeigt eine Kampfszene. Beide Krieger stehen sich in einer Kampfhaltung gegenüber. Die Körper der Krieger sind V-förmig angeordnet[24]. Der linke Krieger ist von vorne, der rechte von hinten dargestellt. Hier handelt es sich um das in V- oder trapezähnlicher Form aufgebaute Figurenschema. Diese Anordnung der

---

17 Edhem-Bey, Fouilles d'Alabanda en Carie. Rapport sommaire sur la première campagne (1905), CRAI 1905, 448 f. Abb. 5; Edhem-Bey, Fouilles d'Alabanda. Rapport sommaire sur la seconde campagne, CRAI 1906, 415 f. Abb. 7.

18 Vgl. die Friesplatten 2, 7, 9, 10, 16. – *Friesplatte 2*: s. hier *Abb. 2*; Özgünel 1990–1991, 52 (Friz II.vi); Özgünel 2001, 122–127 Abb. 16 Taf. 95–96; Özgünel 2002, 61 f. Abb. 18; Özgünel 2003, 271–273 Abb. 18–19; Öztepe 2004, 228 Abb. 6; – *Friesplatte 7*: Özgünel 1990–1991, 52 (Friz II.viii.); P. Webb, Hellenistic Architectural Sculpture: Figural Motifs in Western Anatolia and Aegean Islands (Wisconsin 1996) 53 Abb. 10; Özgünel 2001, 149–159 Abb. 21, Taf. 104. 105; Özgünel 2002, Abb. 23; Özgünel 2003, 276–280 Abb. 28–29; Öztepe 2004, 223 Anm. 19 Abb. 2; – *Friesplatte 9*: s. hier *Abb. 3*; H. Weber, Zum Apollon Smintheus-Tempel in der Troas, IstMitt 16, 1966, 108 f. Taf. 14, 1; Özgünel 1990–1991, 52 (Friz II.x); Webb a. O. 53, Abb. 11; Özgünel 2001, 164–170 Abb. 23 Taf. 108–109; Özgünel 2002, 80–82 Abb. 25; Özgünel 2003, 280 Abb. 32–33; Öztepe 2004, 223 Abb. 3; – *Friesplatte 10:* Özgünel 2001, 171–173 Abb. 24 Taf. 110; Özgünel 2003, 280–282 Abb. 34–35; – *Friesplatte 16*: Özgünel 2001, 200–202 Abb. 29 Taf. 121.

19 Weber a. O. (Anm. 18) 109; H. Kähler, Der Fries vom Reiterdenkmal des Aemilius Paullus in Delphi (Berlin 1965) Taf. 1, 15; G. Lippold, Die griechische Plastik, Handbuch der Archäologie 3,1 (München 1950) 351 Taf. 125, 2.

20 Kähler a. O. (Anm. 13) 19 f. Taf. 23b; G. Hafner, Sieg und Frieden. Zur Deutung des Reiterreliefs vom Forum Romanum, JdI 93, 1978, 247 f. Abb. 19.

21 A. Hekler, Die Sammlung antiker Skulpturen. Die Budapester Sammlungen (Wien 1929) 84 Nr. 75.

22 U. Sinn, Antike Terrakotten. Katalog der Staatlichen Kunstsammlungen Kassel (Kassel 1977) Nr. 102 l. m. Taf. 34.

23 Osada 1993, 29.

24 Weber a. O. (Anm. 18) 110.

Abb. 5 Apollon Smintheus Tempel Friesplatte 3

Kampfgruppe am Smintheion erinnert an einige Szenen am großen Fries und Telephosfries des Zeusaltares von Pergamon. So z. B. auf der Ostseite des großen Frieses in der Zeus-Gruppe[25]. Im Unterschied zu unserer Kampfgruppe besteht die pergamenische Gruppe aus einer Dreierkomposition. Zwei Personen, Zeus und Porphyrion, flankieren eine dritte Person in ihrer Mitte. Im großen Fries sind insgesamt sechs weitere Kampfgruppen zu beobachten, die ein V – oder trapezähnliches Figurenschema aufweisen[26]. Auf der Plattenfolge 22–24 des Telephosfrieses, auf denen Hiera im Kampf gegen die Griechen dargestellt ist, handelt sich wie auf dem großen Fries um eine Dreierkomposition[27]. Die beiden griechischen Krieger bilden die äußeren Grenzen der Kampfgruppe. Das Bild öffnet sich fächerförmig nach oben. Dieser von Krahmer[28] im Telephosfries betonte Gruppenaufbau ohne Mittelachse tritt auch an der Platte 3 am Smintheion auf (*Abb. 5*).

Mit den aneinandergerückten und auseinandergezogenen Figuren sowie den unterschiedlichen Szenenlängen gewinnt der Fries am Smintheion einen fließenden Verlauf. Dieser ist aber nicht einheitlich. Der Verlauf wird durch das Verhältnis der Figuren zum Reliefgrund unterstützt. Diese fließende Friesabfolge ist auch bei weiteren hellenistischen Beispielen zu beobachten, so z. B. auf dem Fries des Dionysosaltars in Kos[29] und des Telephosfrieses aus Pergamon[30]. Der große Fries am Pergamonaltar weist dagegen einen eher monotonen Verlauf auf.

Die Datierung des Apollon-Tempels in Gülpınar schwankt den neueren Forschungen nach zwischen dem Beginn des 3. Jhs. und dem Ende des 2. Jhs. v. Chr.[31] Die Bauplastik wird

---

25 Kähler a. O. (Anm. 13) Taf. 2, Bruns a. O. (Anm. 12) Abb. 25, Schober a. O. (Anm. 10) Abb. 42.

26 Kähler a. O. (Anm. 13) Taf. 2. 6. 11. 13. 14. 24.

27 Winnefeld a. O. (Anm. 10) Taf. 35, 1; von Salis a. O. (Anm. 3) 130–132 Abb. 25.

28 G. Krahmer, Stilphasen der hellenistischen Plastik, RM 38–39, 1923–1924, 147 f.

29 Stampolidis a. O. (Anm. 16) 439–456 Abb. 1–16

30 Vgl. zu den verschiedenen Reliefgestaltungen des Telephosfrieses s. Heres-von Littrow 1970, 103–121 Taf. 8–14.

31 U. Süssenbach, Der Frühhellenismus im griechischen Kampfrelief (Bonn 1971) 82 (140 v. Chr.); A. Yaylalı, Der Fries des Artemisions von Magnesia am Maeander, IstMitt Beih. 15 (Tübingen 1976) 129 (150 v. Chr.); N. Chr. Stampolidis, Hermogenes, sein Werk und seine Schule vom Ende des 3. bis zum Ende 1. Jhs. v. Chr., in: W. Hoepfner – E.-L. Schwandner (Hrsg.), Hermogenes und die hochhellenistische Architektur. Internationales Kolloquium in Berlin vom 28. bis 29. Juli 1988 im Rahmen des XIII. Internationalen Kongresses für Klassische Archäologie veranstaltet vom Architekturreferat des DAI. (Mainz 1990) 119 Anm. 23 (um 200 v. Chr.); Osada 1993, 91 Anm. 337 (140 v. Chr.); Bruns-Özgan 1995, 264 (letztes V. 2. Jh. v. Chr.); Webb a. O. (Anm. 18) 52 (Mitte

anhand der Stilentwicklung der hellenistischen Relieffriese datiert. In der hellenistischen Zeit existiert vor dem Großen Altar zu Pergamon kein genau datierbares Beispiel in Kleinasien. Aus dem 3. Jh. v. Chr. sind wir nur zwei wichtige Werke für die Bauplastik bekannt, die Kassettenreliefs des Mausoleums von Belevi und die Metopen des Athenatempels in Ilion. Die Datierung der Metopen in Ilion ist immer noch umstritten[32]. Aber das staffelförmige Verhältnis zwischen dem Reliefgrund und den Figuren tritt hier nicht auf. In den dargestellten Szenen sind die verschiedenen Reliefhöhen kaum auszumachen, so dass die Räumlichkeit der Reliefbühne nicht fassbar ist. Die Figuren weisen eine geringe Reliefhöhe auf und sind eng mit dem Reliefgrund verbunden. Aufgrund der oben besprochenen Aspekte dürften die Metopen in Ilion an den Anfang des 3. Jh. v. Chr. anzusiedeln sein[33]. Dasselbe ist auch auf den Kassettenreliefs des Mausoleums von Belevi zu beobachten. Der Reliefgrund steht immer hinter den Figuren als eine unbeschädigte Wand. Es ist keine Räumlichkeit in der Gesamtdarstellung fassbar. Die oben aufgeführten Beispiele aus Ilion und Belevi sind sicherlich früher als die Reliefs vom Smintheion anzusetzen.

Aus dem 2. Jh. v. Chr. sind viele bauplastische Beispiele bekannt, wie z. B. die beiden Friese des Großen Altar zu Pergamon aus der ersten Hälfte der 2. Jh. v. Chr. Der Große Fries hat einen architektonischen Charakter. Anhand der Kleidungen werden die Bewegungen der Figuren deutlich betont. Dieses Verhältnis von Kleidung und Körper ist auf den Reliefs des Smintheion unbekannt. Die Reliefbühne auf dem Großen Fries besitzt zwei bestimmte Grenzen, den Vorder- und Hintergrund. Die Köpfe der Figuren reichen meist an die Deckleiste. Die Figuren füllen die ganze Höhe der Reliefbühne zwischen der Deck- und Bodenleiste aus. Dieses Gestaltungsprinzip ist auch auf einigen Friesplatten am Smintheion zu beobachten[34]. Auch sind hier wie beim Telephosfries verschiedene Gestaltungsrichtungen vorhanden. Aufgrund der oben aufgeführten Darstellungsprinzipien am großen Fries von Pergamon, könnte er vor den Friesen am Smintheion entstanden sein.

Auf dem Telephosfries sind, wie schon Heres-von Littrow betont hat, drei verschiedene Stilrichtungen nebeneinander zu beobachten[35]. Am Smintheion sind ebenfalls drei unterschiedliche Stilrichtungen zu unterscheiden[36]. Dies zeigt auf, dass die Bauplastik am Smintheion über ein lebendiges sowie reiches Skulpturenprogramm verfügte. Aufgrund des Gestaltungsprinzips und der verschiedenen Stilrichtungen lässt sich der Telephosfries in Pergamon gut mit der Reliefplastik des Smintheion vergleichen. Was die Erzählweise

2 Jh. v. Chr.); Öztepe 1999, 351 (letztes V. 2. Jh. v. Chr.); B. S. Ridgway, Hellenistic Sculpture 2. The Styles of ca. 200–100 (Wisconsin 2000) 84–85 (160–130 v. Chr.); Özgünel 2001, 214 Anm. 675 (um 150 v. Chr.).

32 F. W. Goethert – H. Schleif, Der Athenatempel von Ilion (Berlin 1962) 41–42 (augusteisch); B. M. Holden, The Metopes of the Temple of Athena at Ilion (Northampton 1964) 29 f. (frühhellenistisch); Stähler a. O. (Anm. 10) 179 (augusteisch); W. Hoepfner, Zum Entwurf des Athena-Tempels in Ilion, AM 84, 1969, 175–181 (frühhellenistisch); H. Jucker, Zur Heliosmetope aus Ilion, AA 1969, 255 f. (frühhellenistisch); Süssenbach a. O. (Anm. 31) 43. 47 (frühhellenistisch); Yaylalı a. O. (Anm. 31) 168 f. (späthellenistisch); B. Schmidt-Dounas, Zur Datierung der Metopen des Athena-Tempels von Ilion, IstMitt 41, 1991, 411 (2. Hälfte 2. Jh. v. Chr.); Bruns-Özgan 1995, 259 (frühes 3. Jh. v. Chr.); Webb a. O. (Anm. 18) 47 (um 300 v. Chr.).

33 Bruns-Özgan 1995, 259 (frühes 3. Jh. v. Chr.); Öztepe 1999, 340 (frühes 3. Jh. v. Chr.).

34 Friesplatten 2, 7, 9; s. hier Anm. 18 Abb. 2–3.

35 Heres-von Littrow 1970, 103–121.

36 Öztepe 1999, 302–307.

anbelangt, so stimmen die beiden Reliefplastiken aus Pergamon und Gülpınar überein.

Ein weiteres Beispiel stellt der Fries des Reiterdenkmals des Aemilius Paullus in Delphi dar. Der Verlauf des Frieses ist monoton und weist eine symmetrische Komposition auf[37]. Im gesamten Fries ist kaum eine Räumlichkeit zu fassen. Der in die Jahre 168–167 v. Chr. datierte Fries ist mit seiner Kompositionsweise und seinem Stil sicherlich früher als die Reliefplastik im Smintheion anzusetzen[38].

Der kurz nach dem Telephosfries in die Mitte des 2. Jh. v. Chr. datierte Altarfries in Knidos lässt sich ebenfalls gut mit den smintheischen Reliefs vergleichen[39]. Die Wiedergabe des Körperbaus und der Räumlichkeit des knidischen Frieses stimmen sowohl mit der des Telephosfrieses als auch mit der des smintheischen Frieses überein[40].

Der Fries des Dionysos-Altars auf Kos weist einen lokalen Stil auf. Die beiden Friese auf Kos und am Smintheion unterscheiden sich im Stil und in der Erzählweise. Die einzige Gemeinsamkeit bilden die isoliert dargestellten Figuren.

Der Fries des Artemis Tempels in Magnesia am Mäander aus dem 2. Jh. v. Chr. stellt stilistisch eine Besonderheit dar. Der Friesverlauf ist niemals monoton. Mithilfe der Schrägstellungen und Drehungen der Figuren ins Halb- oder Dreiviertelprofil wird Räumlichkeit geschaffen. Komplizierte Überschneidungen sind selten. Die Reliefbühne wird nicht richtig nach vorne geöffnet. Dadurch wirkt der Fries im gesamten Oberbau des Tempels wie ein architektonisches Ornament. Im Vergleich zum smintheischen Fries sind die Figuren hier erstarrt wiedergegeben. Der magnesische Fries hat vielleicht einen lokalen Stil[41]. Die magnesischen Figuren sind zeitlich später einzustufen als die auf den Friesen am Smintheion.

Auf einigen Platten am Smintheion sind neben im Profil widergegebenen Figuren einige in Vorderansicht dargestellt. Die nebeneinander in Frontalansicht stehenden Figuren treten auf den Platten 8, 13 und der Säulentrommel 3 auf (*Abb. 4. 6*)[42]. Bei den Platten stehen die Figuren ein wenig beziehungslos nebeneinander. Diese Kompositionsweise an beiden Platten erinnert an die Laginafriese aus dem ersten Viertel des 1. Jh. v. Chr. Schober hat am Laginafries zwei Haupttendenzen der Reliefgebung festgestellt: *Fassadenbildung* einerseits und räumliche *Figurengruppierung* andererseits[43]. Besonders bei der Fassadenbildung bilden die Figuren eine neue Stufe innerhalb der hellenistischen Reliefplastik. Sie sind vor dem Reliefgrund fast ausnahmslos in Frontalansicht dargestellt. Bei

---

37 Osada 1993, 29–30.

38 Zum Reliefstil s. Kähler a. O. (Anm. 19) 19.

39 Bruns-Özgan 1995, 265.

40 Bruns-Özgan 1995, 259–264.

41 Zum Reliefstil Yaylalı a. O. (Anm. 31) 141–173.

42 *Friesplatte 8*: hier *Abb. 6*; *Friesplatte 13*: Özgünel 2001, 183–188 Abb. 26 Taf. 114–116; *Säulentrommel 3*: hier *Abb. 4*.

43 A. Schober, Der Fries des Hekateions von Lagina, IstForsch 2, 1933, 82–94, zur Fassadenbildung: Taf. 1. 9–16. 25–26. 31–35; Figurengruppierung: Taf. 4. 6–8. 17. 27–30.

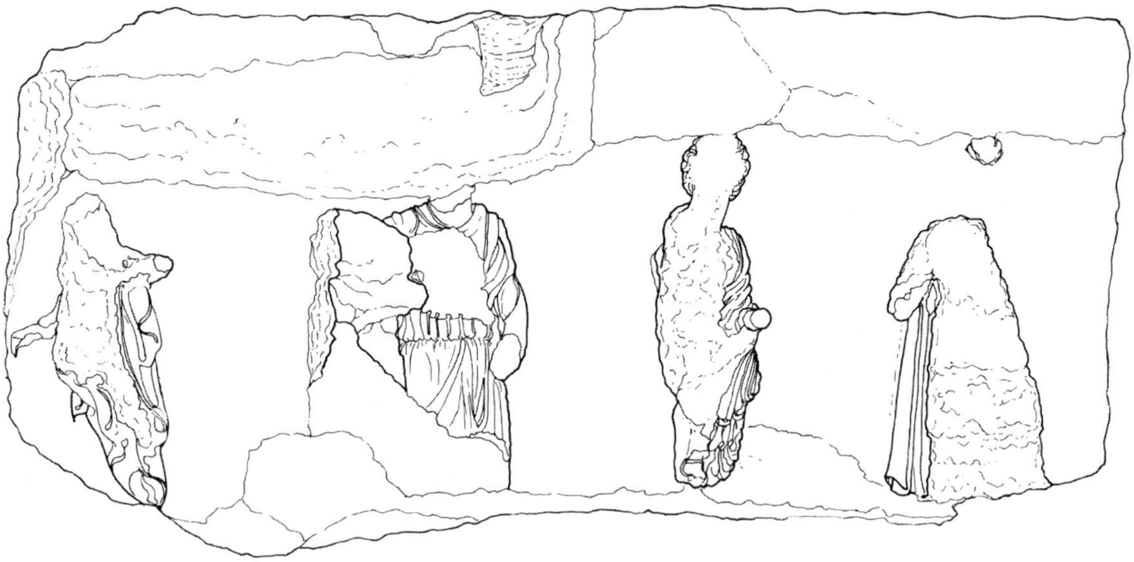

Abb. 6 Apollon Smintheus Tempel Friesplatte 8 (Zeichnung)

dieser Kompositionsweise stehen die Figuren nebeneinander statt hintereinander. Dieses neue Verhältnis zum Reliefgrund bildet einen Weg zur römischen Plastik. Die Figuren auf den Reliefs am Smintheion sind noch nicht auf dieser Stufe. Mit den in verschiedene Richtungen weisenden Körperteilen und dem organischen Körperbau wirken die Figuren noch nicht erstarrt.

Abschließend ist zu sagen, dass die Bauplastik vom Smintheion ihrem Stil und den Einzelheiten in der Reliefgebung nach zwischen dem Telephosfries am Großen Altar in Pergamon und dem Fries des Artemis Tempels in Magnesia am Mäander angesiedelt werden kann, also in das dritte Viertel des 2. Jh. v. Chr.

Abkürzungen

Bruns-Özgan 1995 — C. Bruns-Özgan, Fries eines hellenistischen Altars in Knidos, JdI 110, 1995, 239–276

Heres-von Littrow 1970 — H. Heres-von Littrow, Untersuchungen zur Reliefgestaltung des Telephosfrieses, FuB 12, 1970, 103–121

Osada 1993 — T. Osada, Stilentwicklung hellenistischer Relieffriese (Frankfurt am Main 1993)

Özgünel 1990–1991 — C. Özgünel, Der Tempel des Apollon Smintheus in der Troas und die Ilias, NüBlA 7, 1990–1991, 49–53

Özgünel 2001 — C. Özgünel, Smintheion. Troas'ta Kutsal Bir Alan (Ankara 2001)

Özgünel 2002 — C. Özgünel, İlyada Destanı ve Apollon Smintheus Tapınağı, Colloquium Anatolicum I, 2002, 53–99

Özgünel 2003 — C. Özgünel, Das Heiligtum des Apollon Smintheus und die Ilias, StTroica 13, 2003, 261–291

Öztepe 1999 — E. Öztepe, Smintheion Heykeltıraşlık Eserleri (Diss. Ankara 1999)

Öztepe 2004 — E. Öztepe, Apollon Smintheus Tapınağı Kabartmalarında Kompozisyon Anlayışı, in: Z. Çizmeli-Öğün – T. Sipahi – L. Keskin (Hrsg.), I–II. Arkeolojik Araştırmalar Sempozyumu, Anatolia Suppl. 1 (Ankara 2004) 221–234

T. Schulz (Hrsg.), Dipteros und Pseudodipteros. Bauhistorische und archäologische Forschungen, BYZAS 12 (2012) 165-179

Vergleich der Pseudodipteroi – Aufbau und Konstruktion

Thekla SCHULZ

Zusammenfassung

Der Pseudodipteros erfordert mit der erweiterten Ringhalle im Vergleich zu anderen Tempeltypen einen konstruktiv besonders aufwendigen Aufbau. Die detaillierte bauhistorische Untersuchung, vor allem der gut erhaltenen Tempel – des Zeustempels in Aizanoi, der Apollon Smintheios Tempels in der Troas, des Tempels in Messa auf Lesbos und des Hekatetempels von Lagina – zeigt, dass für diese konstruktive Herausforderung jeweils eine unterschiedliche Lösung gefunden wurde. Außerdem wird die Begehbarkeit der Dachräume durch einen entsprechend hoch dimensionierten Fries nachgewiesen. Die erweiterte Ringhalle und die begehbaren, durch Erscheinungsfenster im Giebel belichteten Dachräume hatten sicherlich eine große Bedeutung im Kultbetrieb dieser Heiligtümer.

Der Pseudodipteros gehört zusammen mit dem Peripteros und Dipteros zu den Ringhallentempeln. Die drei Tempeltypen unterscheiden sich in der Ausbildung der Ringhalle. Bei dem Peripteros ist die Ringhalle eng mit der Cella verbunden, eine räumliche Entfaltung der Ringhalle ausgeschlossen und das Körperhafte dieses Tempeltyps durch die Engstellung der Säulen zueinander und zu den Wänden betont. Der Dipteros ist aufgrund der monumentalen Dimensionen eine besondere Bauform, bei der die Ringhalle dieser riesigen Tempel verdoppelt wurde. Bei dem Pseudodipteros ist die Peristase an den vier Seiten erweitert, indem die Säulen um das Doppelte ihres Abstands von den Cellawänden abgerückt werden. Auf diese Weise ist die Cella an allen vier Seiten von einem umlaufenden Raum, einer Wandelhalle gerahmt.

Im Folgenden abgekürzt:

Hermogenes 1990	W. Hoepfner – E. L. Schwandner (Hrsg.), Hermogenes und die hochhellenistische Architektur. Internationales Kolloquium in Berlin vom 28. bis 29. Juli 1988, im Rahmen des XIII. Internationalen Kongresses für Klassische Archäologie (Mainz 1990)
Rumscheid 1994	F. Rumscheid, Untersuchungen zur kleinasiatischen Bauornamentik des Hellenismus (Mainz 1994)

Bereits in der archaischen Zeit wurden in Unteritalien und Sizilien sowie in Korfu Tempel mit einer erweiterten Ringhalle – meist dorischer Ordnung – errichtet. Für diese Tempel hat D. Mertens den Begriff „Weithallentempel" geprägt[1]. In großem zeitlichem Abstand zu diesen Tempeln im griechischen Westen treten im kleinasiatischen Raum Weithallentempel ionischer Ordnung auf, die sog. Pseudodipteroi. Mit der ionischen Ordnung war im Aufbau mehr Flexibilität und Variabilität gegeben als mit den Baugliedern der dorischen Ordnung. Der erste Pseudodipteros in diesem geographischen Raum war wohl der im 4. Jh. v. Chr. errichtete Tempel in Messa auf Lesbos. Die Erfindung des Pseudodipteros wird Hermogenes zugeschrieben, der nach Vitruv den Artemistempel von Magnesia errichtet hat[2]. Vor allem im 2. Jh. v. Chr. wurden zahlreiche Pseudodipteroi errichtet[3]. Eine Nachwirkung dieser Tradition ist hier bis in die römische Kaiserzeit zu beobachten[4].

[1] D. Mertens, Der alte Heratempel in Paestum und die archaische Baukunst in Unteritalien (Mainz 1993) 98 Abb. 61 Beil. 15; D. Mertens, Städte und Bauten der Westgriechen (München 2006) 132–155. 222–227. 231–241. 295–305 mit Abb. Neben den zahlreichen dorischen Tempeln gehört auch der ionische Tempel in Metapont zu diesem Bautyp.

[2] Vitr. 3, 2, 6 – Zu Hermogenes vgl.: W. Hoepfner, Bauten und Bedeutung des Hermogenes, in: Hermogenes 1990, 2–3 Abb. 1.

[3] **Magnesia:** C. Humann – J. Kohte – C. Watzinger, Magnesia am Mäander (Berlin 1904) 39–90. 163–172 Abb. 29–87 Beil. 4–5; W. Hoepfner, Bauten und Bedeutung des Hermogenes, in: Hermogenes 1990, 1–34 Abb. 11. 13–16. 34; Rumscheid 1994, 198–214 Taf. 78–85; O. Bingöl, Zu Säule und Gebälk bei Hermogenes, in: E. L. Schwandner (Hrsg.), Säule und Gebälk. Zu Struktur und Wandlungsprozess griechisch-römischer Architektur : Bauforschungskolloquium in Berlin vom 16. bis 18. Juni 1994, DiskAB 6 (Mainz 1996) 148–152; G. Gruben, Griechische Tempel und Heiligtümer [5](München 2001) 426–431 Abb. 319–321; O. Bingöl, Magnesia am Mäander, Antike Städte 6 (Istanbul 2007) mit einer ausführlichen Bibliographie; O. Bingöl, Die Westseite des Artemistempels von Magnesia, in: E. Öztepe – M. Kadıoğlu (Hrsg.), Patronus. Coşkun Özgünel'e 65. Yaş Armağanı = Festschrift für Coşkun Özgünel zum 65. Geburtstag (Istanbul 2007) 113–118; – **Smintheion in der Troas**: C. Özgünel, Der Tempel des Apollon Smintheus in der Troas und die Ilias, NüBlA 7, 1990–91, 49–53; C. Özgünel, Das Fundament des Smintheion, in: Hermogenes 1990, 35–44 Abb. 1–22; O. Bingöl, Der Oberbau des Smintheion in der Troas, in: Hermogenes 1990, 45–50 Abb. 1–4; O. Bingöl, Überlegungen zum ionischen Gebälk, IstMitt 40, 1990, 101–107 Taf. 18–19; O. Bingöl, Die problematischen Bauglieder des Smintheion, RA 1991, 115–130 Abb. 1–7; Rumscheid 1994, 124–132 Taf. 16–20; F. Rumscheid, Die Ornamentik des Apollon-Smintheus-Tempels in der Troas, IstMitt 45, 1995, 25–55 Taf. 1–26. 56; C. Özgünel, Smintheion. Troas'ta Kutsal Bir Alan (Ankara 2001); C. Özgünel, Das Heiligtum des Apollon Smintheus und die Ilias, StTroica 13, 2003, 261–291 Abb. 1–38; – **Lesbos:** R. Koldewey, Die antiken Baureste der Insel Lesbos (Berlin 1890) 47–61 Taf. 18–26; B. Petrakos, Prakt 1967, 96–102 Taf. 74–84; B. Petrakos, Prakt 1968, 84–86 Taf. 63; H. Plommer, The Temple of Messa on Lesbos, in: L. Casson – M. Price (Hrsg.), Coins, Culture and History in the Ancient World: Numismatic and Other Studies in Honor of B. L. Trell (Detroit 1981) 177–186; M. Pfrommer, Bemerkungen zum Tempel von Messa auf Lesbos, IstMitt 36, 1986, 77–94 Taf. 23–27; Rumscheid 1994, 59–70 Taf. 94, 2–97, 1; – **Alabanda:** Edhem Bey, Fouilles d'Alabanda en Carie, CRAI 1905; Edhem Bey, Fouilles d'Alabanda, CRAI 1906; – **Lagina:** A. Schober, Der Fries des Hekateions von Lagina, IstForsch 2 (Baden bei Wien 1933) 17 Abb. 6; U. Junghölter, Zur Komposition der Lagina-Friese und zur Deutung des Nordfrieses (Frankfurt 1989); Rumscheid 1994, 22–23. 132–139 Taf. 69–75; A. Tırpan – B. Söğüt, Lagina (Yatağan/Muğla 2005); P. Baumeister, Der Fries des Hekateions von Lagina, Byzas 6 (Istanbul 2007); – **Sardes:** G. Gruben, Beobachtungen zum Artemis-Tempel von Sardis, AM 76, 1961, 155–196 Beil. 82–91 Taf. 5–6; G. Gruben, Griechische Tempel und Heiligtümer [5](München 2001) 432–439 Abb. 322–327 mit der älteren Literatur; – **Aphrodisias:** K. T. Erim, Aphrodisias, City of Venus Aphrodite (London 1986) 54–59; D. Theodorescu, La restitution de l'Aphrodision: certitudes et perplexités, in: K. T. Erim (Hrsg.), Aphrodisias Papers 1. Recent Work on Architecture and Sculpture: Including the Papers Given at the Second International Aphrodisias Colloquium Held at King's College London on 14 November, 1987, JRS Suppl. Ser. 1 (Ann Arbor 1990) 48–65 Abb. 1–8; L. Frey, Aphrodisias de Carie: les chapiteaux du temple, in: Le Projet de Vitruve, Collection de l'École Française de Rome 192 (Rom 1994) 123–137.

[4] **Aizanoi:** R. Naumann, Der Zeustempel in Aizanoi (Berlin 1979); K. Rheidt, Aizanoi, Bericht über die Ausgrabungen, Restaurierungen und Sicherungsarbeiten 1994, 1995 und 1996, AA 1997, 448–464 Abb. 17–35; K. Rheidt, Römischer Luxus – anatolisches Erbe, AW 6, 1997, 492–494 Abb. 3. 4. 29. 30; K. Rheidt, Aizanoi, Die Ausgrabungen und Forschungen 1997 bis 2000, AA 2001, 247–267 Abb. 28; R. Posamentir – M. Wörrle, Der Zeustempel von Aizanoi, ein Großbau flavischer Zeit, IstMitt 56, 2006, 227–246; K. Jes – R. Posamentir – M. Wörrle, Der Tempel des Zeus in Aizanoi und seine Datierung, in: Klaus Rheidt (Hrsg.), Aizanoi und Anatolien. Neue Entdeckungen zur Geschichte und Archäologie im Hochland des westlichen Kleinasien (Mainz 2010) 59–87 Abb. 54–87; – **Ankara:** D. Krencker – M. Schede, Der Tempel in Ankara, DAA 3 (Berlin 1936); – **Ephesos:** P. Scherrer (Hrsg.),

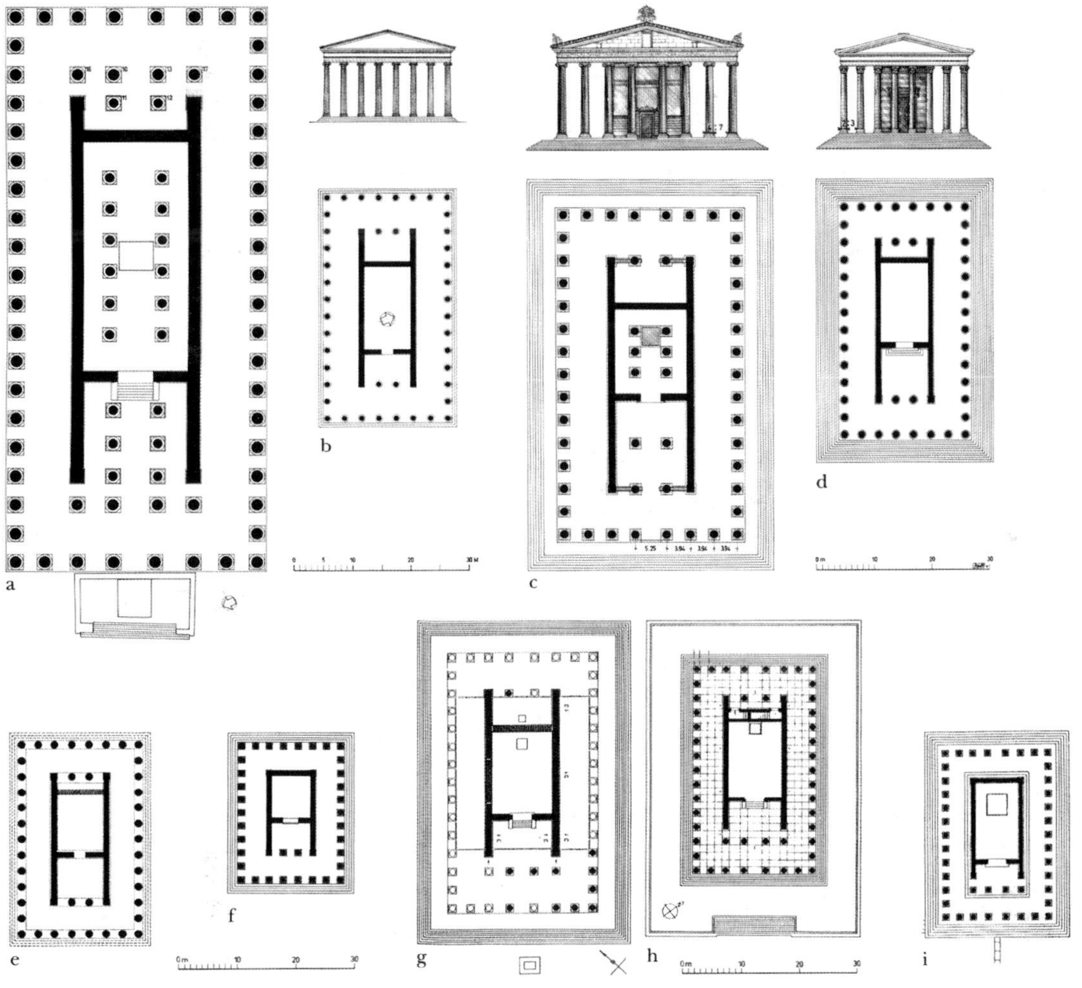

Abb. 1 Pseudodipteroi in Kleinasien und auf Lesbos
a. Sardes Artemistempel; b. Tempel in Messa auf Lesbos, c. Magnesia Artemistempel
d. Tempel des Apollon Smintheios in der Troas; e. Alabanda Apollontempel; f. Lagina Hekatetempel;
g. Ankara Augustustempel; h. Aizanoi Zeustempel; i. Ephesos Domitianstempel

In der Grundrissdisposition sehen die Pseudodipteroi recht ähnlich aus (*Abb. 1*). Unterschiede gibt es vor allem in den Dimensionen. Bei einigen Tempeln ist das Mitteljoch erweitert, bei anderen sind alle Joche gleich groß. Die deutlichsten Unterschiede treten jedoch erst durch die genaue Untersuchung des Aufbaus, vor allem der Gebälk- und Dachkonstruktion, zutage.

In den letzten Jahren wurden besonders die Pseudodipteroi bauhistorisch untersucht, von denen zahlreiche Bauteile des Aufbaus erhalten sind: der Tempel des Apollon Smintheios in der Troas und der Tempel in Messa. Ziel dieser Projekte ist die Erforschung der spezifischen Besonderheiten, Gemeinsamkeiten und Unterschiede dieses Tempeltyps auf der Grundlage von detaillierten Baudokumentationen, vor allem verformungsgenauen

Ephesos, der neue Führer (Wien 1995) 94; J. Keil, 16. vorläufiger Bericht über die Ausgrabungen in Ephesos, ÖJh 27, 1932, Beibl. 51–62 Abb. 36. 37; – **Seleukeia:** C. Berns, Zur Datierung der Tempel in Seleukeia am Kalykadnos und in Elaiussa (Kilikien), DaM 10, 1998, 135–144 Abb. 1–3 Taf. 36.

Bauaufnahmen. Die bauhistorischen Untersuchungen des Zeustempels in Aizanoi und des Apollontempels in der Troas wurden bereits als Vorberichte vorgelegt, so dass in diesem Rahmen die Ergebnisse zusammenfassend dargestellt werden können[5].

Bei dem **Zeustempel von Aizanoi** stehen die Ringhalle und die Cellawände an der Nord- und Westseite noch bis zur Lage der Deckenbalken aufrecht. Der im Jahre 92 n. Chr. geweihte Tempel ist der einzige Pseudodipteros im kleinasiatischen Raum, bei dem die Deckenbalken, die die doppelte Jochweite zwischen den Säulen und Wänden der Ringhallen überspannen, aus Marmor gearbeitet sind. Die Wahl dieses Materials bedeutet bei den großen Spannweiten der erweiterten Ringhalle von 5.50 m eine konstruktive Herausforderung, da Marmor eine geringe Biegezugfestigkeit aufweist. Die statischen Probleme potenzieren sich vor allem im Bereich der vier Ecken der Ringhalle und über den erweiterten Mitteljochen, was zahlreiche Sonderkonstruktionen notwendig machte. Alle Bauteile der Ecken, des Pronaos und des Opisthodoms wurden miteinander verkeilt und einschalig bzw. monolithisch ausgeführt. Dies wird vor allem bei der Rekonstruktion der Deckenbalken und Kassetten über den Eckjochen deutlich: Über diesen erweiterten Jochen können drei Kassettenblöcke von jeweils der Größe der Normaljoche nebeneinander rekonstruiert werden. Die mittleren Kassettenblöcke lagen nur mit ihren beiden Schmalseiten auf und stellten somit konstruktiv die größte Schwierigkeit dar. Erhalten ist ein Fragment des mittleren Kassettenblocks der Südwestecke, bei dem die Lösung dieser Probleme deutlich wird. Dieser Block wurde – ähnlich wie der Deckenbalken über dem Opisthodom – keilförmig gearbeitet und konnte auf diese Weise von den beiden äußeren Blöcken gestützt werden. Da die drei Blöcke bei dieser Anordnung mit ihrer Eigenlast verrutschen würden, mussten sie mit zahlreichen Dübeln an den Rändern des Eckjochs gesichert werden (*Abb. 2. 11c*)[6].

Insgesamt betrachtet ist der außerordentliche konstruktive Aufwand, mit dem das Gebälk dieses Tempels errichtet wurde, bemerkenswert. Der Mehraufwand wird auch bei anderen Bereichen des Tempels deutlich: Nicht nur die Architravblöcke, sondern auch die Säulen sind monolithisch gearbeitet. Die Akrotere sind ungewöhnlich hoch, der Mittelakroter beispielsweise erreicht eine Höhe von 3.20 m. Einzigartig im Vergleich zu den anderen Pseudodipteroi sind der tonnengewölbte Unterbau, das Treppenhaus an der Rückseite und die aufwendige Planierung des einstigen Tells zu einem großräumigen Plateau für den Tempel und die Tempelhofhallen. Der Tempel wurde mit 15 x 8 Säulen als einziger seiner Gattung auf einem Podium und zusätzlich auf einer siebenstufigen Krepis errichtet. Nur der sog. Domitianstempel in Ephesos ist in diesem Zusammenhang vergleichbar. Für den Tempel in Ephesos wurde eine große Terrasse geschaffen, die sich über einer mächtigen Substruktion erhebt.

---

[5] Den beiden Grabungsleitern sei an dieser Stelle gedankt, K. Rheidt, der mich zur Mitarbeit in Aizanoi, und C. Özgünel, der mich zur Bauuntersuchung des Tempels des Apollon Smintheios nach Gülpınar eingeladen hat. Das Projekt in Gülpınar wurde in großzügiger Weise von der Deutschen Forschungsgemeinschaft gefördert, wofür ich sehr zu Dank verpflichtet bin.

[6] Die vorläufigen Ergebnisse der Bauuntersuchung zum Zeustempel in Aizanoi: Th. Schulz, Baukonstruktion und Bautechnik des Zeustempels von Aizanoi im Vergleich zu anderen Pseudodipteroi, Byzas 9 (Istanbul 2009) 509–525 Abb. 1–7; Th. Schulz, Die Gebälk- und Dachkonstruktion des Zeustempels, in: Klaus Rheidt (Hrsg.), Aizanoi und Anatolien, Neue Entdeckungen zur Geschichte und Archäologie im Hochland des westlichen Kleinasien (Mainz 2010) 88–97 Abb. 85. 88–98.

Abb. 2
Aizanoi,
Zeustempel,
Nordwestecke

In ganz anderer Weise als der Tempel in Aizanoi wurde im 2. Jh. v. Chr. der **Tempel des Apollon Smintheios in der Troas** errichtet. Der Grundriss des Tempels wurde mathematisch klar über einem elfstufigen Unterbau mit 14 x 8 Säulen entworfen, sämtliche Wände und Säulen wurden auf einem Raster von 10 x 10 Fuß angeordnet ohne Erweiterung der Mitteljoche[7].

Der Tempel des Apollon Smintheios ist mit seiner ungewöhnlich reichen Bauornamentik ein hellenistisches Bauwerk von höchstem Rang. Die beiden Typen der Columnae Caelatae – Figurenfries und Girlandenfries mit Stierköpfen – konnten den beiden ionischen Kapitelltypen zugeordnet und die Verteilung am Tempel rekonstruiert werden[8].

Die hölzerne Gebälk- und Dachkonstruktion kann beim Tempel des Apollon Smintheios aufgrund der zahlreich erhaltenen Auflagerflächen rekonstruiert werden. Der Architrav besteht aus Marmor und ist – im Gegensatz zu dem ähnlich dimensionierten Zeustempel von Aizanoi – zweischalig mit einer Länge von 2.97,3 m gearbeitet. Dieses Maß entspricht dem Rastermaß mit 10 Fuß von 29,73 cm. Dementsprechend beträgt der Achsabstand der zweijochigen Ringhalle 20 Fuß (5.94,6 m). In die Architravblöcke sind Auflager für hölzerne Deckenbalken in einem Achsabstand von 5 Fuß (1.49 m) eingearbeitet, was dem

[7] Eine erste Veröffentlichung der Bauuntersuchungen im Smintheion ist erschienen in: A. v. Kienlin (Hrsg.), Holztragwerke der Antike: Internationale Konferenz, 30. März – 1. April 2007 in München, Byzas 11 (Istanbul 2011) 203–216.

[8] Die Rekonstruktion der Kapitelle und deren Zuordnung wurden von Ilona K. Dudzinski erarbeitet, der ich hiermit für die Zusammenarbeit danken möchte. Erster Vorbericht: I. K. Dudzinski, Die Rekonstruktion der Kapitelle des Apollon-Smintheios Tempels in der Troas, in: Koldewey-Gesellschaft (Hrsg.), Bericht über die 45. Tagung für Ausgrabungswissenschaft und Bauforschung in Regensburg (Stuttgart 2010) 169–178 Abb. 1–9.

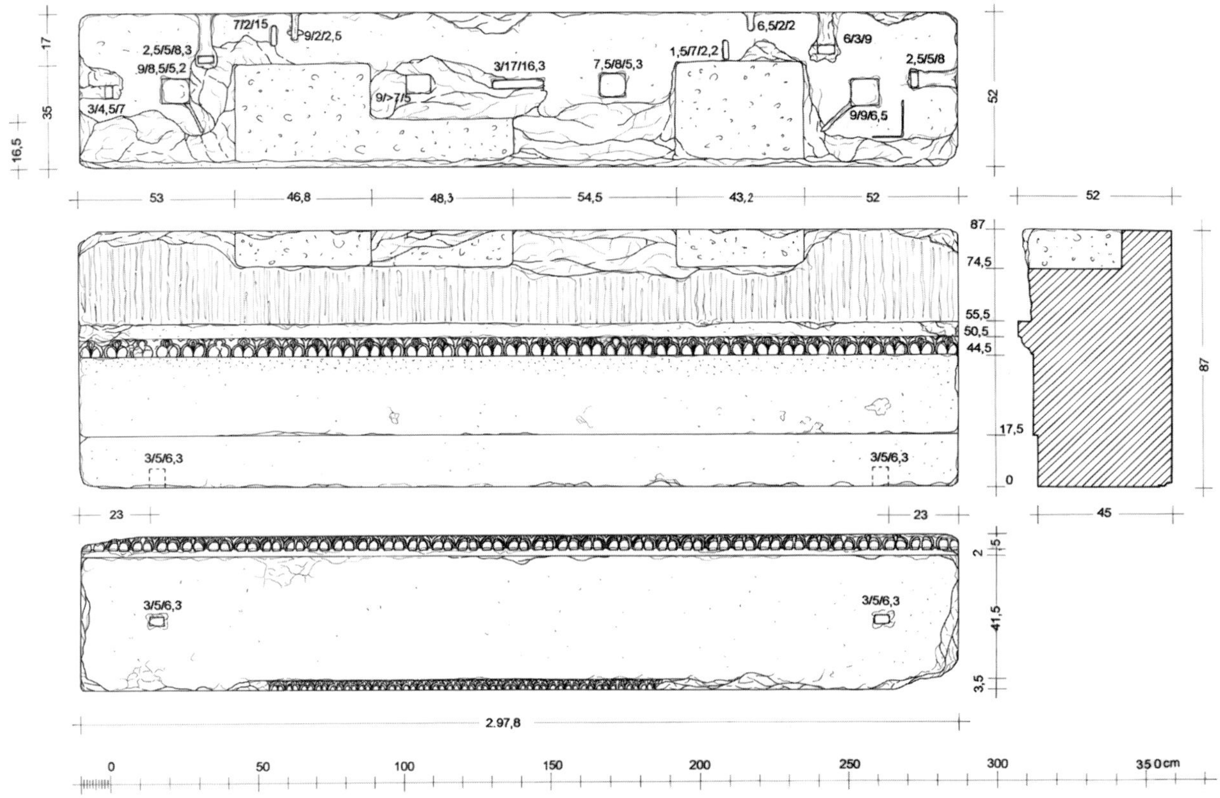

Abb. 3 Tempel des Apollon Smintheios, Innenarchitrav, Inv.-Nr. 144

halben Säulenachsabstand entspricht (*Abb. 3*). Der mit Reliefs verzierte Fries ist ebenfalls zweischalig gefertigt, außen mit Marmorplatten von 5 Fuß (1.48,7 m) Länge und innen mit Andesitblöcken (*Abb. 4*). Die hölzernen Deckenbalken waren über dem gesamten Tempel im gleichen Abstand angeordnet, so dass keine Sonderelemente angefertigt werden mussten.

Die Einarbeitungen in den Friesinnenblöcken lassen zusammen mit den Auflagerflächen der Architravblöcke auf Deckenbalken schließen, die 40 cm breit, 46 cm hoch und fast 20 Fuß (5.94,6 m) lang waren. Die Deckenbalken sind so dimensioniert und angeordnet, dass die äußeren Balken jeweils als Streichbalken zu rekonstruieren sind. Die Balken hatten folglich kein direktes Auflager. Diese Anordnung ist statisch und konstruktiv nur möglich, wenn die Deckenbalken mehrteilig rekonstruiert werden, mit dem Hauptbalken jeweils in Querrichtung und den unteren sowie oberen Balken in Längsrichtung (*Abb. 5. 11b*).

Auf diese Weise wurde die grob gearbeitete Zone über dem Abschlussprofil des Architravs verdeckt (*Abb. 3*). Der Befund erinnert an die marmorne Deckenkonstruktion in Aizanoi, bei der an vergleichbarer Stelle die unterste Faszie des Tragbalkens an den Architrav angearbeitet ist. Die marmornen Deckenbalken und Architravblöcke ionischer Peripteroi und des Pseudodipteros in Aizanoi bestehen aus Faszien und einem Abschlussprofil. Der Ursprung der Faszien ist wahrscheinlich in der Holzkonstruktion mit übereinandergelegten Bohlen zu suchen. Möglicherweise waren auch die verschiedenen Lagen der

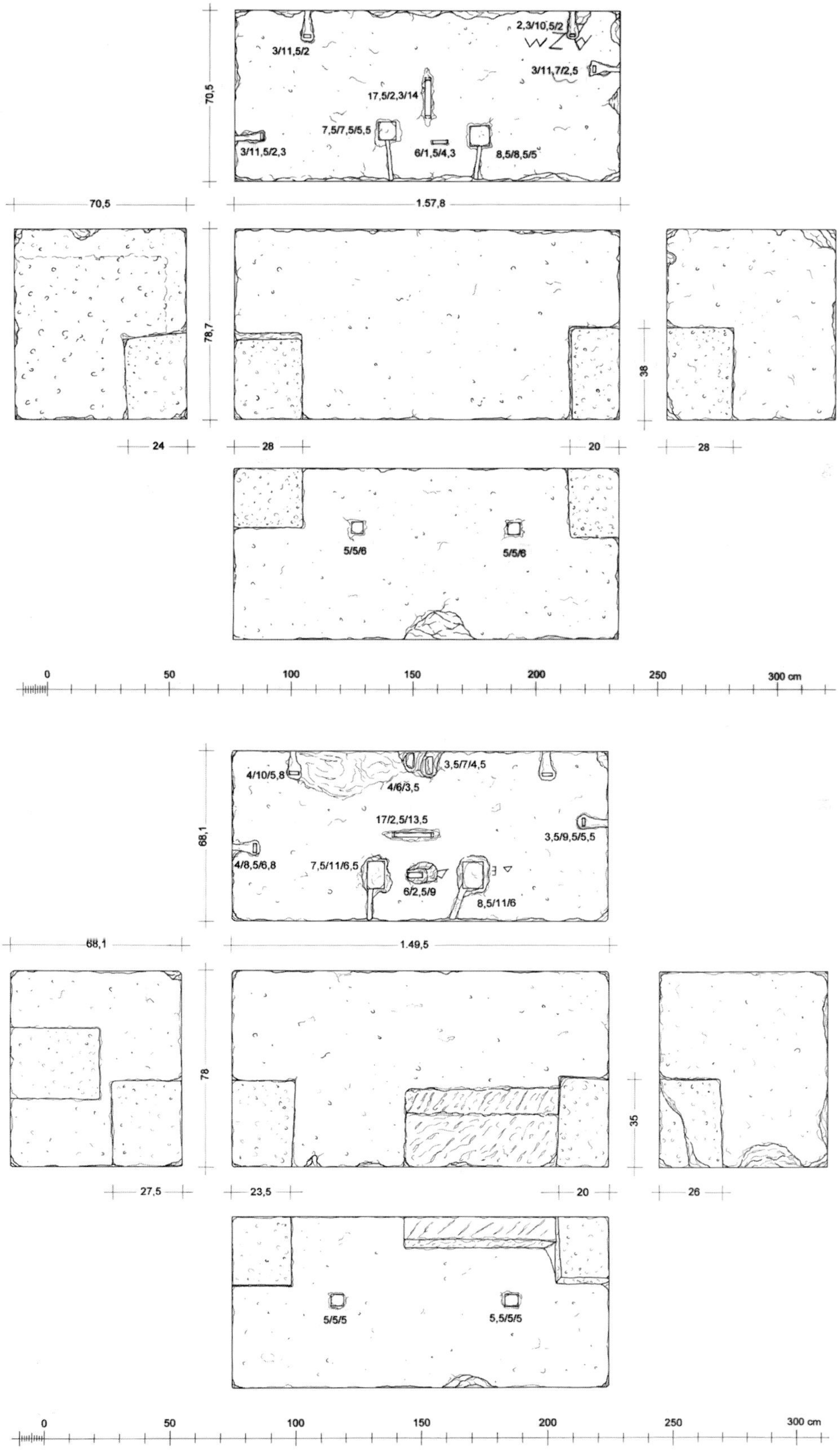

Abb. 4 Tempel des Apollon Smintheios, Friesinnenblöcke, Inv.-Nr. 100. 107

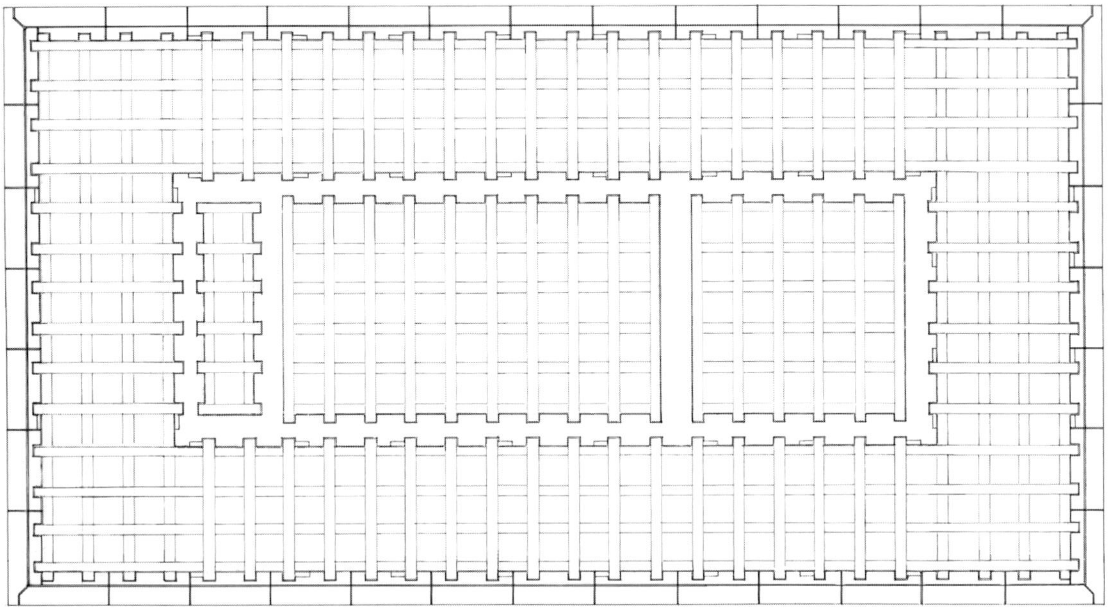

Abb. 5 Tempel des Apollon Smintheios, Grundriss auf Frieshöhe

Deckenbalken des Smintheion mit Faszien und einem Abschlussprofil gearbeitet. Die Balkenlagen mussten in jedem Fall mit zahlreichen Holzdübeln oder -nägeln verbunden werden, um die statische Festigkeit zu gewährleisten. Die Höhe der unteren Balkenlage kann mit 19 cm und die der beiden oberen Lagen mit 46 cm rekonstruiert werden. Die drei sich rechtwinklig kreuzenden Lagen bilden ein ebenes, hölzernes Flächentragwerk mit quadratischen Kassettenfeldern und stellen damit die erste bei einem antiken Bauwerk nachgewiesene Konstruktion dieser Art dar. Dieses Flächentragwerk ist im gesamten Dachraum über der Ringhalle, Cella, Pronaos und Opisthodom zu rekonstruieren. Die Wände sind so angeordnet, dass die Anordnung der Deckenbalken und damit auch die Größe der Kassettenfelder in allen Bereichen gleich groß und keine Sonderkonstruktionen erforderlich sind. Die obere Seitenlänge der hölzernen Kassettenfelder entspricht dem Achsabstand der Deckenbalken von 5 Fuß Seitenlänge (1.48,7 m), die lichte Weite der Kassettenfelder ist mit ca. 1.10 m zu rekonstruieren (*Abb. 5. 11b*).

Für die Montage dieses Flächentragwerks wurden im unmittelbaren Anschluss an jedem vierten Deckenbalken Bohlen verlegt (*Abb. 5*). Diese Bohlen waren auf derselben Ebene angeordnet wie die Deckenbalken. Die Einarbeitungen sind unterschiedlich dimensioniert – aber in jedem Fall weniger hoch und tief als die der Deckenbalken – und vor allem an ihrer Rückseite sehr nachlässig ausgeführt. Die Bohlen hatten eine maximale Höhe von 13 cm und wurden nach Abschluss der Montage wieder entfernt. Wahrscheinlich wurde über diesen Bohlen die obere Lage der Balken gestoßen. Während der Montage dienten die Bohlen den oberen Balken als Auflager. So konnte ein Monteur gefahrlos die verlegte, aber noch nicht endgütig befestigte obere Balkenlage betreten. Folglich gibt die Position dieser Montagebalken auch die Bauabschnitte dieses Tragwerks wieder. Dieses Tragwerk wurde ganzflächig von Kassettenfeldern mit 5 Fuß Seitenlänge bedeckt, die bequem zu begehen waren und keinerlei Stolpergefahr boten. Man konnte sich erhobenen

Hauptes im Dachraum der Ringhalle und der Cella bewegen und hatte außerdem Tageslicht durch die Erscheinungsfenster (*Abb. 5. 11b*)[9].

Von den insgesamt sechs Erscheinungsfenstern in den beiden Tympana sind zahlreiche Fragmente erhalten. Die Tympana waren – ähnlich wie der Architrav und die Frieszone – zweischalig ausgebildet. Bemerkenswert ist ein Tympanoninnenblock von > 1.98 m Tiefe und > 2.43 m Länge mit angearbeiteter Sima und dem Auflager für den Unterbau eines linken Eckakroters.

An der Rückseite der Simablöcke sind in regelmäßigen Abständen Einarbeitungen erhalten, Auflagerflächen der Sparren an den Traufseiten im Achsabstand von 2,5 Fuß (74,32 cm), was dem halben Achsabstand der Deckenbalken entspricht. So wurden auch die Sparren in das Gesamtsystem eingefügt. Diese Sparren sind mit 22 cm Breite auf 34 cm Höhe zu rekonstruieren.

Der gesamte Aufbau des Tempels ordnet sich dem Achsmaß des Frieses von 5 Fuß unter. Auf der Höhe des Frieses wurde im Inneren des Tempels die Decke angelegt als bislang einzigartiges hölzernes Flächentragwerk. Ganz im Gegensatz zum Tempel in Aizanoi wurde das Smintheion mathematisch klar entworfen, so dass das Raster konsequent eingehalten werden konnte. Vorbild für diesen mathematisch klaren Entwurfsansatz scheint mir der von dem Architekten Pytheos entworfene Athenatempel von Priene zu sein.

Der im 4. Jh. v. Chr. errichtete **Tempel in Messa auf Lesbos** ist der älteste der erhaltenen Pseudodipteroi[10]. Der Tempel wurde in den Jahren 1885 und 1886 von Robert Koldewey untersucht, der 238 Bauteile katalogisierte und den Tempel in Grund- und Aufriss rekonstruierte. Die neue Untersuchung ist als kleine Ergänzung zu R. Koldeweys Forschungen zu verstehen[11].

Das Heiligtum von Messa liegt am tief eingeschnittenen Golf von Kalloni ca. 2 km vom Meer entfernt. Die Fundamente bestehen aus Trachyttuff und die Bauteile des Außenauf baus aus weißem Liparit mit Ausnahme der Friesblöcke, die wegen ihres breccienartigen Materials deutlich kontrastierten und auf diese Weise farblich hervorgehoben wurden. Bereits R. Koldewey beklagt den hohen Wasserstand dieser Gegend. So wurde vom griechischen Antikendienst das empfindliche Baumaterial gegen die Verwitterung geschützt und zugedeckt. Die markanten Bauteile des Tempels werden unter einem Schutzdach auf dem Grabungsgelände ausgestellt. Leider sind die Bauteile eingemauert, so dass nur wenige Lager-, Anschluss- und Rückseiten sichtbar sind.

---

9 Der Aufbau und die Herstellung des bislang einzigartigen hölzernen Flächentragwerks wurden in einer Computeranimation von der Mitarbeiterin Heike Bücherl dargestellt, der ich an dieser Stelle für ihr stetes Engagement danken möchte.

10 Der Tempel, der früher als Aphroditetempel galt, war – wie die Auswertung der Inschriftenfunde ergab – wahrscheinlich der Hera geweiht. Vgl. L. Robert, Recherches épigraphiques, REA 62, 1960, 285–315. – Zur Bauornamentik: Rumscheid 1994, 59–70 Taf. 94, 2–97, 1; M. Pfrommer, Bemerkungen zum Tempel von Messa auf Lesbos, IstMitt 36, 1986, 77–94 Taf. 23–27 datiert dagegen den Tempel in das 2. Viertel des 3. Jhs. v. Chr.

11 R. Koldewey, Die antiken Baureste der Insel Lesbos (Berlin 1890) 47–61 Taf. 18–26. – Die Bauteile des Tempels konnte ich im August 2009 in Messa mit der Erlaubnis der Ephorie bauhistorisch untersuchen, wofür ich der Ephorin O. Philaniotou sehr danken möchte. – Zum Tempel von Messa vgl. auch den Beitrag von W. Hoepfner in diesem Band.

Der Tempel in Messa ist ein Pseudodipteros mit 14 auf 8 ionischen Säulen ohne Mitteljocherweiterung und insofern bereits mit dem nahegelegenen Smintheion vergleichbar. Unter dem Schutzdach sind drei ganz erhaltene Blöcke der Traufsima ausgestellt, die R. Koldewey nicht erwähnt[12]. Sie weisen jeweils eine Länge von 1.45,9 m und eine Tiefe von ca. 1.17 m auf. Auf der Oberseite der Traufsima ist eine Vertiefung in der Breite von zwei Stroteren eingearbeitet, an deren tiefster Stelle ein Löwenkopfwasserspeier – nach R. Koldeweys Angaben – aus Marmor wie ein Wolf eingestiftet war. An beiden Schmalseiten sind Dübellöcher für Antefixe erhalten, die im Wechsel zu den Löwenköpfen in der üblichen Weise die Sima bekrönten. Der Befund zeigt, dass die Länge der Simenblöcke genau von zwei Stroterbreiten bestimmt wird. Demzufolge entsprechen vier Stroterbreiten bzw. zwei Simalängen von 2.92 m der Achsweite der Säulen[13]. Der Tempel basiert – ähnlich wie der Tempel des Apollon Smintheios – auf einem Achsmaß von 10 Fuß. Andere Aufteilungen, wie beispielsweise 12 Fuß, können bei diesen Abmessungen ausgeschlossen werden. Wahrscheinlich wurde auch der Tempel in Messa in einer mathematisch klaren Struktur entworfen (*Abb. 6. 7*).

Die anderen Bauteile des Gebälks sind nicht so vollständig erhalten wie die Simenblöcke. Der Architrav besteht mit den Faszien außen und innen aus einem Werkstück und ist somit einschalig. Die drei Faszien des Außenarchitravs werden jeweils von einem Perlstab bekrönt, wobei das Abschlussprofil als eigenes Werkstück gearbeitet ist. Im Gegensatz dazu ist bei dem Innenarchitrav nur die obere der beiden Faszien mit einem Perlstab versehen und der darüber folgende Eierstab wiederum separat gefertigt. Die Höhen des Innen- und Außenarchitravs sind unterschiedlich und ergeben eine Differenz von 33,1 cm. Über dem Innenarchitrav ist eine Auflagerfläche für eine Deckenbalkenkonstruktion zu rekonstruieren. Die Blöcke mit den inneren Abschlussprofilen waren mit den Außenarchitravblöcken verklammert. Diese Profilblöcke variieren in ihrer Tiefe von 40cm, 42 cm und 62 cm. Demzufolge waren auch die Auflager für die Holzkonstruktion unterschiedlich tief. Das lässt auf ganz normale, in Querrichtung gespannte, hölzerne Deckenbalken schließen (*Abb. 8. 9*).

R. Koldewey führt in seinem Katalog mehrere Blöcke des Frieses auf, die an der Rückseite einheitlich in gleichen Abmessungen dreigeteilt gearbeitet sind. Vor Ort ist nur ein Friesblock erhalten, der leider komplett vermauert ist. Koldewey erwähnt bereits, dass es sich bei dieser Dreiteilung um einen Hinweis auf eine anschließende Holzkonstruktion handeln muss. Diese Versprünge lassen vermutlich auf eine mehrlagige hölzerne Kassettenkonstruktion – ähnlich der des Smintheions – schließen (*Abb. 10*)[14].

Die Werkstücke des weiteren Gebälkaufbaus – das Abschlussprofil des Frieses, der Zahnschnitt und das Geison – sind nur fragmentarisch erhalten und vor Ort in Beton

---

12 Pfrommer a. O. (Anm. 9) 80–82 Taf. 24 erwähnt die Blöcke der Traufsima im Rahmen seiner Untersuchungen zur Bauornamentik.

13 R. Koldewey rekonstruiert die Achsweiten der Säulen aufgrund des Stylobats und der Säulenstandplatten mit 2.96 m. Der Befund der ganz erhaltenen Simen und der Strotere, die R. Koldewey in seinem Katalog nicht erwähnt und die folglich wohl erst nach seiner Zeit entdeckt wurden, lässt auf eine Jochweite von 2.92 schließen. Leider kann diese Differenz nicht vor Ort überprüft werden, weil die Fundamente ganzflächig abgedeckt sind.

14 W. Hoepfner hingegen rekonstruiert in seinem Beitrag den Tempel in Messa ohne Fries.

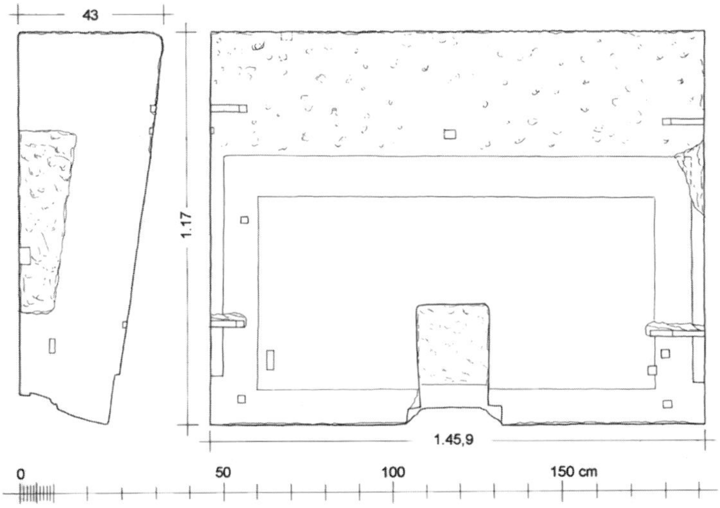

Abb. 6
Tempel in Messa,
Sima

Abb. 7 Tempel in Messa, Sima

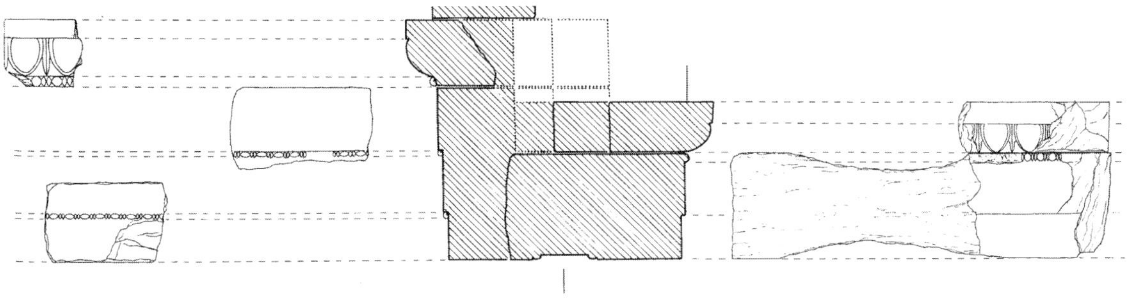

Abb. 8 Tempel in Messa, Architrav

Abb. 9 Tempel in Messa, Architrav

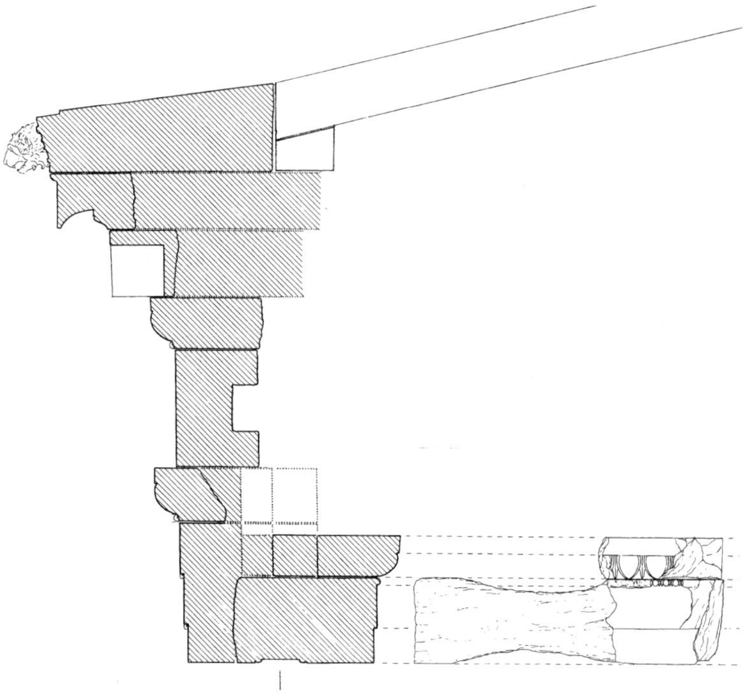

Abb. 10 Tempel in Messa, Schnitt Außengebälk

eingelassen, so dass die Tiefe nicht messbar ist. Gut erhalten sind lediglich die bereits erwähnten Simablöcke, deren grob behauene Rückseiten keine Einarbeitungen für Sparren aufweisen. Sicher stießen die Sparrenköpfe gegen die Rückseite der Simenblöcke, ohne dort ein Auflager oder eine Einlassung zu finden. Die Sparren nahmen sicherlich nicht die gesamte Höhe der Sima von 43 cm ein. Sie lagen hinter der Sima auf einer hölzernen Fußpfette, die wiederum wohl auf den Blöcken des Horizontalgeisons auflag. Wie beim Smintheion war die Jochweite der Sparren von 2,5 Fuß durch die Breite der Strotere vorgegeben. Mit den Simenblöcken kann auf eine Dachneigung von 14° geschlossen werden (*Abb. 10*).

Die bauhistorischen Ergänzungen auf der Grundlage von R. Koldeweys Forschungen führen zu folgenden neuen Rekonstruktionsüberlegungen: Ähnlich wie beim Tempel des Apollon Smintheios in der nahegelegenen Troas beträgt die Achsweite der Säulen des Tempels in Messa 10 Fuß und die doppelte Achsweite bis zur Cellawand 20 Fuß. Der Tempel basiert ebenfalls auf einem Rastermaß von 10 x 10 Fuß ohne Mitteljocherweiterung. Die Ringhalle wurde nicht – wie im Smintheion – von einem Flächentragwerk überdeckt, sondern von hölzernen, in Querrichtung gespannten Deckenbalken. Die Kassettenfelder sind aufgrund der Einarbeitungen auf der Rückseite der Friesblöcke mit drei Holzlagen zu rekonstruieren. Der

Abstand zwischen der Decken- und Dachkonstruktion betrug oberhalb der Cellawände 2.30 m. Somit konnte dieser Dachstuhl – wie auch die Dachstühle in Aizanoi und im Smintheion – erhobenen Hauptes durchschritten werden. Ob es demzufolge Erscheinungsfenster gab, ist mit den vorhandenen Bauteilen nicht feststellbar. Das steinerne Außengebälk dieses Tempels ist im Vergleich zu den beiden anderen Tempeln sehr filigran (*Abb. 11a*).

Der im 1. Jh. v. Chr. vollendete **Hekatetempel in Lagina** ist der kleinste der erhaltenen Pseudodipteroi mit 8 x 11 korinthischen Säulen[15]. Die Vorderseite des Tempels ist deutlicher als bei den anderen Pseudodipteroi betont, zumal bei diesem Tempel aufgrund seiner Größe auf einen Opisthodom verzichtet wurde. Wie bereits A. Tırpan nachweisen konnte, ist der Tempel an der Vorderseite und an der Rückseite mit je einem Erscheinungsfenster zu rekonstruieren. Es ist der einzige Pseudodipteros mit nur einem Erscheinungsfenster an den Schmalseiten, was ebenfalls mit der Größe des Tempels zusammenhängt.

Die Erscheinungsfenster ziehen die Frage nach der Begehbarkeit des Dachstuhls nach sich. In diesem Zusammenhang ist der gut erhaltene Fries im Istanbuler Museum interessant, der zuletzt von P. Baumeister untersucht wurde[16]. Der Fries ist mit 93 cm deutlich höher als der Fries anderer Pseudodipteroi. Die Frieshöhe beträgt in Aizanoi 57,2 cm, im Smintheion 78 cm, in Messa 57 cm und in Magnesia 82 cm, wobei diese Tempel wesentlich größer sind als der Hekatetempel in Lagina. Nur mit diesem hohen Fries ist die lichte Raumhöhe im Dachstuhl von ~ 3.00 m in Tempelmitte vor den Erscheinungsfenstern und ~ 2.10 m im Umgang entlang der Cellawände zu rekonstruieren[17].

Wahrscheinlich hatten alle Pseudodipteroi Erscheinungsfenster, nur sind diese Bereiche nicht bei allen Tempeln erhalten. Offensichtlich hatte die Begehbarkeit des Dachraumes bei einem Pseudodipteros eine wichtige Bedeutung. Sie wurde auch bei kleineren Tempeln, wie der Befund in Lagina zeigt, durch eine entsprechende Höhe des Frieses ermöglicht. In diesem Zusammenhang gewinnt der Tempelfries an Bedeutung. Er ist nicht nur Ornamentträger für die Skulpturen, sondern bei einigen Tempeln ein wesentliches Element für die Bildung des Dachraumes. Die Begehbarkeit des Dachraumes und das Vorhandensein von Erscheinungsfenstern hängen offenbar eng zusammen. So waren die rekonstruierten Dachräume wahrscheinlich dem Kultpersonal vorbehalten, die in kostbarsten Gewändern aufrecht mit wertvollen Utensilien durch den Dachstuhl zu den Erscheinungsfenstern schreiten konnten (*Abb. 11*). Für die zahlreichen Pilger wurde die aufwendig erweiterte Peristase geschaffen, der nach Vitruv die Funktion einer Art Wandelhalle zukam[18].

---

[15] A. Tırpan leitet seit 1983 die Ausgrabung in Lagina. Im Sommer 2011 wurde die Bauuntersuchung des Hekatetempels als ein auf drei Jahre ausgelegtes Projekt der Hochschule Regensburg in Kooperation mit Ahmet Tırpan mit der finanziellen Unterstützung der DFG begonnen. – Nach Rumscheid 1994, 22–23. 132–139 Taf. 69–75 wurde der Hekatetempel in mehreren Bauphasen zwischen 300 v. Chr. und 80 v. Chr. errichtet.

[16] A. Schober, Der Fries des Hekateions von Lagina, IstForsch 2 (Baden bei Wien 1933) 17 Abb. 6; U. Junghölter, Zur Komposition der Lagina-Friese und zur Deutung des Nordfrieses (Frankfurt 1989); P. Baumeister, Der Fries des Hekateions von Lagina, Byzas 6 (Istanbul 2007).

[17] Bei einer Spannweite der Normaljoche von 2.34 m und einer Dachneigung von 14° würde die Höhe der Dachstuhls nur 1.17 m betragen. Nur durch die Frieshöhe von 93 cm kann eine lichte Raumhöhe im Dachstuhl von 2.10 m oberhalb der Ringhalle erzielt werden.

[18] Vitr. 3, 3, 6. 8–9.

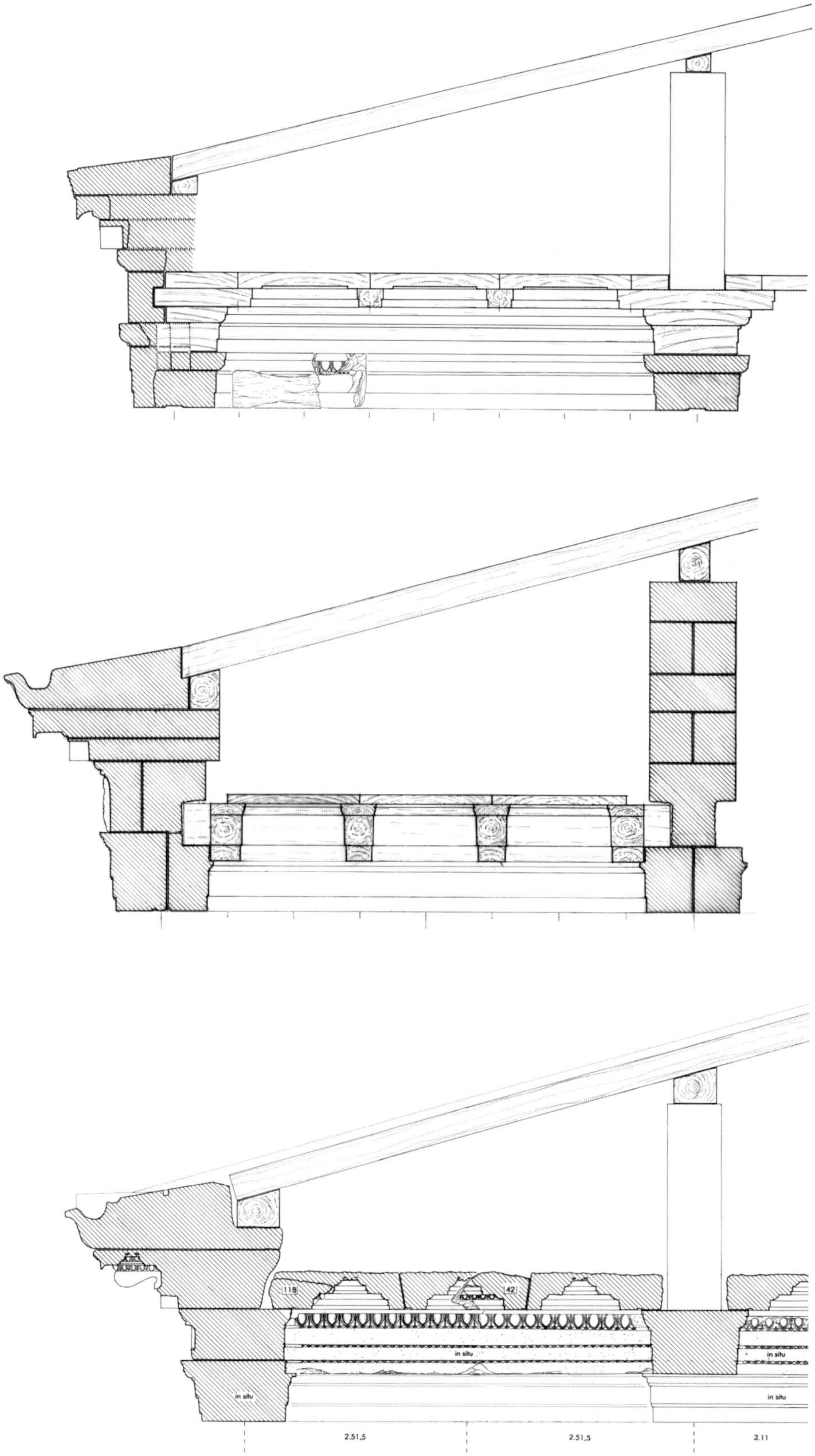

Abb. 11
Schnitt Gebälk und Dachstuhl der Ringhalle
a. Tempel in Messa
b. Tempel des Apollon Smintheios
c. Aizanoi, Zeustempel

Bei den Pseudodipteroi wurde vor allem das Gebälk der erweiterten Peristase in einer unterschiedlichen, aber in jedem Fall aufwendigen Weise ausgeführt. Nur mit Hilfe eines großen konstruktiven Aufwands konnte der Tempel an allen vier Seiten von einem Raum, einer Wandelhalle umgeben werden, die für den Kultbetrieb ganz sicher eine zentrale Bedeutung hatte. Die Ringhalle des Peripteros und auch die des Dipteros ist ein Sinnbild für die Körperhaftigkeit, die Ringhalle des Pseudodipteros zielt dagegen eher auf die räumliche Wirkung ab, auch wenn bei den verschiedenen Pseudodipteroi individuelle Lösungen gesucht wurden. Die Bezeichnung dieses Tempeltyps als Exostylos, die durch B. Wesenbergs Untersuchungen gesichert ist[19], weist auf die erweiterte Ringhalle bzw. den Weithallentempel hin. In jedem Fall kam der umlaufenden Wandelhalle, dem dazugehörigen belichteten und begehbaren Dachraum – in Aizanoi zusätzlich dem tonnengewölbten Raum im Unterbau – für den Kultbetrieb eine zentrale Bedeutung und Funktion zu.

19 Vgl. den Beitrag von B. Wesenberg in diesem Band.

T. Schulz (Hrsg.), Dipteros und Pseudodipteros. Bauhistorische und archäologische Forschungen, BYZAS 12 (2012) 181-202

The Temple of Hekate at Lagina

Ahmet A. TIRPAN* – Zeliha GİDER** – Aytekin BÜYÜKÖZER***

Abstract

The temple of Hekate at Lagina is one of the most siginificant pseudo-dipteroi in Anatolia. The modular system, conceptualised by Pytheos and developed further by Hermogenes, was used in the planning of the temple and the placing of the structural elements on the stylobate. The structure consists of a deep pronaos and a naos without opisthodomos. There are 8 columns at the fronts and 11 columns on the sides. In this respect it differs from all the structures built up to that period, because it minimizes the ratio between the length and the width. The columns in antis in the pronaos have Ionic capitals.

The detailed study of the ornaments on the architectural elements of the temple and the data gathered through excavations enabled us to understand the development of the cult structure in the sacred area. There had been an older cult structure in the sacred area in the 4th century B.C. The construction of the new temple began in the last quarter of the 2nd century B.C., the cella and the columns in antis were present in 81 B.C. and the peristasis was built in the first half of the 1st century B.C. The details of the decoration infer that the structure underwent some repairs in the second half of the 1st century B.C., probably after the destruction by Labienus of 40 B.C.

The sanctuary of Hekate at Lagina in ancient Caria is situated at the site which is nowadays called Kapitas. It lies within the village of Turgut which is located near the town of Yatağan in the district of Muğla. The area that holds the remains of the ancient structures is still called Leyne today[1].

---

* Prof. Dr. Ahmet A. Tırpan, Selçuk University, Faculty of Letters, Archaeology Department, Campus, Konya.

** Res. Assist. Zeliha Gider, Selçuk University, Faculty of Letters, Archaeology Department, Campus, Konya.

*** Res. Assist. Aytekin Büyüközer, Selçuk University, Faculty of Letters, Archaeology Department, Campus, Konya.

1 L. Robert states that Lagina was called Hierakome and its inhabitants were called the Hierakome people in the ancient period (Robert 1970, 555–558). However; in the light of two inscriptions found in Lagina, it was understood that the settlement here was Koranza and not Hierakome (Şahin 1973, 187–195).

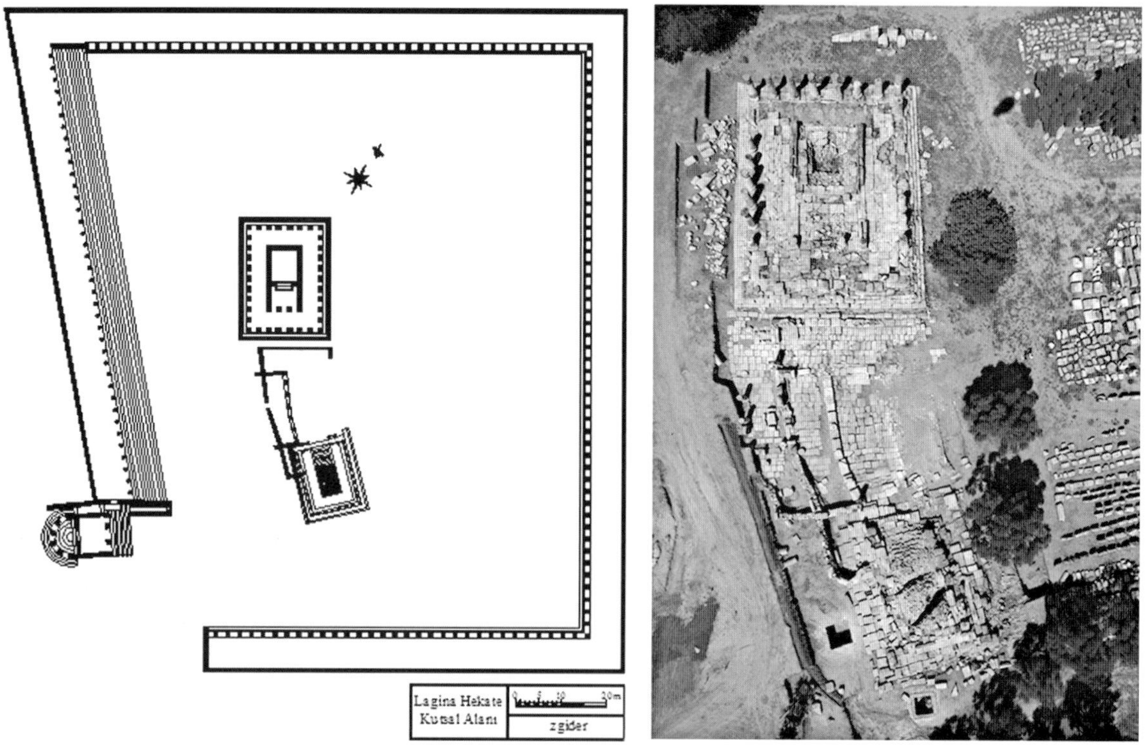

Fig. 1 The plan of the Hekate Sanctuary at Lagina

Fig. 2 The condition of the temple after the excavation

The Temple of Hekate was built roughly in the middle of the sacred area in a northwest-southeast direction (*Fig. 1*). It is surrounded by stoa in Doric order on all four sides. The altar is situated at the south eastern side and the propylon at the south western side. Lagina has attracted many travellers and researchers since the 18th century. Especially the discovery of the sculptured frieze blocks of the temple increased its interest. The first excavations in the temple were carried out by Osman Hamdi Bey during 1891-1892. The excavations were not resumed until 100 years after that in 1993 under the direction of A. A. Tırpan and are still being carried out today[2]. Most of the temple has already been excavated (*Fig. 2*) and the architectural elements have been classified according to the geographic direction they were facing.

Platform

The Temple of Hekate stands on a five-stepped platform. The base structure was mostly formed through the levelling of the main rock and the rest was supported by clear-cut conglomerate rocks to adjust the altitude of the stylobate. During the construction of the platform two lines of marble blocks were placed in the locations where the peristasis columns carrying the upper structure were located in order to increase the stability. The height of the crepidoma is 1,56 m. The stylobate of 17,75 x 24,50 m is composed of clear-cut marble blocks in various sizes[3].

The groundplan of the temple (*Fig. 3*) was designed according to the modular system originated by Pytheos and developed by Hermogenes. The elements of the architecture above stylobate level – the walls of the naos, the colums of the peristasis and the colums in antis – were placed in correspondence with the axes of a grid which was designed on the base of the axial spacings of the colums. The only exception from this rule is the position of the interior wall dividing the pronaos and the naos. If this wall had been placed in the axis of one of the columns of the long sides of the peristasis, either the naos or the pronaos would have become too small. In the system applied, the depth of the naos was determined as 1.3 times of that of the pronaos and thus a deeper pronaos was created.

Peristasis

The Temple of Hekate is a pseudo-dipteros of 8 x 11 columns[4]. The fact that the temple was constructed as a pseudo-dipteros by the architect Hermogenes shows that it reflects

2 For the data gathered through the excavations in the sacred area, see in Tırpan 1996, 209–228; Tırpan 1997, 309–336; Tırpan 1998, 173–194; Tırpan 1999, 237–256; Tırpan – Söğüt 2000, 153–162; Tırpan – Söğüt 2001, 299–310; Tırpan – Söğüt 2002, 343–350; Tırpan – Söğüt 2004, 87–100; Tırpan – Söğüt 2005b, 371–386; Tırpan – Söğüt 2006, 257–270; Tırpan – Söğüt 2007, 591–612; Tırpan – Söğüt 2008, 387–410; Tırpan – Söğüt 2009, 243–266; Tırpan – Söğüt 2010, 507–511.

3 The temple was said to be 21,30 x 28 m in size in earlier publications. However, through our studies it could be determined that the temple is 21,10 x 27,90 m in size. Considering the bottom diameter of the columns as the module, these sizes equal to 22 ⅔ x 30 modules.

4 The temples with this plan type in Anatolia are the Temple of Artemis at Magnesia, the Temple of Apollon Smintheus at Chryse, the Temple of Aphrodite at Messa, the Temple of Artemis at Sardes, the Temple of Apollon at Alabanda, the Temple of Aphrodite at Aphrodisias, the Temple of Augustus at Ankara, the Temple of Domitianus at Ephesos, the Temple of Zeus at Aizanoi and the temples dedicated to the imperial cult one of which is in Sardes and the other in Seleukeia at Kalykadnos.

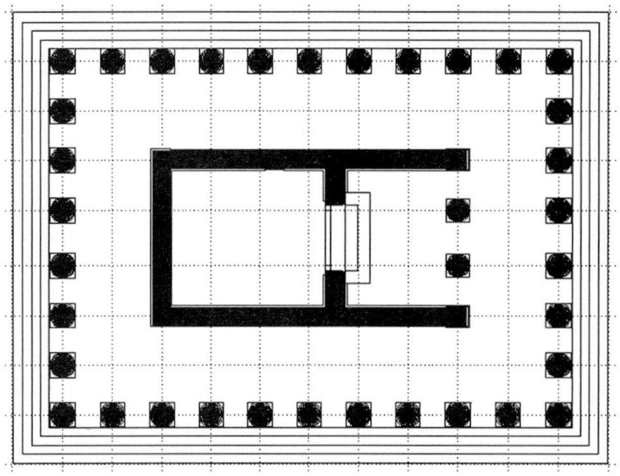

Fig. 3 The grid system in the stylobate

the style of the period. The number of columns, however, differs from the number determined by Hermogenes (8 x 15) which is defined as a constitutional element of the pseudodipteros by Vitruvius[5]. In contrast to all the structures until then the ratio of the length to the width was minimized with the number of 8 x 11 columns (*Fig. 3*). This characteristic property distinguishes it from all the other pseudo-dipteroi of the Hellenistic and Roman Period[6]. There are 7 column ranges (= intercolumnia) on the short side of the temple and 10 column ranges on the long side. Therefore, the ratio of the short side to the long side is 1 : 1.4. This makes the Temple of Hekate the only known example among the pseudo-dipteros temples in Anatolia with such a small ratio[7].

The bottom diameter of the peristasis columns measures 0,93 m, the axial range is 2,325 m[8]. Thus the space between two columns is 1,395 m. This is equal to 1 : 1.5 times the bottom diameter; that is, 1.5 bottom diameters. The ratio of the column's bottom diameter to the column range was determined as 1 : 1 ½[9]. This column range (intercolumnium) corresponds exactly to the pyknostylos defined by Vitruvius[10]. However, while defining systylos Vitruvius states that the space between the plinths of the bases should be equal to the size of the plinths[11]. The width of the plinth in the Temple of Hekate is 1,16 m and the space between two plinths is also 1,16 m. This relation is consistent with the definition of

5 Vitr. 3, 2, 6.

6 One of the Hellenistic pseudo-dipteroi in Anatolia and the masterpiece of Hermogenes, the Temple of Artemis at Magnesia has 8 x 15 columns. The Temple of Aphrodite at Messa and the Temple of Apollon Smintheus at Chryse have 8 x 14, the Temple of Apollon at Alabanda and the Temple of Aphrodite at Aphrodisias has 8 x 13 columns. The Temple of Augustus at Ankara and the Temple of Zeus at Aizanoi dated to the Roman Period have 8 x 15, the Temple in Seleukeia at Kalykadnos has 8 x 14 and the Temple of Domitianus at Ephesos has 8 x 13 columns.

7 This ratio is the ideal ratio of 1:2 in the Temple of Artemis at Magnesia. Among other Hellenistic pseudo-dipteroi this ratio is 1 : 1.85 in the Temple of Apollon Smintheus at Chryse and the Temple of Aphrodite at Messa, 1 : 1.7 in the Temple of Apollon at Alabanda and the Temple of Aphrodite at Aphrodisias, 1 : 2 in the Temple of Augustus at Ankara and the Temple of Zeus at Aizanoi from the Roman Period, 1 : 1.85 in the Temple in Seleukeia at Kalykadnos and 1 : 1.7 in the Temple of Domitianus at Ephesos. The Stylobate ratio of the Temple of Hekate is similar to 1 : 1.4 ratio of peripteros planned the Temple of Zeus at Labraunda.

8 F. Miltner calculated the axial spacing of the peristasis as 2,36 m and the middle axial spacing as 2,55 m (Schober 1933, 17; Hoepfner 1990, 32).

9 Among the psudo-dipteroi, this ratio in the Temple of Aphrodite at Messa is 1 : 1.85 (1 : 1 6/7), in the Temple of Artemis at Magnesia 1 : 1.81 (1 : 1 ¾), in the Temple of Apollon Smintheus at Chryse 1 : 1.5 (1 : 1 ½), in the Temple of Aphrodite at Aphrodisias 1 : 1.4 (1 : 1 2/5), in the Temple of Augustus at Ankara 1 : 2 and in the Temple of Zeus at Aizonoi it is 1 : 1.5 (1 : 1 ½). The column range of the Temple of Hekate is similar to the Temple of Apollon Smintheus at Chryse of the Hellenistic Temples.

10 Vitr. 3, 3, 2–3.

11 Vitr. 3, 3, 2.

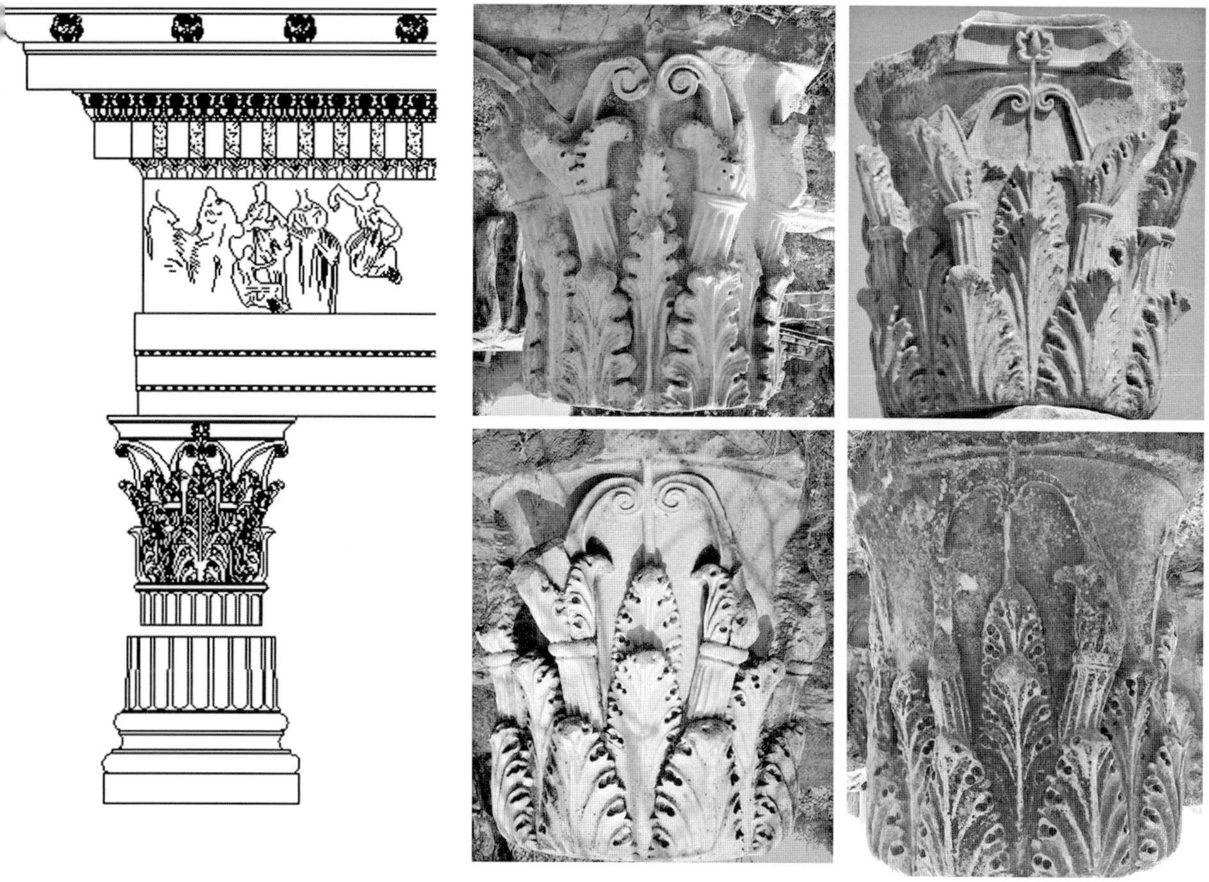

Fig. 4 The first and the second groups of capitals

the systylos by Vitruvius whereas the relation between column range and bottom diameter is that of the pyknostylos

On the front side the column range is wider and it is 1 : 1.75 times the bottom diameter. Hence it is similar to the systylos. Keeping the column ranges wider at the center is a traditional characteristic of Ionic architecture in Anatolia[12]. The aim of this architectural practice is to make the entrance more distinct and to prevent the columns from obstructing the view on to the door of the naos.

In the peristasis of the Temple of Hekate the Corinthian order was preferred to the Ionic order which had been favoured by Hermogenes who had influenced the Anatolian temple architecture in the 2nd century B.C. (*Fig. 4*). Corinthian capital columns rise above the Attic-Ionic bases (*Fig. 4*). The upper torus of the base was made together with the lower drum of the column. The Corinthian order was used alongwith the Attic base from the

12 The widening of the columns at the center is attributed to Hermogenes by Vitruvius (Vitr. 3, 3, 8). However, it has been ascertained that this system was also applied in early Doric structures such as the Temple of Apollon at Syracusa and the Propylea at Athens and also in Ionic Temples such as the Temple of Artemis at Ephesos, the Temple of Hera at Samos, the Temple of Artemis at Sardes and the Temple of Apollon at Didyma starting from the Archaic Period (Hermogenes 2002, 32–33). This practice identified with the Anatolian Ionic Architecture can be seen in the Temple of Hekate in Corinthian order.

date it originated[13]. There is an Attic-Ionic base in the Mausoleum at Belevi dated to the 3rd century B.C.[14]. The most refined forms of this type of base can be seen in the Temple of Artemis at Magnesia and the Temple of Dionysos at Teos built by the architect Hermogenes[15]. The plinth added below the Attic base, which was introduced into Ionic architecture by Hermogenes, is interpreted as an Anatolian element.

The Capitals of the peristasis

34 columns surround the temple in one single row. However, only 24 column capitals have been excavated until today. The column capitals, along with all other architectural elements found in the temple, have been categorised according to the geographic direction they were facing when they were discovered. Among these capitals 7 belong to the southern peristasis, 8 belong to the northern peristasis, 5 belong to the eastern peristasis and 4 of them – including the one found during the previous studies and transferred to the garden of the Stratonikeia excavation house – belong to the western peristasis. The bottom diameter of the capitals is 0,65 m, the height is 0,99 m, and the abacus width is 1,08 m. The ratio of the height of the capital to the bottom diameter is 2 : 3[16].

The Corinthian capitals of the peristasis of the temple were made out of one single block[17]. The lower part of the kalathos was covered with acanthus leaves in three rows. There are eight acanthus leaves in the first row constituting the bases and these were placed under the kalathos in equal sizes. The second row of the acanthus leaves were placed in the spaces between the first row of leaves and the middle veins of the leaves were extended to the lower edge of the kalathos. The spaces between the acanthus leaves in the second row were filled with fluted caulis roots. There are two leaves on each caulis. The outer leaf holding the diagonal volute is longer and depicted as supporting the lower side of the volute. The inner leaf holding the central helixes is shorter and does not extend much to the helix. The central helixes depicted on the kalathos surface as high reliefs end just under the kalathos rim in spirals curved to the pedicle of the abacus flower. At the center of each face of the capital there is an acanthus leaf rising from the central leaf of the second row. The pedicle of the abacus flower appears behind this leaf. The abacus leaf placed at the center of the abacus is shorter than the abacus.

---

13 The Corinthian capital columns stand on Attic bases in the Tholos at Epidauros dated to 360–330 B.C. (Burford 1969, 63–68). Attic bases were used in the Monument of Lysicrates (Bauer 1977, 197–227 Beil. 5–10 Taf. 91–96) and the Arsinoeion of Samothrace (Shaw 1992, 29–91) on which the Corinthian capital columns were first used in the exterior architecture. The Temple of Apollon at Didyma (Voigtländer 1975, 87–88), the Temple of Zeus at Olba (Williams 1974, 408) the Building of Laodike at Miletus (Knackfuss 1924, 263–278), the Gymnasium at Stratonikeia (Mert 2009, 158, Abb. 76), the Pseudomonopteros at Termessos (Seiler 1986, 138. 140. 145–147 Figs. 62. 63. 67; Rumscheid 1994, Taf. 189) and the Propylon of Bouleuterion at Miletus (Knackfuss 1908, Abb. 65–67), where Corinthian capital columns were used, have Attic bases.

14 Hoepfner 1993, 120 Abb. 9–10. 13.

15 Hoepfner 1990, 8–16 Abb. 13. 22.

16 This ratio is 3 : 5 in the capitals of the Gymnasium at Stratonikeia. See Mert 2009, 159, footnote 859.

17 Corinthian capitals, composed of two blocks, were used in the Temple of Zeus at Olba and the Olympeion at Athens.

By examining these capitals, it can be seen that there are differences between them in regard to which geographic direction they are facing. Moreover, significant differences among the capitals facing the same geographic direction were also determined. Because of these details that can be described as period differences, the capitals were evaluated in two groups (*Fig. 4*). The Corinthian capitals of both groups are similar in general form and can be compared with the capitals in the Olympieion at Athens and the Propylon of the Bouleuterion at Miletus dated to 175–164 B.C. and the Gymnasium at Stratonikeia dated to the 2nd century B.C. The veins of the acanthus leaves in Lagina are depicted thinner than the previous examples and as a result the coves are longer and thinner. Thin veins on the acanthus leaves of the Stratonikeia capitals represent the next stage. The depiction of the caulis and the inner and outer cover leaves is the same with the Stratonikeia capitals. The helixes do not extend outside the kalathos rim in contrast to the capitals of the Olympeion at Athens. Regarding this characteristic, the capitals are similar to the capitals of Miletus and Stratonikeia. The torus profile at the upper end of the caulis is more inflated and distinctive compared to those of Miletus and Stratonikeia.

The second group of capitals looks more metallic than the capitals in the first group. The use of a drill is clearly to be observed on the acanthus leaves. The coves between the thorns of the leaves were created through two adjacent drill holes. The form of the coves is similar to the ones on the capital in the Uzunyuva at Mylasa[18] dated to 40–14 B.C. Therefore, it is possible to date the first group of capitals to the beginning of the 1st century B.C. and the second group to the second half of the 1st century B.C. This shows the phases of destruction and repair of the temple.

The third leaf at the center of the capitals is the improved version of the first examples in Greece in the 4th century B.C. The third leaf first appeared in the Temple of Athena Alea at Tegea and soon after that it was applied in the Temple of Zeus at Nemea[19]. The third row of acanthus leaves was depicted in the Mausoleum at Belevi, which is one of the earliest capitals of this type in Anatolia; however it was positioned differently from the other examples[20]. The most similar examples to the capital of the Hekate Temple are the Propylon of Ptolemy II at Samothrace[21], the Gymnasium at Stratonikeia[22], two capitals found in Miletus[23], two capitals found in Ephesos[24] and the capital of the Uzunyuva at Mylasa[25]. The absence of a third row of acanthus leaves on the Corinthian capital of the Temple of Leto A at Xanthos dated to 160–130 B.C. indicates that the capitals of Lagina and Mylasa were influenced by Stratonikeia.

---

18 Rumscheid 1994, Taf. 109, 2.

19 On the capital in the Philippeion at Olympia the helixes are not worked and the space between the caulis roots is filled with many acanthus leaves extending below the kalathos rim. Bauer 1973, Beil. 17.

20 Hoepfner 1993, Abb. 15–16.

21 Frazer 1990, 87–91 Fig. 66. 68.

22 Mert 2009, 158–161 Abb. 83–86.

23 Rakob – Heilmeyer 1973, Taf. 33, 2; 33, 5; Rumscheid 1994, Taf. 107, 3–4.

24 For the capitals one of which is dated to 2nd century B.C. and the other dated to the 1st century B.C., see Rakob – Heilmeyer 1973, Taf. 31, 6; Bammer 1973, Taf. 96, 2–3; Alzinger 1974, Abb. 107–108; Rumscheid 1994, Taf. 45.

25 Rumscheid 1994, Taf. 109, 2.

The entablature of the peristasis

The architrave of the peristasis is divided on its outer side into three fasciae. Between the fasciae, there are bead-and-reel motifs and there is no crown profile at the upper end of the block. This may have been done to make it easier for the frieze blocks to be conceived. The inner side of the architrave is divided into two fasciae and there is an anthemion depicted on the upper fascia and a bead-and-reel and an Ionic cymatium on the crowning profile. The architrave is ended above with a flat moulding. There is a convex soffit on the lower part of the architrave blocks surrounded by a bead-and-reel[26].

Distinctive differences were determined through the detailed study of the ornaments on the architrave blocks. The ornaments are denser on some blocks and more dispersed on others or deeper on some and more superficial on some other blocks. The palmette width, the curve of the palmette leaf, sepal types of the palmette, the extension of the axis leaf, sepal type of the lotus, the extension of the lotus leaves to the side and the width of the lotus leaves in anthemions vary (*Fig. 5*). As the helixes below the bottom sepal of the lotus flower and covering the bottom of the palmette below create curves in different ranges, they have spirals in different sizes. These spirals are either empty or filled with buttons. In the egg-and-dart depicted on the crown moulding, the darts between the eggs should be on the same axis with the middle leaf of the lotus flower and the palmette. However, in some blocks this symmetry was ignored. Besides, there are differences in size among the ornaments on the same blocks. These differences in detail indicate that a lot of craftsmen were involved while creating the ornaments of the structure.

The surface of some palmette leaves was fluted while in some cases it was left plain. The ornaments situated at the edges are smaller, probably because they needed to fit in to the limited space that was available. In addition to the differences of craftsmen and period, the possibility of negligence or carelessness in the use of the templates and mistakes in the calculations of the sizes of motifs must be taken into consideration. Moreover, the ornaments on some blocks were left unfinished.

A first typology of the anthemion ornaments on the outer side of the wall architraves and on the inner side of the column architraves was established by Rumscheid[27]. Three different types of anthemion ornaments were determined in regard to the form of the helix passing below the bottom sepal of the lotus flower and covering the bottom of the palmette below. If one also considers the movements of the leaves, there are five different types. Furthermore, there are some differences in the Ionic cymatium and the bead-and-reel depicted on the crowning profiles of the architraves. These differences are either in the length or the width of the egg or the length or the width of the bead-and-reel. If one takes these details into account, five types of Ionic cymatia can be determined. Detailed studies on the architrave ornaments of the temple continue and their results will be evaluated separately.

---

[26] In some of the Anatolian temples the bead-and-reel were used alone or combined with Lesbian cymatium as a soffit frame. However, the bead-and-reel combined with Lesbian cymatium is more common.

[27] Rumscheid 1994, 133. 137–138 Taf. 74.

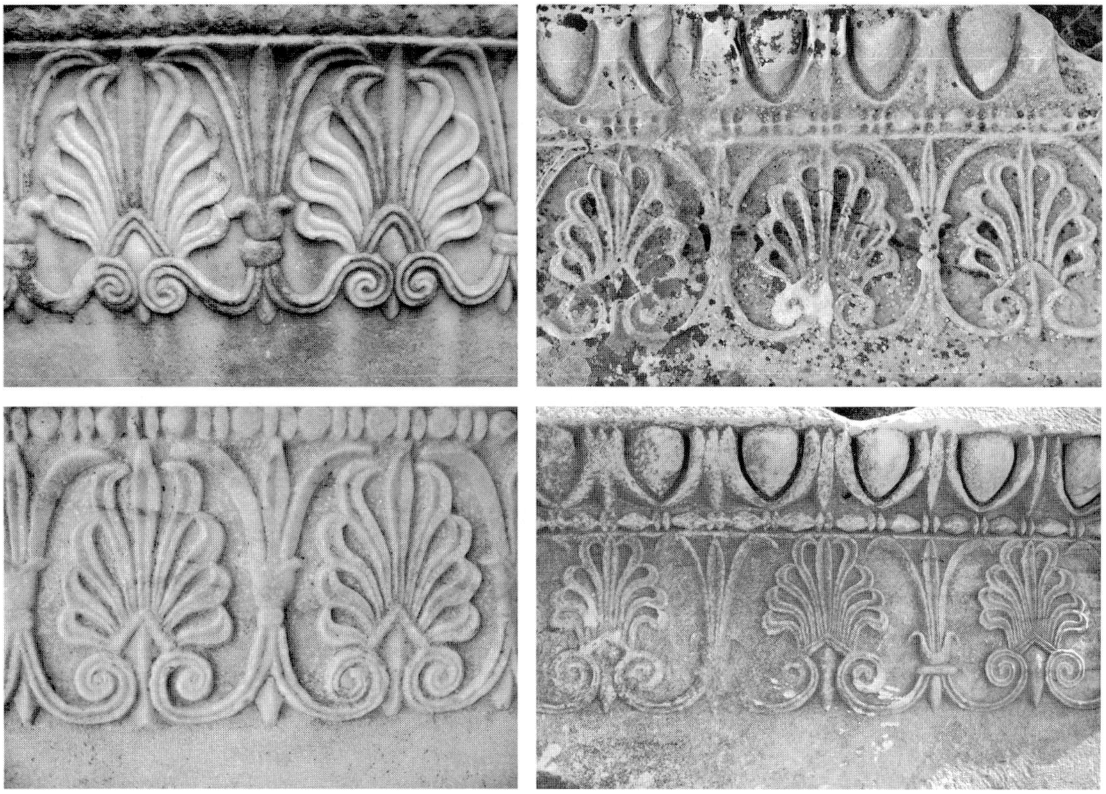

Fig. 5 Detail from the Anthemion ornaments

The anthemion band on the architrave blocks indicates that the hardening and ornamental characteristics appearing with the Belevi mausoleum reached their peak. Lagina is different from other structures at the beginning and in the middle of the Hellenistic Period when the area covered by motifs is concerned. The lotuses are depicted narrowly and do not take up much space. The softening in the movements of the leaves is replaced by a stiff curved look in Lagina. Three edged eggs were worked as high reliefs in plastic and their first examples are seen in the Temple of Zeus at Labraunda and the Temple of Athena Polias at Priene from the 4th century B.C.[28]. The eggs in the architraves are obviously an imitation of the 4th century B.C. The form in which the beads stretch in the bead-and-reel below the egg-and-dart is different from the Hellenistic examples.

The frieze blocks with sculptured reliefs above the architrave are interpreted as a Hellenistic tradition. During the studies performed in the sacred area since the 18th century, 36 frieze blocks have been found. 33 of these frieze blocks were carried to the Archaeological Museum of Istanbul by Osman Hamdi Bey in 1892 and they were catalogued by Mendel in 1912[29]. It was determined that four main subjects were depicted on the friezes above the columns[30]. The subject depicted on the frieze on the eastern facade of the temple is the

[28] Rumscheid 1994, 133.

[29] Mendel 1912, 428–542.

[30] Chamonard 1895, 235–262 pl.10–15; Mendel 1912, 428–542; Schober 1933, 27–54; Junghölter 1989, 15–17; Webb 1996, 108–120; Baumeister 2007, 35–65.

birth and life of Zeus. Here Hekate presents a rock to Kronos, the father of Zeus. On the northern facade the moment of peace between the Amazons and the Greeks was depicted. Here Hekate is seen pouring a sacred drink on to the ground in honour of this peace. A Gigantomachia is depicted on the western side. In this frieze Hekate is watching this war while holding a torch. The subject on the southern side could not be fully identified, but it is assumed that the figures symbolize the Carian Gods and their cities.

The depiction of four different subjects on the friezes of the temple differs from other Hellenistic temples. The peace and friendship after the period of war and chaos in the first half of the 2nd century B.C. are emphasized in the friezes[31]. The most important scene on the west side of the temple, the Gigantomachia, was also depicted on the friezes of the Altar of Zeus at Pergamon. It is also important to note the baroque details here. The Roman influence on the scene with Amazonomachy on the northern side is clear. Therefore, from the stylistic point of view, the friezes can be dated to the time from 125 B.C. until the Augustan Period[32]. Differences in style show that sculptors from different workshops worked on the friezes. It was also discovered that together with older sculptors who worked traditionally, there were also younger and innovative sculptors.

The peristasis frieze with its height of 0,93 m is higher than the architrave. This ratio between the height of the architrave and the frieze is described as a Late Hellenistic characteristic by Schober[33]. The upper part of the frieze blocks of the temple is limited by a moulding decorated with a Lesbian cymatium[34]. Form and execution of the Lesbian cymatia is different in the frieze blocks found until today. This indicates that each craftsman shaped the ornaments in his own practice, rather than using a uniform motif[35]. The figured frieze of the Temple of Hekate at Lagina is also of siginificance, because it is one of the last examples of the Hellenistic Period. In the temples built after this period the figured friezes were decorated with floral decorations.

There is a dentil above the frieze blocks. Above the dentil there is a block with a decorated cyma-recta profile different from the other structures. The ornament, which consists of a bead-and-reel and an egg-and-dart below and an anthemion above, is the same as the ornament worked on the upper fascia of the architraves of the naos and of the inner side of the peristasis, facing each other. However, in the block with the cyma-recta profile the eggs are wider and the space between the palmettes and the lotus is larger. In contrast, on the architrave the palmettes touch the lotus flowers. On this block, ending with a vertical rim, the ornaments are projected quite much so as to be conceived fully when observed from below.

---

[31] The subject of peace in Hellenistic Period was first depicted in the Telephos frieze in the Altar of Zeus at Pergamon.

[32] Chamonard 1895, 235–262 pl. 10–15; Mendel 1912, 428–542; Schober 1933, 70–79; Webb 1996, 108–120; Baumeister 2007, 35–65.

[33] Schober 1933, 21.

[34] Rumscheid 1994, Taf. 70–71.

[35] Webb 1996, fn. 8.

As an Ionic characteristic the dentil was used together with the Corinthian capital columns just as this type of columns appeared. In the Monument of Lysicrates, the first structure using the Corinthian capital columns on the outer wall, a dentil was added above the frieze[36]. Among the Corinthian structures in Anatolia the dentil can bee seen in the Building of Laodike at Miletus[37], the Mausoleum at Belevi[38], the Propylon of the Bouleuterion at Miletus[39], the Gymnasium at Stratonikeia[40], the Pseudomonopteros at Termessos[41] and the Temple of Augustus at Antiocheia dated to the Early Roman Period[42]. After that the use of a dentil became the rule in the Corinthian order and this rule was applied in many Corinthian temples in the Roman Period.

On the uppermost part of the entablature of the temple there is an Ionic geison, instead of a geison with consoles widely used in the structures of the Corinthian order. The geison and the sima of the temple were worked out of a single block 0,54 m high. In the geison blocks there are a bead-and-reel and a Lesbian cymatium under the eave part on the lower side of the eaves and lionhead gargoyles on the sima profile. One real and one fake gargoyle were always placed in consecutive order. The Lesbian cymatium on the geison-sima blocks is similar in general form to the Lesbian cymatium on the crowning moulding of the frieze blocks and on the abacus of the Ionic capitals[43].

During our studies on the site the northern pediment was completed and reerected in the empty area on the north side of the temple in its original form. All blocks of the tympanon are preserved, only a part of the middle block is broken. The pediment on the northern facade is composed of 11 blocks. 7 pediment blocks were found of the southern facade. It is possible that the other 4 blocks of this facade consisting of 11 blocks will be found in the future excavations. The end profile of the pediment blocks has a bead-and-reel and an egg-and-dart, which are common in Late Classical architecture[44].

The inner edges of the middle pediment blocks of both sides of the temple are cut in a L-shape. When considering the pediment block with a decorated lintel profile below, it may be assumed that these two blocks were reveals (dt. "Türlaibungen") of a door-opening (*Fig.* 6). A Pseudo-dipteros creates the necessity of a lighter upper structure as the number of columns is decreased[45]. The door and window openings in the pediments of the Temple of Artemis at Ephesos in its Hellenistic phase both enliven the empty space

[36] Bauer 1977, 197–227 Taf. 91–96.

[37] Knackfuss 1924, 263–278.

[38] Hoepfner 1993, 111–123.

[39] Knackfuss 1908, 56–73.

[40] Mert 2009, Abb. 127–128.

[41] Seiler 1986, 145–147 Abb. 63. 67; Rumscheid 1994, Taf. 189.

[42] Taşlıalan 1994, 245–284.

[43] Rumscheid 1994, 133.

[44] A similar composition is seen in the Temple of Zeus at Labraunda and the Temple of Artemis at Magnesia. However, there is only an egg-and-dart on the pediment blocks of the Temple of Artemis at Magnesia.

[45] The disappearance of the frieze in the Late Hellenistic Period, the decrease of the architrave fasciae from three to two and the decrease of the heights and the increase of the number of triglyphs and metopes in Doric structures must have been efforts to keep the upper structure lighter.

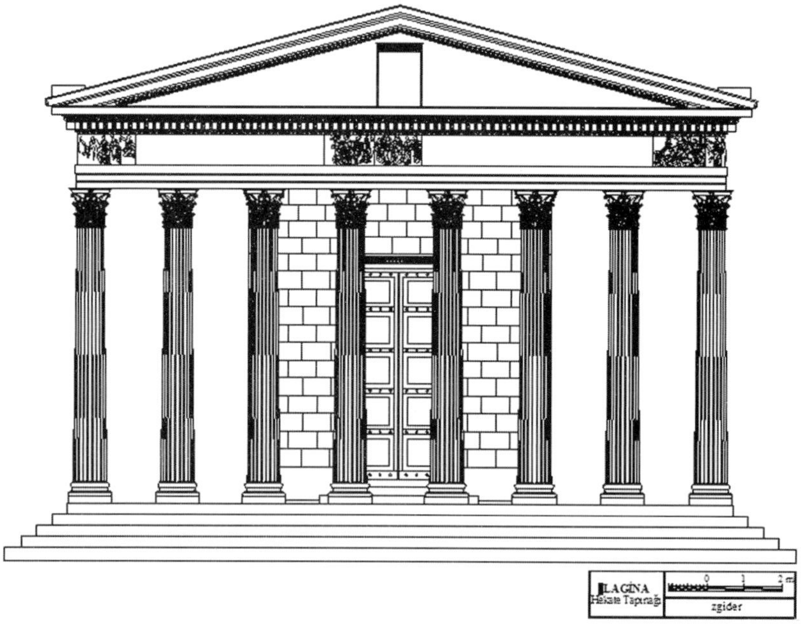

Fig. 6
Restitution of the frontal facade

with light and shadow plays and prevent the columns from bearing an excessive weight. In the Temple of Artemis at Magnesia, in addition, the openings in the pediment were used to enlighten the cult statue with the light of the full moon, entering from this opening during the ceremonies for the goddess[46]. A similar application is also seen in the Temple of Apollon Smintheus at Chryse[47]. In the case of the Temple of Hekate, however, the openings were placed, both on the the northern pediment and also on the southern pediment, with the intention of making the upper structure lighter, rather than for the purpose of a cult act.

Cella

The cella with its entrance on the southwestern side is composed of a deep pronaos and a naos[48]. There is no opisthodomos. This distinguishes the temple from the previous pseudo-dipteroi[49]. The columns in antis in the pronaos have Ionic capitals. These capitals stand on Ionic bases of Ephesian type in contrast to the Attic-Ionic bases carrying the Corinthian capital columns of the peristasis. This situation, seen only in the Temple of Hekate among

46 Bingöl 1998, 24–35.

47 Özgünel 2001, 87 plan 19.

48 The trend to a deep pronaos in Anatolia appeared with Pytheos, the architect of the Temple of Athena Polias at Priene dated to the second half of the 4th century B.C. In this temple the pronaos is the third fifth of the naos, that is, the naos is 1.7 times the pronaos. (Wiegand – Schrader 1904, 85–87 Taf. IX; Hermogenes 2002, 39). Hermogenes, though, kept these two units equal in the Temple of Artemis at Magnesia and pioneered the temples built in following periods. It is seen that typical of the Anatolian Ionic temples, the deep pronaos was also used in the Temple of Hekate built in the Corinthian order.

49 There is an opisthodomos part in the Temple of Aphrodite at Messa, the Temple of Artemis at Magnesia, the Temple of Apollon Smintheus at Chryse and the Temple of Apollon at Alabanda dated to the Hellenistic Period. Built in Late Hellenistic period, the Temple of Aphrodite at Aphrodisias is similar to the Temple of Hekate at Lagina in that it does not have an opisthodomos either.

the pseudo-dipteroi, is a reflection of the Composite order[50] which appeared in the 5th century B.C. and influenced the other pseudo-dipteros temples built after that[51].

The excavations in the interior of the cella revealed a bothros near the northeastern corner, three fixing plugs for a tripod in the north of the bothros and an offering canal in the south. This bothros is closely related to Hekate's being a goddess of the underworld. While analysing the soil quite a lot of grape pollens were found. Researchers state that this amount of pollens is an indicator for wine offerings to the bothros. The offering scene depicted in the northern frieze of the temple must thus be related to these ceremonies performed in the naos[52].

The cella walls start with an orthostate layer 0,90 m high. These orthostate blocks stand on a socle which bears a profile on its outer and inner side (*Fig. 7*). The anta bases are decorated with relatively rich ornaments in contrast to other important structures of the period. The torus profile above the plinth is decorated with a guilloche motif. Above it follow a straight trochilos, a reverse Lesbian cymatium and a bead-and-reel at the top (*Fig. 8*). This form of the anta base resembles the socle profile of the altar of the Heraion at Samos[53], but there the torus is decorated with a laurel different from Lagina. In the socle profile of the Temple of Artemis at Magnesia there is no bead-and-reel above the Lesbian cymatium, which is the only difference from Lagina[54]. The best known example of the guilloche motif on the torus is the platform of the Temple of Apollon at Didyma. One can also see the same ornament on the offering table of the altar of the Heraion at Samos and on the socle profile of the Alexander Sarcophagus[55]. In both examples, the ornament is similar to the anta bases of Lagina as they ended with a reverse Lesbian cymatium and a bead-and-reel. According to Rumscheid, the closest parallel for this profile of the anta base is a base fragment found at Emporion at Chios, dated to the Hellenistic

50 The best known example in Anatolia of the use of Corinthian capital columns with capitals from the other orders in a structure, which was first seen in Greece in the Temple of Apollon at Bassae, is the Temple of Apollon at Didyma. While Ionic capital columns were used in the peristasis of this temple, two half columns at the entrance of and two solid columns inside the prophecy room had Attic bases and Corinthian capitals (Voigtländer 1975, 87–88; Dinsmoor 1950, Fig. 84). The Doric entablature on the platform of the Mausoleum at Belevi and the Corinthian capital columns used in the peristasis of the upper floor (Hoepfner 1993, 111–123) and the Corinthian capital half columns used in the naos of the Temple of Leto at Xanthos (Temple A) in Ionic order (Metzger 1966, 102; Hansen – LeRoy 1976, 317–336) are the examples of this use. Moreover, the Propylon of Bouleuterion at Miletus in Corinthian order – when considered to create a complex with the structure – is another example of the use of Doric, Ionic and Corinthian orders in the same structure (Knackfuss 1908, Taf. 5, 14).

51 While the peristasis of the Temple of Augustus at Ankara, a pseudo-dipteros of the Roman period, is in Ionic order, the prostylos columns in front of the pronaos and the in antis columns in opisthodomos have Corinthian capitals (Krencker – Schede 1936, 23 *et al.*; Koşay 1957, 133–135; Hänlein-Schäfer 1985, 185–190. 289–290 Taf. 40–45) and the peristasis of the Temple of Zeus at Aizanoi built in Domitianus Period is in Ionic order while the prostylos columns in front of pronaos and in antis columns in opisthodomos have Composite capitals (Posamentir – Wörrle 2006, 227–246). It is thought that the prostylos columns proposed to be at the front facade of the temple in Corinthian order in Seleukeia at Kalykadnos considered to be within Augustus Period construction activities may have different capitals (Berns 1998, 135–154 Taf. 36–40). The same application must also be used in the Temple of Domitianus at Ephesos (Keil 1931, 54, Fig. 37; Bammer 1980, 79 Abb. 11) and the temple for the imperial cult in Sardes (Ratté – Howe – Foss 1986, Ill. 6 – Ill. 7/j).

52 Tırpan – Söğüt 2002, 343–345; Tırpan – Söğüt 2005a, 24–35.

53 Schleif 1933, 182 Abb. 4 Beil. 34, 3; Ziegenaus 1959, 4–5 Beil. 1–3.

54 Rumscheid 1994, Taf. 83, 6.

55 Mendel 1912, Nr. 72–74; Graeve 1970, Taf. 8–9.

Fig. 7 Toichobate and orthostate blocks of the naos walls

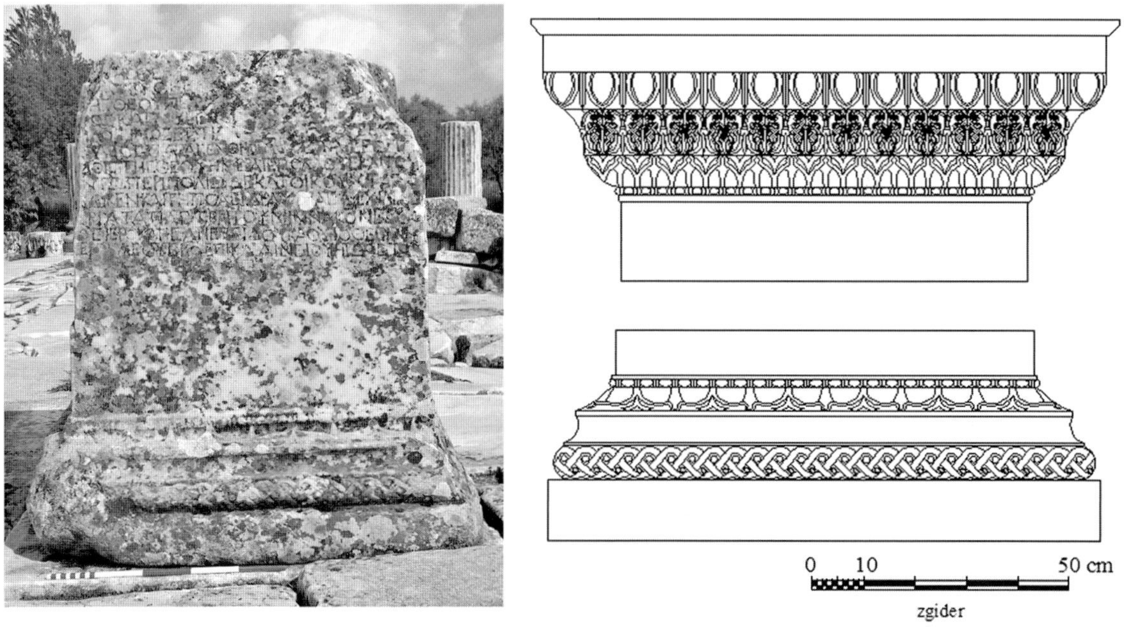

Fig. 8 Anta base

Period[56]. There are inscriptions referring to the inhabitants of Stratonikeia and the territorium of the Hekateion on the antae[57]. The inscription on the southwestern anta block is dated after 81 B.C. It is believed that the inscriptions on both antae are connected[58]. However, during the restorations after the destruction of the sacred area, a disconnection occurred between these inscriptions[59].

Above the orthostate level the wall masonry continues in pseudo-isodomic style. On the walls of the naos there is another inscription refering to the decision of the Roman Senate acknowledging the inviolability of the sacred area in memory of the war won against Mithridates in 81 B.C.[60]. This inscription is accepted as the terminus ante quem for the temple. Two types of architrave blocks were used. The first group consists of wall architraves with an anthemion ornament in the front, the second group consists of wall and column architraves with two fasciae on both sides. The second group of architraves belongs to the pronaos, the others belong to the naos.

Fig. 9 Frieze blocks above the naos walls

The most alluring aspect of the Temple of Hekate for the researchers and excavators was its relief friezes. These friezes were thought to be only in the peristasis until 2000. Two frieze blocks found

56 Rumscheid 1994, 135.

57 For the inscriptions, see Diehl – Cousin 1887, 161–163 Nr. 71; Hatzfeld 1920, 70–72 Nr. I; Şahin 1982, 15–16 Nr. 512; Junghölter 1989, 122–123. 130–137.

58 Roussel 1931, 93 Anm. 5; Schober 1933, 12–13; Junghölter 1989, 130–131.

59 Rumscheid 1994, 22–23. – According to Rumscheid *loc. cit.* it is not certain whether these inscriptions refer to the distructions in the war against Mithridates before 81 B.C. or to later destructions by Labienus in 40/39 B.C. (note of the redactor).

60 Diehl-Cousin 1885, 437–474; Sherk 1969, 105–111, Nr. 18; Şahin 1982, 4–9 Nr. 505.

during the excavations of 2000 and 2002 are 0,60 m high and thus different from the frieze blocks of the peristasis measuring 0,93 m. A corner frieze block 0,60 m high was discovered in the 19th century and carried to Istanbul Archaeology Museum in 1891. Schober claims that unlike the peristasis friezes, this block belongs to the altar[61]. However, in the course of our excavations we found out that these blocks do not belong to the altar and that the cella walls, too, were decorated with a sculptured frieze[62]. The subjects represented on this frieze are different from the others. The heroes of the Trojan War were probably depicted on the southwestern side and a scene with gods and goddesses belongs to the southeastern side. On another frieze block from the same place, there is a scene with Hermes, Demeter, Hades and Persephone (*Fig. 9*). As in the friezes of the peristasis, peaceful and static scenes were preferred to struggles and war. In some of the frieze blocks found in the excavations, only the Lesbian cymatia on the crown profile are executed. This is proof that the friezes above the walls of the temple were left unfinished.

The Old Temple

The inscriptions found in the sacred area hint at the existence of an old temple with a history going back to the 4th century B.C. One inscription referring to Asandros, satrap to the Temple at Lagina, which can be dated to the year 323 B.C. is significant proof of the existence of a temple structure at this place[63]. Two other inscriptions – one dated to 318 B.C.[64] and the stele with an inscription dated to the 4th century B.C. found in the naos of the temple[65] also support this view[66].

This old temple which is attested in the inscriptions mentioned above was surrounded by a peribolos wall. Approximately a 10 meter part of this peribolos wall beginning from the northeastern edge of the sacred area heading southwards has been visible. During our excavation in 2009 at the northeastern corner of the northern stoa, we discovered that the peribolos wall continued to the west. The style of the wall points to the 4th century B.C[67].

In order to identify the connection of the Temple of Hekate with the old cult center, sondage excavations were performed in the naos of the temple between 1999 and 2002 reaching a depth of 1,75 m below ground level (*Fig. 10*). Through the data gathered from these studies the existence of an old cult center was proven. In the excavation performed within a narrow space, piles of ashes, partially burnt pieces of figurines, a great number of glass amulets in various colours, dress ornaments in rosette form, ivory objects, an inscribed stele[68], and coins dated between the beginning of the 4th century B.C. and the end of

---

61 Schober 1933, 105–108.

62 Tırpan – Söğüt 2002, 345–346, Res. 7–8; Tırpan – Söğüt 2004, 90, Res. 9–10; Tırpan – Söğüt 2005a, 34–35.

63 Şahin 1982, 1–2, Nr: 501.

64 Şahin 1982, 3, Nr: 503.

65 Şahin 2002, 1–2.

66 We kindly thank Dr. Murat Aydaş who contributed to the reinterpretation of the inscriptions.

67 Tırpan – Söğüt 2005a, 39.

68 One of the stelae with an inscription found in the naos is dated to the second half of the 4th century B.C. (Şahin 2002, 1–2) and the other is dated just after 190 B.C. (Şahin 2003, 1–7).

Fig.10 The sondage inside the cella

the 2nd century B.C. were found. All this data supports the idea that there had been a cult structure in the sacred area and that the offering objects of this structure were left to the naos of the temple during the construction to maintain its sanctity.

Conclusion

Different opinions on the construction phases of the temple have been presented. The inscriptions found in the sacred area dated to the 4th century B.C. and the findings from the sondage excavation in the naos point to the existence of an earlier (4th century B.C.) temple. Rumscheid proposes that the antae bases and the capitals may have been built in 300s B.C. by considering the ornament scheme and the detail forms[69]. Therefore, he claims that these architectural elements belonged to the older temple. However, the connection of the older structure with the new temple will become definite when the sondage studies in progress are completed.

The decision of the Roman Senate inscribed on the Cella wall indicates the existence of the temple in 81 B.C. The inscription on the southwestern antae block is dated after this

69 Rumscheid 1994, 138–139.

date[70]. The style of the Corinthian capitals, the anthemion on the upper fascia of the architraves, Lesbian cymatia on the crowning of the friezes and the Ionic capitals in the pronaos correspond with that date. Thus, the peristasis must have been added to the present temple in antis after the decision of the Roman Senate awarding Stratonikeia taking sides with Rome in the war against Mithridates.

The differences seen in the ornament details of the temple indicate that many craftsmen were involved in its construction. Huge financial resources must have been needed for such a grand structure. It is assumed that Stratonikeia obtained these resources from Rome through its political attitude. However, the depiction of only the Lesbian cymatium on the crowning moulding of some frieze blocks of the naos from the eastern facade and the unfinished parts in some other architectural elements of the temple show that the structure could not be completed in its entirety.

Some differences according to the directions can be noticed through the detailed study of the Corinthian capitals in the peristasis of the temple. Moreover, some differences between the capitals from the same direction can also be seen. The capitals were examined in two groups because of these details that can be described as differences of period. The first group of capitals was dated to the beginning of the 1st century B.C. and the second group of capitals was dated to the second half of the 1st century B.C. The close similarity of the capitals from the second group especially with the capital of the Uzunyuva at Mylasa dated between 40–14 B.C. suggests that they were built in this period. United with the Parths in 40 B.C., Labienus attacked Stratonikeia in the struggle against Rome and plundered the Temple of Hekate at Lagina after failing to capture it[71]. In consideration of this fact we can say that the second group of Corinthian capitals is from the restoration period after the destruction of Labienus. The restoration inscription of Augustus in the lintel of the Propylon refers to this destruction[72].

It is surprising that although the pseudo-dipteros plan of Hermogenes was used in the Temple of Hekate, the Corinthian order was preferred in the peristasis. To be able to analyse this, the development of the Corinthian capital columns, the political structure of the region and the effect of the political structure on the construction activities must be examined.

The functional use of Corinthian capital columns appearing in the 5th century B.C. on the exterior facade of a structure was first seen in the Propylon of Ptolemy II at Samothrace[73] dated to 280 B.C.[74]. In the following period Corinthian capital columns were used together with Ionic elements in the exterior facade of buildings in Anatolia such as

---

70 For the inscriptions, see Diehl – Cousin 1887, 161–163 Nr. 71; Hatzfeld 1920, 70–72 Nr. I; Şahin 1982, 15–16 Nr. 512; Junghölter 1989, 122–123. 130–137.

71 Schober 1933, 15–16; Bean 1980, 67; Junghölter 1989, 131–135.

72 Diehl – Cousin 1887, 151 Nr. 56; Şahin 1982, 14 Nr. 511; Rumscheid 1994, 23.

73 Frazer 1990, 87–93.

74 In the Monument of Lysicrates in which this type of capital was first used in exterior architecture, the columns are not carriers but served only for decorative purposes. Bauer 1977, 197–227 Abb. 1–7.

the Building of Laodike at Miletus[75], the Mausoleum at Belevi[76] and the Propylon of the Bouleuterion at Miletus[77]. Among these structures, the Building of Laodike at Miletus was built by the Seleucid king Antiochos II Theos for his wife Laodike between 259–253 B.C. J. Keil claims that the Mausoleum at Belevi may belong to Seleucid king Antiochos II Theos who died in Ephesos in 246 B.C.[78]. The Propylon of Bouleuterion at Miletus dated to 175–164 B.C. was also built by a Seleucid king Antiochos IV Epiphanes. Antiochos IV took the responsibility of the construction of the Olympieion at Athens with regards to the construction policies he established to increase the prestige of the Seleucids, thus the Corinthian order was used for the first time at a temple. It has been argued that the Temple of Zeus at Olba, the first temple to be built in Corinthian order in Anatolia, was also an outcome of the political opinion of Antiochos[79].

It must be considered that the choice of the Corinthian order in the Temple of Hekate instead of the Ionic order which had become a trend of the Hellenistic Period through the innovations of Hermogenes was owed to political thought. The ancient city of Stratonikeia to which the sanctuary of Hekate belonged, had been established by Seleukos. Obtaining the support of Rome after the war against Mithridates in 88 B.C., Stratonikeians must have used these resources in the construction of the Temple of Hekate. But with the ideological thought applied in this structure, the Stratonikeians wished to emphasize that they were not Romans but were Seleucids, and hence they preferred the Corinthian order which originated and was developed by the Seleucids in Anatolia.

75 Knackfuss 1924, 263–278.

76 Hoepfner 1993, 111–123.

77 Knackfuss 1908, 25–90; Tuchelt 1975, 91–140 Taf. 21–30 Beil. 1–2.

78 Keil 1936, 141–142.

79 Williams 1974, 414.

Bibliography

Alzinger 1974	W. Alzinger, Augusteische Architektur in Ephesos (Wien 1974)
Bammer 1973	A. Bammer, Hellenistische Kapitelle aus Ephesos, AM 88, 1973, 219–234
Bammer 1980	A. Bammer, Elemente flavisch-trajanischer Architekturfassaden aus Ephesos, ÖJh 52, 1978/80, 67–90
Bauer 1973	H. Bauer, Korintische Kapitelle des 4. und 3 Jahrhunderts v. Chr., AM Beih. 3 (Berlin 1973)
Bauer 1977	H. Bauer, Lysikratesdenkmal. Baubestand und Rekonstruktion, AM 92, 1977, 197–227
Baumeister 2007	P. Baumeister, Der Fries des Hekateions von Lagina. Neue Untersuchungen zu Monument und Kontext, Byzas 6 (Istanbul 2007)
Bean 1980	G. E. Bean, Turkey Beyond the Maeander (London 1980)
Berns 1998	C. Berns, Zur Datierung der Tempel in Seleukeia am Kalykadnos und in Elaiussa-Sebaste (Kilikien), DaM 10, 1998, 135–154 Taf. 36–40
Bingöl 1998	O. Bingöl, Menderes Magnesiası (Ankara 1998)
Burford 1969	A. Burford, The Greek Temple Builders at Epidauros (Liverpool 1969)
Chamonard 1895	J. Chamonard, Les Sculptures de la Frise du Temple d'Hékaté à Lagina, BCH 19, 1895, 235–262
Diehl – Cousin 1885	C. Diehl – G. Cousin, Senatus-Consulte de Lagina, BCH 9, 1885, 437–474
Diehl – Cousin 1887	C. Diehl – G. Cousin, Inscriptions de Lagina, BCH 11, 1887, 145–163
Dinsmoor 1950	W. B. Dinsmoor, The Architecture of Ancient Greece (London 1950)
Frazer 1990	A. Frazer, The Propylon of Ptolemy II, Samothrace 10 (Princeton/NJ 1990)
Graeve 1970	V. v. Graeve, Der Alexandersarkophag und seine Werkstatt, IstForsch 28 (Berlin 1970)
Hänlein-Schäfer 1985	H. Hänlein-Schäfer, Veneratio Augusti (Roma 1985)
Hansen – LeRoy 1976	E. Hansen – Chr. LeRoy, Au Létoon de Xanthos: Les deux temples de Léto, RA 1976/2, 317–336
Hatzfeld 1920	J. Hatzfeld, Inscriptions de Lagina en Carie, BCH 44, 1920, 70–100
Hermogenes 2002	M. Şahin, Anadolulu Bir Mimar: Hermogenes (Istanbul 2002)
Hoepfner 1990	W. Hoepfner, Bauten und Bedeutung des Hermogenes, in: W. Hoepfner – E.L. Schwandner (Hrsg.), Hermogenes und die hochhellenistiche Architektur (Berlin 1990) 1–34
Hoepfner 1993	W. Hoepfner, Zum Mausoleum von Belevi, AA 1993, 111–123
Junghölter 1989	U. Junghölter, Zur Komposition der Lagina-Friese und zur Deutung des Nordfrieses (Frankfurt a. M. 1989)
Keil 1931	J. Keil, 16. Vorläufiger Bericht über die Ausgrabungen in Ephesos, ÖJh 27, 1931, 5–71
Keil 1936	J. Keil, 18. Vorläufiger Bericht über die Ausgrabungen in Ephesos, ÖJh Beibl. 29, 1935, 104–152
Knackfuss 1908	H. Knackfuss, Das Rathaus von Milet, Milet 1,2 (Berlin 1908)
Knackfuss 1924	H. Knackfuss, Der Südmarkt und die benachbarten Bauanlagen, Milet 1,7 (Berlin 1924)
Koşay 1957	H. Koşay, Ankara Augustus Mabedi Kazısı / Der Augustustempel in Ankara, Anatolia 2, 1957, 133–138
Krencker – Schede 1936	D. Krencker – M. Schede, Der Tempel in Ankara, DAA 3 (Berlin 1936)
Mendel 1912	G. Mendel, Catalogue des Sculptures Grecques, Romaines et Byzantines des Musées Imperiaux Ottomans I (Istanbul 1912)
Mert 2009	İ. H. Mert, Untersuchungen zur hellenistischen und kaiserzeitlichen Bauornamentik von Stratonikeia, IstForsch 50 (Tübingen 2008)

Metzger 1966 — H. Metzger, Fouilles du Létôon de Xanthos, 1962–65, RA 1966, 103–105

Özgünel 2001 — C. Özgünel, Smintheion: Troas'da Kutsal Bir Alan, Gülpınar'daki Apollon Smintheus Tapınağı (Ankara 2001)

Posamentir – Wörrle 2006 — R. Posamentir – M. Wörrle, Der Zeustempel von Aizanoi, ein Großbau flavischer Zeit, IstMitt 56, 2006, 227–246

Rakob – Heilmeyer 1973 — F. Rakob – W. D. Heilmeyer, Der Rundtempel am Tiber in Rom (Mainz 1973)

Ratté – Howe – Foss 1986 — C. Ratté – T. N. Howe – C. Foss, An Early Imperial Pseudodipteral Temple at Sardis, AJA 90, 1986, 45–68

Robert 1970 — L. Robert, Etudes Anatoliennes (Amsterdam 1970)

Roussel 1931 — P. Roussel, Le miracle de Zeus Panamaros, BCH 55, 1931, 70–116

Rumscheid 1994 — F. Rumscheid, Untersuchungen zur Kleinasiatischen Bauornamentik des Hellenismus I–II (Mainz 1994)

Schober 1933 — A. Schober, Der Fries des Hekateions von Lagina, IstForsch 2 (Baden bei Wien 1933)

Seiler 1986 — F. Seiler, Die griechische Tholos (Mainz 1986)

Shaw 1992 — S. M. Shaw, Description and Reconstruction of the Rotunda of Arsinoe, in: J. McCredie – G. Roux – S. M. Shaw – J. Kurtich (eds.), Samothrace 7 (Princeton/NJ 1992) 29–91

Sherk 1969 — R. K. Sherk, Roman Documents from the Greek East: Senatus Consulta and Epistulae to the Age of Augustus (Baltimore 1969)

Schleif 1933 — H. Schleif, Der große Altar der Hera von Samos, AM 58, 1933, 174–210

Şahin 1973 — M. Ç. Şahin, Lagina'dan (Koranza) İki Yazıt. Two New Inscriptions from Lagina (Koranza), Anadolu 17, 1973, 187–195

Şahin 1982 — M. Ç. Şahin, Die Inschriften von Stratonikeia II, Inschriften griechischer Städte aus Kleinasien 22.1 (Bonn 1982)

Şahin 2002 — M. Ç. Şahin, New Inscriptions from Lagina, Stratonikeia and Panamara, EpigrAnat 34, 2002, 1–21

Şahin 2003 — M. Ç. Şahin, A Hellenistic Decree of the Chrysaoric Confederation from Lagina, EpigrAnat 35, 2003, 1–7

Taşlıalan 1994 — M. Taşlıalan, Pisidia Antiocheia'sı 1992 Yılı Çalışmaları, in IV. Müze Kurtarma Kazıları Semineri, 1994, 245–284

Tırpan 1996 — A. A. Tırpan, Lagina Kazısı 1993-1994, KST 17/2, 1996, 209–228

Tırpan 1997 — A. A. Tırpan, Lagina Hekate Temenosu 1995, KST 18/2, 1997, 309–336

Tırpan 1998 — A. A. Tırpan, Lagina Hekate Propylonu 1996, KST 19/2, 1998, 173–194

Tırpan 1999 — A. A. Tırpan, Lagina Hekate Temenosu, Propylon ve Altardaki Kazı Çalışmaları 1997, KST 20/2, 1999, 237–256

Tırpan – Söğüt 2000 — A. A. Tırpan – B. Söğüt, Koranza Kazıları 1998, KST 21/2, 2000, 153-162

Tırpan – Söğüt 2001 — A. A. Tırpan – B. Söğüt, Lagina Hekate Temenosu 1999 Yılı Çalışmaları, KST 22/2, 2001, 299-310.

Tırpan – Söğüt 2002 — A. A. Tırpan - B. Söğüt, Hekate Temenosu 2000 Çalışmaları, KST 23/2, 2002, 343–350

Tırpan – Söğüt 2004 — A. A. Tırpan – B. Söğüt, 2002 Yılı Lagina Kazıları, KST 25/2, 2004, 87–100

Tırpan – Söğüt 2005a — A. A. Tırpan – B. Söğüt, Lagina (Muğla 2005)

Tırpan – Söğüt 2005b — A. A. Tırpan – B. Söğüt, Lagina ve Börükçü 2003 Yılı Çalışmaları, KST 26/1, 2005, 371-386

Tırpan – Söğüt 2006 — A. A. Tırpan – B. Söğüt, Lagina ve Börükçü 2004 Yılı Çalışmaları, KST 27/2, 2006, 257–270

Tırpan – Söğüt 2007 — A. A. Tırpan – B. Söğüt, Lagina ve Börükçü 2005 Yılı Çalışmaları, KST 28/2, 2007, 591–612

Tırpan – Söğüt 2008	A. A. Tırpan – B. Söğüt, Lagina ve Börükçü 2006 Yılı Çalışmaları, KST 29/3, 2008, 387–410
Tırpan – Söğüt 2009	A. A. Tırpan – B. Söğüt, Lagina ve Börükçü 2007 Yılı Çalışmaları, KST 30/4, 2009, 243–266
Tırpan – Söğüt 2010	A. A. Tırpan – B. Söğüt, Lagina, Börükçü, Belentepe ve Mengefe 2008 Yılı Çalışmaları, KST 31, 2010, 505–527
Tuchelt 1975	K. Tuchelt, Buleuterion und Ara Augusti. Bemerkungen zur Rathausanlage von Milet, IstMitt 25, 1975, 91–140
Vitruvius	Vitruvius, Mimarlık Üzerine On Kitap, çev. S. Güven (Istanbul 1998)
Voigtländer 1975	W. Voigtländer, Der Jüngste Apollontempel von Didyma: Geschichte seines Baudekors, IstMitt Beih. 14 (Tübingen 1975)
Webb 1996	P. A. Webb, Hellenistic Architectural Sculpture: Figural Motifs in Western Anatolia and the Aegean Islands (Madison/Wisc. 1996)
Wiegand – Schrader 1904	Th. Wiegand – H. Schrader, Priene (Berlin 1904)
Williams 1974	C. Williams, The Corinthian Temple of Zeus Olbios at Uzuncaburç: A Reconsideration of the Date, AJA 78, 1974, 405–414
Ziegenaus 1959	O. Ziegenaus, Zur Altarerneuerung des samischen Heraions, AM 74, 1959, 4–5

T. Schulz (Hrsg.), Dipteros und Pseudodipteros. Bauhistorische und archäologische Forschungen, BYZAS 12 (2012) 203-218

The Temple of Augustus and Roma in Ancyra: A Reassessment[1]

Kutalmış GÖRKAY

Abstract

For a long time research was centered around the temple's monumental inscription of the deeds of Augustus, the Monumentum Ancyranum, while architectural analysis took a back seat. Krencker and Schede were the first to investigate the temple's architecture in detail. The dating of the temple as well as the question if cella and peristasis were built at the same time or successively have sparked much controversy. Recent excavations in the area of the peristasis can help answer these questions.

This paper is an abridged version of the results of my research on the temple of Augustus and Roma in Ankara, which was greatly shaped by the contributions from S. Mitchell[2]. The aim of this paper is to re-evaluate the temple within the framework of previous research as well as new investigations and to touch upon recent arguments mainly concerning its construction, date and plan.

One of the best-preserved pseudo-dipteral temples, the so called Temple of Roma and Augustus, is situated on a prominent hill of Roman Ancyra, the chief city of the province of Galatia (*Fig. 1*). Apart from being the earliest and most famous surviving provincial temple of the imperial cult in the province, the temple is best known for the *Monumentum Ancyranum*: the inscription of the accomplishments of Emperor Augustus, written in Latin

1 I am indebted to Prof. Dr. Thekla Schulz-Brize who has invited me to attend the international meeting on Dipteros and Pseudo-dipteros held in Regensburg. I also thank M. Arslan, the director of the Museum of Anatolian Civilizations in Ankara, O. Bingöl and S. Mitchell for their comments on the various drafts of this paper. I am also indebted to E. Keser-Kayaalp, A. Leung and S. Chandrasekaran who did the proof editing of the English text.

2 The research will be published in a monograph on the history and archaeology of Roman Ankyra whose co-authors are M. Kadıoğlu and S. Mitchell.

Fig. 1 Temple of Augustus and Roma

and Greek, on the cella walls of the temple[3]. The building is of further importance as it contains an inscription of the list of the Galatian high priests of the imperial cult[4]. The inscription commemorates the benefactions of these priests. Though immensely disputed, the temple itself was generally accepted as a Roman building of the highest quality. The structure is located on one of the prominent hills – the third highest flat hill which was visible from the centre of the early Roman city. The main building is surrounded by a *temenos* and the whole sanctuary was intentionally erected in one of the most overt locations of the city – probably near the agora – for the new political reality[5].

Ogier Ghiselin von Busbeck, who was the ambassador of Kaiser Ferdinand I from 1553 until 1555 during the reign of Suleyman the Magnificent, and best-known for the four letters that he wrote to Ferdinand, is the earliest source of information about the temple of Augustus and its inscription[6]. Busbeck identified the structure as a *praetorium*[7]. We find a more detailed description of the building in the accounts of Hans Dernschwam,[8] who travelled with Busbeck. Dernschwam thought that the structure was either a large theatre or palace. He records that the walls of the structure were still standing while the roof was destroyed. He mentions 10 rooms built in the structure for the *hodjas* in the Haci Bayram Veli Complex. These rooms were made of mud bricks and had low ceilings. Dernschwam also recalls that there were three windows on one of the walls of the structure which had

3 For a recent study on the inscription see Cooley 2009.

4 Krenker – Schede 1936, 52–54 pl. 43. 44a; Bosch 1967, 35 nr. 51; Cooley 2009, 8–9.

5 For the location see Kadıoğlu – Görkay 2007, 87–92 plan 1.

6 von Busbeck 1926, 56–57.

7 von Busbeck 1926, 56.

8 Dernschwam 1923, 187–193.

stone railings. According to Dernschwam, the door of this palace was 12 feet wide and 2 spears high. He relates that upon entering the structure one could see walls made up of high rectangular blocks rising on both sides. He also mentions the inscription on the entrance of the structure and says that it is only partly legible. He reports that the nearby *masjid* uses many *spolia* from the structure[9]. During his visit, Dernschwam drew sketches of the temple doorway, its *pronaos* and a general view of Ankara[10].

A more detailed drawing of the temple was made by a French man called Lainsé who visited Ankara in 1670[11]. In that drawing, the space at the back of the temple which had been added later and resembled a crypt was illustrated in its entirety[12]. Krencker and Schede attributed this added space to the conversion of the temple in to a church[13]. However, in terms of both building techniques and architectural features, this space rather resembles medieval Islamic tombs with *iwans* and crypts. It may be suggested that later in the 15th century, the Hacı Bayram Veli complex was shaped according to this structure. Dernschwam recorded that the mud brick cells of the dervish lodge members were attached to the walls of the *cella*. From this we may infer that the roofless *cella* was used as a courtyard by the dervishes and that the *iwan* with the crypt stood in the northeastern end of this courtyard. Evliya Çelebi tells us that 300 dervishes lived in this complex around 1640[14]. We can tell from Lainsé's accounts[15] and from the graffiti on the lower levels of the *cella* walls - most probably left by the dervishes - that the *cella* of the temple was most probably in use during that period. Joseph Pitton de Tournefort, who came to Ankara in 1701, also provides us with a description and two pictures of the temple and its inscription. He noted the remains of a ruined church inside the structure[16]. Paul Lucas, who visited Ankara in 1705, also mentioned the inscription on the building[17]. Another traveller who wrote an account of the temple was R. Pococke. After describing the building and giving some dimensions, he identified it as the temple of Augustus built in the Corinthian order[18]. He also referred to its inscription of which he tried to make a partial record. J. Macdonald Kinneir, who came to Ankara between 20 September and 10 October 1813, gave a brief description of the building. He gave an account of his attempt to record the inscription, but later changed his mind after learning the inscription was well-known and had already been recorded several times. He also mentioned that the building had been identified as the temple dedicated to Augustus, but suggested that it might have been a basilica or

9 Dernschwam 1923, 187–193.

10 Krencker – Schede 1936, 3

11 Krencker – Schede 1936, 3 figs. 1–2.

12 Krencker – Schede 1936, 4 fig. 3; Lainsé also mentions the inscription of the *Rerum Gestarum Divi Augusti* while giving a description of the temple.

13 Krencker – Schede 1936, 5. 32–34.

14 Evliya Çelebi 427–436.

15 Krencker – Schede 1936, 6.

16 Joseph Pitton de Tournefort 1717, II. 446, pl. 21. Most probably, Tournefort also thought that this part of the building was related to a church.

17 Lucas 1712, 136–151.

18 Pococke 1745, 88.

a rest place open to the public[19]. Ch. Texier, a French architect and traveller, visited the temple in 1835[20]. He produced many drawings of the temple including a plan. However, these drawings are rather artistic and do not reflect the actual condition of the building. W. J. Hamilton, who came to Ankara in 1835, was relieved to find out that the news he had heard in Izmir – a sheikh of Hacı Bayram was apparently intending to demolish one of the *cella* walls in order to build a bath – was not true[21]. Only a part of the northern wall, measuring about 10 feet, had been destroyed. This must be the part of the north-western *cella* wall that is still missing today. Hamilton also gave us information about some column drums, possibly from the *peristasis* of the building, that were reused in the neighbouring houses[22]. Additionally, he recorded the Latin part of the inscription. B. Poujoulat, who stayed in Ankara for only one day in 1837, is yet another traveller who provides us information about the temple[23]. Poujoulat mentioned that the temple was dedicated to Augustus Caesar and gave a general description of the building together with some measurements. He remarked that the temple was of the Ionic order and built of white marble. He also noted that Ankara served twice as *neokoros*[24]. A. D. Mordtmann and Dr. Barth visited the city in October of 1859 to record the inscription on the temple following an initial visit in 1858[25]. However, they do not provide any information on the temple itself[26]. In 1864, the French archaeologists G. Perrot, E. Guillaume and J. Debet spent two months in Ankara and worked on the temple. In order to analyse the inscription properly, they even removed a number of walls from the adjacent houses and conducted some excavations. They also produced some drawings of the temple[27]. At the end of the 1870s, photographs of Ankara were taken by the Russian photographer Jermakoff for scientific purposes. Among these are photographs of the inscription as well as a photograph of a marble statue of a seated figure larger than life-size. The statue was first published by A. de Longpérier in 1881[28]. It was kept in the Akkale depot for years with other fragments from the temple and later removed to the display area created inside the temple[29]. In 1882, C. Humann and O. Puchstein focused mainly on the inscription for which they had come to Ankara. In order to make a copy of the text of the inscription they demolished some of the walls of the adjacent house, which they however later repaired[30].

With the exception of the excavations of G. Perrot, the first scientific excavations in the temple were conducted in August of 1926 under D. Krencker and supported by O. Heck

---

19 Macdonald Kinneir 1818, 70–71.

20 Texier 1839–1849, 444–468 pl. 64–69.

21 Hamilton 1842, 420.

22 Hamilton 1842, 421.

23 Poujoulat 1840–1841, 143

24 Poujoulat 1840–1841, 143.

25 Krencker – Schede 1936, 8.

26 Mordtmann 1925, 374–380.

27 Perrot – Guillaume 1872, 243–263 pls. 25–29.

28 Longpérier 1881, 73–76 pl. 13.

29 Krencker and Schede note that the latter may have depicted a god or a hero-god: Krencker – Schede 1936, 8.

30 Humann – Puchstein 1890, 38–43.

and M. Schede[31]. In 1926, following his work in Aizanoi, Heck came back to Ankara and excavated the area in front of the *pronaos* of the building. In the following years, Schede had more time to pay even more frequent visits to Ankara and study the excavation results[32]. Krencker's and Schede's work was published as a monograph in 1936[33]. This monograph, which includes the results of the excavations, remains the most detailed study of the temple until today. This is why I shall not go into the detailed information given in that monograph here, including the analysis of architectural elements, identifications, plans and sections, dating and measurements. Instead, I shall present other opinions about the temple together with my evaluations and suggestions. In 1939, H. Z. Koşay continued the excavations under the auspices of the Turkish Historical Society. His work was published in two texts, as a news report and a short article[34]. In 1939–1940, Byzantine walls were accidentally revealed during the destruction of some houses in the Uygur and Şardaşlar streets to the north and northwest of the temple. These walls were studied in relation to the *temenos* wall of the temple and were published in 1949[35].

In 1997, the University of Trieste and the Middle East Technical University at Ankara began a project of surveying, documenting and conserving the monument[36], while a separate project was carried out by S. Mitchell and D. French to re-evaluate the inscriptions[37]. More recently, in 2008, the Ankara Museum of Anatolian Civilizations carried out further investigations of the *peristasis* and defined the static problems of the building.

The temple is orientated southwest-northeast and is built on an eight-step-high *krepidoma*. Its *peristasis* is surrounded by eight and fifteen columns and has a *pseudo-dipteral* plan. It has four columns in front of the *pronaos* and two *in antis* in its deep *opisthodomos*. On the *anta* walls of the building which face the *pronaos* there are the "*res gestae Divi Augusti*" inscribed in Latin, and on the outer surface of the south-eastern *cella* wall we find a Greek version of the same inscription[38]. The north-western *anta* room contains a list of imperial priests and their deeds[39], while on the south-western *anta* wall we find a short, slightly later inscription about a priest[40].

Krencker's and Schede's investigations and excavations resulted in the almost certain reconstruction of the structural plan. After this, academic discussions no longer dealt with this question, but were directed to the question of whether the *pseudo-dipteral peristasis* was built together with *cella* or added later. The reason for this discussion is an architectural detail which was revealed during the excavations undertaken by H. Z. Koşay under the

31 Schede 1926b, 465–466; Schede 1927, 208.

32 Krencker – Schede 1936, 9; Schede – Schultz 1937, 4–5.

33 Krencker – Schede 1936.

34 Koşay 1938, 496; Koşay 1939/1940, 463; Koşay 1957.

35 Mamboury 1949, 96–102.

36 Botteri – Fangi; Botteri 1999a, 136–138; Botteri 1999b, 195–198.

37 Mitchell 2008.

38 Krencker – Schede 1936, pls. 36–42; see Mommsen 1865; Gagé 1935; Volkman 1942.

39 Krencker – Schede 1936, 51–59 pls. 43–44; Bosch 1967, 35 no. 51.

40 Krencker – Schede 1936, 57 pls. 44b; 45.

auspices of the Turkish Historical Society, but to which no attention had been paid at the time: the foundation walls between the cella and *peristasis* were *not bonded*[41]. Koşay, however, did *not* mention this detail, but instead proposed that the *peristasis* was built later than the cella. H. Güterbock, however, did pay attention to the lack of bonding between the aforementioned walls[42]. He recalled that fifty years before his publication in 1989, the *peristasis* foundation did not bond with foundation number 4 of the *pronaos* in a way that would indicate both to be from the same construction phase. Based on this assumption, Güterbock argued that the *peristasis* was built later than the *cella,* and that there had been a *tetrastyle* (formed of four columns) in front of the *pronaos* in the original plan[43]. Güterbock also used coins to support his argument. The Ancyra coins dating to the period of Marcus Aurelius depict a temple with eight columns, whereas coins of the city dating to Nero's reign show only four columns. In fact, based on the coins, Schede also suggested that the building may have been a *tetrastyle* in its first phase[44]. However, given that the inscriptions mention more than one temple in Ancyra, it is not certain that the images on the coins represent the temple of Augustus[45]. Güterbock, acknowledging this fact, pointed out that the depictions on the coins cannot be reliable. In the conclusion of his article, Güterbock emphasized that the *pseudo-dipteral peristasis* was added to the *tetrastyle* temple later on and he suggested that the Corinthian capitals uncovered by Koşay may have belonged to this later *peristasis*[46]. Even before Güterbock, Koşay and E. Akurgal had come up with a similar argument. Koşay's interpretation was based on the uncovered Corinthian capitals and he therefore proposed a *peristasis* of the Corinthian order dating to the Augustan period, with the *cella* having been constructed at least a hundred years earlier[47]. Koşay and Akurgal agreed that the *peristasis* and *cella* belonged to different construction phases, and Koşay even suggested the *cella* to be a Hellenistic structure. Akurgal, however, proposed that the *peristasis* was a Hadrianic addition[48]. He based his opinion on a comparison first made by Schede and Krencker between the *peristasis* and the Zeus Temple at Aizanoi, once also thought to be Hadrianic[49].

The order of the temple has also been a point of discussion. Although they did not find a single Ionic capital, Krencker and Schede interpreted the building as an Ionic temple which had taken Hellenistic temples as an archetype[50]. In fact, the first person who suggested that the temple was Ionic was the aforementioned French traveller Poujoulat[51]. However his suggestion is not based on any concrete evidence. Krencker and Schede

---

41 Koşay 1938, 496; Koşay 1939/1940, 463; Koşay 1957.

42 Güterbock 1989, 155–157.

43 Güterbock 1989, 157.

44 Krencker – Schede 1936, 40–43

45 Güterbock 1989, 156; for similar ideas see Burrell 2004, 168–169.

46 Güterbock 1989, 157.

47 Koşay 1939/1940, 463.

48 Akurgal 1970, 286.

49 Posamentir – Wörrle 2006, 227–246; in that study it has been proved that the building was Flavian.

50 Krencker – Schede 1936, 43–51.

51 Poujoulat 1841, 143.

had proposed a restoration of the whole temple, including the four Ionic columns in the *pronaos*. After the discovery of Corinthian capitals in the excavation of 1939[52], the idea that the temple was built in the Corinthian order was reinforced[53]. It is interesting to note that Pococke had observed the *anta* capitals and noted that the temple must have been built in the Corinthian order long before this debate[54]. Akurgal states that the columns in the *peristasis* were Ionic, and the four columns in the *pronaos* and the two in the *opisthodomos* were in Corinthian order[55].

J. Bennett notes the consensus amongst modern scholars that in its first phase (final years of the Augustus' reign) the temple had been constructed in the Ionic order as a *tetrastyle* and that later a Corinthian *octastyle pseudo-dipteral peristasis* had been added[56]. However, this debate has yet to be resolved. Mitchell and Burrell oppose Bennett's ideas and suggest instead that the whole structure was planned and built in the Augustan and early Tiberian period as *pseudo-dipteral* temple. Burrell and Mitchell interpret Güterbock's observation of a foundation whose *peristasis* and *pronaos remain unconnected* as a mere constructional detail which cannot be taken as proof that the *peristasis* postdates the *pronaos* significantly[57].

The idea of attributing the building to the Hellenistic period started with Krencker and Schede[58]. Lauter, who shares this opinion, suggested that it was a Hermogenian building[59]. Koşay, on the other hand, suggested that the cella was Hellenistic while the *peristasis* was Augustan[60]. Based on both the inscription in the temple cella and the temple's architectural style, most scholars have dated the building to the Augustan period[61]. Others have dated it to the Late Augustan/Early Tiberian period[62]. Nonetheless, Akurgal suggested that the *peristasis* was a Hadrianic addition[63], based on the comparison first made by Schede and Krencker between the *peristasis* and the Zeus Temple at Aizanoi, once thought to be Hadrianic[64].

Based on the inscription of the so-called Tiberian priest list (which is now accepted as having started in the Augustan period) and the *Res Gestae Divi Augusti* inscription, H. Hänlein

---

52 Krencker – Schede 1936, pl. 1.

53 Koşay 1939/1940, 463; Koşay 1957, 156.

54 Pococke 1745, 88.

55 Akurgal 1970, 284–286.

56 Bennett 2003a, 5.

57 Burrell 2004, 168.

58 Krencker – Schede 1936, 50–51. – The argument of Krencker and Schede on this subject was based on the fact that the plan of the building was influenced by Hermogenes and that it was oriented towards the west. See also Varınlıoğlu 2002, 396.

59 Lauter 1986, 186.

60 Koşay 1939/1940, 463.

61 Wiegand 1937, 418–422; Boysal 1957, 131–132, fn. 21; Heilmeyer 1970, 78–80; Fittschen 1985, 309–315; Halfmann 1986, 35–42; Waelkens 1986, 57–59; Rumscheid 1994, 6.

62 Mitchell 1986, 17–33; Güven 1998, 30–45; Varinlioğlu 2002, 397–399.

63 Akurgal 1970, 286.

64 Posamentir – Wörrle 2006, 227–246 (see above n. 50).

dated the temple to the Tiberian period[65]. Mitchell, on the other hand, proposed the Tiberian period as the time of the temple's completion, while Burrell believed the temple to have been proposed, agreed upon, planned, executed and dedicated sometime between 25 BC and 19 or 20 AD[66]. Two recent individual studies by A. Coşkun and Mitchell suggest that the temple's construction began after 5 BC and was completed during the early reign of Tiberius, and that the *Res Gestae* inscription was written not long after Augustus's death in AD 14[67].

The orientation of the temple towards the west was interpreted as a sign that it was built for an Anatolian cult[68]. Based on an inscription found near the temple, it was suggested that the temple was built for Kybele and Men[69]. However, scholars generally disagree with this idea[70]. The orientation of the building is different from other imperial cult temples in Asia Minor such as in Pessinius, Pisidian Antioch and the Sebasteion Temple in Aphrodisias, which have a northwest orientation in a different angle, similar to the Temple of Julius Caesar in the Forum Romanum[71]. The temple at Ankara, instead, faces the same direction as the Temple of Mars Ultor in the Augustus Forum in Rome[72].

The fact that the ornaments of the building include features from the Hellenistic decorative repertoire has confused many scholars[73]. Not only is the temple decoration itself considered Hellenistic, but also the temple's design as a *pseudo-dipteros.* However, the high quality and elaborate style of decoration, as well as the fine workmanship and sophisticated engineering, show that the project was carried out at the same time as other Roman imperial projects. Roman influence and involvement are also suggested by the Victoria figures in the frieze high up on the *cella* walls referring to Augustus' naval and land victories. They are reminiscent of those on the Temple of Julius Caesar in the Forum Romanum[74]. Nonetheless, we cannot reach conclusive answers regarding the temple's patronage.

In 2008, the Museum of Anatolian Civilization at Ankara carried out several soundings in the *peristasis* of the Temple of Augustus and Roma (*Fig. 2–3*). These revealed important architectural features concerning some of the arguments discussed above. A trench, designated as "Sondage II", was dug in 2008 with the intention of investigating the southern

---

65 Hänlein-Schäfer 1985, 185–190; 289 pl. 40–45; Hänlein 1981, 511–513.

66 I am grateful to S. Mitchell who shared his opinion on that matter with me during the preparation of this article, see also Burrell 2004, 168.

67 Coşkun 2010, 176–177; see also Mitchell 2008, 38.

68 Krencker – Schede 1936, 29–31. 42–44; Akurgal 1970, 284–286; Tuchelt 1981, 167–186; Tuchelt 1983, 501–522.

69 Varinlioğlu 1992, 36-43, Varinlioğlu 2002, 397

70 Mitchell 1995, 103–111; Hänlein-Schäfer 1985, 13–15. 185–190. 289–290; Halfmann 1986, 35–42; for these discussions, see Cooke 1998, 33–34; Burrell 2004, 167.

71 For the orientation of the temple of Deified Julius Caesar see, Gros 1976, 152–153; for the other imperial cult temples in Asia Minor see: *Antiochia Pisidia*: Tuchelt 1983, 501–522; Hänlein-Schäfer 1985, 191–194; Mitchell – Waelkens 1998, 98. 134; *Alexandreia Troas*: Görkay 1999, 5–26; Görkay 2002, 217–232; *Aphrodisias*: Smith – Ratté 1995, pl. 1; Smith – Ratté 1997, 2 fig. 1; *Ephesos*: Alzinger 1975, pl. 23, fig. 40; *Pessinus*: Devreker – Waelkens 1984, plan 2.

72 Ganzert 1996, 74–75; Ganzert 2000, 51 fig. 78, 54–76.

73 Krencker – Schede 1936, 34–40; Akurgal 1970, 283–287; Erzen 1946, 94; Mitchell 1995, 103; Rumscheid 1994, 6; Cooke 1998, 31–32; Bennett 2003a, 5.

74 Burrell 2004, 167.

Fig. 2
Temple of Augustus and Roma, South-Western foundations of the *peristasis*.
The location of the Sondage II

Fig. 3
Sondage II

peristasis of the temple. This sondage overlapped onto Koşay's trench at the southern colonnade (*Fig. 4*). The pottery found in the trenches has not been studied; however, architectural features exposed by the excavation were published in a report[75]. Excavations carried out here revealed remains of andesite foundation walls which seem to have been

75 I am indebted to T. Tokuş and O. Bostancı who kindly provided me these reports.

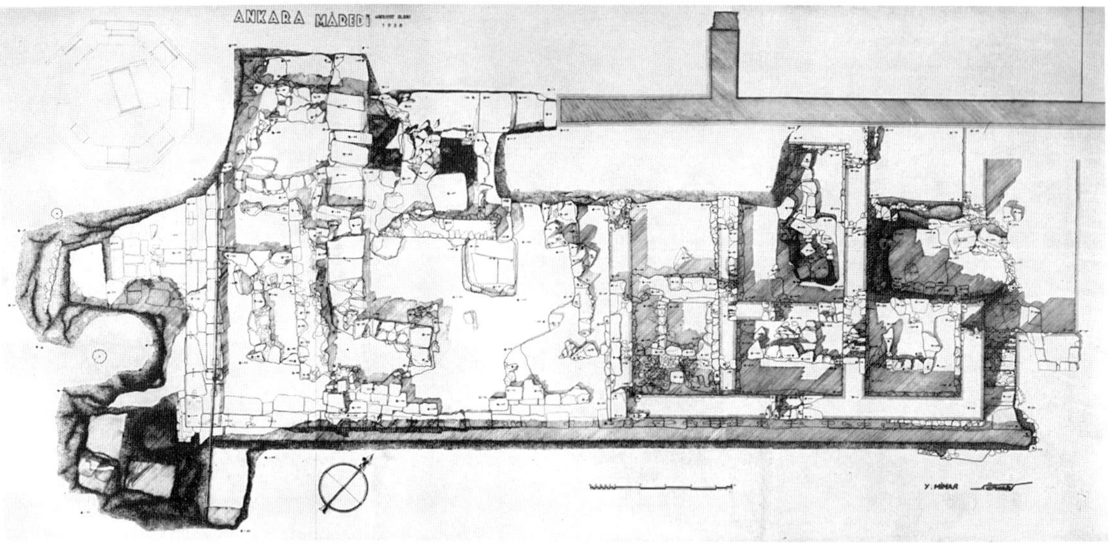

Fig. 4 Koşay's Trenches

laid out parallel and perpendicular to the cella walls in a trench approximately 5.40 m deep. The notable features concerning these exposed foundation walls are that they did not rise up to the stylobate level (*Fig. 5–6*). Architectural features exposed in these excavations indicate that some parts of the *peristasis* foundations on the south-eastern part of the temple, including the foundation of the *opisthodomos*, were partly disturbed and dismantled. It is unlikely that the foundation walls were removed during the excavations carried out by Koşay, since pictures taken during these excavations show that the walls found in the trenches were left as they had been found (*Fig. 7*).

One might think that the foundations of the temple in the south-eastern *peristasis* were removed through the construction of houses in the 18th and 19th century. However, some photographs showing the excavations held in 1939/1940 indicate that the foundations of these houses did not reach those deeper levels. Therefore, it seems more likely that the temple foundations were removed in Late Antiquity. The dismantling of the *peristasis* columns as well as their foundation blocks[76] implies that the *peristasis* may have been destroyed by an earthquake or in some other way. Therefore, the engineers of Late Antiquity chose the option of removing the destroyed *peristasis* since they were not able to build piers between the columns in order to create an outer shell. In Asia Minor, there are a number of cases where the temple was converted into a church: this sometimes took place with minimal architectural changes, for instance at Aizanoi, but sometimes it entailed drastic reconstruction.

Another important point is that with the exception of very few Corinthian capitals, some column drums and an Attic-Ionic base fragment, no other fragments related to the superstructure of the *peristasis* have been reported among the findings. The column bases

---

[76] Schede's trench that was opened to investigate the foundation of the removed western cella wall clearly supports the opinion that these foundation blocks, too, were dismantled during the conversion of the temple into a church since the bonding blocks are explicitly visible.

Fig. 5
Sondage II

Fig. 6
Sondage II

Fig. 7
Sondage II

Fig. 8 A view from Koşay's excavations

and capitals did perhaps belong to the original *pronaos* of the structure which was left in situ due to static concerns after the conversion of the temple into a church. Investigations and cleaning carried out in 2007 at the temple only revealed two pieces of architrave blocks which probably originated from the temple's superstructure (*Fig. 8*). Though not too much is preserved from the architectural decoration for the dating of these pieces, the tiny astragal ornament between the fascias seems to give an idea about the date of the superstructure, which, however, is also debatable.

The foundation of the cella has solid andesite foundation walls, whereas the grid layout of the foundations of the *peristasis* indicates other features. The columns at the *peristasis* were erected on solid foundation pillars comprised of andesite blocks which were usually linked with pier walls that do not usually bond with the solid column foundation. This characteristic has caused many scholars to believe that the *peristasis* was added as a separate project. Indeed, the foundation walls of the *peristasis* and the cella are slightly different from each other in terms of material and construction techniques. This difference, however, could possibly be explained by economic or technical reasons rather than by a chronological gap[77].

[77] The cella foundations of the temple at Pessinus do not have any physical connection with the foundations of the *peristasis* : Waelkens 1986, 40 fig. 1–2; Devreker – Theon – Vermeulen 1995, 125–144.

Fig. 9 An architrave block from the temple

Based on the reference lines carved on the upper surface of the foundation blocks for the *peristasis* columns, I had proposed in an earlier article the marginal possibility that the *peristasis* of the Augustan *octostyle pseudo-dipteros* had not actually been completed (*Fig. 9*)[78]. (This possibility was found unlikely by Mitchell based on the epigraphic and historical context of the temple.) The reference lines had barely been mentioned by Krencker and Schede. These reference lines are usually carved on the temple stylobate. The incised lines define a square area with a cross in the centre for precise positioning of the column bases. The core of the argument on which this marginal proposal was based was that the andesite blocks with their incised reference lines were at varying levels. Incised markings were found even on the lowest foundation blocks which lay ca. 5 m below the stylobate level. This could indicate that the project was interrupted once or even more often, and that these reference lines were put down during this interruption for future construction stages. On the one hand, one can assume that these lines were put on the column foundation of the *peristasis* in order to prevent inclination or deviation of the foundation pillars, if the foundation pillars were so high. On the other hand, these lines could have been put on the foundation blocks in the lower levels, if the project had been carried out in intervals. If so, the length of these intervals cannot be determined without a detailed stratigraphic analysis.

In conclusion, the consensus is that the Temple of Augustus and Roma was decided upon, planned and executed as an *octostyle pseudo-dipteros* in the Augustan period. Its construction was not carried out in different phases. Recent epigraphic and historical studies suggested that the construction of the temple was initiated as an *octostyle pseudo-dipteros* around c. 5 BC and was completed during the very early phase of Tiberius' reign. The recent soundings made by the Museum of Ankara revealed confusing foundation walls which should be re-analysed in detail. In order to prove the date of the temple's completion with more concrete archaeological evidence, it is necessary to carry out further excavations together with a stratigraphic analysis in the undisturbed parts of the *peristasis*.

[78] Kadıoğlu – Görkay 2007, 29–30.

Bibliography

Akurgal 1970 — E. Akurgal, Ancient Civilizations and Ruins of Turkey (Istanbul 1970)

Alzinger 1975 — W. Alzinger, Augusteische Architektur in Ephesos, ÖAI Sonderschriften 16 (Wien 1974)

Bennett 2003 — J. Bennett, Ancyra, Metropolis Provinciae Galatiae, in: P. Wilson (ed.), The Archaeology of Roman Towns. Studies in Honour of John S. Wacher (Oxford 2003) 1–12

Bosch 1967 — E. Bosch, Quellen zur Geschichte der Stadt Ankara im Altertum (Ankara 1967)

Botteri – Fangi — P. Botteri – G. Fangi, The Ancyra Project: The Temple of Augustus and Rome in Ankara, The International Archives of the Photogrammetry, Remote Sensing and Spatial Information Sciences, Vol. 34/5 (<http://www.isprs.org/proceedings/XXXIV/6-W12/proceedings/18.pdf>)

Botteri 1999a — P. Botteri, Project Ancyra: the Temple of Augustus and Rome in Ankara, Culture in Sustainable Development. An Italian Strategy, Ministero degli Affari Esteri (Rome 1999) 136–138

Botteri 1999b — P. Botteri, Progetto Ancyra: la ricerca e il metodo, Metodi e Ricerche, 1999, 195–198

Boysal 1957 — Y. Boysal, Die korinthische Kapitelle der hellenistischen Zeit Anatoliens, Anatolia 2, 1957, 123–132

Burrell 2004 — B. Burrell, Neokoroi. Greek Cities and Roman Emperors, Cincinnati Classical Studies 9 (Leiden 2004)

Cooke 1998 — S. D. Cooke, The Monuments of Roman Ancyra Reviewed (Unpublished master's thesis, Ankara, Bilkent University 1998)

Cooley 2009 — A. Cooley, Res Gestae Divi Augusti, Edition with Introduction, Translation, and Commentary (Cambridge 2009)

Coşkun 2010 — A. Coşkun, Der Ankyraner Kaiserkult und die Transformation galatischer und phrygisch-galatischer Identitäten in Zentralanatolien im Spiegel der Münzquellen, in: A. Coşkun – H. Heinen – S. Pfeiffer (eds.), Repräsentation von Identität und Zugehörigkeit im Osten der griechisch-römischen Welt (Frankfurt 2010) 173–211

Dernschwam 1923 — H. Dernschwam, Tagebuch einer Reise nach Konstantinopel und Kleinasien (1553–1555) (München – Leipzig 1923) 187–193; İstanbul ve Anadolu'ya Seyahat Günlüğü (Türkçe'ye çeviren Y. Önen) (Istanbul 1987) 252–256

Devreker – Thoen – Vermeulen 1995 — J. Devreker – H. Thoen – F. Vermeulen, The Imperial Sanctuary at Pessinus and its Predecessors: A Revision, Anatolia Antiqua 3, 1995, 125–144

Devreker – Waelkens 1984 — J. Devreker – M. Waelkens, Les Foullilles de la Rijksuninersiteit te Gent a Pessinonte 1967–1973, Festschrift P. Lambrechts I (Brugge 1984)

Erzen 1946 — A. Erzen, İlkçağ Ankara (Ankara 1946)

Evliya Çelebi — Evliya Çelebi, Seyahatname (10 vols.) (Istanbul 1999–2007)

Fittschen 1985 — K. Fittschen, Zur Datierung des Augustus-Roma-Tempels in Ankara, AA 1985, 309–315

Ganzert 1996 — J. Ganzert, Der Mars-Ultor-Tempel auf dem Augustusforum in Rom (Mainz 1996)

Ganzert 2000 — J. Ganzert, Im Allerheiligsten des Augustusforums: Fokus 'oikoumenischer Akkulturation' (Mainz 2000)

Görkay 1999 — K. Görkay, A Podium Temple at Alexandria Troas, in: E. Schwertheim – H. Wiegartz (eds.), Die Troas. Neue Forschungen III, AMS 33 (Bonn 1999) 5–26

Görkay 2002 — K. Görkay, An Early Imperial Podium Temple at Alexandria Troas, in: C. Berns – H. von Hesberg – L. Vandeput – M. Waelkens (eds.), Patris und Imperium, Kulturelle und politische Identität in den Städten der römischen Provinzen Kleinasiens in der frühen Kaiserzeit, BABesch Suppl. 8 (Leuven 2002) 217–232

Gros 1976 — P. Gros, Aurea Templa, Recherches sur l'architecture religieuse de Rome à l'époque d'Auguste (Rom 1976)

Güterbock 1989 H. Güterbock, The Temple of Augustus in the 1930's, in: K. Emre – M. Mellink – B. Hrouda – N. Özgüç (eds.), Tahsin Özgüç'e Armağan = Anatolia and the Ancient Near East: Studies in Honor of Tahsin Özgüç (Ankara 1989) 155–157

Güven 1998 S. Güven, Displaying the Res Gestae of Augustus: A Monument of Imperial Image for All, Journal of the Society of Architectural Historians 57, 1998, 30–45

Halfmann 1986 H. Halfmann, Zur Datierung und Deutung der Priesterliste am Augustus-Roma-Tempel in Ankara, Chiron 16, 1986, 35–42

Hamilton 1842 W. J. Hamilton, Researches in Asia Minor, Pontus and Armenia II (London 1842)

Hänlein 1981 H. Hänlein, Zur Datierung des Augustustempel in Ankara, AA 1981, 511–513

Hänlein-Schäfer 1985 H. Hänlein-Schäfer, Veneratio Augusti. Eine Studie zu den Tempeln des ersten römischen Kaisers (Roma 1985)

Heilmeyer 1970 W.-D. Heilmeyer, Korinthische Normalkapitelle. Studien zur Geschichte der römischen Architekturdekoration, RM Ergh. 16 (Heidelberg 1970)

Humann – Puchstein 1890 C. Humann – O. Puchstein, Reisen in Kleinasien und Nordsyrien: Ausgeführt im Auftrage der Königlichen Preussischen Akademie der Wissenschaften (Berlin 1890)

Joseph Pitton de Tournefort 1717
Joseph Pitton de Tournefort, Relation d'un voyage du levant (Amsterdam 1717) (Turkish translation by St. Yerasimos, Tournefort Seyahatnamesi 2005)

Kadıoğlu – Görkay 2007 M. Kadıoğlu – K. Görkay, Yeni arkeolojik araştırmalar ışığında Μητρόπολις τῆς Γαλατίας: Ankyra, Anadolu/Anatolia 32, 2007, 21–148

Kinneir 1818 J. Macdonald Kinneir, Journey Through Asia Minor, Armenia, and Koordistan, in the Years 1813 and 1814; with Remarks of the Marches of Alexander and Retreat of the Ten Thousand (London 1818). – dt.: Quer durch Kleinasien, Armenien und Kurdistan (Weimar 1821)

Koşay 1938 H. Koşay, Haberler-Ankara Mabedi Hafriyatı, Belleten 2, 1938, 496

Koşay 1939/1940 H. Koşay, Haberler- Ankara Mabedindeki Hafriyat 1939, Belleten 3, 1939–40, 463

Koşay 1957 H. Z. Koşay, Ankara Augustus Mabedi Kazısı, Anatolia 2, 1957, 133–138

Krencker – Schede 1936 D. Krencker – M. Schede, Der Tempel in Ankara (Berlin 1936)

Lauter 1986 H. Lauter, Die Architektur des Hellenismus (Darmstadt 1986)

Longpérier 1881–1882 A. de Longpérier, Statue du temple d'Auguste à Ancyre de Galatie, Gazette archéologique 7, 1881–1882, 73–76

Lucas 1712 P. Lucas, Voyage du sieur Paul Lucas fait par ordre du Roy dans la Grèce, l'Asie Mineure, la Macédonie et l'Afrique I (Paris 1712)

Mamboury 1949 E. Mamboury, Les parages du temple de Rome et d'Augustus à Ankara, Türk Arkeoloji ve Etnografya Dergisi 5, 1949, 96–102

Mitchell 1986 S. Mitchell, Galatia under Tiberius, Chiron 16, 1986, 29–30

Mitchell 1993 S. Mitchell, Anatolia. Land, Men, and Gods in Asia Minor I: The Celts and the Impact of Roman Rule (Oxford 1993)

Mitchell 2008 S. Mitchell, The Imperial Temple at Ankara and The Res Gestae of the Emperor Augustus, A Historical Guide (Ankara 2008)

Mitchell – Waelkens 1998 S. Mitchell – M. Waelkens, Pisidian Antioch. The Site and its Monuments (London 1998)

Mommsen 1865 Th. Mommsen, Res Gestae Divi Augusti (Berlin 1865)

Mordtmann 1925 A. D. Mordtmann, Anatolien, Skizzen und Reisebriefe aus Kleinasien 1850–1859 (Hannover 1925)

Ogier Ghiselin von Busbeck 1926
Ogier Ghiselin von Busbeck, Vier Briefe aus der Türkei (Erlangen 1926), turkish transl. by D. Türkömer, Türk Mektupları (Istanbul 2005)

Perrot – Guillaume 1872 G. Perrot – E. Guillaume – E. Delbert, Exploration archéologique de la Galatie, de la Bithynie, d'une partie de la Mysie, de la Phrygie, de la Cappadoce et du Pont (Paris 1872)

Pococke 1745 R. Pococke, A Description of the East and Some Other Countries II 2 (London 1745)

Posamentir – Wörrle 2006 R. Posamentir – M. Wörrle, Der Zeustempel von Aizanoi, ein Großbau flavischer Zeit, IstMitt 56, 2006, 227–246

Poujoulat 1841 B. Poujoulat, Voyage dans l'Asie Mineure, en Mesopotamie, à Palmyre, en Syrie, en Palestine et en Égypte : faisant suite à la correspondance d'Orient, vols. 1–2. (Paris 1840–1841)

Rumscheid 1994 F. Rumscheid, Untersuchungen zur kleinasiatischen Bauornamentik des Hellenismus I/II (Mainz 1994)

Schede – Schultz 1937 M. Schede – H. St. Schulz, Ankara und Augustus (Berlin 1937)

Schede 1926 M. Schede, Photographische Aufnahmen vom Monumentum Ancyranum, AA 1926, 465–466

Schede 1927 M. Schede, Potographische Aufnahmen vom Monumentum Ancyranum, Klio 21, 1927, 208

Smith – Ratté 1995 R. R. R. Smith – C. Ratté, Archaeological Research at Aphrodisias in Caria, 1993, AJA 99, 1995, 33–58

Smith – Ratté 1997 R. R. R. Smith – C. Ratté, Archaeological Research at Aphrodisias in Caria, 1995, AJA 101, 1997, 1–22

Texier 1839-1849 Ch. Texier, Description de l'Asie Mineure de 1833 à 1837 III (1839-1849); Türkçesi (transl. A. Suat): Küçük Asya. Coğrafyası, Tarihi ve Arkeolojisi (Ankara 2002)

Tuchelt 1981 K. Tuchelt, Zum Problem 'Kaisareion-Sebasteion'. Eine Frage zu den Anfängen des römischen Kaiserkultes, IstMitt 31, 1981, 167–186

Tuchelt 1983 K. Tuchelt, Bemerkungen zum Tempelbezirk von Antiochia ad Pisidam, in: R. M. Böhmer – H. Hauptmann (eds.), Beitraege zur Altertumskunde Kleinasiens. Festschrift K. Bittel (Mainz 1983) 501–522

Varinlioğlu 1992 E. Varinlioğlu, Meter Theon, Anadolu Medeniyetleri Müzesi 1990 Yıllığı (Ankara 1992) 39–43

Varinlioğlu 2002 E. Varinlioğlu The Temple at Ankara, in: T. Drew-Bear – M. Taşlıalan – C. M. Thomas (eds.), Actes du Ier Congres International sur Antioche de Pisidie (Lyon 2002) 393–399

von Busbeck 1926 O. G. von Busbeck, Vier Briefe aus der Türkei, transl. by W. von den Steinen (Erlangen 1926); Turkish translation by D. Türkömer, Türk Mektupları (Ankara 2005)

Waelkens 1986 M. Waelkens, The Imperial Sanctuary at Pessinus: Archaeological, Epigraphical and Numismatic Evidence for its Date and Identification, EpigrAnat 7, 1986, 37–73

Wiegand 1937 E. Wiegand, Review of D. Krencker – M. Schede, Der Tempel in Ankara, Gnomon 13, 1937, 414–422

T. Schulz (Hrsg.), Dipteros und Pseudodipteros. Bauhistorische und archäologische Forschungen, BYZAS 12 (2012) 219-231

Vom Dipteros zum Pseudodipteros – Struktur und Typus

Wolfram HOEPFNER

Zusammenfassung

Die in den zwanziger Jahren des vorigen Jahrhunderts entwickelte Strukturforschung ging von einer einseitigen Definition des Begriffs Raum aus und sah in der römischen Architektur (Ziegelmauerwerk, *opus caementicium*, Gewölbe) einen eklatanten Gegensatz zur „raumfeindlichen" griechischen Architektur. Letztere war an schon im 8. Jh. entstandene Kanones der Tektonik und des Gliederbaus gebunden, die der Ästhetik einer eigentlichen Raum-Architektur widersprachen. Dennoch gab es verstärkt im 4. Jh. v. u. Z. Tendenzen zur Erweiterung von Innenräumen und bei neu erfundenen Bautypen sogar Raumschöpfungen (muschelförmige Theater, fast stützenfreie Säle der Buleuterien dank der Anwendung von Binderkonstruktionen). Der Pseudodipteros, erstmals im 4. Jh. bei Eresos auf Lesbos ausgeführt, war ein Produkt dieses 'Neuen Bauens', das unter Beibehaltung grundlegender, eben griechischer Kanones Varianten und erweiterte, tendenziell räumliche Schöpfungen anstrebte.

Strukturforschung

Strukturforschung, heute in allen wissenschaftlichen Disziplinen ein häufig verwendeter Begriff, geht auf das lateinische Wort *structura* zurück und bedeutete „die ordentliche Zusammenfügung" oder auch in anderem Zusammenhang „Gefüge des Mauerwerks". Neue Definitionen sind widersprüchlich und basieren auf Interpretationen der Philosophie (Dilthey: „verstehende Geisteswissenschaften gegen erklärende Naturwissenschaften"), der Sprachforschung (Sprache als ein in sich geschlossenes Zeichensystem) und der Ethnologie (Fritz Krause in den 20er Jahren: Verknüpfung wirtschaftlicher, sozialer und religiöser Lebensweise). In der Kunstgeschichte ist Strukturforschung das „Prinzip der inneren Organisation eines Kunstwerks". Friedrich Matz hat mit seinem 1928 erschienenen Aufsatz „Hellenistische und römische Grabbauten"[1] der Strukturforschung Geltung verschafft und spricht dort von „spezifisch griechischer Tektonik". Und S. 291 heisst es

[1] F. Matz, Hellenistische und römische Grabbauten, Die Antike 4, 1928, 266–292.

„der Tempel ist ein körper-räumlicher Organismus, eine kleine Welt für sich, Tektonik im engsten Sinn des Wortes...". Im selben Band nennt Franz Studniczka den dorischen Tempel „die Wirbelsäule des griechischen Gliederbaus"[2].

Die Strukturforschung erreichte mit den Schriften von Guido Kaschnitz von Weinberg[3] weite Kreise. Die notwendig pauschalisierende und dennoch oder gerade deshalb faszinierende Theorie begeisterte in den 60er Jahren eine ganze Generation von Studenten. Auf einen Nenner gebracht lautet Kaschnitz' Theorie, dass das „Voluminöse und Massenhafte" das orientalische Prinzip ist (Schichtung aus Lehmziegeln, Pyramiden), dem die griechische Kunst ihre Plastizität verdankt und aus dem sie den tektonischen Gliederbau entwickelte. Die nicht vorbelasteten Römer schufen dagegen dank der Erfindung und Anwendung des *opus caementicium* die Wölb- und Raumkunst. So sieht Kaschnitz „einen vollkommen diametralen Gegensatz" zur griechischen Kunst „wo die Form sich aus der künstlerischen Strukturierung der körperlich sinnlichen Natur heraus entwickelt...", und wo „der eminent plastischen Konzeption vollkommen auch der Aufbau der griechischen Monumentalarchitektur entspricht" (a. O. S. 43). Der klassische Tempel „besteht aus Körperindividualitäten, die in der Grundidee des Tragens und Lastens sich zu einer nach aussen hin vollkommen isolierten und in sich selbst zusammengefassten Einheit zusammen schliessen" (a. O. S. 64).

Kaschnitz betont mehrfach, dass die griechische Architektur „raumfeindlich" sei und dass der Tempel als isolierter plastischer Körper den menschlichen Nutzer entbehre und gleichsam entrückt sei, eine Auffassung die noch heute verbreitet ist, obwohl Konstantin Doxiadis in seiner Dissertation schon 1936 nachwies, dass in der Regel Naos und Propylon im Temenos so genau auf einander bezogen sind, dass Betrachter vom Propylon aus ein optimales dreidimensionales (und damit räumliches) Bild vom Naos hatten[4]. Auf der Athener Akropolis gibt es sogar ein ganzes Netz solcher *scaenographiae* (Vitruv)[5]. Die griechischen Poleis suchten sich mit prachtvollen Tempelbauten zu überbieten, und natürlich sollten diese Prestigeobjekte auch erfahrbar sein[6]. Und kann es sein, dass die kostbaren Götterbilder eines Phidias im Dunkeln blieben, um nur von wohlmeinenden Göttern zur Kenntnis genommen zu werden? Es gibt hellenistische Zeugnisse dafür, dass die Türen der Tempel bei besonderen Anlässen und Festtagen geöffnet wurden. Das dürfte zu allen Zeiten so gewesen sein: Vor oder nach dem Opfer am Altar warfen die Teilnehmer einen Blick in die Cella des Naos und auf das Kultbild, das in manchen Fällen eigens für dieses Fest bekleidet wurde. Erhellt wurde der Innenraum nicht nur durch die offenen Türen: Manolis Korres hat für den Parthenon beiderseits der Türen Fenster nachgewiesen[7], und ich nehme die Gelegenheit wahr, auf meine Theorie der

---

2 F. Studniczka, Das Wesen des tuskanischen Tempelbaus, Die Antike 4, 1928, 178–225.

3 G. Kaschnitz von Weinberg, Das Schöpferische in der römischen Kunst (Hamburg 1961).

4 K. Doxiadis, Raumordnung im griechischen Städtebau, Diss. Berlin 1936 (Heidelberg 1937).

5 W. Hoepfner, Probleme der Topographie und Baugeschichte, in: W. Hoepfner (Hrsg.), Kult und Kultbauten auf der Akropolis, Internationales Symposion Berlin 1995 (Berlin 1997) 152–177; I. Arvanitis, Die perikleische Akropolis und die Anfänge der Σκηνογραφία, in: ebenda 195–208.

6 H. Svenson-Evers, ΙΕΡΟΣ ΟΙΚΟΣ. Zum Ursprung des griechischen Tempels, in: W. Hoepfner (Hrsg.), Kult und Kultbauten auf der Akropolis, Internationales Symposion Berlin 1995 (Berlin 1997) 132–151.

7 M. Korres, Der Pronaos und die Fenster des Parthenon, in: E. Berger (Hrsg.), Parthenon Kongress in Basel 1982 (Mainz 1984) 47–54 Abb. 1–6 Taf. 2, 1–2, 3.

lichtdurchlässigen Dächer griechischer Tempel hinzuweisen, die seit archaischer Zeit sehr oft aus großen, flachen Ziegeln aus parischem Marmor bestanden. Denn dieser kostbare Marmor war bis zu 3 cm lichtdurchlässig und tauchte Innenräume in ein mattes Dämmerlicht[8]. Die hölzernen Dachstühle sind nie erhalten, aber wenigstens in einem Fall, dem hochklassischen Tempel der Athener auf Delos belegen Bauglieder einen offenen Dachstuhl. Und weil die Cella breiter als tief ist (um eine Basis für mehrere Götterbilder aufzunehmen), ist hier eine echte Raumarchitektur gegeben (*Abb. 1 a. b*). Entsprechendes gilt aber auch für den Apollon-Tempels in Bassae, der wie viele Tempel der archaischen und klassischen Zeit ein Dach aus parischem Marmor hatte, und dessen voluminöser Innenraum ebenso für eine Beleuchtung über das Dach spricht wie der rundum laufende Fries, dessen stilistisch eigenartige, 'knubbelige' Figuren für eine Betrachtung im Dämmerlicht konzipiert zu sein scheinen (*Abb. 2*). Die Dachdecker aus Paros waren Spezialisten und verfügten über ein einzigartiges Material, das dank seiner Eigenschaften überall begehrt war, so auch in Athen (*Abb. 3*).

Wir halten fest, dass die Struktur-Theorie von Kaschnitz noch immer faszinierend ist, aber nach neuen Forschungen, namentlich der von Gottfried Gruben und seinen Mitarbeitern auf den Kykladen der Ergänzung bedarf.

Die griechische Architektur ist eine streng typisierte Architektur. Das liegt an den schon im 8. Jh. v. Chr. entstandenen Regeln. Kanones ordnen nicht nur die Abfolge der Bauglieder an den Fronten, auch die Grundrisse der Typen sind weitgehend festgelegt. Das gilt für die Beziehungen von Säulen und Wand sowohl der dorischen als auch der ionischen Ordnung. So blieb der Phantasie der Architekten wenig Spielraum. Das hohe Theoriebewusstsein war auf die Diskussion von Details beschränkt, wie sich etwa an komplizierten Lösungen des dorischen Eckkonflikts schon in archaischer Zeit zeigt[9] oder an der nie dagewesenen und nie wieder erreichten technischen Perfektion in klassischer Zeit. Die Theorie der vollendeten künstlerischen Schöpfung brachte Werke hervor, die wie die Vorbilder in der Natur keine irgendwie vernachlässigten Neben- oder Rückseiten kennt. Bei so konservativer Haltung erstaunt es nicht, dass die Anwendung grundsätzlich anderer Techniken wie etwa des im Orient lange bekannten Wölbbaus Tabu war. Noch im 5. Jh. entsprach der Gewölbebau nicht griechischer Denkweise. Denn jedem echten Gewölbe aus Keilsteinen, ob Bogen, Tonne oder Kuppel haftet das Moment des Auseinanderstrebens der Kräfte an, während die Harmonie klassischer Bauten allein durch die Wirkung vertikaler Kräfte möglich wird.

Welches waren nun die den Architekten der hochklassischen Zeit verbliebenen Freiheiten, die den Bauten ihre unverwechselbare Individualität verliehen? Das betrifft neben den genannten Details alle Fragen der Dimensionierung, die Zahl der Säulen, Säulenabstände und generell die reale Größe von Bauwerken. So entstanden in archaischer Zeit in Ionien nach ägyptischen Vorbildern die bekannten Riesenbauten, Säulenwälder mit verdoppelter Ringhalle und drei Säulenreihen an Schmalseiten.

8 W. Hoepfner, Der parische Lichtdom, AW 32, 2001, 491–506. – Nach anfänglichen Bedenken haben auch Gottfried Gruben und Helmut Kyrieleis dieser Theorie zugestimmt. Denn warum sollen ausgerechnet die flachen und übergroßen Ziegel der Tempeldächer aus dem edlen Material gefertigt worden sein?

9 E.-W. Osthues, Studien zum dorischen Eckkonflikt, JdI 120, 2005, 1–154.

a)

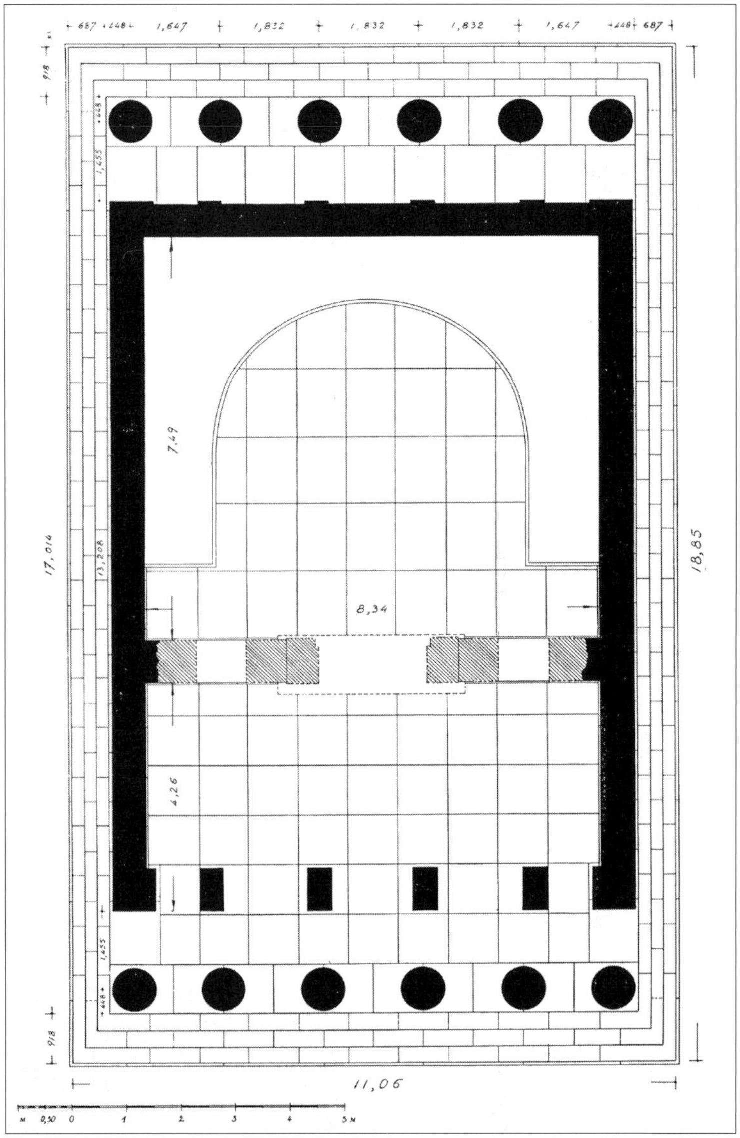

b)

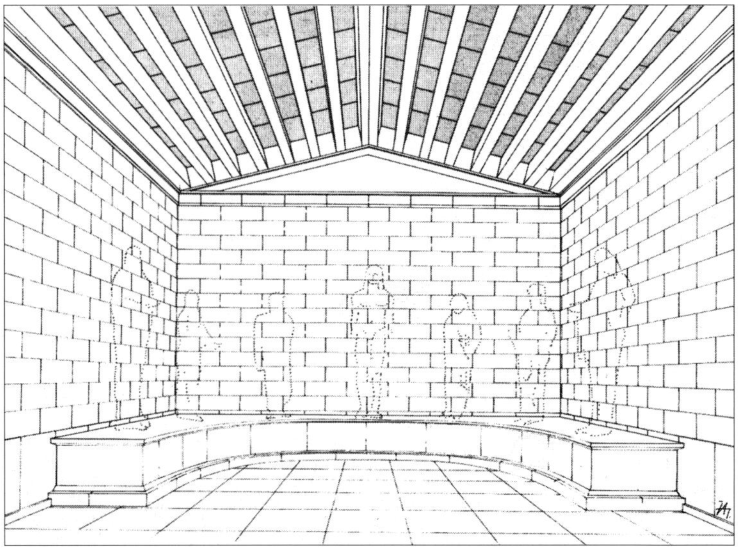

Abb. 1 a. b
Tempel der Athener auf Delos. Bei diesem sechssäuligen Prostylos der hochklassischen Zeit ist ein offener Dachstuhl gesichert. Die großen Platten-Dachziegel aus parischem Marmor waren lichtdurchlässig und erhellten den breiten, voluminösen Innenraum.

Abb. 2
Auch der Apollon-Tempel von Bassae lässt eine Tendenz zum geweiteten Innenraum erkennen und erhielt Licht über ein Dach aus parischem Marmor.

Abb. 3
Der klassische Parthenon in Athen trug mit peristylartig gestellten Säulen zur räumlichen Wirkung des Innenraumes bei. In der hier vorgeschlagenen Rekonstruktion ermöglicht ein partiell offener Dachstuhl mit Ziegeln aus lichtdurchlässigem Marmor eine zusätzliche Beleuchtung des kostbaren Kultbildes.

Kaschnitz sieht wie fast alle seine damaligen Kollegen (Ausnahme G. Rodenwaldt) in der späten Klassik, im 4. Jh. eine Epoche des Niedergangs. Das basiert auf älteren Einschätzungen etwa der Wilhelminischen Zeit, als man in der „radikalen Demokratie“ Verfall ausmachte. Aus heutiger Sicht war diese von Rationalismus geprägte Epoche eine der ‘Freiheit der Wissenschaften’ auf allen Bereichen, eine Befreiung von den einengenden Kanones der archaischen und noch der klassischen Zeit. Matz hebt die Profanierung der Ordnungen in spätklassischer Zeit hervor. Neue Bautypen verlangten neue Lösungen, und so fragt sich, ob die damals entstandenen veränderten Typen der Tempel ebenfalls mit einer veränderten Nutzung zusammenhingen. Kaschnitz prägte für das 4. Jh. den Begriff der „Auszehrung“. Obwohl negativ besetzt, trifft das doch den Kern der Sache. Denn nicht nur die Innenräume wurden ‚geweitet‘ durch Verschieben der Säulen an die Wände, auch bei den Außenordnungen wurde mit größeren und größtmöglichen Spannweiten experimentiert.

Schon in klassischer Zeit kommen bei dorischen Tempeln an den Schmalseiten vertiefte Ptera (Säulenhallen) vor, wie das Beispiel des Hephaisteion zeigt, wo auf der Eingangsseite ein über die ganze Breite gehender Fries den Raum begrenzt und zum Verweilen und Betrachten einlädt. In der späten Klassik entstanden auf der Peloponnes eine ganze Reihe peripteraler Tempel (die bekanntesten sind die von Tegea, Nemea und Epidauros), bei denen die Säulenhalle auf der Eingangsseite so tief ist, dass der Eindruck entsteht, durch Fortlassen von vier

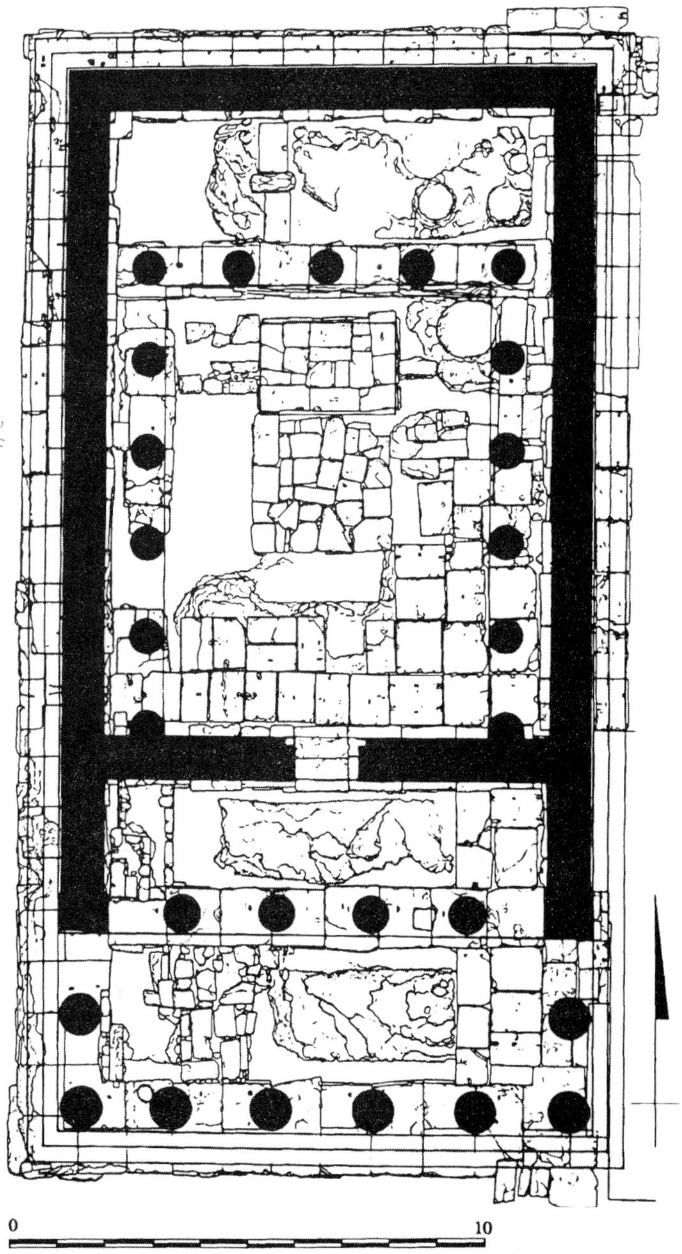

Abb. 4 In Rhodos wurde in spätklassischer Zeit der Typus des pseudodipteralen Prostylos kreiert, der später vielfach wiederholt wurde, so in Pergamon (Dionysos-Tempel) und in Rom (Mars-Tempel). Hier der Tempel der Athena in Ialysos aus dem letzten Viertel des 4. Jhs.

Säulen ist eine Halle vor dem eigentlichen Pronaos entstanden. Am Tempel von Lepreon sind sogar beide Ptera der Schmalseiten vertieft, so dass die Cella im Säulenkranz zu schwimmen scheint. Auf Rhodos wurde im 4. Jh. mit dem Athena-Tempel in Ialysos ein Typus kreiert, der als Prostylos eine räumliche Säulenvorhalle aufweist und als pseudodipteraler Prostylos zu bezeichnen ist (*Abb. 4*)[10]. In Pergamon ist dieser Typus mit ionischen Außensäulen mehrfach präsent[11], und es fragt sich, ob dort nicht Handlungen der Könige oder anderer Autoritäten stattfanden. Denn für den Marstempel in Rom, der noch diesem Typus folgt, sind Senatssitzungen überliefert.

Die sich in diesen Bauten mit ihren Vor-Vorräumen und breiter Cella äußernde Raumarchitektur war mit sechs Frontsäulen realisierbar. Wollte man die vertiefte Vor-Vorhalle allseitig um den Tempel herumführen, so waren acht Frontsäulen nötig. Der Pseudodipteros ist als Fortentwicklung des genannten prostylen Typus zu verstehen, entsprach mit Acht-Säulen-Front dem hohen Anspruch eines Dipteros und bot mit allseitig weiten Hallen die Möglichkeit, mit dort stattfindenden Darbietungen den Naos als eine Bühne in kultisches Geschehen einzubeziehen. Vitruv 3,3,8 betont die ästhetische Wirkung der weiten Hallen, die durch „Fortlassen der inneren Säulenreihe beim Dipteros" „erfunden" worden sei. Denn natürlich belegt die „Auszehrung" (Kaschnitz) der Architektur mit erweiterten Cellae und tiefen Hallen auch einen Wandel der Vorstellung von der Schönheit der Bauwerke[12].

Der kleinste und älteste Pseudodipteros

Der kleinste Pseudodipteros, der vor- oder frühhellenistische ionische Tempel bei Messa auf Lesbos (*Abb. 5*) lag im Trend. Der Bau mit rundum doppelt tiefer Säulenhalle ist auch hier wie der Raster-Grundriss beweist, ein Dipteros mit eingesparter innerer Säulenreihe. Robert Koldewey untersuchte und publizierte den hoch interessanten, aber nur schlecht erhaltenen Bau[13] im Zentrum der Insel. Das erhaltene Fundament lässt keine andere Rekonstruktion als die des Pseudodipteros mit 8 auf 14 Säulen zu. Dieser Tempel folgt einem Vorgänger an gleicher Stelle. Weil keine antike Stadt in unmittelbarer Nähe liegt, kann es sich nur um ein ehrwürdiges Heiligtum handeln, das von allen Bewohnern der grossen Insel verehrt und besucht wurde. War dieser Bau bei Koldewey und Lolling noch der Aphrodite geweiht, so ist er nach den auf Inschriften basierenden Untersuchungen von L. Robert überzeugend mit dem Kult der Hera zu verbinden[14]. Wie andernorts fanden im Heiligtum der Hera schon in archaischer Zeit καλλιστεῖα, Schönheitswettbewerbe der

---

[10] M. Livadiotti – G. Rocco, La presenza italiana nel Dodecaneso tra il 1912 e il 1948. La ricerca archeologica, la conservazione, le scelte progettuali, Kat. zur Ausstellung Rhodos 1993/94, Rom 1996, Athen 1997, 43–46 (monographische Publikation in Vorbereitung).

[11] W. Hoepfner, Die Architektur von Pergamon, in: W.-D. Heilmeyer (Hrsg.), Der Pergamonalter. Die neue Präsentation nach Restaurierung des Telephosfrieses (Berlin 1997) 24–55.

[12] H. Drerup, Zum Artemistempel von Magnesia, MarbWPr 1964, 13–22 hält eine neue Bewertung des Spiels von Licht und Schatten für einen Grund der „Auszehrung" von Architektur.

[13] R. Koldewey, Die antiken Baureste der Insel Lesbos (Berlin 1890).

[14] L. Robert, Recherches épigraphiques, REA 62, 1960, 285–315.

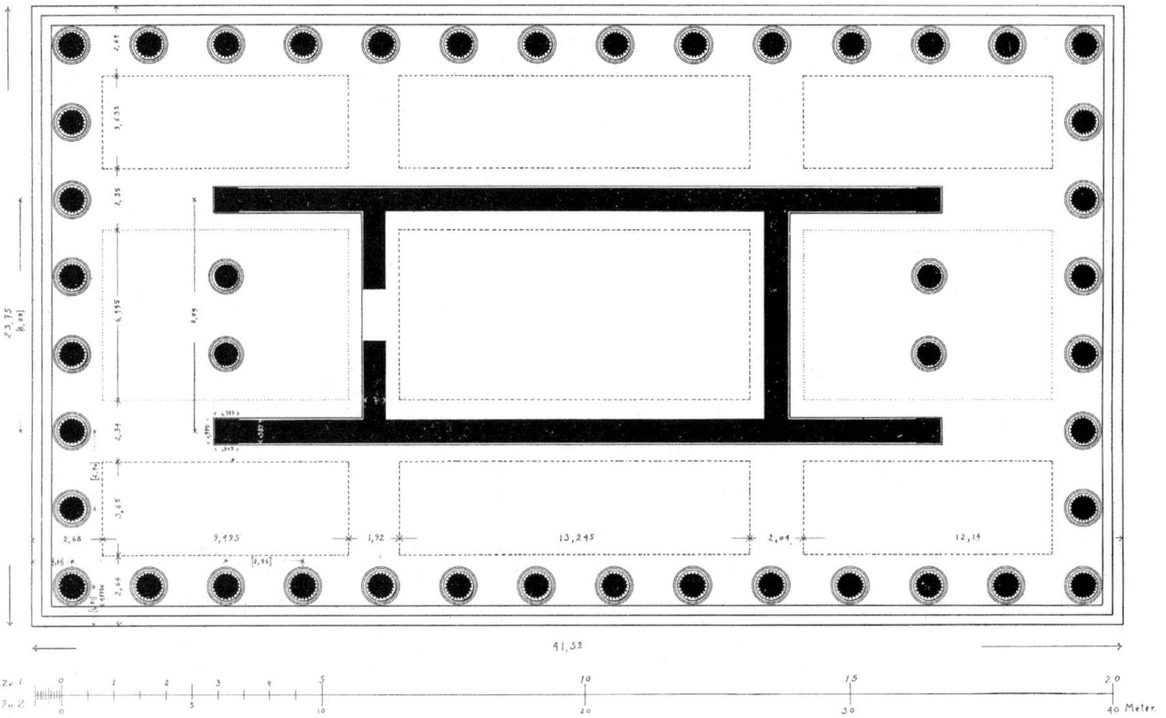

Abb. 5 Der Pseudodipteros oder Weithallen-Tempel bei Messa auf Lesbos mit 8 auf 14 Säulen ist bei einem Joch von nur 2,96 m der kleinste dieses Typus und damit auch der kleinste Achtsäuler.

lesbischen Frauen statt[15]. Es fragt sich, ob der Tempel bei Messa als erster Pseudodipteros mit seinen erweiterten Hallen nicht eigens für die Teilnehmer und die vielen Besucher des genannten Wettbewerbs erfunden und ausgeführt worden ist?

Gottfried Gruben hat mehrfach betont, dass bei der westlichen ionischen Ordnung (einschließlich der Kykladen) die Zone der Balkenlage an der Front mit einem Fries verkleidet wurde, der als Band aus Platten den Balkenköpfen vorgesetzt war[16]. Im östlichen Ionien hat man eine andere Lösung vorgezogen: In Kleinasien erscheinen die Balkenköpfe in umgesetzter Form als Zahnschnitt. Für die klassische und noch für die spätklassische Zeit haben diese Regeln Geltung. Deshalb hat es erstaunt, dass der Messa-Tempel in der von Koldewey rekonstruierten Form sowohl Zahnschnitt als auch einen hohen Fries aufweist. Im Nachlass von Robert Koldewey im Geheimen Staatsarchiv in Berlin befinden sich die am Ort gefertigten und staunenswerten, exakten mit Bleistift ausgeführten Zeichnungen. Der sparsame Bauforscher hat verworfene zeichnerische Lösungen ausradiert und dann dasselbe Blatt wieder benutzt. Auf einem dieser Blätter sind Säulenbasis, das Gebälk in Schnitt und Ansicht und in kleinerem Maßstab mehrere Säulenjoche im Grundriss dargestellt. Ausradiert aber noch ganz schwach erkennbar ist eine Lösung, die das Gebälk ohne Fries zeigt. Weil diese Lösung der Struktur der ostionischen Ordnung entspricht

15 RE X (1919) 1674 *s. v.* Kallisteia (M. P. Nilsson).

16 G. Gruben, Die inselionische Ordnung, in: G. Gruben, Klassische Bauforschung (München 2007) 225–241.

Abb. 6 Gebälk des Pseudodipteros bei Messa auf Lesbos. Koldewey hatte das Gebälk mit einem 57 cm hohen Fries zwischen Architrav und Zahnschnitt rekonstruiert. Hier ist das Gebälk ohne diesen Fries wiedergegeben, so dass es dem ostionischen Kanon entspricht.

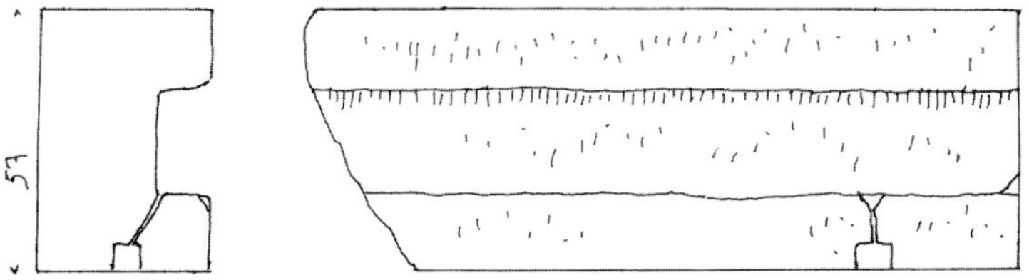

Abb. 7 Friesbalken aus rotem Kalkstein nach einer Zeichnung im Nachlass Robert Koldewey im Geheimen Staatsarchiv in Berlin

(*Abb. 6*) ist sie als die richtige anzusehen, zumal Koldewey seine spätere Lösung nicht ganz geheuer war. Die 'Friesbalken' aus rotem Kalkstein sind nämlich auf der Rückseite ausgehöhlt (*Abb. 7*). Diese nur 20 cm hohen Einlassungen sollen irgendwie mit der Deckenkonstruktion im Zusammenhang gestanden haben. Das ist aber kaum möglich, weil die Deckenbalken keinesfalls so tief in das Gebälk eingriffen. Wo aber hatte der Fries aus rotem Stein, von dem fünf Bruchstücke bei Koldewey aufgeführt sind, seinen Platz? Wahrscheinlich bildete dieser 57 cm hohe Fries zusammen mit dem ihn bekrönenden Kymation aus Liparit den oberen Abschluss der Wand. Diese 99 cm dicke Cellawand bestand aus drei Lagen, deren Blöcke der besseren Stabilität wegen miteinander verzahnt waren.

Abb. 8 Ansicht des Pseudodipteros bei Messa. Die Lösung ohne Fries entspricht den älteren ostionischen Dipteroi.

Das ist Koldeweys Rekonstruktion des unteren Wandbereichs abzulesen, wo der Antenkopf in ähnlicher Weise ausgehöhlt ist. Diese seltene Technik gleicht dem Wandaufbau am Arsineion auf Samothrake[17].

Die nun gewonnene Ansicht des Tempels ohne Fries (*Abb. 8*) unterscheidet sich nicht unwesentlich von der bisher bekannten Ansicht mit Fries und fügt sich in das Bild der spätklassischen ost-ionischen Architektur.

Erst später im Hellenismus haben Baumeister auf die Struktur der Einzelformen keinen Wert mehr gelegt. So hat Hermogenes gegen Ende des 3. Jhs. am Artemision in Magnesia in eigentlich widersinniger Weise Fries und Zahnschnitt übereinander angebracht. Das ist eine Entwicklung, die von der „Auszehrung" in spätklassischer Zeit zur 'Auflösung der Kanones' (Verf.) im späteren Hellenismus fortschreitet.

Weil Vitruv den Architekten Hermogenes als den „Erfinder" des Pseudodipteros nennt, ist immer wieder versucht worden, den Tempel bei Messa entsprechend spät zu datieren[18]. An anderer Stelle habe ich das Arsineion auf Samothrake einen baulichen Verwandten des Messa-Tempels genannt. Und weil auch Michael Pfrommer bei einer Untersuchung

[17] W. Hoepfner, Zum Arsineion auf Samothrake, AA 2001, 467–480.

[18] Einen Überblick über Datierungsvorschläge von 400 v. u. Z. (H. Plommer) über solche der Mitte und des ausgehenden 4. Jhs. bis zu solchen der Zeit von Hermogenes um 175 v. u. Z. (W. B. Dinsmoor) gibt G. Labarre, Les citées de Lesbos aux époques hellénistique et imperiale I, Collection de l'Institut d'Archéologique et d'Histoire de l'antiquité, Université Lumière, Lyon 2 (Lyon 1996) 42–50.

des Dekors beider Bauten auf enge Beziehungen hingewiesen hat[19], kann vermutet werden, dass der Tempel auf Lesbos in den Jahren zwischen 299 und 281 entstanden ist, als Arsinoe II. als Frau des Königs Lysimachos im westlichen Kleinasien großen Einfluss hatte. Wenn Vitruv 3,3,8 schreibt „...*Eas autem symmetrias constituit Hermogenes, qui etiam primus invenit octastylon pseudodipterive rationem*", so ist das eindeutig falsch, denn Hermogenes wirkte gegen Ende des 3. Jhs. v. u. Z. Vitruv war nicht selbst in Kleinasien. Offensichtlich lag ihm ein Buch aus der Feder des Architekten Hermogenes vor. So mag es sein, dass der Schöpfer des hoch bedeutenden Artemision in Magnesia[20] sich in dieser Schrift selbst als Erfinder des Pseudodipteros bezeichnet hat.

Konstruktive Probleme

Die Balken der Pterondecke mussten beim Pseudodipteros doppelte Tiefe haben. Beim Tempel bei Messa, dem kleinsten Pseudodipteros und dementsprechend auch kleinsten Tempel mit achtsäuliger Front (Joch 2.96 m) beträgt der zu überbrückende Abstand zwischen Front und Cellawand nur knapp 5 m. Das bereitete keine Probleme, aber schon beim viel größeren Pseudodipteros, dem Artemision in Sardis, mussten die Balken 8 m überbrücken. Die Kosten für die 48 notwendigen Balken mit sehr großem Querschnitt müssen gewaltig gewesen sein, denn für den Bau sakraler Gebäude fanden nur die besten Hölzer Verwendung. Das gilt besonders für die der Witterung ausgesetzten Decken der Hallen.

Ich habe zunächst vermutet, dass die Mode der pseudodipteralen Tempel nicht nur dem Wunsch nach einer vielfach zu nutzenden und leichten, luftigen und raumbetonten Hallenarchitektur entsprach, sondern auch mit der Erschliessung neuer Quellen für Bauholz zu tun hat. Tatsächlich spricht Theophrast, der Nachfolger von Aristoteles in der Akademie (der aus Eressos nahe bei Messa stammte und den ersten Pseudodipteros noch gesehen haben dürfte), in seinem 5. Buch 8, 2 über Bauhölzer mit Begeisterung von den Wäldern und den guten Nutzhölzern auf Korsika, die alles andere überträfen. Möglich, dass damals Bauholz aus dem Westen beschafft wurde, denn im Osten mussten die Wälder seit dem Peloponnesischen Krieg immer wieder das Holz für den Bau neuer Flotten liefern. In extremen Fällen wurden in kurzer Zeit 1000 Kriegsschiffe gebaut.

Das kostbarste Holz war die Zeder, besonders die Libanon-Zeder, von der Theophrast 5,8,1 sagt, dass sie in den Höhen des Libanon bewundernswert an Grösse und Umfang gewinne. Zeder galt als besonders fest, resistent gegen Insektenbefall und Feuchtigkeit und zudem wohlriechend. Kein Wunder, dass die echte Zeder das bei weitem teuerste Holz war. Nach dem in einer Bauinschrift auf Delos[21] angegebenen Preis für Bretter hat $1m^3$ um 4000 Drachmen gekostet, ein Preis, für den schon ein Wohnhaus zu haben war.

---

19 M. Pfrommer, Anmerkungen zum Tempel von Messa auf Lesbos, IstMitt 36, 1986, 77–94. Zum ionischen Kapitell, das dem der Propyläen auf der Athener Akropolis verwandt ist: W. Hoepfner, Proportionen klassischer ionischer Kapitelle, in: H. Büsing – F. Hiller (Hrsg.), Bathron. Festschrift H. Drerup (Saarbrücken 1988) 225–232.

20 Zusammenfassend zu neuen Forschungen O. Bingöl, Magnesia am Mäander. Magnesia ad Maeandrum (Istanbul 2007).

21 A. Orlandos, Τα υλικά δομής (Athen 1955) 34.

Abb. 9 Foto der vielleicht letzten Libanon-Zeder (*Cedrus libani*) mit mehr als 3 m Dm. Die berühmten Bäume lieferten Holz mit sagenhaft guten Eigenschaften, waren jedoch wegen vieler Knoten und Verzweigungen für lange Balken ungeeignet.

Abb. 10 Die echte Zypresse (*Cupressus sempervirens*) erreicht bei geradem Wuchs bis zu 70m Höhe und war für Schiffsmasten und lange Bauhölzer bestens geeignet. Hier eine Zypresse auf Rhodos

Von diesem Naturwunder gab es um die Wende zum 20 Jh. im Libanon noch 400 Bäume, deren Alter auf mehr als 2000 Jahre geschätzt wurde. Davon ist heute nichts mehr vorhanden, aber immerhin hat die Aufforstung begonnen.

Im 1986 erschienen Lexikon antiker architektonischer Begriffe heisst es unter κέδρος, dass dieses Holz für Decken großer Spannweite benutzt wurde[22]. Das wird bei Theophrast, Vitruv oder Plinius nicht bestätigt. Ein Blick auf fotografische Abbildungen der vermutlich letzten Libanon-Zeder (*Abb. 9*) zeigt eine so starke Verästelung, dass Hölzer für große Spannweiten keinesfalls zu gewinnen waren. Die antiken Autoren sprechen bei genauem Hinsehen davon, dass bei anspruchsvollen Bauten die Kassetten von Decken

[22] A. Orlandos – I. Travlos, Λέξικον αρχαίων αρχιτεκτονικών όρων (Athen 1986) 150 *s. v.* κέδρος.

aus Zedernholz waren. Für die Balken wurde das harte Holz der gerade, ohne Äste und säulenartig hoch wachsenden Zypressen genutzt. Das belegt unter anderem die Stelle vom Bau von 500 Schiffen für Demetrios Poliorketes bei Theophrast, hist. plant. 5,8,1, wo es heißt, dass bis zu 13 ὀργυιά (etwa 23 m) lange Hölzer zur Verwendung kamen. Im Satz vorher ist sowohl von Zedern als auch von Zypressen die Rede. Für Kassetten, für Türen und Treppen war das unvergängliche Zedernholz die beste Wahl. Vitruv 2,9,13 betont, dass die *lacunaria* der Decke (Kassetten, griechisch φατνώματα) am Artemision von Ephesos so wie in anderen berühmten Tempeln wegen der Dauerhaftigkeit aus Zedernholz waren. Wenn es aber wie bei Balken auf Länge und geraden Wuchs ankam, mussten es Zypressen sein (*Abb. 10*), von denen die milesische besonders gelobt wird.

T. Schulz (Hrsg.), Dipteros und Pseudodipteros. Bauhistorische und archäologische Forschungen, BYZAS 12 (2012) 233-251

Merkmale des Pseudoperipteros und Pseudoperipteraler Ordnungen in der griechischen Architektur

Arnd HENNEMEYER

Zusammenfassung

Nach einem Überblick über römische Tempel von der Form des Pseudoperipteros werden zwei der wichtigsten griechischen Vorläufer mit außen umlaufender Blendordnung vorgestellt: der einzige griechische Pseudoperipteros, Tempel L in Epidauros, und der Athena-Altar von Priene. Auf den Beobachtungen an diesen Bauten aufbauend wird der Entwurf außen umlaufender Blendordnungen untersucht und mit Vitruvs Beschreibung des Pseudoperipteros verglichen. Dabei werden die griechischen Wurzeln des pseudoperipteralen Entwurfs und dessen Unterschiede gegenüber dem römischen Pseudoperipteros aufgezeigt. Entscheidend für das Verständnis ist das Verhältnis zwischen Wand und Baukörper einerseits und Blendordnung andererseits. Die Blendordnung ist nicht nur Dekoration, sondern sie beherrscht durch ihre Eigengesetzlichkeit den Entwurf und die Wahrnehmung des gesamten Baus. Das führt zu einem spannungsvollen Widerspruch zwischen der tatsächlichen Struktur des Baus und derjenigen, die sein äußerer Anblick erwarten ließe, wie er sich auch am Pseudodipteros feststellen lässt.

Pseudodipteros und Dipteros, sein Ahn und Gegenstück, sind das Thema dieses Bandes. Als kontrastierende Ergänzung und, um schließlich auch die Sicht auf den Pseudodipteros und dessen theoretischen Hintergrund zu schärfen, befasst sich der folgende Beitrag mit der als römisch geltenden Tempelform des Pseudoperipteros und seinen Vorläufern in griechischer Architektur. Dort finden sich einige Bauten, die einem Pseudoperipteros vergleichbar sind, indem sie eine außen umlaufende Halbsäulenordnung besitzen, im Folgenden als 'pseudoperipterale Ordnung' bezeichnet, während der Begriff 'Pseudoperipteros' der entsprechenden Tempelform vorbehalten bleiben soll. Die ihnen zugrunde liegende Entwurfsidee ist dem Pseudodipteros, wie abschließend erläutert wird, enger verwandt, als es auf den ersten Blick scheinen mag. So stehen sich vielleicht auch zwei Hauptbeispiele – der Artemistempel von Magnesia und der Athena-Altar von Priene – nicht nur zufällig zeitlich und geographisch nahe.

Bei der Tempelform des Pseudoperipteros denkt man in erster Linie an römische Tempel, vielleicht zuvorderst an die Maison Carrée in Nîmes[1], die wegen ihrer herausragenden Erhaltung besonders eindrücklich ist. Der Naos besteht nur aus der Cella, ohne Anten. Davor liegt anstelle eines Pronaos eine fünf Joche breite und drei Joche tiefe Säulenhalle. Deren Säulenarchitektur ist als Halbsäulenordnung auf der Außenseite der Cellawände fortgeführt, so dass sich der Anblick eines Peripteraltempels bietet.

Den weiteren Ausführungen soll ein kurzer Überblick über die erhaltenen Pseudoperipteroi vorangestellt werden (*Abb. 1*). Der sogenannte 'Tempel der Sybille' in Tivoli, ins dritte Viertel des 2. Jh. v. Chr. datiert, gilt als frühester bekannter Pseudoperipteros in Italien[2]. Vielleicht etwa gleichzeitig ist der dem Portunus geweihte ionische Tempel am Forum Boarium in Rom[3]. Ihnen folgt der Herculestempel in Cori[4], an dem die Blendordnung zu Pilastern reduziert ist. Diese drei Tempel bilden eine erste Phase des Pseudoperipteros in Rom im Zusammenhang mit der Hellenisierung der römischen Architektur. Sie gelten als Synthese italischer und griechischer Elemente, wobei Frontalität, Podium und die Beschränkung des Grundrisses auf die Cella und eine Vorhalle einerseits sowie griechische Säulenordnung und das Erscheinungsbild eines Peripteros andererseits miteinander verbunden werden[5]. Zu ihnen ist wahrscheinlich auch der ins 1. V. des 1. Jh. v. Chr. datierte Tempel des Iupiter Anxur in Terracina zu zählen, an dem aber von der Halbsäulenordnung nichts in situ erhalten ist[6]. Aus augusteischer Zeit sind große hexastyle Pseudoperipteroi belegt: in Rom der Saturntempel, die beiden Apollotempel in circo und auf dem Palatin sowie der Magna-Mater-Tempel[7], in Puteoli der sogenannte Augustustempel[8] und in Nîmes die Maison Carrée, tetrastyl der Forumstempel in Terracina[9]. Auch der Kapitolstempel in Narbonne könnte bereits in augusteischer Zeit errichtet worden sein[10]; um seine Rekonstruktion als Pseudoperipteros zu belegen, werden allerdings lediglich eine Säulentrommel und Fragmente eines Kapitells sowie von Basen genannt[11].

In Cordoba wurde zur Zeit des Claudius ebenfalls ein hexastyler Pseudoperipteros begonnen[12]. Die in flavische Zeit datierte Bauphase des Forumstempels in Conimbriga wird rein hypothetisch pseudoperipteral rekonstruiert[13]. Ebenfalls noch in die frühe Kaiserzeit

---

1 Gros 1979.

2 Delbrück 1912, 11–16. Taf. 7–9.

3 Adam 1996.

4 Delbrück 1912, 21–36. Taf. 15–20.

5 Gros 1976, 121.

6 Franz 2006, 153–155.

7 Mattern 2000.

8 Zevi – Cavalieri Manasse 2005.

9 Hänlein-Schäfer 1985, 135–140.

10 Gros 1996, 160 merkt an, dass die bislang ins 2. Jh. n. Chr. datierten korinthischen Kapitelle eher noch augusteisch sein dürften.

11 Perret 1956, insbesondere S. 11.

12 Jiménez Salvador 1992.

13 Alarcâo – Etienne 1977, 85–93.

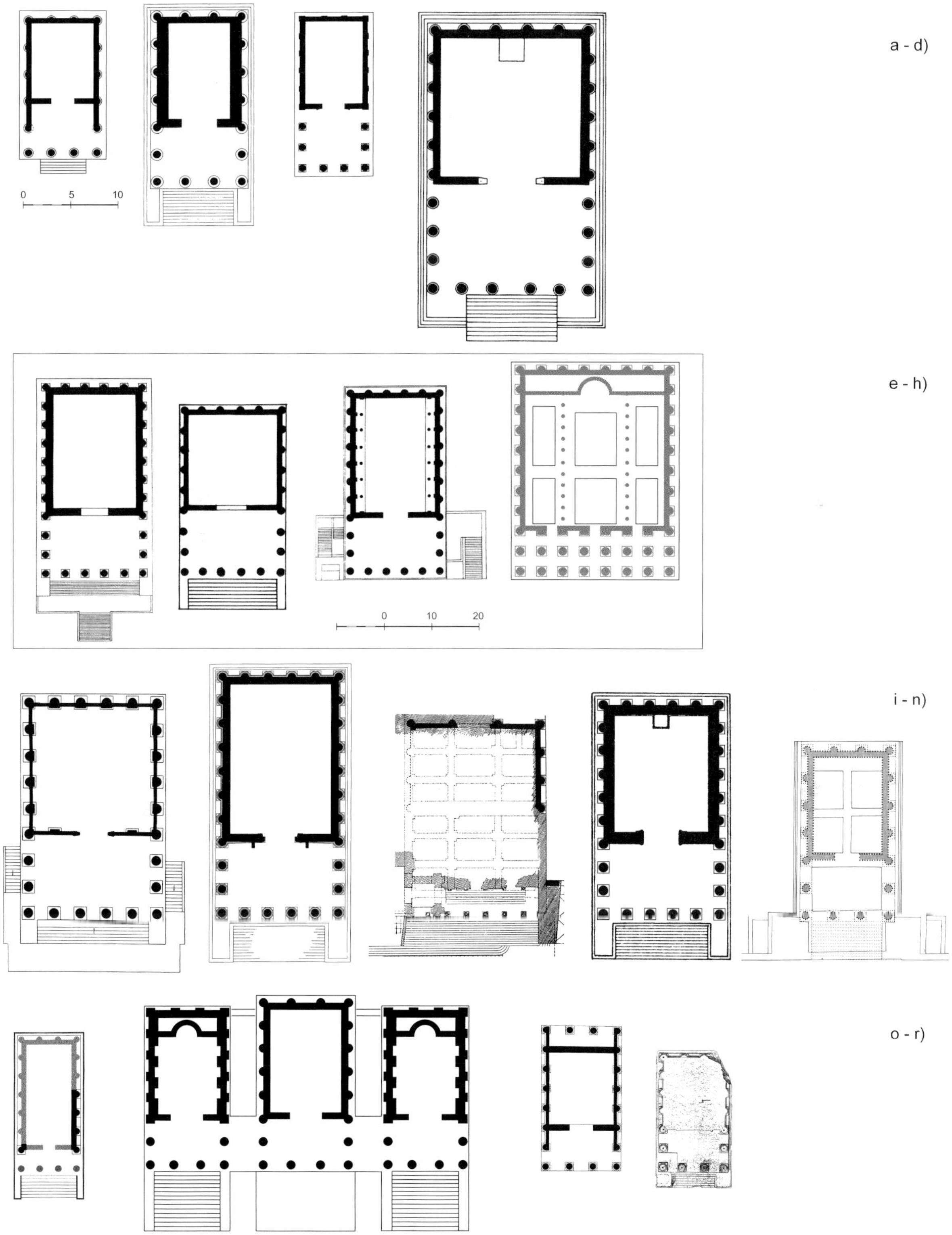

Abb. 1 Römische Pseudoperipteroi. (e–h halb so groß wie die anderen Grundrisse dargestellt)
a) Tivoli, 'Tempel der Sybille'; b) Rom, ionischer Tempel am Forum Boarium; c) Cori, Herculestempel; d) Terracina, Iupiter Anxur Tempel; e) Rom, Saturntempel; f) Rom, Apollo in circo; g) Rom, Apollo Palatin; h) Narbonne, Kapitol; i) Puteoli, 'Augustustempel'; k) Nîmes, Maison Carrée; l) Terracina, Forumstempel; m) Cordoba, Tempel an der calle Claudio Marcelo; n) Conimbriga, Forum; o) Side, Dionysostempel; p) Sbeïtla/Sufetula, Forum; q) Knidos, korinthischer Tempel; r) Ostia, Marmormodell (unter der Annahme, daß das Modell im M. 1:24 gefertigt ist, ist der zugrundeliegende Entwurf hier in gleichem Maßstab abgebildet wie a–d und i–q)

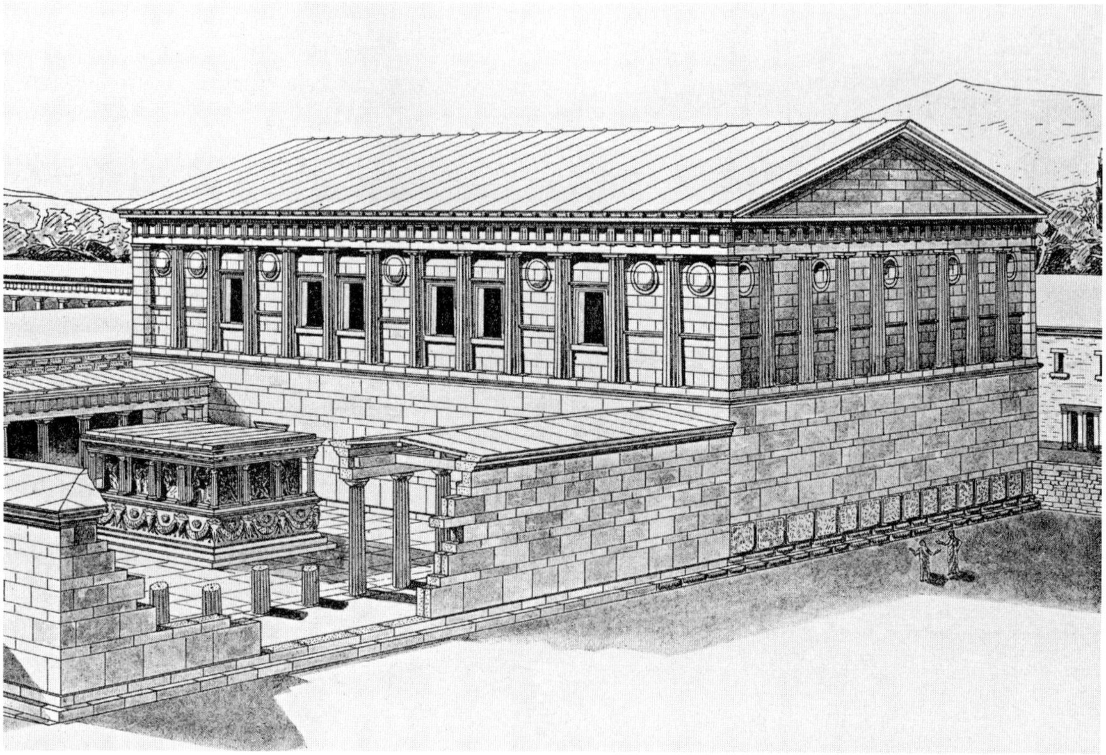

Abb. 2 Milet, Buleuterion

Abb. 3 Hellenistischer Grabbau 'Ta Marmara' bei Milet/Didyma

wird der sog. Dionysostempel in Side in der Türkei datiert[14]. Aus dem 2. Jh. n. Chr. sind der mittlere Forumstempel in Sbeïtla/Sufetula[15] in Tunesien und der in diesem Zusammenhang oft übersehene korinthische Tempel in Knidos zu nennen[16], zudem ein in Ostia gefundenes und in die hohe Kaiserzeit datiertes Marmormodell[17]. Häufiger sind Tempel, deren Wände, wie am bereits genannten Herculestempel in Cori, mit einer Blendordnung aus Pilastern statt Halbsäulen versehen sind. Diesen Typ weiter zu verfolgen, würde den Rahmen des Beitrags sprengen. Daher seien lediglich einige beliebig ausgewählte Beispiele

14 Pohl 2002, 14. 215; Abb. 8, 1; 44 mit Hinweisen zu älterer Literatur.

15 Duval – Baratte 1973.

16 Bruns-Özgan 2002, 81 f.; Society of Dilettanti (Hrsg.), Antiquities of Ionia 3 (London 1840) 30–34; Taf. 4–10; Pohl 2002, 14. 205 f.; Abb. 8, 2; 34–36.

17 Pensabene 1997; Wilson-Jones 2000, 54 f.; Abb. 3, 9.

angeführt: der Tempel der Fortuna Augusta in Pompeji, die drei Forumstempel in Baelo Claudia (Baetica, Andalusien)[18], die beiden seitlichen Forumstempel in Sbeïtla/Sufetula, der sog. Antoninische Tempel in Sabratha sowie der sog. Minervatempel in Theveste.

Die Anregung, einen Tempel mit einer außen umlaufenden Halbsäulenordnung zu versehen, könnte die griechische Architektur der Magna Graecia, vor allem das nach 480 v. Chr. errichtete Olympieion von Agrigent gegeben haben. Eine direkte Vorgeschichte des Pseudoperipteros in Griechenland bezeugt indes vielleicht ein einzelner hellenistischer Vorläufer – der sogenannte Tempel L in Epidauros. Hinzu kommen einige andere Bauten mit einer 'pseudoperipteralen Ordnung', darunter einige Grabmonumente[19], das Buleuterion von Milet und der Altar im Athenaheiligtum von Priene. Am Grab 'Ta Marmara' bei Didyma ist übrigens nur auf der Frontseite die Säulenhalle zu einer Halbsäulenordnung reduziert, während auf den drei anderen Seiten eine Vollsäulenordnung unmittelbar vor die Wände gesetzt ist.

Epidauros Tempel L

Georges Roux legte für den eben genannten Tempel L eine Rekonstruktion in der Form eines Pseudoperipteros vor[20]. Von ihm nach technischen sowie typologischen und stilistischen Merkmalen der Bauformen in die erste Hälfte des 3. Jh. v. Chr. datiert, mindestens ein Jahrhundert vor den erwähnten frühesten römischen Beispielen, nähme dieser Bau in der Entwicklung des Pseudoperipteros und von Blendordnungen eine zentrale Stellung ein – und wird so beispielsweise von Lauter gewürdigt[21]. Hermann Büsing hingegen zweifelt die Rekonstruktion an[22], wie nur indirekt zu entnehmen ist, aus drei Gründen: Es seien zu wenige Bauteile zugewiesen und die Zugehörigkeit teils unsicher. Im Aufbau der Rekonstruktion gebe es Widersprüche. Typologisch sei einzuwenden, dass die Blendordnung plastischer hervortrete als an sämtlichen anderen griechischen Beispielen. Auf den Bau sei angesichts seiner Bedeutung im Folgenden so ausführlich eingegangen, wie erforderlich, um die Zweifel, es könne sich bei der Rekonstruktion durch Roux um ein irrtümliches Forschungskonstrukt handeln, auszuräumen.

Das Fundament ist in Länge und Breite vollständig erhalten. Nach den Streifenfundamenten der Cellamauern einschließlich der Türwand muss es sich im realen Grundaufbau um einen Antentempel oder Prostylos handeln[23]. Innerhalb der Cella sind sie breiter, weshalb man den Mauern innen vorgesetzte Säulen annehmen muss. Im Umfeld des Tempels gefundene Bauteile müssen, da er etwas abgelegen ist, als zugehörig angesehen werden, solange kein begründeter Verdacht entgegensteht. Allerdings wurden auch in weiter entfernten Gebäuden verbaute Spolien zugewiesen. Solange sie Bauteilen an der Ruine

18 Sillières 1995, 87–90.

19 Büsing 1970, 20–23; Lauter 1986, 214–218; Knidos, Löwengrab: Rumscheid 1994, 20; Kat.-Nr. 92 mit weiteren Literaturverweisen, Datierungsvorschläge zwischen Anfang des 4. und 2. Jh. v. Chr.

20 Roux 1961, 223–240 Taf. 63–71.

21 Lauter 1986, 189 f.

22 Büsing 1970, 30 f.; nochmals bekräftigt, Büsing 2000, 61.

23 Roux 1961, 224f. Taf. 64.

nach Material und Abmessungen genau entsprechen, sind Zweifel aber unangebracht, so bei mehreren Fußbodenplatten und Plattenquadern der Stylobatschicht. Einer dieser Plattenquader (*Abb. 4 b. c*) ist ein Schlüsselstück der Rekonstruktion[24]: Nach der runden Standspur, wohl einer Säulenbasis, und dem rückwärtigen Klammerloch, das nur an diesem Plattenquader vorkommt, muss er einer vorderen Cella-Ecke zugewiesen werden, an der folglich die Ecksäule einer Blendordnung stand. Das schließt Antenwände aus und erzwingt eine Fortsetzung der Blendordnung an den Längswänden – für einen griechischen Tempel ausgesprochen ungewöhnlich. Die äußere Ordnung ist durch den Block einer Blendsäule mit angearbeitetem Wandquader, ein dazu passendes ionisches Diagonalkapitell und große Bruchstücke vom Gebälk einer Blendordnung belegt[25]. Von einer zweiten Säulenordnung – also wohl der postulierten im Cellainnern – zeugen einige Gebälkblöcke mit Deckenauflager und mehrere Stylobatblöcke. Zweifel an der Zuweisung lassen sich lediglich für die Teile des Dachrandes, Fragmente von Säulenbasen und ein korinthisches Kapitell anbringen. Dessen Zuweisung zur Innenordnung hat an Wahrscheinlichkeit gewonnen, seit Roux erkannte, dass es zwischen Spolien von Tempel L verbaut war. Im Verhältnis zu den Außensäulen scheint es allerdings erstaunlich klein. Die Säulen ließen sich aber, da Innensäulen oft deutlich schlanker sind, durchaus im Rahmen möglicher Proportionen rekonstruieren mit verhältnismäßig starken Säulen von nur etwa 8 uDm außen und schlankeren von etwa 11 uDm innen[26]. Somit ist die gesamte Grundrissdisposition gut belegt, mit einer zwei Joche tiefen prostylen Halle, einer Cella ohne vorstehende Anten, außen mit einer Blendordnung in der Tiefe etwa von Zweidrittelsäulen sowie innen mit einer vor der Wand stehenden Vollsäulenordnung. Im Aufriss sind Teile der äußeren, ionischen Ordnung durch überzeugend zugewiesene Bauteile belegt. Hypothetisch sind lediglich die Höhe des Baus, Teile der äußeren Ordnung sowie der Aufriss der inneren Säulen.

Dass dem Naos außen eine Blendordnung vorgelegt wurde, kann man vielleicht damit erklären, dass er dem berühmten Asklepiosheiligtum nur seine Rückseite zuwendete. Die eindeutige Ausrichtung eines Antentempels wäre hier ungünstig zum Tragen gekommen, weshalb man den Anblick eines Peripteros gesucht haben könnte. Dass die Ringhalle nicht real ausgeführt, sondern zu einer Blendordnung reduziert wurde, ließe sich damit freilich nicht erklären. Das Fehlen der Anten hingegen kann schon durch die Blendordnung erzwungen worden sein. Denn die Antenfront ließe sich nicht hinter einer Säule anordnen. Das wäre schon bei einer Halbsäulenordnung nicht möglich gewesen; bei den gewählten Zweidrittelsäulen wären nur 7 cm für die Wandstärke verblieben.

Eine deutlich spätere Datierung, wonach Tempel L erst auf die ersten römischen Pseudoperipteroi gefolgt sein könnte, ist schon nach den Formen des fein ornamentierten ionischen Kapitells unwahrscheinlich. Das extreme Vortreten der Blendordnung – die Ecksäulen müssen zu 9/10 frei gestanden haben – spricht dafür, den Bau in eine Zeit zu

---

24 Roux 1961, 226, Abb. 52 B; 228. 230.

25 Roux 1961, 231–238 Taf. 68–70. Dass das Kapitell statt von einer Vollsäule auch von einer Ecksäule der Blendordnung stammen könnte, ist hierbei nicht weiter von Belang.

26 Roux 1961, 239 Abb. 58 gibt eine rekonstruierte Seitenansicht des Tempels, gezeichnet von J. Cami. Bei der dort hypothetisch gewählten Höhe der Außensäulen von etwa 9,5 uDm scheinen die Innensäulen mit mehr als 13 uDm hingegen wohl zu hoch.

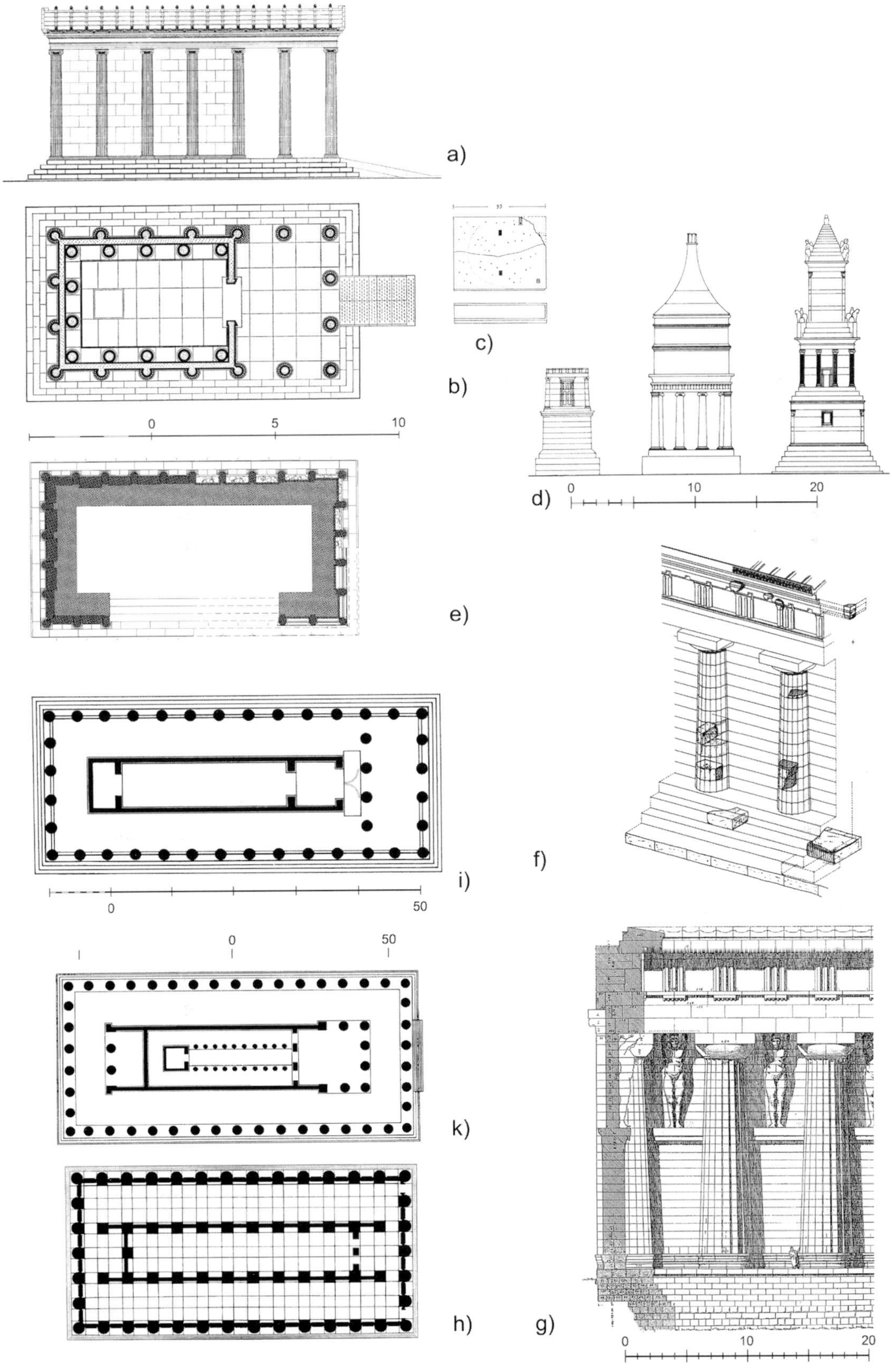

Abb. 4 Griechische Vergleichsbauten:
a–c) Epidauros, Tempel L; d) Hellenistische Turmmausoleen; e) Priene, Athenaaltar, Rekonstruktion des Grundrisses; f) Metapont, Tempel B II, Rekonstruktion der Ordnung; g. h) Agrigent, Olympieion, Rekonstruktion der Ordnung nach Koldewey – Puchstein und Grundriss; i) Selinunt, Tempel F; k) Selinunt, Tempel G

datieren, als Halbsäulenordnungen noch nicht regelhaft angewendet, sondern für die jeweilige Bauaufgabe neu konzipiert wurden. Andere unkanonische Elemente am Bau, wie das ionische Diagonalkapitell, das allerdings in Epidauros nicht allein steht, würden sich zu dieser Besonderheit überzeugend hinzugesellen.

Athenaaltar von Priene

Tempel L blieb in Griechenland im Hellenismus, wie es scheint, der einzige Tempel in der Form eines Pseudoperipteros. Doch finden sich außen umlaufende Halbsäulenordnungen durchaus an einzelnen Grabmonumenten. Durch das Aussehen eines Peripteros verweisen sie auf dessen Funktion. Das Grab wird zum Grabtempel. Eine solche pseudoperipterale Ordnung erhielt des Weiteren, wie erwähnt, der Athenaaltar von Priene (*Abb. 4e. 5. 6*). Seine Rekonstruktion lässt sich nach der nun abgeschlossenen Neubearbeitung weitgehend durch Beobachtungen an der Ruine und Bauteile belegen[27]. Der Bau ist nach der relativen Chronologie baulicher Anschlüsse, typologischen und stilistischen Merkmalen der Bauornamentik und der Proportionierung der Bauglieder, daneben auch der Ausführungsqualität wohl im späteren 3. Jh. v. Chr. oder spätestens im frühen 2. Jh. entstanden. Er ist somit etwa gleichzeitig dem Pseudodipteros im Artemision von Magnesia am Mäander, nur etwa eine Tagesreise entfernt. Beide Städte hatten sich damals verbündet und enge Beziehungen im Bereich des Bauwesens sind dadurch bezeugt, dass am Artemistempel in Magnesia Dachziegel mit Stempeln Prienes verwendet wurden[28]. Beide Städte bildeten, wie an den Skulpturenfunden festgestellt wurde, eine gemeinsame Kunstlandschaft[29]. Der Athenaaltar von Priene wurde sogar versuchshalber Hermogenes, dem Architekten des Artemistempels in Magnesia zugeschrieben[30].

Den Athenaaltar umzog außen eine von der Krepis bis zur Sima voll ausgebildete Halbsäulenordnung mit elf Säulenachsen auf der Rückseite und sechs auf den Schmalseiten. Zwischen den Halbsäulenpfeilern stehen im unteren Bereich profilierte Orthostaten, die als Sockel für Statuenreliefs dienten. Während dabei die Ordnung zwischen den Sockelorthostaten genau als Halbsäule angelegt ist, setzt sie sich darüber als Halbsäulen*pfeiler* fort, um Nischen für die Statuenreliefs zu bilden. Auf der dem Tempel gegenüberliegenden Vorderseite führte eine breite Treppe auf den als erhöhtes Podium angelegten Innenhof des Altarbaus. Seitlich wurde sie jeweils von mindestens drei Achsen der Halbsäulenordnung flankiert (*Abb. 4 e*). Die Umfassungswand endete an der Vorderseite also nicht in Form großer Treppenwangen, sondern war um die Ecken weiter auf die Vorderseite geführt. Das definiert einerseits das Innere des Altars als eigenen Hofraum. Andererseits stellt ein Betrachter dadurch den Bezug zwischen den beiden Flanken her und überbrückt gedanklich den fehlenden Abschnitt.

---

27 Hennemeyer 2006, 15–67.

28 Hiller von Gaertringen 1906, XVI; Ziegel vom Artemistempel Magnesia: IvPriene 354.35; Kern 1900, Kat.-Nr. 353.

29 Linfert 1976, 33.

30 Gerkan 1929, 28 f. skizziert den Gedanken einer Zuweisung an Hermogenes, um ihn zugleich wieder zu verwerfen. Dinsmoor 1950, 274. 288 hingegen folgt der Zuweisung. Ausführlich Hennemeyer 2006, 62–65.

Wie verhalten sich die Wandfläche und das Gliedersystem der Halbsäulenordnung zueinander? An den Bauteilen der Halbsäulenpfeiler sind formal drei Abschnitte zu unterscheiden (*Abb. 6*): eine Halbsäule, anschließend ein Halbpfeiler, hinten durch eine feine Kante begrenzt, die auch die Hinterkante des Architravs im formalen Sinn kennzeichnet. Der hintere Abschnitt schließlich ist als Wandung bzw. Decke der Reliefnische anzusprechen. Die letzte Säulenkannelur geht ohne Kannelursteg direkt in die Pfeilerfläche über. Halbsäule und Halbpfeiler sind so vollständig miteinander verschmolzen. Am zugewiesenen Kapitellstück befremdet, dass sein Halbsäulenkapitell, ohne gegen eine andere Fläche zu stoßen, auf der Polsterseite in der Mitte unvermittelt und ästhetisch unbefriedigend mit einer glatten Schnittfläche endet. Dementsprechend ist dieses Detail allein an einem anderen, ebenfalls in Priene gefundenen Halbsäulenpfeilerkapitell bezeugt[31], das wohl den Altarkapitellen folgt. Hinter dem Halbsäulenkapitell folgen die als Hohlkehlen geformten Seitenansichten eines ionischen Antenkapitells. Es handelt sich also nicht um gedachte Vollsäulen, die zur Hälfte mit einer Wandfläche oder einem Pfeiler verschnitten sind, sondern tatsächlich um Halbsäulen. Ein Problem stellt sich bei der Tiefe des Reliefnischen: Sie waren in den Eckjochen anscheinend weitaus flacher, wobei auch der als eigentliche Nischenwandung angesprochene Bereich gefehlt haben muss. Auch andere Nischen waren nach Ausweis der Sockelorthostaten offensichtlich abweichend tief.

Der Altar stellt neben gemeinsamen Flucht- und Achsbezügen einen weiteren Bezug zum Tempel her: Mit seiner Halbsäulenordnung greift er dessen Grundriss-Schema von 6 zu 11 Säulenachsen auf (*Abb. 5*). Doch handelt es sich nicht um eine verkleinerte Kopie, sondern um einen Neuentwurf auf der Grundlage des Schemas. Seine Halbsäulenordnung folgt den zu seiner Zeit für eine Vollsäulenordnung üblichen Proportionierungsregeln. Beide Bauten unterscheiden sich in mehrfacher Hinsicht: Der Altar hat attische, der Tempel ephesische Basen. Der Altar ist als Diastylos, der Tempel als Systylos proportioniert. Der Altar besitzt als nicht überdachter Bau keine Giebel. Seiner Funktion entsprechend ist er quergelagert und öffnet sich auf seiner Westseite fast auf voller Breite. Die Wände sind mit figürlichen Reliefs reich ausgestattet. Und schließlich ist am Altar die Peristasis des Tempels in eine Halbsäulenarchitektur umgesetzt. Dieser Aspekt scheint dem Architekten äußerst wichtig gewesen zu sein, denn die Verbindung von Halbsäule, Pfeiler und der eigentlichen Reliefnische wird trotz auftretender Konflikte äußerst konsequent ausformuliert: Das Polster des Säulenkapitells ist mittig abgeschnitten; in der Mittelachse der Halbsäule liegt nicht wie üblich eine Kannelur, sondern ein Kannelursteg und die Ecknischen mussten flacher ausgebildet werden.

Warum erhielt der Altar trotz dieser Probleme eine Halbsäulenordnung und nicht eine Vollsäulenordnung oder Wände ohne Architekturgliederung? Den Hofaltar sollte offensichtlich eine geschlossene Wand umschließen. Zudem sollten die seitlichen Umfassungswände des Altars mit den Antenwänden des Tempels fluchten. Deutlich wurde dieser Bezug für Besucher, die das Heiligtum von Osten betraten, da sie dann diese Flucht entlang blickten. Eine umlaufende Vollsäulenordnung hätte diesen Bezug verunklärt, da entweder die Halle der Altarwand vor den Bezugsfluchten stehen müsste oder die

[31] Koenigs – Raeck 2002, 57. 68 Abb. 8; Hennemeyer 2006 33 Taf. 138. Das Kapitell kann bislang keinem Bau zugewiesen werden.

Abb. 5 Priene, Athenaaltar und -tempel, CAD-Modell

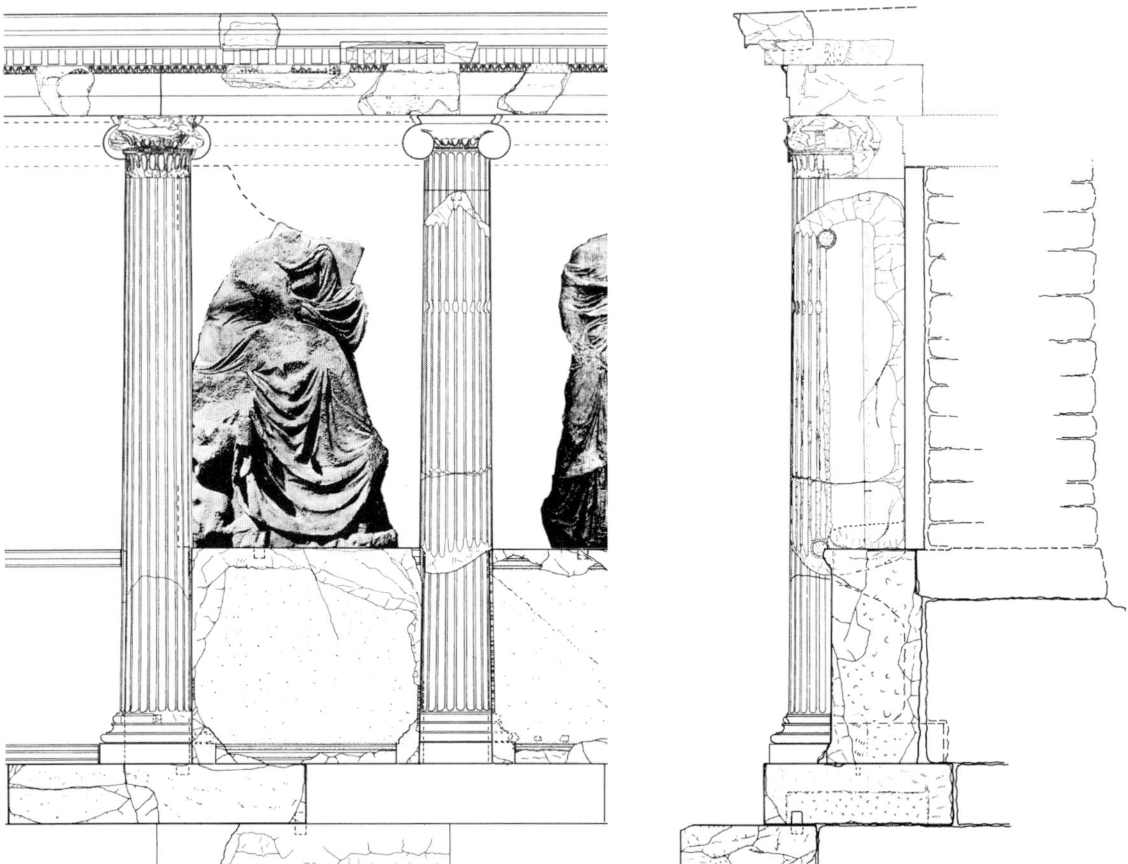

Abb. 6 Priene, Athenaaltar, Rekonstruktion der Ordnung

Seitenmauern des Altars um die Hallentiefe dahinter. Warum aber erhielt der Bau dann überhaupt eine Säulengliederung, da doch Reliefs an den Wänden den Bau ebenso gut hätten auszeichnen können? Dem Tempel wird, indem der Altar sein Säulenschema übernimmt, ein verkleinertes und modifiziertes Abbild seiner selbst gegenübergestellt! Mit dieser Angleichung in der Gestalt wollte man offensichtlich beide Bauten über den Altarplatz hinweg zu einer Gesamtanlage zusammenschließen. Das führt zu einer Situation, zu der in der griechischen Architektur kein direkter Vergleich bekannt ist. Der Altar wird durch seine Anordnung, seinen Baukörper und schließlich seine Gestalt in Abhängigkeit vom Hauptbau – dem Tempel – gestellt. Als unüberdachter Bau ohne Giebel und mit einer breiten Treppe erschlossen, erhält er zwar eine einem Altar eigene Form des Baukörpers. Zugunsten der Gesamtanlage wird eine eigenständige Erscheinung jedoch aufgegeben. Der Entwurf des Altars spielt so mit einer Doppeldeutigkeit, indem seine Halbsäulenordnung Merkmale des Tempels kopiert, zugleich aber von diesem unterschieden wird.

Analyse des pseudoperipteralen Entwurfs

Der Betrachtung dieser beiden Bauwerke sollen allgemeine Überlegungen zum Pseudoperipteros sowie seiner Verwandtschaft zum Pseudodipteros angeschlossen werden[32]. Vitruv geht auf den Pseudoperipteros nur mit wenigen Worten ein, im Zusammenhang mit anderen Tempelformen, seiner Ansicht nach Sonderformen, von denen er sich bereits durch seine Wortwahl distanziert[33], die er aber, da sie in der Architekturentwicklung seiner Zeit einen wichtigen Raum einnahmen, nicht übergehen kann.

> *Alii vero removentes parietes aedis et adplicantes ad intercolumnia pteromatos spatiis sublati(s) efficiunt amplum laxamentum cellae; reliqua autem proportionibus et symmetriis isdem conservantes aliud genus figurae nominisque videntur pseudoperipterum procreavisse.* [34]

(In der Übersetzung von Fensterbusch): „Andere aber versetzen die Tempelwände, setzen sie in die Säulenzwischenräume der Säulenhalle und erreichen so dadurch, dass sie den Raum der aufgehobenen Säulenhalle gewinnen, eine beträchtliche Erweiterung der Cella. Dadurch, dass sie bei dem Übrigen dieselben Proportionen und Symmetrien beibehalten, scheinen sie eine neue Gattung hinsichtlich Grundriss und Namen, den Pseudoperipteros, geschaffen zu haben."

Die Worte *„adplicantes ad intercolumnia pteromatos"* – die Übersetzung entfernt sich hier deutlich vom Wortlaut – bedürfen einer Interpretation. Vitruv sagt nicht, sie würden die Wände *in* die Intercolumnien oder *zwischen die Säulen* stellen, sondern, um dem Wortlaut möglichst nah zu folgen, sie würden sie „an die Intercolumnien anschließen". Dabei handelt es sich nicht um ein loses Dazwischenstellen, sondern um ein festes Verbinden. *Intercolumnium* bezeichnet bei Vitruv an allen Vergleichsstellen die lichte Weite zwischen zwei Säulen. Doch lässt sich an einen Abstand oder Zwischenraum schwerlich etwas

---

[32] Zum Pseudoperipteros maßgeblich sind die Arbeiten von Pierre Gros zu Vitruv und zur Maison Carrée: Gros 1975; Gros 1976; Gros 1979; Gros 1992. Vgl. auch Büsing 2000.

[33] Gros 1975, 44 f.

[34] Vitr. 4,8,6 zitiert nach Gros 1992.

anschließen. Man muss daher erwägen, ob Vitruv den Begriff an dieser Stelle in dem Sinn verwendet haben könnte, dass der Säulenzwischenraum naturgemäß in der Säulenachse gemessen wird. Wird die Wand an die Achslinie der Säulen gesetzt, auf der die Intercolumnien gemessen werden, verbleiben Halbsäulen. Ein Begriff für bauliche Achslinien scheint Vitruv tatsächlich zu fehlen. Mit „axis" bezeichnet er erstens Stege, Dielen, Bohlen oder Latten, zweitens Drehachsen – des Himmelsgewölbes wie der Uhrmechanik und drittens im Zusammenhang mit klimatischen Verhältnissen so etwas wie geographische Breitengrade[35]. Wenn er hingegen beispielsweise auszudrücken versucht, dass Triglyphen axial über Säulen anzuordnen sind, lautet das: „Die Triglyphen müssen senkrecht über den mittleren Vierteldurchmessern der Säulen angebracht werden"[36].

Zu griechischen Vorbildern

Die aus dem Griechischen entnommene Bezeichnung 'Pseudoperipteros' verwendet Vitruv mit Selbstverständlichkeit, wie Gros bemerkt[37]. Auch wenn der Begriff weder im Griechischen noch im Lateinischen anderswo belegt ist, muss es sich um den für diese Tempelform gebräuchlichen *terminus technicus* handeln. Weshalb sollte der Begriff auch überliefert sein, wenn die entsprechenden Bauten, in deren Zusammenhang er genannt sein könnte, weder literarisch noch inschriftlich überliefert sind. Die klare Ausformulierung der Ordnung an Tempel L in Epidauros oder am Athenaaltar in Priene legt aber nahe, dass sie auch bezeichnet wurde. Jedenfalls wurde der Begriff nicht erst von *Vitruv* gebildet, sondern spätestens als der Pseudoperipteros im Zuge der Hellenisierung der römischen Sakralarchitektur eingeführt wurde, an der ja griechische Architekten wie Hermodor von Salamis auf Zypern entscheidend mitwirkten.

Die Hypothese, der Pseudoperipteros sei eine rein römische Erfindung, die kein griechisches Vorbild haben könne[38], ist schon angesichts von Tempel L nicht haltbar. Wie lässt sich dann aber erklären, dass am Tempel von Tivoli die Blendordnung außerordentlich flach, nur als Viertelsäulen ausgebildet ist – ein Fehler, so Büsing, der nicht mehr wiederholt wurde, weshalb es sich um den Prototyp eines Pseudoperipteros handeln müsse[39]? Die Absicht bestand wohl nicht darin, die Blendsäulen derart flach auszubilden. Vielmehr muss diese ungewöhnliche Gestaltung eine Folge davon sein, dass man Blendsäulen und Anten zu verbinden suchte. (Ein mögliches Vorbild für solche in Drei-Viertel-Säulen endende Anten bietet, nebenbei bemerkt, Tempel D in Selinunt.) Tatsächlich ist dies der einzige Pseudoperipteros mit Anten, und schon an Tempel L dürfte, wie oben angesprochen, genau dieses Problem ihren Wegfall veranlasst haben. Das Argument wendet sich dadurch in sein Gegenteil. Ein von Anten eingefasster Pronaos gilt nämlich als ein Element des griechischen Tempels, das in Rom gerade nicht Einzug hielt. Der Tempel von Tivoli verweist so vielmehr auf griechische Wurzeln. Die konkrete Ausformung seiner

---

[35] Vitr. 3,5,7; 4,2,1; 7,1,2. – 9,1,2; 9,5,4; 9,8,8; 9,8,9; 10,2,5; 10,2,7; 10,2,12; neunmal 10,4,1–4; zweimal 10,5,2; dreimal 10,9,5; zweimal 10,9,7; 10,11,8. – 6,1,4. 5. 6. 7.

[36] Vitr. 4,3,2 (Übersetzung Fensterbusch).

[37] Gros 1976, 119.

[38] Büsing 2000, 63.

[39] Büsing 2000, 64.

pseudoperipteralen Ordnung wurde angesichts der Viertelsäulen allerdings wohl kaum von anderswo kopiert, sondern muss neu entwickelt worden sein.

Als mögliches Vorbild kann neben den angesprochenen Bauten hellenistischer griechischer Architektur freilich auch ein weit früherer Bau herangezogen werden, der zudem geographisch näher liegt: das nach 480 v. Chr., nach dem Sieg über die Karthager, errichtete Olympieion in Agrigent. Sogar schon für Tempel B II in Metapont, um 530 v. Chr. datiert, belegen Bauteile eine aus Quaderschichten aufgebaute Halbsäulenwand, die erste in der griechischen Architektur überhaupt[40]. Ob diese tatsächlich auf drei Seiten des Tempels die Säulen der Ringhalle ersetzte und nur die östliche Front offen blieb, lässt sich angesichts nur weniger erhaltener Fragmente nicht beantworten[41]. Dass die Halbsäulenordnung an diesen beiden Bauten gedanklich nicht dadurch entstand, dass man Cellawand und Säulenstellung auf gleicher Ebene anordnete und miteinander verband, sondern indem die Intercolumnien verschlossen wurden, so dass ein geschlossener Umgang um die Cella entstand, war für die äußere Erscheinung der beiden Bauten unerheblich[42]. Ein Detail am sogenannten 'Augustustempel' in Puteoli weist sogar unmittelbar auf das Olympieion in Agrigent als Vorbild. Hier wie dort liegen auf der Wandinnenseite jeweils genau hinter den Halbsäulen Pilaster gleicher Breite.

Warum blieben diese Beispiele aus griechischer Architektur aber Einzellösungen? Gros erklärt das sinngemäß folgendermaßen. Die griechische Architektur habe das tektonische Prinzip, wonach die Kunstform den real auf die Konstruktion einwirkenden Kräften entspricht, verinnerlicht; diese Tradition habe zu lange existiert, als dass man schließlich doch mit ihr gebrochen und die Wände eines Naos mit einem Dekor überzogen hätte, der ausschließlich auf plastische Wirkung abzielte[43]. Vielleicht lässt sich diese Überlegung durch Beobachtungen an den genannten Bauten stützen. Am Olympieion in Agrigent wird durch das Gesims auf etwa halber Mauerhöhe und einen Rücksprung darüber vorgetäuscht, es handele sich um Brüstungen, auf denen die Atlanten (frei) stünden. Am Athena-Altar in Priene tauchen mit der Teilung in Sockel- und Reliefplatten ähnliche Motivelemente auf; Halbsäulenpfeiler und Sockelplatten haben völlig unterschiedliche Fußprofile; auf Höhe der Reliefplatten wurde die Halbsäulenpfeilerordnung tiefer ausgebildet als an jedem anderen bekannten griechischen Bau; dabei wurden unterschiedliche tektonische Elemente in der Tiefe gestaffelt, und die Reliefnischen waren unterschiedlich tief. Am Tempel L in Epidauros schließlich ist die Blendordnung unvergleichlich plastisch gehalten. Mit diesen Merkmalen wurden auf unterschiedliche Weise Wand und Säulenarchitektur, die in Wirklichkeit ja miteinander verbunden sind, wieder voneinander geschieden. Sie lassen sich so als Mittel deuten, mit denen man entgegenzuwirken suchte, dass die tektonischen Glieder als rein dekorierende Blendordnung erkannt werden könnten und zu einem bloßen Verweis auf die Peristasis würden.

---

40 Mertens 2006, 151–153. 261–266.

41 Mertens 1980, 338 f.

42 Büsing 1970, 82. 68–79 bezeichnet diese beiden Phänomene anschaulich als 'Verkürzung' und als 'Aufwachsen' von Schrankenwänden.

43 Gros 1976, 120.

Hierin ist vielleicht ein wichtiger Unterschied gegenüber der Ordnung an römischen Pseudoperipteroi zu erkennen, die exakt aus Halbsäulen besteht. Merkmale, um Wandfläche und Halbsäulenordnung optisch deutlicher zu scheiden, fehlen dort weitgehend. Das verwundert nicht, war es in der römischen Architektur ja gerade zu einem Grundprinzip geworden, Mauerflächen mit ordnenden Blendarchitekturen zu überziehen und zu gliedern. Mit dem Verweis auf die Peristasis als Würdezeichen ist dem Anspruch voll Genüge getan. So ließe sich auch erklären, weshalb an die Stelle von Halbsäulen bei vielen Tempeln eine Pilasterordnung treten konnte. Ein Pilaster wurde in der griechischen Architektur in der Regel als ein der Wand zugehöriges Bauglied begriffen, das (außer in der korinthischen Ordnung) schon durch sein Kapitell grundlegend von der Säule unterschieden wurde. Er kann in einer Wandgliederung daher auch nicht als Säule gelesen werden, sondern nur als Wandpfeiler bzw. Wandzunge. An römischen Wandgliederungen hingegen konnte nun ein Pilaster durchaus als Abbild einer Säule dienen. Halbsäule und Pilaster waren nicht mehr grundlegend unterschiedliche Glieder, sondern bezeichneten eine der unterschiedlichen Plastizität entsprechende Rangabstufung. So ist in Sbeïtla der mittlere der drei nebeneinander stehenden Tempel neben anderen Merkmalen dadurch leicht herausgehoben, dass seine Cellawände mit Halbsäulen, diejenigen der anderen beiden durch Pilaster gegliedert sind.

Doppelnatur

Vitruvs Erklärung, dass die Wände bis an die Säulenachsen der Peristasis nach außen verschoben seien, sieht Gros, sie auf die Genese beziehend, als irrtümlich an[44]. Dies bezeugten die drei genannten frühesten römischen Pseudoperipteroi. Erstens seien ihre Abmessungen zu gering, als dass man ernsthaft annehmen könnte, die Cella sei erweitert worden. Zweitens schließe eine viersäulige Front einen Peripteros aus. Der Beweggrund könne allein sein, dass man dem Bau den Anblick eines Peripteros habe geben wollen. Man habe also nicht die Cella erweitert, sondern die Wände mit einer Blendordnung dekoriert, um den Tempel im Anblick zu nobilitieren. Gros führt zudem an, dass an den drei frühen römischen Beispielen die Halbsäulen aus dem gleichen Material wie die Wände und nicht aus dem der Vollsäulenarchitektur der Vorhalle gefertigt sind.

Dennoch hat Vitruvs Erklärung, genauer besehen, mehr für sich, als es zuerst den Anschein hat. Hierfür ist das Verhältnis, in dem am Pseudoperipteros Gliedersystem und Wände zueinander stehen, zu betrachten. Die Halbsäulenarchitektur weist nämlich sowohl einzelne Elemente einer Wandgliederung auf als auch solche einer 'realen', im Sinn einer auch in der Raumtiefe voll ausgebildeten Säulenstellung. Einerseits ist sie schon deshalb als Wandgliederung anzusehen, da der geschlossenen Wandfläche Halbsäulen vorgelegt sind. Andererseits handelt es sich in vielfacher Hinsicht um eine vollplastisch ausgeformte Ordnung: Eine Halbsäulenordnung, die sich übereck über mehrere Außenseiten eines Baus erstreckt, steht schon per se einer 'realen' Ordnung viel näher als eine Wandgliederung, die auf nur eine Seite beschränkt ist oder an Innenwänden liegt. Denn ein Bauwerk mit einer solchen Halbsäulenordnung unterscheidet sich im äußeren Anblick

44 Gros 1976, 119–122; Gros 1992, 211.

nicht grundlegend von einem vergleichbaren mit einer Vollsäulenordnung. Das Gebälk ist nicht nur der Wand vorgeblendet, sondern bildet tatsächlich den oberen Abschluss des Baus. Vor allem aber ist die Reduzierung der Raumtiefe auf die Intercolumnien und in Richtung zum Gebäudeinneren beschränkt, während die Gliederung außen unverkürzt um die Ecken geführt ist; an diesen wechseln sich die Dimension der Tiefe und der Länge also einander ab; die Stufenecke, die dreiviertelkreisförmige Ecksäule und die Gebälkecke wirken vollplastisch. Ein tetrastyler Pseudoperipteros kann selbstverständlich nicht als Abbild eines hexastylen Peripteros wahrgenommen werden. In der gedachten Struktur können die Säulen folglich auch nicht im eigentlichen Sinn auf die Cellawände projiziert sein, wie zumeist angenommen wird[45]. Vielmehr wird infolge der aufgeführten Punkte das Verhältnis, in dem bei einer Wandgliederung Wandfläche und Gliedersystem scheinbar zueinander stehen, im Grunde umgekehrt. Das Gliedersystem scheint nicht der übergeordneten Wandfläche vorgelegt zu sein, sondern das übergeordnete Gerüst darzustellen, dem der Körper aus Wandflächen eingefügt wird. Diese Doppelnatur seiner umlaufenden Wandgliederung – dem Wesen nach geschlossene Wand, der Erscheinung nach Gliederbau – kennzeichnet so den Pseudoperipteros – dem Wesen nach Prostylos, der Erscheinung nach Peripteros. In diesem Sinn gehen pseudoperipterale Ordnungen noch einen Schritt über illusionistische Architekturgliederungen auf einer Wandfläche hinaus: Die Grenze zwischen Illusion und realer Struktur verschwimmt. Wie Gros bemerkt, verlieren die Mauern ihre eigenständige plastische Qualität und werden im Hintergrund der Blendordnung nicht mehr als tragend wahrgenommen[46]. Büsing geht sogar noch einen Schritt weiter, wenn er in komplementärer Weise äußert, die Halbsäulen würden die [tektonische] Funktion von Vollsäulen unvermindert behalten[47].

Die Wirkungsweise dieser Illusion lässt sich mit Theorien der Wahrnehmungspsychologie untermauern[48]. Der Wahrnehmungsfaktor der ‘gestaltgerechten Linienfortsetzung’ führt dazu, dass nicht die horizontalen Lagerfugen, sondern die plastischen Linien der Halbsäulen dominieren. Durch die ‘Figur-Grund-Trennung’ werden die Säulen als Objekte erkannt und als vor der Wand (Hintergrund) stehend gesehen. Durch die Faktoren der ‘Ähnlichkeit’ (Reihung der Halbsäulen), der ‘Vertrautheit’ (die Blendordnung erscheint in ihrer Bedeutung vertraut) und der ‘Verbundenheit der Elemente’ wird das tektonische Gerüst als Einheit gesehen und darüber seine reale Verschmelzung mit der Wand vergessen. Bei der visuellen Wahrnehmung von Objekten findet neben einem Analyseprozess, der Objekte in seine Einzelteile zerlegt, eine ‘Top-Down-Verarbeitung’ statt, bei der die Bedeutung und Vertrautheit eine wichtige Rolle spielen. Die Wahrnehmung und das Erkennen werden von Vorwissen unterstützt, dabei manchmal getäuscht. Bei der Identifizierung wird Gesehenes zuerst nach dem Vorwissen klassifiziert. (Die Säulen werden unbewusst als plastische Glieder einer Halle, somit der Pseudoperipteros als Peripteros identifiziert). Oberflächentexturen unterstützen die Entfernungseinschätzung bei der räumlichen Wahrnehmung. Je merkmalsärmer die Wandfläche texturiert ist, desto weniger wird der Effekt, der

[45] Gros 1976, 120; Lauter 1986, 190; Büsing 2000, 64.

[46] Gros 1976, 120.

[47] Büsing 1970, 84.

[48] Bruce Goldstein 2002, 183–235.

die Figur scheinbar stärker vor den Hintergrund treten lässt, korrigiert, d. h. desto besser wird die Illusion der Räumlichkeit der Blendordnung aufrecht erhalten[49]. Nach diesem kurzen Exkurs soll zu Vitruvs Erklärung zurückgekehrt werden.

Ein weiterer Aspekt kommt hinzu: Um für die Fronten, die seitlichen Säulen der Halle und die Halbsäulen entlang der Cella gleiche Jochweiten einzuteilen, muss der Planungsvorgang von der Disposition der zur Blendordnung reduzierten Säulenstellung ausgehen. Auch ganz pragmatisch gesehen stellt die Blendordnung daher nicht nur einen dem fertigen Entwurf applizierten und die Wände rhythmisierenden Dekor dar, sondern gibt durch die Gesetzmäßigkeiten der Säulenordnung den Rhythmus und die Proportionierung des Entwurfs vom Gesamtbau bis hin zu seinen Einzelteilen tatsächlich vor. Dem Entwurfsprozess ist von Anfang an der erstrebte Anblick des Baus zu Grunde gelegt. Und in diesem Sinn muss auch Vitruvs Textpassage gelesen werden: Sie erklärt eben nicht die Genese pseudoperipteraler Tempelbauten, sondern verbildlicht ihr Aussehen und gibt, wie an so vielen anderen Stellen des Werks, eine konkrete Planungsanleitung.

Pseudoperipteros – Pseudodipteros

Wesentlicher Aspekt des Pseudoperipteros ist nach diesen Überlegungen die Doppelnatur zwischen Wesen und Erscheinung: einerseits der realen Aufteilung eines Prostylos oder Antentempels, andererseits dem Ansehen eines Peripteros. Von seinem Wesen als Prostylos aus betrachtet, ist er außerordentlich aufwendig dekoriert – in der Absicht, ihm mit einer Halbsäulengliederung das Aussehen eines Peripteros als Würdeformel zu geben. Gegenüber einem tatsächlichen Peripteros hingegen ist er ökonomisch durch seine Einsparung an Material und Arbeitszeit aber auch an benötigter Grundfläche des Tempels im Verhältnis zu seinem Innenraum, der Cella, und seiner Vorhalle. Ursprünglich wird der verfügbare Raum wohl keinen begrenzenden Faktor dargestellt haben, trug aber vielleicht zum Erfolg dieser Tempelform in augusteischer Zeit bei, als große hexastyle Pseudoperipteroi den noch verfügbaren Bauplatz zur Gänze ausnützten. Doch bedeutender war für diesen Erfolg wohl, dass der Pseudoperipteros sowohl der gewohnten Funktion und Kultpraxis als auch dem Anspruch an eine repräsentative Gestalt entsprach; durch seine reale Frontalität fügt er sich in die Anordnung auf einem Podium, der Innenraum nimmt den größten Teil des Tempels ein, während die auf Allseitigkeit angelegte Peristasis, dem römischen Tempel ursprünglich fremd, nur fiktiv ist. Die Hellenisierung erstreckt sich nur auf die äußere Erscheinung.

Welche Aspekte bestimmen den Pseudodipteros? Erstens: der ökonomische Aspekt. Vitruv führt als erstes die Einsparung des inneren Säulenkranzes an. Auch wenn dies vielleicht mehr über Vitruvs Suche nach praktischen Erklärungen verrät als über den Entwurfsgedanken bei der Erfindung des Pseudodipteros, sollte dieser Aspekt nicht zur Gänze geleugnet werden. Denn wie viele Tempel sind bekannt, die unvollendet blieben oder

49 Dieser Punkt weist vielleicht, neben den oben angesprochenen, auf einen weiteren Unterschied zwischen der Ordnung der angeführten griechischen Bauten und den römischen Pseudoperipteroi: An diesen ist die Quaderung der Wandflächen durch Schattenkanten betont, was zwar durch den Faktor der 'gestaltgerechten Linienfortsetzung' hinter den Halbsäulen die Eigenständigkeit von Blendordnung und Wandfläche unterstreicht, aber andererseits erleichtert, die Lage der Wand korrekt zu bestimmen.

deren Errichtung, und zwar meist gerade der Säulen bzw. der Ringhalle, sich Jahrzehnte oder Jahrhunderte lang hinzog. Zweitens: der Raumeindruck in der Ringhalle. Durch den Wegfall des inneren Säulenkranzes ist die Ringhalle 2 ½-mal so weit wie bei einem Peripteros oder einer einzelnen Halle eines Dipteros. Zwar konnte eine Stoa mitunter durchaus tiefer sein. Doch erzielt die Ringhalle eines großen Pseudodipteros durch die Höhe der Säulenordnung und der im Verhältnis dichten Säulenstellung eine ganz andere Monumentalität und einen großartigen Raumeindruck. Beide Gesichtspunkte setzen jeweils den Unterschied zum Dipteros voraus. Das führt zum dritten Aspekt, der als 'überraschendes Moment' bezeichnet sei. Der Begriff des Pseudodipteros geht nach übereinstimmender Forschungsmeinung auf die Baumeister der entsprechenden hellenistischen Bauten selbst zurück. In seinem Anblick entspricht der Tempel einem Dipteros und greift so die Würdeformel einer doppelten Ringhalle der alten ionischen Dipteroi auf. Auf diese verweist wohl auch, dass Hermogenes am Artemistempel das mittlere Frontjoch erweiterte. Man stellt geradezu zwangsläufig die Verbindung zu den alten Dipteroi her. Die an diesen Bauten herausgebildete Sehgewohnheit und die Rationalität, mit der die ionische Tempelarchitektur Achsraster einhält, führen einen dazu, den inneren Säulenkranz gedanklich zu ergänzen. Gerade die Abweichung von dieser erwarteten Struktur trägt entscheidend zum Raumeindruck der tiefen Ringhalle bei. Auch der Pseudodipteros besitzt somit in gewisser Weise eine Doppelnatur, wie wir sie an der pseudoperipteralen Ordnung beobachteten, hier allerdings weniger auffällig, bleibt die Struktur doch ganz real. Diesen Bezug auf die alten Dipteroi sollte man m. E. nicht unterschätzen, fand der Pseudodipteros doch bezeichnenderweise geographisch nicht über das Umfeld Kleinasiens hinaus, also den Raum der großen archaischen Dipteroi, Verbreitung. Auch liegt darin der wesentliche Unterschied zu den ihrer Struktur nach ganz verwandten Weithallentempeln Großgriechenlands begründet, an denen die Ringhalle vom üblichen *Peripteros* ausgehend in unterschiedlichen Zwischenstufen (z. B. Tempel F, Selinunt 1 ½ Joche) eine Tiefe von bis zu zwei Jochen erreichte (Korkyra Artemistempel; Metapont Tempel B; Selinunt Tempel G; Agrigent Olympieion).

Die Struktur des Pseudoperipteros und des Pseudodipteros verhalten sich entgegengesetzt. An diesem wird die Hallenweite verdoppelt, steht der Raum im Mittelpunkt, vielleicht auch aus der Überlegung einer besseren Nutzbarkeit für eine größere Menge von Menschen heraus, wie Vitruv schreibt[50]. Am Pseudoperipteros hingegen wird die Tiefe der Halle auf Null reduziert, nur zum Anblick nicht zur Benutzung bestimmt. Bei allen Unterschieden lässt sich aber vielleicht gerade in diesem Gegensatz eine Verwandtschaft erkennen: In beiden Fällen wird von der aus der tektonischen Struktur abzuleitenden Tiefe der Ringhalle abgewichen und auf diese Weise das Regelwerk durchbrochen, das für den Anblick jedoch gewahrt wird. Beim Pseudoperipteros entsteht dabei eine Spannung zwischen der realen Raumdisposition und der Erscheinung der zur Blendordnung reduzierten tektonischen Struktur, beim Pseudodipteros hingegen zwischen ausgeführter Struktur und Seh-Erwartung. Beide, der Entwurf des Pseudoperipteros und der des Pseudodipteros, greifen jeweils einen altehrwürdigen Bautyp auf, um ihn mit durchaus radikalen Neuerungen in eine neue Form zu überführen.

---

50 Vitr. 3.3.9.

Literaturverzeichnis

Adam 1996	J.-P. Adam, Le Temple de Portunus au Forum Boarium, CollEFR 199 (Rom 1996)
Alarcâo – Etienne 1977	J. de Alarcâo – R. Etienne, Fouilles de Conimbriga I (Paris 1977)
Bruce Goldstein 2002	E. Bruce Goldstein, Wahrnehmungspsychologie (Heidelberg 2002)
Bruns-Özgan 2002	C. Bruns-Özgan, Knidos. Ein Führer durch die Ruinen (Konya 2002)
Büsing 1970	H. Büsing, Die griechische Halbsäule (Wiesbaden 1970)
Büsing 2000	H. Büsing, Der Pseudoperipteros, in: T. Mattern (Hrsg.), Munus. Festschrift für Hans Wiegartz (Münster 2000) 61–65
Carter 1983	J. C. Carter, The Sculpture of the Sanctuary of Athena Polias at Priene (London 1983)
Delbrueck 1912	R. Delbrueck, Hellenistische Bauten in Latium 2 (Strassburg 1912)
Dinsmoor 1950	W. B. Dinsmoor, The Architecture of Ancient Greece ^{3}(London 1950)
Duval – Baratte 1973	N. Duval – F. Baratte, Les ruines de Sufetula – Sbeïtla (Tunis 1973)
Fensterbusch 1964	C. Fensterbusch, Vitruv. Zehn Bücher über Architektur (Darmstadt 1964)
Franz 2006	S. Franz, Das Heiligtum auf dem Monte S. Angelo in Terracina. Untersuchung der Bauten auf der Hauptterrasse, in: Koldewey-Gesellschaft (Hrsg.), Bericht über die 43. Tagung für Ausgrabungswissenschaft und Bauforschung vom 19.–23. Mai 2004 in Dresden (Bonn 2006) 148–155
Gerkan 1929	A. von Gerkan, Der Altar des Artemistempels von Magnesia am Mäander (Berlin 1929)
Gros 1975	P. Gros, Structures et limites de la compilation vitruvienne dans les livres III et IV du De architectura, Latomus, 34, 1975, 986–1009; unveränderter Abdruck in: P. Gros, Vitruve et la tradition des traités d'architecture. Fabrica et ratiocinatio, Collection de EFR 366 (Rom 2006) 27–50
Gros 1976	P. Gros, Aurea Templa. Recherches sur l'Architecture religieuse de Rome à l'époque d'Auguste, EFR 231 (Rom 1976)
Gros 1979	P. Gros – R. Amy, La Maison Carrée de Nîmes, Gallia Suppl. 38 (Paris 1979)
Gros 1992	P. Gros (Hrsg.), Vitruve, De l'Architecture. Livre IV (Paris 1992)
Gros 1996	P. Gros, L'Architecture romaine du début du IIIe siècle av. J.-C. à la fin du Haut-Empire 1 (Paris 1996)
Hänlein-Schäfer 1985	Hänlein-Schäfer, Veneratio Augusti. Eine Studie zu den Tempeln des ersten römischen Kaisers, Archaeologica 39 (Rom 1985)
Hennemeyer 2006	A. Hennemeyer, Athenaheiligtum von Priene. Die Nebenbauten – Altar, Halle und Propylon – und die bauliche Entwicklung des Heiligtums (Diss. Technische Universität München 2006) http://nbn-resolving.de/urn:nbn:de:bvb: 91-diss-20070727-625569-1-8. In Druckvorbereitung (AF 28) – teilweise überarbeitet und erweitert sowie mit abweichender Seitenzählung.
Hiller von Gaertringen 1906	F. Hiller von Gaertringen, Inschriften von Priene (Berlin 1906)
Jiménez Salvador 1992	J. L. Jiménez Salvador, El Templo romano de la calle Claudio Marcelo en Córdoba, in: Cuadernos de Arquitectura Romana (Murcia) 1, 1992, 119–132
Kern 1900	O. Kern (Hrsg.), Die Inschriften von Magnesia am Mäander (Berlin 1900)
Koenigs – Raeck 2002	W. Koenigs – W. Raeck, Priene 2000, KST 23/1 (Ankara 2002) 55–70
Lauter 1986	H. Lauter, Die Architektur des Hellenismus (Darmstadt 1986)
Linfert 1976	A. Linfert, Kunstzentren hellenistischer Zeit. Studien an weiblichen Gewandstatuen (Wiesbaden 1976)
Mattern 2000	T. Mattern, Der Magna-Mater-Tempel und die augusteische Architektur in Rom, RM 107, 2000, 141–153

Mertens 1980	D. Mertens, Rapporto preliminare sui lavori eseguiti dall'istituto archeologico Germanico di Roma nell'area del santuario urbano di Metaponto fino all'anno 1972, in: D. Adamesteanu – D. Mertens – F. d'Andria, Metaponto I, NSc Suppl. 29 (Rom 1980)
Mertens 2006	D. Mertens, Städte und Bauten der Westgriechen (München 2006)
Pensabene 1997	P. Pensabene, Maqueta di templo en mármol de Luna, in: P. Azara (Hrsg.) Las casas del Alma. Maquetas arquitectónicas de la Antigüedad, Ausstellungskatalog der Fundación Caja de Arquitectos 16. 1. – 15. 6. 1997 (Barcelona 1997) 129–132
Perret 1956	V. Perret, Le Capitole de Narbonne, Gallia 14/1, 1956, 1–22
Pohl 2002	D. Pohl, Kaiserzeitliche Tempel in Kleinasien unter besonderer Berücksichtigung der hellenistischen Vorläufer, AMS 43 (Bonn 2002)
Roux 1961	G. Roux, L'Architecture de l'Argolide aux IVe et IIIe siècles avant J.-C., Dissertation Universität Paris 1957 (Paris 1961)
Sillières 1995	P. Sillières, Baelo Claudia. Une cité romaine de Bétique, Collection de la Casa de Velázquez 51 (Madrid 1995)
Stamper 2005	J. W. Stamper, The Architecture of Roman Temples: The Republic to the Middle Empire (Cambridge 2005)
Wilson Jones 2000	M. Wilson Jones, Principles of Roman Architecture (New Haven 2000)
Zevi – Cavalieri Manasse 2005	F. Zevi – G. Cavalieri Manasse, Il tempio cosiddetto di Augusto a Pozzuoli, in: X. Lafon – G. Sauron (Hrsg.) Théorie et pratique de l'architecture romaine. La norme et l'expérimentation. Études offertes à Pierre Gros (Aix en Provence 2005) 269–294

T. Schulz (Hrsg.), Dipteros und Pseudodipteros. Bauhistorische und archäologische Forschungen, BYZAS 12 (2012) 253-257

Schlussbetrachtung

Thekla SCHULZ

In seiner Aufzählung der verschiedenen Tempeltypen erwähnt der römischen Schriftsteller Vitruv (3,2,1) nach dem Peripteros den Pseudodipteros und den Dipteros. Der enge Bezug zwischen den beiden letztgenannten, der durch die Wortbildung nahegelegt wird, ist in Realität nicht gegeben – weder im Grundriss noch im Aufriss. Während der Dipteros auf allen vier Seiten von einer doppelten Säulenstellung umgeben ist, weist der Pseudodipteros eine erweiterte, zwei Säulenjoche tiefe Ringhalle mit nur einem Säulenkranz auf. Wie Burkhardt Wesenberg zeigen konnte, bezeichnet Vitruv an anderer Stelle (3,3,8) den Pseudodipteros auch als „exostylos" und wird damit dem Phänomen der erweiterten Ringhalle mit dem „nach außen" geschobenen Säulenkranz gerecht. Der Pseudodipteros gehört somit zu den Weithallentempeln – ein Begriff, den Dieter Mertens zur Charakterisierung der frühen Tempel dorischer Ordnung mit erweiterter Ringhalle in Unteritalien und Sizilien verwendet hat. Der Weithallentempel ist folglich eine Bauform, die unabhängig vom Dipteros zu betrachten ist.

Wie die Untersuchungen in Samos, Ephesos und Didyma zeigen, ist der Dipteros kein einheitlicher Tempeltyp. Die ionischen Dipteroi führten zu neuen Dimensionen im Tempelbau. Das Körperhafte der Tempel wurde mit der doppelten, an der Eingangsseite dreifachen Ringhalle betont.

Aufgrund der Untersuchungen der Fundamente von Hermann Kienast und der Säulenbasen von Christoph Hendrich kann der Grundriss des ersten Dipteros in Samos verbindlich mit Außensäulen in doppelter Reihe und mit Innensäulen rekonstruiert werden. Die teilweise erhaltenen Dachziegel beweisen, dass der Tempel vollendet wurde. Beim zweiten großen Dipteros wurde die Grundrissform übernommen und dabei die Anzahl der Säulen gesteigert. Die verschiedenen Typen der Säulenbasen wurden von Nils Hellner untersucht, die Kapitelle in der berühmten Dissertation von Gottfried Gruben vorgelegt. Die samischen Dipteroi hatten Vorbildcharakter für die Dipteroi in Ephesos und Didyma, obwohl sie keinen offenen Innenhof aufweisen und damit einen eigenen Typus darstellen. Die Entdeckung der Steinbrüche von Samos, die Hermann Kienast verdankt wird, veranschaulicht die gewaltigen Anstrengungen der Materialbeschaffung im Untertageabbau der weitläufigen Höhlenanlage.

Von den ersten Dipteroi in Ephesos und Didyma sind außer den Fundamenten nur wenige Bauteile des Aufbaus fragmentarisch erhalten. Aenne Ohnesorg ist es gelungen, trotz dieser Schwierigkeit in mühevoller Kleinarbeit eine Vorstellung vom Grundriss des archaischen Artemistempels zu vermitteln. Ihre Untersuchungen beweisen, dass der Grundriss des jüngeren Dipteros identisch mit dem des älteren war und den alten Kultplatz in einem offenen Hof umschloss.

Uta Dirschedl trug erste Ergebnisse der Aufarbeitungskampagnen des archaischen Apollontempels in Didyma vor. Erhalten sind die archaischen Hofmauern mit der Wandpfeilerverstärkung des hypäthralen Tempels ähnlich wie beim nachfolgenden hellenistischen Dipteros. Der Schwerpunkt ihrer Arbeit ist die zeichnerische Dokumentation der vielen, teilweise kleinteiligen Fragmente, die aus Marmor und Kalkstein gefertigt sind. Der Tempel war in Bauformen, Material und Technik vom ersten Dipteros in Samos beeinflusst, ab 550 v. Chr. wirkte der archaische Dipteros von Ephesos als Vorbild. Nach den Untersuchen von Uta Dirschedl wies der archaische Tempel eine umlaufende Säulenstellung auf, die wenigstens an der Marmorfront dipteral ausgebildet war, und nahm die charakteristischen Formen des hellenistischen Tempels vorweg. In Samos und Ephesos sind die Untersuchungen der Dipteroi abgeschlossen, während sie in Didyma noch weitergeführt werden müssen.

Wolf Koenigs stellte zusammenfassend die Ergebnisse der langjährigen Forschung zum Athena-Tempels in Priene vor und dessen Verbindung mit den Tempeltypen Dipteros und Pseudodipteros. Der Athenatempel in Priene konkurrierte im 4. Jh. v. Chr. im Wettbewerb der spätklassischen ionischen Sakralarchitektur in Kleinasien als Peripteros mittlerer Größe in exponierter Lage mit den monumentalen Dipteroi der benachbarten Städte Samos, Milet (Didyma) und Ephesos. Priene hatte in diesem Wettbewerb den kleinsten Bau errichtet, der aber mit seinem rational strukturierten Entwurf, seiner Aufnahme dorischer und archaischer ionischer Elemente und mit seiner Raumaufteilung die bisherigen Baugedanken zusammenführte und richtungsweisend war. So war der rationale Entwurf des Athenatempels von Pytheos mit seinem Raster von 6 Fuß Seitenlänge Vorbild für die Pseudodipteroi, bei denen der gesamte Entwurf ebenfalls auf einem Raster basierte.

Auch die Tempeltypen Pseudodipteros und Pseudoperipteros täuschen aufgrund der auf Vitruv zurückzuführenden Bezeichnungen eine Verwandtschaft vor, die ebenfalls nicht gegeben ist. Nach den Ausführungen von Arnd Hennemeyer ist beim Pseudodipteros die Ringhalle, beim Pseudoperipteros hingegen die Cella erweitert, indem nach Vitruv (4,8,6) die Tempelwände in die Säulenzwischenräume versetzt und die übrigen Proportionen und Symmetrien beibehalten werden. Auf diese Weise wird auch beim Pseudoperipteros – wie beim Pseudodipteros – die große Wirkung bewahrt. Die Vorhalle mit den großen Spannweiten erinnert an die Ringhalle des Pseudodipteros.

Die erhaltenen Pseudodipteroi sind auf den ersten Blick mit ihrer erweiterten Ringhalle sehr ähnlich. Sie unterscheiden sich durch ihre Dimensionen, die Anzahl der Säulen und die Existenz bzw. das Fehlen eines erweiterten Mitteljochs. Die detaillierten Bauuntersuchungen der letzten Jahre zeigen jedoch, dass der Aufbau dieser Pseudodipteroi nicht nur außen, sondern auch im Inneren sehr unterschiedlich ist:

Der Zeustempel in Aizanoi ist der einzige Pseudodipteros, dessen weitgespannte Deckenbalken – wie auch das gesamte Gebälk – aus Marmor errichtet wurden. Der Bau des Tempels erforderte zahllose Sonderkonstruktionen. Die Mehrzahl der Bauteile musste aus statischen Gründen monolithisch gefertigt werden. Auch die bekrönenden Akrotere wurden im Vergleich zu denen anderer Pseudodipteroi sehr großzügig dimensioniert. Einzigartig sind der tonnengewölbte Unterbau und das Treppenhaus mit der Erschließung des Dachraums und des Unterbaus.

Der Tempel des Apollon Smintheios in der Troas kommt ganz ohne Sonderkonstruktionen aus und basiert auf einen mathematisch klaren Entwurf. Der gesamte Bau wird von der Länge der Friesplatten von 5 Fuß bestimmt und basiert auf einem Raster von 10 Fuß Seitenlänge, auf dem sämtliche Säulen und Wände errichtet wurden. Bemerkenswert ist das hölzerne Flächentragwerk, das die Ringhalle, den Pronaos, die Cella und den Opisthodom auf der Höhe des Architravs und des Frieses überdeckt.

Coşkun Özgünel, der seit 1980 die Ausgrabungen im Smintheion leitet, den Tempel von der rezenten Bebauung befreite und die Fundamente und den Fries untersuchte, stellte in seinem Vortrag die Ergebnisse der aktuellen Ausgrabungen im Heiligtum vor: ein Brunnenhaus aus Spolien des Tempels, Wasserdepots, die zum Heiligtum führende, gepflasterte Straße und eine Thermenanlage mit einem gut erhaltenen Mosaik. Die neu entdeckten Anlagen unterstreichen die Bedeutung des Wassers im Kult des Apollon.

Erhan Öztepe bearbeitet seit vielen Jahren die Reliefplastik am Tempel des Apollon Smintheios, der nicht nur wegen seiner Architektur, sondern vor allem auch wegen der figürlichen Reliefplastik der Columnae Caelatae und des umlaufenden Frieses eine bedeutende Stellung einnimmt. Seine Untersuchungen sowohl der Komposition als auch des Reliefstils führten durch detaillierte Vergleiche mit anderen erhaltenen Reliefs zu einer Datierung des Tempels in das 3. Viertel des 2. Jhs. v. Chr.

Der Tempel in Messa auf Lesbos ist mit einem Raster von 10 Fuß ebenfalls rational entworfen. Das Gebälk bestand hier aus quergespannten hölzernen Balken, auf denen eine dreilagige Kassettenkonstruktion ruhte. Bei der Rekonstruktion des Gebälkaufbaus besteht keine Einigkeit. Während die Herausgeberin, der Publikation von Robert Koldewey folgend, den Tempel mit Fries rekonstruiert und daraus Konsequenzen für die Höhe des Dachraumes ableitet, favorisiert Wolfram Hoepfner eine Lösung ohne Fries.

Auch der Artemistempel in Magnesia basiert auf einem mathematisch klaren Entwurf mit einem Raster von 12 Fuß Seitenlänge und einer über die gesamte Tempellänge konsequent eingehaltenen Erweiterung des Mitteljochs. Orhan Bingöl, der seit vielen Jahren die Ausgrabungen des gesamten Heiligtums leitet, zeigt den Zusammenhang zwischen dem Artemistempel und dem Altar, dem Propylon und den umlaufenden Hallen. Nach seiner bauhistorischen Untersuchung wurde der Tempel erst in der Kaiserzeit vollendet. Nach Orhan Bingöl besteht ein enger Zusammenhang zwischen der Epiphanie der

Beitrag Schulz:

Abb. 1 a. b: W. Hoepfner, Bauten und Bedeutung des Hermogenes, in: Hermogenes 1990, Abb. 2; - **Abb. 1 c. d:** Hoepfner a.O. Abb. 11; - **Abb. 1 e. f:** Hoepfner a.O. Abb. 12; - **Abb. 1 g. h:** Hoepfner Abb. 43; - **Abb. 1 i:** Zeichnung von M. Theuer in: J. Keil, 16. vorläufiger Bericht über die Ausgrabungen in Ephesos, ÖJh 27, 1932, Beibl. 55–56 Abb. 37.

Alle übrigen Abbildungen stammen von der Verfasserin.

Beitrag Tırpan:

All illustrations by Ahmet Tırpan

Beitrag Görkay:

Fig. 1: Foto M. Kadıoğlu; - **Fig. 4:** After: Koşay 1957, 133–138; - **Fig. 2.3.5-9:** Courtesy of the Museum of Anatolian Civilisations, Ankara

Beitrag Hoepfner:

Abb. 1a: nach F. Courby, Les temples d'Apollon, Délos 12 (Paris 1931) Taf. 10; - **Abb. 1 b:** W. Hoepfner – I. Arvanitis, Der parische Lichtdom, AW 32, 2001, 497 Abb.12; - **Abb. 2:** Hoepfner – Arvanitis a.O. 503 Abb. 23; - **Abb. 3:** Hoepfner – Arvanitis a.O. 505, Abb. 27; - **Abb. 4:** M. Livadiotti – G. Rocco, La presenza italiana nel Dodecaneso tra 1912 e il 1948 (Rom 1996) 45 Abb. 105; - **Abb. 5:** R. Koldewey, Die antiken Baureste der Insel Lesbos (Berlin 1890) Taf. 20, 2; - **Abb. 6:** Umzeichnung Verf. nach R. Koldewey a.O. Taf. 21; - **Abb. 7:** Umzeichnung nach Bauaufnahme im Nachlass R. Koldewey, Geheimes Staatsarchiv Berlin; - **Abb. 8:** R. Koldewey, Die antiken Baureste der Insel Lesbos (Berlin 1890) Taf. 20, 1; - **Abb. 9:** Meyers Lexikon VI (1927) *s. v.* Koniferen Taf. 1, 2; - **Abb. 10:** Verf.

Beitrag Hennemeyer:

Abb. 1 a: Verf., nach Delbrueck 1912, Taf. 7; - **Abb. 1 b:** Stamper 2005, 64, Abb. 44, nach: E. Fiechter, Der ionische Tempel am Ponte Rotto in Rom, RM 21, 1906, Taf. 6; - **Abb. 1 c:** Stamper 2005, 64, Abb. 46, nach: Delbrueck 1912, Taf. 15; - **Abb. 1 d:** H. Kähler, Der römische Tempel (Frankfurt 1982) Abb. 3 (Ausschnitt); - **Abb. 1 e:** Stamper 2005, 86, nach: L. Canini in: P. Pensabene, Tempio di Saturno, architettura e decorazione (Rom 1984) 169, Abb. 105; - **Abb. 1 f:** Stamper 2005, 117 Abb. 88 (Ausschnitt); - **Abb. 1 g:** nach: Gros 1996, 143 Abb. 156; - **Abb. 1 h:** Verf., nach: Perret 1956, 10 Abb. 8; - **Abb. 1 i:** nach: Zevi – Cavalieri Manasse 2005, 8; - **Abb. 1 k** nach: R. Amy in: Gros 1979, Taf. 32; - **Abb. 1 l:** Hänlein-Schäfer 1985, Taf. 11; - **Abb. 1 m:** Gros 1996, 155 Abb. 175 nach: Jiménez Salvador 1992; - **Abb. 1 n:** Alarcâo – Etienne 1977, Taf. 5; - **Abb. 1 o:** Pohl 2002, Taf. 8,1 nach: A. Mansel, Die Ruinen von Side (Berlin 1963) 93 Abb. 72; - **Abb. 1 p:** Verf., nach: Duval – Baratte 1973, Abb. 8; - **Abb. 1 q:** Society of Dilettanti (Hrsg.), Antiquities of Ionia 3 (London 1840) Taf. 4; - **Abb. 1 r:** Pensabene 1997, Abb. 1; - **Abb. 2:** H. Knackfuss, Das Rathaus von Milet (Berlin 1908) Taf. 14; - **Abb. 3:** Deutsche Ausgrabung Milet, in: R. Naumann, Didyma. Führer (o. J.) 62 Abb. 41; - **Abb. 4 a – c:** Roux 1961, Taf. 58. 65. 52 (Ausschnitt); - **Abb. 4 d:** Verf; - **Abb. 4 e:** F. Rakob in: H. Horn – C. Rüger (Hrsg.) Die Numider. Reiter und Könige nördlich der Sahara. Ausstellungskatalog Rhein. Landesmuseum Bonn (Köln 1979) Abb. 104; - **Abb. 4 f:** Mertens 2006, Abb. 265; - **Abb. 4 g:** L. Leporini in: S. Aurigemma – A. Bianchini – A. de Santis, Circeo - Terracina - Fondi. Itinerari dei musei, gallerie e monumenti d'Italia 97 (Rom 1957) Abb. 5; - **Abb. 4 h:** Mertens 2006, Abb. 469; - **Abb. 4 i:** Mertens 2006, Abb. 393; - **Abb. 4 k:** Mertens 2006, Abb. 401; - **Abb. 5:** F. Dressler – G. Herdt nach Angaben des Verf., in: Hennemeyer 2006, Taf. 174; - **Abb. 6:** nach: Hennemeyer 2006, Taf. 21–22.

Adressen der Autoren

Orhan Bingöl
Ankara Üniversitesi
Dil ve Tarih-Çoğrafya Fakültesi
Arkeoloji Bölümü
TR-06100 Ankara
obingol@dialup.ankara.edu.tr

Uta Dirschedl
Deutsches Archäologisches Institut
Podbielskiallee 69-71
14195 Berlin
ud@dainst.de

Kutalmış Görkay
Ankara Üniversitesi
Dil ve Tarih-Cografya Fakultesi,
Klasik Arkeoloji Anabilim Dali,
Sihhiye
TR-06100 Ankara
kgorkay@yahoo.com

Wolfram Hoepfner
Freie Universität Berlin
Archäologisches Institut
Otto-von-Simsonstr. 11
D-14195 Berlin
hoepfner.wolfram@googlemail.com

Lothar Haselberger
University of Pennsylvania
Department of the History of Art
3405 Woodland Walk
Philadelphia, PA 19104-6208, USA
haselber@sas.upenn.edu

Arnd Hennemeyer
Institut für Baugeschichte, Kunstgeschichte und Restaurierung
Lehrstuhl für Baugeschichte und Bauforschung
Technische Universität München
Arcisstr. 21
D-80333 München
arnd.hennemeyer@lrz.tu-muenchen.de

Hermann Kienast
Arcisstr. 50
D-80799 München
h-kienast@t-online.de

Wolf Koenigs
Penzberger Str. 21
D-81373 München
wolf.koenigs@lrz.tu-muenchen.de

Aenne Ohnesorg
Institut für Baugeschichte, Kunstgeschichte und Restaurierung
Lehrstuhl für Baugeschichte und Bauforschung
Technische Universität München
Arcisstr. 21
D-80333 München
aenne.ohnesorg@lrz.tu-muenchen.de

Coşkun Özgünel
Sedat Simavi Sok. 23 B/10
TR-06550 Çankaya/Ankara
cozgunel@hotmail.com

Erhan Öztepe
Ankara Üniversitesi
Dil ve Tarih-Çoğrafya Fakültesi
Arkeoloji Bölümü
TR-06100 Ankara
erhanoztepe@gmail.com

Thekla Schulz
Hochschule Regensburg
Fachbereich Architektur
Prüfeninger Str. 58
D-93049 Regensburg
thekla.schulz-brize@hs-regensburg.de

Ahmet Tırpan
Selçuk Üniversitesi
Fen-Edebiyat Fakültesi
Arkeoloji Sanat Tarihi Bölümü
Alaeddin Keykubad Kampüsü
TR-42031 Selçuklu/Konya
ahmettirpan1@yahoo.com

Burkhardt Wesenberg
Wittelsbacherstr. 13
D-93049 Regensburg
burkhardt.wesenberg@psk.uni-regensburg.de

Fikret K. Yegül
University of California
History of Art & Architecture
Ellison Hall 2834
University of California
Santa Barbara, California 93106-7080
U.S.A.
fyegul@gmail.com